阐释的有限与无限

中国社会科学院大学阐释学高等研究院　编

中国社会科学出版社

图书在版编目（CIP）数据

阐释的有限与无限/中国社会科学院大学阐释学高等研究院编.
—北京：中国社会科学出版社，2022.7
ISBN 978-7-5227-0577-4

Ⅰ.①阐… Ⅱ.①中… Ⅲ.①阐释学—文集
Ⅳ.①B089.2-53

中国版本图书馆 CIP 数据核字（2022）第 133532 号

出 版 人	赵剑英
责任编辑	张　潜
责任校对	杜　威
责任印制	王　超

出　　版	中国社会科学出版社
社　　址	北京鼓楼西大街甲 158 号
邮　　编	100720
网　　址	http://www.csspw.cn
发 行 部	010-84083685
门 市 部	010-84029450
经　　销	新华书店及其他书店

印刷装订	北京君升印刷有限公司
版　　次	2022 年 7 月第 1 版
印　　次	2022 年 7 月第 1 次印刷

开　　本	710×1000　1/16
印　　张	28.5
字　　数	438 千字
定　　价	148.00 元

凡购买中国社会科学出版社图书，如有质量问题请与本社营销中心联系调换
电话：010-84083683
版权所有　侵权必究

前　　言

阐释学是研究阐释活动的基本原理和方法、路径、规范的学科，与哲学、文学、史学等人文社会科学的广泛领域都有密切的关系，日益受到国内学术界的高度关注。张江教授在提出"强制阐释论""公共阐释论"等原创性命题之后，又在《探索与争鸣》2019 年第 10 期，发表了《阐释的有限与无限——从 π 到正态分布的说明》一文，提出了阐释的有限与无限这一重要理论问题，引发了学术界对阐释的限度及分布状态的普遍关注和深入讨论。在随后的一年多时间里，《探索与争鸣》专门设立了"构建中国阐释学"专栏，组织各种形式的讨论会和笔谈，先后发表了数十位学者的学术文章。这些文章从不同的学科出发，围绕阐释的有限与无限、阐释的公共性与公共理性、阐释的量化分析与数学语言的引入等理论热点，展开探索和讨论，把对这一理论问题的研究不断推向深入。

当前，正值加快构建中国特色哲学社会科学"三大体系"的关键时期，构建中国阐释学具有重要的时代意义和学术意义。中国社会科学院大学阐释学高等研究院与《探索与争鸣》杂志社共同协作，将这一系列已经发表的论文结集出版。本书完整地反映了围绕阐释的有限与无限这一命题所展开的讨论及取得的主要成果，一定能为继续深化相关理论研究，不断推进中国阐释学的构建发挥积极作用。

目 录

论阐释的有限与无限

  ——从 π 到正态分布的说明 …………………… 张　江（1）

论有限与无限的共时性

  ——重思"阐释" ………………………………… 高　楠（15）

抽离了社会历史范畴的 π 还有效吗

  ——与张江教授对话 ……………………………… 南　帆（27）

作为阐释学根据的公共理性 ……………………………… 周　宪（39）

阐释的无限及限界：以中国经学阐释学为例 …………… 刘成纪（50）

阐释的循环和悖论 ………………………………………… 王　宁（65）

阐释逻辑中的精神科学与自然科学之辨

  ——与张江先生商榷 ……………………………… 朱立元（76）

总体阐释的量化分析是否可能

  ——对南帆教授一文的延伸讨论 ………………… 曾　军（87）

究竟什么是公共阐释

  ——与周宪教授对话 ……………………………… 傅其林（98）

目 录

从意义的二重性看阐释的辩证法 …………………… 李春青（107）

冲突与共在：阐释学视域中的有限与无限
　　——对高楠教授一文"接着说" …………………… 段吉方（116）

作为阐释活动中预设存在项的作者意图 …………… 高建平（129）

阐释逻辑的诠与阐法则
　　——基于思想史与科学史的思考 ………………… 张政文（141）

数学语言的洞见与盲视
　　——回应曾军教授 ………………………………… 南　帆（151）

公共理性使有效阐释得以可能
　　——回应傅其林教授 ……………………………… 周　宪（156）

"我们的需要就是解释世界的需要"
　　——中国现当代文学批评史中的阐释学现象 …… 丁　帆（162）

文学史学研究中技术分析法的有效性问题 ………… 张福贵（182）

文学史研究的公共理性与有效阐释 ………………… 程光炜（196）

有效阐释的边界
　　——以20世纪90年代的"个人化写作"
　　　研究为例 ………………………………………… 洪治纲（206）

"阐释"阐释了什么
　　——兼论作为现象学的"深层阐释学"的
　　　可能性 …………………………………………… 张任之（218）

阐释问题之哲学拓扑学分析 ………………………… 江　怡（229）

绝对精神的瓦解与解释学视域中的有限—无限 …… 吴晓明（244）

阐释的双重界限：意蕴预设与有效性判定
　　——兼论"阐释的有限与无限"问题的
　　　　理论空间 ………………………………… 程乐松（260）
重提人文科学的真理要求
　　——阐释学如何切中时代"真问题" ………… 邓安庆（272）
数学人文：科学抑或人文学
　　——南帆、曾军教授相关讨论引义 …………… 刘梁剑（285）
阐释学视野下公羊学"三世说"的精彩演进 ………… 陈其泰（296）
从"六经注我"到"我注六经"
　　——现代经学阐释的限度与公共性展开 ……… 成祖明（308）
阐释学与历史教科书史的研究 ………………………… 李　帆（329）
思想史研究应基于文本的历史性阐释
　　——以约翰·密尔《论自由》中文译本为个案 …… 李宏图（341）
浪漫主义阐释学：从方法论到存在论 ………………… 王利红（357）
从阐释学到历史阐释学：何为历史的"正用" ……… 李红岩（373）
解释学的重建：由前见依赖性形态向非前见依赖性
形态拓展 ……………………………………………… 肖士英（390）
"意图"之辨与学术范式的建构 ……………………… 王艳丽（409）
视域融合、形式建构与阐释的当下性 …………… 张　江　周　宪
　　朱立元　丁　帆　邓安庆　曾　军　成祖明　李红岩（423）

论阐释的有限与无限

——从 π 到正态分布的说明

张 江

【内容摘要】 阐释的约束与开放、有限与无限、确定性与非确定性等问题，是阐释学的基本问题。阐释是无限的，同时又是收敛的。阐释因开放而无限，因有限而收敛。作为一对相互依存的共轭变量，两者之间是相互包含、相互决定的积极关系，而非相互否定、相互排斥的消极关系。时下流行的理论主张对文本的阐释无标准可言，阐释只能绝对开放，文本具有无限意义。无论何种文本，只能生产有限意义，而对文本的无限阐释则约束于文本的有限之中。区别于"诠"与"阐"的不同目标及方法，π 清晰地呈现了"诠"的有限与无限的关系，标准正态分布清晰地呈现了"阐"的有限与无限的关系。

【关 键 词】 阐释学 有限与无限 阐释 π 正态分布

【作 者】 张江，中国社会科学院大学教授。

阐释的开放与收敛、有限与无限，一直是阐释实践及理论发展中永远争论不休的重大问题。20世纪中期以来，西方学术界，包括哲学、史学、文学及艺术理论等多学科，对此亦有无数讨论与争执。诸多流派、各种观点，层出不穷，各执一端。一些重要成果影响巨大，一些努力和探索逐渐达成共识，但从总体上看，依然未有定论。概念混淆不清，证词流于空泛，倚重权威言说，少有确当判断，问题讨论仍停留于无休止的混沌之中。为此，本文试图借鉴自然科学方法，从圆周率π着手，达及概率的正态分布，给出对此问题的分析和说明。

阐释开放与收敛问题的理论准备

远自古代希腊，从色诺芬与柏拉图对苏格拉底思想的不同传承开始，关于阐释的开放与约束就已生成无尽争论。上溯中国春秋战国，孔孟与老庄对阐释目标的确定与追求，亦有相互对立的两条路线。阐释是一种主体间不断对话的精神活动，无论如何定义与展开，任何阐释主体都无法回避的基本问题是，如何认知并说明开放与约束的关系。20世纪以来，两种阐释路线的争论日趋对立。占主导方向的理论是，决断性地坚持阐释具有绝对开放性、文本具有无限意义。阐释的目的，就是不断附加文本的无限意义，即同一主体可以对文本做无限理解，不同的阐释主体可以对同一文本做出无限不同以至完全对立的阐释。更进一步，阐释不是寻找意义，而是添加意义，其意义的扩张与推衍，完全由阐释者决定，与对象文本及生产者无关。特别是关于文学文本的阐释，受益于接受美学或读者中心理论的主张，文学文本的意义完全由阐释者一方任意决定。对于同一文本有无穷的理解与阐释，无真无假，无是无非，无约束可言。阐释的无限开放，是对象文本及阐释本身获得意义的先决条件。另一个方向的理论是，决断性地坚持阐释的约束性。阐释的唯一目的，是确当把握文本所固有的本来意义，此意义或为作者所赋予，阐释主体对文本的阐释聚焦于此。在西方，受益于圣经解释学和法律解释学的传统，有人主张保卫作者，坚守意图；在东方，受益于儒家解经传统的影响，训诂与注疏之学于当今文学经典的研究，仍为主流。

孰是孰非，千百年来几无定论。应该说，各有道理和偏误。阐释问题的核心是约束与开放、有限与无限、确定性与非确定性等诸多要害关系，其张力平衡与和平共处，应如何辨识与说明。实现此目的，首先要厘清几组基本概念的区别与意义。

第一，文本开放与阐释开放。此为含义完全不同的两个概念。文本开放，意味文本的外向敞开。这里的敞开，意为且仅意为允许他者对文本做开放、无约束的理解与阐释，且可能无限，非指文本具有无限意义。阐释开放，是阐释自身的开放，意为他者可任意理解与阐释文本。此为阐释的自由，与文本无关。以阐释的开放代替文本的开放，将阐释意义的无限代替为文本意义的无限，违反阐释逻辑。[①] 厘清此点，是正确理解阐释有限与无限关系的基本前提。

第二，阐释的边界与阐释的有效边界。阐释无限，意即阐释无边界。任何阐释者均可行使自由权利，无边界地阐释确定文本，无阐释约束。阐释的有效性，是有边界的。可称为阐释的有效边界。有效阐释的边界，由多个元素决定。作者赋予的意图、文本的确当意义、文本的历史语境、民族的阐释传统、当下的主题倾向等，决定了阐释是否有效及有效程度的边界。而上述一切，包括其他更深广的内容，或显或隐，都将集中起来，归化于确定时代下的公共理性之中，对阐释的有效边界作出判决。阐释可以无限，但非全部有效。只有为公共理性接受的阐释，才为有效阐释，才可能推广和流传，并继续生成新的意义。有效阐释的边界在，且只在公共理性的框架之内。不能用阐释的有效边界代替阐释的边界，以此否认阐释的无限性；不能虚设阐释的边界代替阐释的有效边界，以此否认阐释的有限性。

第三，意蕴、可能意蕴、意蕴可能。按照我们的定义，"意蕴"是指文本所包含和能显现的本来意义，包含作者的意图赋予。"可能意蕴"是指文本自身的可能意义，这些意义包蕴—内含于文本，且可能不为作者所认知，但可为阐释所揭示，最终显现自身。这经常表现为，不同时代和语境下，同一文本的不同意义被发现，呈现文本自身可能包含的丰富意蕴。但前提是文本自身有所意蕴，而非他者赋予。文本的可能意蕴有限。"意蕴可能"是指由阐释生发意义的可能，即阐释者对文本自在意义的挥发可能。这些挥发包蕴—内含于阐释结果之中，源于阐释者的意图与冲动，可为阐释者自由操作，强制文本以意义。意蕴可能无限。可能意蕴，大致可喻为文本之能指，即文本所能给予，并与其所指对象相符的意义能指；意蕴可能，大致可喻为阐释之所指，即由阐释者生发的所指，文本能指与阐释所指一致，阐释

[①] 关于阐释的逻辑问题，可参见张江《阐释逻辑的正当意义》，《学术研究》2019年第6期。

可能有效；部分相违，其有效性消减；完全相违，不为公共理性所承认，阐释彻底无效。

第四，诠与阐。诠与阐都是开放的。但是，从"释"的不同目标与路线说，汉语言文字中，诠与阐义不同，且差异鲜明。诠，从言，全音，以确证经籍之本义，尤其是以书写者原意为基本追索，无歧义、可印证、学术共同体普遍认可，乃达释之目的，所谓"诠正"是也。阐，从门，单音，以文本为附体，推阐大旨，衍生义理，尚时重用，且"道常无名""寄言出意"，乃达释之目的，所谓"阐发"是也。如此区别，直接决定诠与阐者对开放与约束、有限与无限的理解与界定。应该清楚，对诠而言，约束，有限，是为追求，但同样具有无限空间。对阐而言，开放，无限，是为本征，但同样归于有限。确切表述：诠在有限中无限，阐在无限中有限。从诠与阐的本性说，诠与阐都以文本的开放为前提。诠，核心追求是寻找与求证文本的可能意蕴，排除文本以外的任何可能；阐，核心追求是附加与求证文本的意蕴可能，将无限可能赋予文本。模糊诠与阐的区别[①]，模糊两者之间的不同目的、路线、标准，空谈有限与无限，只能陷入混乱。

对阐释的开放与收敛、无限与有限关系的基本判断

阐释是开放的，同时也是收敛的。阐释因开放而无限，因有限而收敛。作为一对相互依存的共轭变量，两者之间是相互包含、相互决定的积极关系，而非相互否定、相互排斥的消极关系。开放与收敛平衡，无限与有限相融，无限在有限中展开，有限约束界定无限。一般表述如下。

第一，阐释的无限。对确定的对象文本，阐释可创造无限意义。我们的根据有三点。其一，同一阐释主体，把握同一文本，因无穷变化的理解，生成无限意义，实现阐释的无限；同一阐释主体的反思无穷，再生无限的阐释。其二，不同的阐释主体，把握同一文本，因无

[①] 关于"诠"与"阐"之区别，参见张江《"阐""诠"辨》，《哲学研究》2017年第12期。

穷的不同理解，生出的阐释无限；阐释主体无穷延续，一代又一代阐释者，对确定文本无限理解和阐释下去。其三，时代无限，语境无限，不同时代的阐释主体，因时代变迁，对同一文本，生产与其他时代不同的阐释；同一时代，语境不同，对同一文本，生产无穷差别的无限阐释。其四，以上三种可能叠加重合，新的阐释永无穷尽。由此，阐释的展开与结果，无穷尽、无边界、无定论。

第二，阐释的有限。阐释为多种条件所约束，其总体结果是收敛于有限论域之内。其约束条件有三个。其一，阐释对象的确定。文本进入阐释，阐释乃为可能。阐释是对此文本，而非他文本的阐释。此文本的存在，使此阐释得以展开。离开对象文本，离开对此文本的阐释，阐释失去意义。此文本的存在，是此阐释生成的前提。有关阐释的约束条件中，此为根本之点。其二，对象文本为有限文本，文本的有限性约束阐释。阐释者的无限理解与阐释，不可能无鉴别、无选择地全部贯注于文本，为文本所容纳。对文本的阐释，或说阐释本身，无论如何无限，均与对象文本相融。意义的添加、基于意义的发现，无论如何无限，均应根基于文本，或无限趋近于文本，阐释因此而有限。其三，阐释主体可前置阐释的自我意图，且将一己之意强制于文本，肆意扩大对象文本的意义。但无论怎样扩大，确定文本的阐释，应为文本可能之"有"；超越此有，对此文本的阐释则变得虚无。

第三，阐释的收敛。公共理性的承认与接受，约束阐释向有限收敛。其一，阐释主体的理性约束。阐释是理性的。阐释主体运用理性对文本做区别于他人的阐释。阐释者自我认定，其理性阐释可能为更广大的公共理性所接受。此诉求本身当然蕴含着阐释者承认和服从公共理性的约束。其二，同一的群体理性，约束阐释向有限收敛。视域大致相同的阐释主体，对同一文本，无论生成多少不同阐释，因阐释群体的理性选择趋向，无限的阐释生成有限重合，决定有限群体的阐释，呈收敛状态。其三，普遍的公共理性，决定阐释的收敛趋紧。公共理性当然更广大地包含独立主体及群体的理性要素，其理性同一更为有限，对阐释结果的选择当更加严格。在当下语境中，公共理性约束阐释者做出为公共群体所能接受的最佳阐释；在历史语境中，公共理性的持续进步，决定符合历史诉求的阐释进入历史，并为对象文本所集合，共同接受历史的检验，最终进入人类公共知识体系。公共理性的选择与认定，约束无限阐释的有限命运。在确定的历史区间，无限的阐释为有限。公共理性的选择，是阐释的开放与约束、无限与有限的最佳聚合点。无限主体的无限阐释，均收敛于此，接受无限进步的公共理性的检验。无限的阐释，收敛和确定于有限区间。①

第四，阐释的有效性。阐释的开放为无限，但是，无限生成的阐释绝非无限有效。阐释的有效性由公共理性的承认和接受所决定。公共理性的不断进步，给予阐释的有效性以强大约束。其一，不是所有阐释都为有效阐释；其二，有效阐释不是无限有效。因时代和语境不同，公共理性的当下存在决定了对确定文本的有效阐释，以某种方式约束于有限区间。散漫的无限阐释，一方面，为阐释的有限约束提供了丰厚的基础；另一方面，为公共理性的进步酝酿动力。由此而决定，一些当下不被承认的边缘化的阐释，可能跃迁于中心，而成为新的更有普遍意义的公共阐释。阐释的有效性，其历史与辩证的意义就体现于此。阐释的约束同样为相对约束。无限的阐释约束为多元的阐释，而非一元的阐释。阐释的有效为相对有效，而非绝对的有效。这体现为，其一，或仅为确定时代和确定语境下的有效；其二，或仅为某类或几类共同体有限成员所承认和接受的阐释。离开确定的时代和语境，离开有限共同体的有限共识，其有效性不断趋弱，以至湮灭。阐释可能有效，主要为两个方向。一是文本意义，为对象文本直接显现或可能显现的意义。即文本所承载和能够承载的意义，也就是文本的可能意蕴，此意义有限。二是由确定历史语境所决定、对阐释主体所处时代具有巨大影响力和穿越力的衍生意义，也就是文本的意蕴可能。历史地看，阐释的经典性，由对文本自洽意义的阐释能指所决定。与经典本身的经典性相比，阐释的经典更难塑造。某些完全降服于确定语境的阐释，常常因为语境的变化，而被历史所抛弃，失去阐释效力。

上述四点，为我们对阐释的开放与收敛、无限与有限关系的基本判断。

---

① 关于公共理性问题，可参见张江《公共阐释论纲》，《学术研究》2016 年第 6 期。

说明与证实

对此，我们逐条分析说明。

第一，阐释的开放由文本的开放提供可能。对一确定文本，特别是经过历史检验的经典文本是开放的。这里的开放是指文本自身蕴含着丰富的意义，在意义的集合体中，相同方向的意义使文本具有可能无限延伸的意义链条；不同意义的冲撞，使文本自身产生无限的意义裂痕，使新的意义生产成为可能。前者，为阐释者提供了由历史而穿越当下的线索；后者，为阐释者创造诸多变异，以至相反意义的阐释空间，使不拘于文本的无限阐释成为可能。① 我们赞成阐释的开放，即阐释主体对文本的无限阐释是可能的、积极的。阐释者对文本的任意理解以至误读，皆为阐释主体的权利。作者、文本、其他阐释者以及阐释的接受者，无权干涉。同一阐释主体，不同语境下阅读文本，可以生成完全不同的体验。语境无限，阐释因此而无限。不同的阐释主体，在相同语境下可以生成完全不同的理解。阐释主体无限，阐释因此而无限。我们同意"诠释一部伟大的作品不是进行文物研究"，而是"试图深入堆积了错误诠释的表层之下，并在已说出的与未说之物的中心采取一种立场。不过，它并非简单地回归到过去，而是显示一种新的事件，试图复活与本来的康德一般无异的康德，这将是一种愚蠢的恢复。正因为如此，任何诠释都必须有违于文本中的明确阐述"。② 特别是文学叙事，它与史学、哲学，以至绝大多数的社会科学研究的阐释不同，其本来就有制造歧义、引诱读者落入语言及意义陷阱的企图，生产歧义是文学言说的主要目的与技巧。文本是开放的，就是允许阐释主体对文本做多元而非一元、多义而非单义的理解

---

① 第一，对一个文本或者艺术作品里的真正意义的汲舀（ausschopfung）是永无止境的，它实际上是一种无限的过程。第二，影响意味着压根儿不存在文本，而只存在文本之间的关系，这些关系则取决于一种批评行为，即取决于误解或误读。第三，研究诗歌文本或哲学文本的文学批评家也知道这些文本的意义是不可穷尽的。

② ［美］帕尔默：《诠释学》，潘德荣译，商务印书馆2012年版，第193—194页。本人认为，此处"诠释"译为"阐释"更为妥切。

与阐释。在此规定下，任一阐释过程，皆可无限扩张下去，没有重复，没有穷尽。

第二，在阐释的开放上，诸多极端提法歪曲并消解了开放的合法性。20世纪90年代，著名意大利学者安贝托·艾柯在剑桥的丹纳讲坛上，对无约束的开放阐释做出精当的概括，① 指出诸多当代阐释与古代的神秘主义，主要是诺斯替神秘主义，有着"令人惊异的相似之处"，并作出自己的判断："我真正想说的是一定存在着对某种阐释进行限定的标准。"② 对于所谓"限定的标准"是什么，他也有一些说明和阐述。我们的看法是，对一确定文本的阐释，确定于该文本之所能蕴含的意义，而非游离于该文本之外的其他意义，亦即阐释主体的对象是此文本而非他文本。阐释的目的，是将事物即文本所蕴含的一切显现出来，是使"某物如其所是地在其显现中展示着"，是能够"揭示着或者是使事物显现其所是的东西"，而非"经由独断论，一个事物被迫只能在人们所期望的方面被观察到"，且"将我们自己的范畴强加于它们"。③ 阐释的开放，允许阐释者将不同意义贯注于文本，使文本意义无限扩大，但无论怎样扩大，都应体现海德格尔曾经强调的观点，即任何阐释都是"一次与文本的思想对话，将使文本更进一步地显现自身"④，而非显现其他。阐释之无限可能，约束于可能区间。此约束说明，无论何种文本，只能生产有限意义，对文本的无限阐释约束于文本的有限之中。以此文本做对其他文本的阐释，或为阐释者的自我阐释，违反阐释逻辑。在更广阔的界面下，约束阐释的诸多因素，其能量几乎无法抗拒。语言、传统、境遇、话语权力等，皆集合为公共理性辨识与接受主体阐释结果的能力与水平。

第三，阐释结果越多，其阐释的收敛性越强，即阐释向有效点位集中。文本的"可能意蕴"有限，不可能容纳无限意义；文本的

---

① ［意大利］安贝托·艾柯等：《诠释与过度诠释》，王宇根译，生活·读书·新知三联书店2005年版，第41—42页。

② ［意大利］安贝托·艾柯等：《诠释与过度诠释》，王宇根译，生活·读书·新知三联书店2005年版，第42页。

③ ［美］帕尔默：《诠释学》，潘德荣译，商务印书馆2012年版，第169页。

④ ［美］帕尔默：《诠释学》，潘德荣译，商务印书馆2012年版，第196页。

"意蕴可能"无限，但应相融于有限文本。在确定语境下，意义的表达与理解为语境所限定。在同一语境下，大致类同的理解群体，对文本的阐释呈集合趋势。阐释者主观随意性无限扩张，其阐释离可能意蕴愈远，阐释已非"文本自身的显现"，对文本的阐释效力递减，淘汰率递增。读者中心论者辩护说，一千个读者，一千个哈姆雷特，这似乎是可能境遇。但我们的问题如下。其一，这一千个哈姆雷特，是不是公共理性接受的哈姆雷特，如果不是，那就只能是自我言说，而非具有公共意义的有效阐释；其二，更极端地讨论，一万个读者，会不会是一万个哈姆雷特，一百万个读者，会不会是一百万个哈姆雷特。哈姆雷特不可能是一切。亦无可能把一切都堆砌于哈姆雷特。如果满足或停留于此，阐释将归于无。因为此类阐释不是"事物之所是"的显现，而是阐释者主观随意性的幻影。阐释是要有听者的。听者是要在阐释者的阐释中得到对文本理解的启发或指引。阐释本身也是要争取听者的承认。唯有更多听者所接受的阐释，才可能传播开去，逐步成为公共阐释；或实现阐释的公共性，阐释才有效力。否则，不必阐释。这是阐释的本质特征。正是这个特征，规定了阐释的收敛。阐释的开放，并不追求无限结果，而是在多元比较中，争取和辐射有效的阐释力量。所谓没有最好，只有更好，就是此意。

第四，确定性追求。独立主体的阐释目的是确定的。阐明主体自身对文本的确定性理解，并企图将此个别理解固化为可以被历史所承认的提法、观点、结论，进而上升为经得起历史检验的普遍知识，嵌入人类知识体系，这是阐释的基本追求。我们经常被迷惑的是，流行的理论主张，对文本的阐释无标准可言。作者不是标准，意图不是标准，文本显现或蕴藏的意义也难为标准，那么，所谓阐释的确定性又如何体现和实现？这涉及两个方向的问题。其一，文本有没有所谓自在意义，如果有，它是不是一种可以被考虑的标准之一；其二，如果没有自在意义，谁来制造和判定意义。我们的观点是，文本具有自在意义，这个意义由文本制造者赋予。无论他表达的是否清晰与准确，我们目及任何文本，包括阐释者的阐释文本，皆为有企图和有意义的文本。若非如此，文本制造者为什么要制造文本，阐释者为什么前赴后继地阐释自己？比如，海德格尔制造诸多堪称经典的宏大言辞，不是要表达他的所思所想，而是为了练习书法或锻炼身体？说作者死了，文本与作者无关，意图无法找到或找到也无意义，可以是一种趣味，但这绝不意味着它没有。把无法找到或找到也无意义说成为无，偷换了概念，属于默证（Argument from Silence）①，违反阐释逻辑。找到作者及其意图，是显现文本自身的重要方向，是阐释必须承担的责任，这是无法摆脱的确定性之一。我们不反对阐释者放弃文本的自在意义，文本的自在意义也可以由读者在文本的呈现中自由理解。在确定条件和语境下，公共理性的标准是确定的。语言、传统、当代境遇决定了公共理性对阐释的态度。我们可以征询那些否定作者、意图、文本自在意义的阐释者，作为独立的阐释主体，在自己的阐释文本中，有没有作者、意图、自在意义？

π 与正态分布

与阐释不同，诠释更倾向于文本自在意义，包括作者意图的确证，是一种有限追求。但是，诠释同样无限。两者的关系，鲜明地体现为 π。所谓 π，即圆周率，圆的周长与直径之比，位于 3.1415 与 3.1416 区间。此常数为中国古代数学家祖冲之于公元 5 世纪发现并给出。此后，经中外历代数学家的不懈努力，特别是经由当今大型计算机的深度演算，π 的位数已达 30 万亿以上，其结果仍为一除不尽、非循环的无理数。常数 π 与圆的半径共同作用，决定圆的周长与面积。在数学与物理学领域中，π 被广泛使用，具有普遍意义。π 的基本特性深刻启发我们，以 π 为参照，进一步确证有关诠释本身的性质与特征，能够给出新的说明。

在诠释之诠的意义上，我们认为，所谓诠的展开和实现，如同于 π。它的过程如下。其一，诠的最终追索，是文本的自在意义及作者的本来意图。其诠释的目标是寻找和确定文本的 3.1415。如圆周率的发现一样，π 的确定是一个漫长的过程，历史上的多种方法曾经失

---

① 所谓"默证"，就是将未发现证据的对象指称为不存在的对象。"默证"一词最早出自张荫麟对顾颉刚《古史辨》的批评。

败，直到后来的圆面积的无限分割法不断成熟，圆周率才靠近并确定为 3.1415，并在此基础上无限延伸下去。诠释亦如此。面对确定文本开始诠之活动，首先是索求意义之 π。无论何种理论，无论何种方法，只要目的为诠，即找到和证实文本的自在意义，就是在寻找和证实 π。譬如，叙事学的方法，无限分割文本，通过一句、一词、一标点的分析，实现对文本的最终理解及诠释。这种无限分割文本的行为，如同无限分割圆的面积一样，在分割中实现认识目的。诠释的起点，可能是从无限遥远的地方开始，或其左，或其右，不断追索，不断修正，不断靠近真相。其二，对确定文本，尤其是经典文本之本义，被公共理性接受为 π，诠释亦不会停止。它会向更深入的方向探索，以求证更精准的 π 值。这是一个无限的过程。π 值无限，对文本的意义追索无限。这种追索为无限且连续。各点位之间相互依存，以至互证，共同诠释 π 的无限意义。文本的自在意义是开放的，任诠释者在 π 下自由诠释，做出无限的结论。其三，诠释的无限约束于有限，在有限中展开无限。π 是有区间的。由 3.1415 起，无限延伸下去，数值越来越大，无限趋近于 3.1416。这就是 π 的区间，π 在这个区间无限展开。如同诠释，诠释对文本意义的发掘是无限的。每次阅读和理解都可能有新的感受和发现。但是，作为诠，其指向应该是无限符合文本的自在意义的，尽管不可能实现，也非离开文本的无约束的衍生。诠释的全部内容，源自文本的可能意蕴，即文本自身可能包蕴和含有的意义，而非无可能包蕴和含有的意义。诠释的无限，是以确定文本的可能意蕴为起点，无限展开下去，在无限展开中生产有限意义；诠释的有限，是以文本的意蕴可能为极点，约束无限，在有限约束中生产无限意义。进一步分析，π 如诠释之视域，进入此视域的文本，因不同的诠释主体及语境、不同时代的传统与记忆，决定了其初始条件与最终认知不同。π 的近似值 3.1415，为诠释之基本起点，3.1416 为诠之有限约束和极点。诠，无论怎样无限，也是无限趋近于目标，而永远不可穷尽。起点与极点，为无限诠释的界线，诠释在此界线内，由起点开始而无限展开，渐次递归于无穷极点，呈有限收敛的态势。简言之，诠释 π，是对诠释开放与收敛、无限与有限关系的象征性说明。π 为无限诠释的区间界定。在区间约束下，诠释

阐释的有限与无限

是开放的、无限的，无限开放的诠释，收敛于诠释的起点与极点之间。诠释的无限性，在其有限性中展开；其有限性，以对无限性的约束而实现。

　　阐与诠有所不同。诠，有基础性、确证性、认知性的一面，是我们准确把握现象及文本真相的前提。我们的认知，不能仅停留于此，而应不断进步，将对现象和文本的已知推广于未知，从而，本义的意义、意义的意义、意义的当下价值，就提到面前。不同于 π，阐为一种扩大，是在诠的基础上，衍生和创造新的理解和认识的重要方式，是主体及主体间视域交流与碰撞无限延伸的最高形式。无最终目标；无区间约束；无限追求之最终可能，无法达及。如此，阐释的开放与约束，有限与无限如何表达？我们给出新的概念——阐释的正态分布。

　　正态分布是随机变量概率分布的规律性表达。概率分布的一般规律，不仅在自然界，而且在人类社会活动中普遍存在；不仅在社会科学，而且在诸多人文科学研究中被普遍推广，特别是在与阐释学研究密切相关的心理学研究上，正态分布应用已极为深入。可以断定，这个理论与方法，能够帮助我们有效认识阐释过程中普遍存在的概率现象，解决相关复杂问题。确切地说，一般阐释结果的分布，其形态就是概率分布。面对确定的哈姆雷特，100万人的理解和阐释是随机的、离散多元的、不可预测的。但是，因为参与的对象众多，其分布将是标准的正态分布，服从正态分布曲线的描述。以此为工具，当可深入分析和确证阐释的开放与收敛、有限与无限，并对它们的相互关系及呈现状态给出更可靠的量化分析。

　　所谓正态分布（这里采用最简单的标准正态分布），即一钟形对称曲线，依曲线最高点向下横轴作垂直线，以此线为中心，钟形曲线两边呈对称状态，平滑均匀下降，开口逐渐扩大，无限趋近于横轴。曲线与横轴间面积为1，相当于概率密度函数从正无穷到负无穷的积分概率为1，即概率总和为100%。概率分布以中线为集合，大多数分布集中于中线周围，其所占面积为全部面积的绝大部分。此分布规律，用于阐释学分析，其横轴为现象或文本呈现；其中线为公共理性对现象或文本意义的期望或可能接受结果。全部独立阐释的结果分布于曲线面积之内。如图1所示，我们用正态分布曲线对阐释的开放与收敛、有限与无限、扩张与约束关系，做如下说明。

其一，独立主体对确定现象或文本的理解与阐释，其结果无限，且非确定，不可预测、离散分布于曲线面积之内，其概率密度函数为标准正态分布。阐释的无限开放，为正态分布的敞开状态，投射为向底线两边无限延伸，但无相交可能。

其二，曲线之中轴，为公共理性所期望或接受的有效阐释。对确定文本的公共阐释，或阐释的公共性实现，投射为正态分布之中线。由公共理性的相对性所决定，对同一文本的公共理解与阐释非一个中心，即阐释的正态分布中心可为多元，并以不同中心构成不同投射面积。

其三，阐释主体数量足够，全部参与主体对确定现象或文本的阐释结果，可从正反两个方向，大概率地趋向于中心，生产方向大致同一的结果，实现独立阐释的公共性，并投射为以中线为核心的有限面积，使无限离散的阐释呈有限态势。当阐释者的独立阐释与公共理性期望相差较小，其概率方差抽象为1，此类阐释所占面积，将接近全部面积的70%，即70%以上的阐释，服从于公共理性的约束，约束于公共理性期望域之内。

其四，阐释的有效边界，由抽象为1的方差决定。阐释无边界。背离中心轴的独立判断无穷，但越远则接受者越少，无限渐进于底线，无可能达到，所占面积可忽略不计。渐近线的投影，证明阐释无边界。有效阐释有边界，可称为阐释的有效边界。方差的对称约束，就是阐释的有效边界。如确定抽象为1的方差为标准，近70%的阐释集中于公共期望域内，数值为1的方差，为阐释的有效边界。

其五，公共理性的期望是变化的。为当下公共理性接受的阐释，未必是真理。随着公共理性的进步或退化，若干曾经边缘化的阐释，可能移进中心，并生产更多的同质性阐释，集中于新的公共理性接受的有效面积之内。

其六，所谓诠之 π，作为正态分布的特例，其中心期望值为3.1416，同样为阐释的正态分布所容纳。由此，我们可称阐释 π。

相比西方同类理论，正态分布是显现和说明阐释无限与有限关系

阐释的有限与无限

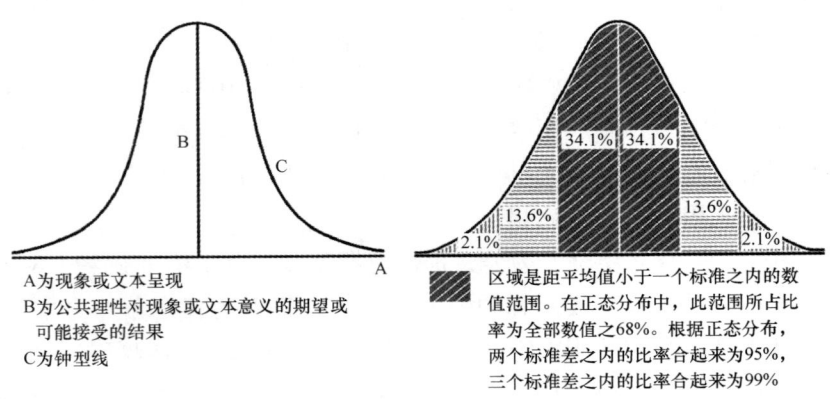

图1 阐释的正态分布曲线

的最好方法与工具。

　　这里需要讨论两个问题。其一，公共理性如何约束阐释。我们曾经表述①，阐释是公共的。阐释的目的，是争取公共承认。阐释的有效意义，由公共理性所决定。公共理性所决定的阐释的有效边界，是催动阐释无限生成并努力趋进公共理性接受中心的根本力量。阐释无法抗拒。其二，何谓阐释方差。方差反映正态分布的分散程度。方差越小，表明随机变量取值越集中于中心线附近或周围。在阐释学的意义上，方差可象征为无限多的独立阐释与中线，既公共理性期望值的差距。方差越大，独立阐释的结果与公共理性期望的差距越大。与对自然现象的正态分布描述不同，阐释作为精神现象，其公共期望与方差很难定量，只能定性地予以分析和认知。这种定性分析，对于精神现象的描述而言，已经具有足够意义。当然，随着大数据技术的应用，文学社会学及其他人文社会学科的兴起，有望对其做出进一步的定量分析。

---

① 张江：《公共阐释论纲》，《学术研究》2017年第6期。

论有限与无限的共时性

——重思"阐释"

高　楠

【内容摘要】《论阐释的有限与无限》一文是在西方理论碎片化及中国文学理论实用主义问题化倾向的理论态势中，进行哲学阐释学建构的一篇重要论文。它是继《强制阐释论》及《公共阐释论纲》之后从更高层次的普遍性角度对中国阐释学的系统建构。其中开创性地提出的阐释的有限与无限的共时性，是阐释的公共理性的过程性运作；阐释有效性则是阐释无限可能性见于具体阐释有限性的公共理性的验定。由此，阐释这一阐释学的核心概念，以其深刻的问题求索性引起了进一步的关注与追问。

【关　键　词】阐释　有效性　共时性　有限　无限

【作　　者】高楠，辽宁大学文学院教授。

西方缘起于古希腊的哲学传统自尼采而陷入萎顿。尼采"上帝死了"的宣言也是对形而上学的宣言。后来的战争灾难使得对于理性大感失望的西方人进一步把这种失望转入对形而上学的批判。尽管如此，经由德国古典哲学的形而上学的光彩使那些试图反叛者没有勇气投身光照之外的茫茫黑夜。不过之后，由柏格森、弗洛伊德、胡塞尔、海德格尔、阿德诺，乃至后来被称为后现代主义哲学群体的相继发力，终使形而上学碎片化的工程初具规模。这种情况被布鲁姆经典地表述为"如今学界是万物碎片,中心消解,仅有杂乱无章在持续蔓延"①。哈贝马斯则是无奈地提出,西方黑格尔之后所有思想流派立足的根本,即对待形而上学的态度,至今"已经变得暧昧难懂"②。西方理论的这种哲学碎片化的解构倾向,在20世纪末以后现代思潮涌入中国,并"以西律中"地引起中国理论研究包括阐释论研究的理论碎片化。在这样的背景下,张江教授在《论阐释的有限与无限》论文中对阐释学有限与无限关系的探索,就有了整饬碎片进行哲学阐释学总体性建构的重要学术意义。其中尤为突出的问题呈示,即对于阐释这一概念本身的反思。

一 哲学阐释学的理论关注

对张江《论阐释的有限与无限》论文进行读解,并对其阐释论意义进行阐释,文中体现的哲学普遍性视角,及对理论碎片化现实所表现出的批判意识,是须予强调的。哈贝马斯曾提出哲学解释学的概念,强调了它的批判性、反思性及语言的交往性。③ 基于此,本文认为《论阐释的有限与无限》体现了哈贝马斯对解释学所做的哲学特征的建构性强调,因此也可以将之称作哲学阐释学建构。哲学阐释学,并非对哲学的阐释,而是从哲学普遍性角度,对阐释的阐释。阐释的有限与无限问题,是哲学阐释学的基本问题,这是对阐释的时间与空间属性的具有反思意识的探索。就阐释学问题域而言,它关系阐释的规定性、构成性、合法性、有效性、公共理性等一系列重要问题。并且,它由阐释的具体层面进入哲学层面,使得阐释的现实性与可能性、必然性与应然性、个性与公共性及融通性与共识性这类更为抽象的问题域,在现实具体的阐释中凸显出来。因此可以说,这是西方哲学经过几十年乃至上百年的形而上学解构,在观念与实在的抗争中,在理论碎片化已然成势的情况下,中国阐释学所做的向更高层次的阐释普遍性收敛与复归的努力。

---

① [美]哈罗德·布鲁姆:《西方正典》,江宁康译,译林出版社2011年版,第1页。
② 《哈贝马斯精粹》,曹卫东选译,南京大学出版社2004年版,第319页。
③ 《哈贝马斯精粹》,曹卫东选译,南京大学出版社2004年版,第133—134页。

阐释论需要在更高的哲学层面求解阐释问题,也唯有在更高的层面求解这类问题,规定着阐释的更高层次的普遍性才能获得真理性求解。当然,这里从西方形而上学碎片化的背景反思性地提出问题,《论阐释的有限与无限》所要复归的并不是西方那套传统的形而上学态度及形而上学方法。西方那套理论的片面与僵化,尤其是多个世纪沉积下来的形而上学观念化,确实已难以为继,一个多世纪以来,西方逐渐演进的批判形而上学的趋向,具有充分的历史合理性。但这并不意味着西方碎片化的阐释论研究就是具有合理性的研究。近些年来,西方阐释论研究流派纷呈,各执一端,相互攻讦。它们常常为证明各执一端的合理性,而使自己这一端封闭起来,以求城墙的不可逾越。形式主义、接受美学、结构主义、新历史主义、新批评、解释理论、解构主义等,这些辉煌一时的理论陆续走向暗淡,走向消沉,与它们各执一端的理论封闭脱不开干系。这也是理论碎片化的后果。西方阐释学因此进入理论杂陈的时代。美国加利福尼亚大学特雷萨·德劳瑞蒂斯应美国著名的跨学科理论杂志《批评探索》之约,就"理论的危机"阐述己见时说:"20 世纪 60 年代以后,在批评话语的流动中,自然对文化、理论对实践、本质论对社会构成主义的争论以及相关的'二元对立'争论,那些看似关键的时刻,都只是暂时的停顿,很快都被一种新的关注和另一种争论所超越。"[1] 德劳瑞蒂斯的这种对于理论因碎片化而流动不已、难以伫足状况的描述,总体上合于几十年来西方理论及阐释论的实际情况。对这种情况带来的理论研究的茫然不知所措,德劳瑞蒂斯表述为"最终我也无法讲清最初是什么使树枝和树叶纠缠在一起"[2]。

19 世纪 80 年代后,在西方思潮的大力冲击下,中国文学理论与阐释论,在接力式的奔走中,快速地传递了西方百余年的理论接力棒,那一个个里程碑式的西哲名字,在逐一传递中,建构着中国的理论之体,理论碎片化的倾向也随之传递开来。这种倾向以走马灯式的

---

[1] [美] 特雷萨·德劳瑞蒂斯:《理论立足于现实》,王丽萍译,载王晓群主编《理论帝国》,中国社会科学出版社 2004 年版,第 35 页。

[2] [美] 特雷萨·德劳瑞蒂斯:《理论立足于现实》,王丽萍译,载王晓群主编《理论帝国》,中国社会科学出版社 2004 年版,第 35 页。

问题流转方式展示开来。固然，问题式研究是理论研究的重要方法，问题式研究的理论目的是在问题求解中进行理论建构。然而，这几十年来问题研究所存在的问题在于，不少问题研究还没有进入理论建构层面便不了了之。其中的原因离不开对于西论的非语境转用①，以及中国自身理论研究没有或在一段时间里尚没有能力坚持在更高理论层面的普遍性提升。这便助长了中国理论研究的两个倾向。一是理论碎片化倾向，二是理论研究的实用主义倾向。

当理论研究缺乏哲学层面的支撑时，理论碎片化与短视的实用主义会在所难免。在中外阐释论均已理论地对哲学阐释论形成吁求的情况下，张江凭借中国阐释论建构的经验，对于理论研究走势的把握，以及必要的理论积累，推出《论阐释的有限与无限》这篇论文，由此便获有了对于阐释本身予以关注的重要理由。这一理由正如他在论文开篇所概述："一些重大成果影响巨大，一些努力和探索渐为共识，但从总体看，依然未有定论，概念混淆不清，证词流于空泛，倚重权威言论，少有确立论断，问题讨论仍停留于无休止的混沌之中。"② 这是当下阐释研究有待进一步向更高的阐释普遍性提领与提升的理由。

二 有限阐释的无限性及无限阐释的有限性

从有限与无限这个哲学层面对阐释进行思考是在进行哲学阐释论的建构。它论及了两个具有更高普遍性层位的哲学范畴，更重要的是，体现了更高层次的阐释学视野、阐释学态度及阐释学方法。立足这个层位进行阐释问题的发问与追问，被召唤而至的东西，便是阐释理论基础性的东西。这一召唤关注的，不只是阐释如何、阐

---

① 理论必然是具有历史延续性的，但同时，理论的历史延续性及理论创新必然要立足现实。现实是以语境方式发挥作用，任何理论都具有彼时彼地的语境性。瑞恰慈曾从文章的上下文、话语环境及某段时期一切相关事情的综合影响论及语境（[英]瑞恰慈：《论述的目的和语境的冲突》，张福德译，载赵毅衡编选《新批评文集》，百花文艺出版社2001年版，第333页）。西方理论对于中国的传入，难以把西方当时的语境带入进来，因此是非语境的，需要进行中国现实语境的转换，否则，便难免以西律中。

② 张江：《论阐释的有限与无限》，《探索与争鸣》2019年第10期。

释怎样及阐释何为何用这类可以具体阐发、描述及求证的问题，而是更关注隐藏于这类问题背后并对这类问题予以规定的更深层的东西，亦即作为众源的那个何所为。何所为亦即为什么要如此的那个原因。通常说，阐释即对于文本未明确说出的意义的阐释，这是阐释要如何。当进一步追问为什么阐释就是对文本意义的阐释，也就是阐释为什么要如此阐释时，阐释本身便退居为追问背景，而阐释背后规定着意义阐释的那个生成着阐释、展开着阐释的东西，即阐释何所为，就被推至追问的正面。这就是对更深或更高层次的普遍性的哲学追问。亚里士多德曾专门谈到这种追问，他称此为目的追问："还有个何所为，就是目的，它不为任何其他东西，而其他东西却都为着它。如果事物有了这样一个终点，它就不是无限制的，如果没有这种东西，也就没有何所为了。"这里便涉及有限与无限。就事物不断发展说，一个目的接着一个目的，这是无限的，但每一个目的又是一个终点，在终点处，一个实现目的的阶段结束了，这便是有限。无限在运动中，有限在实现中，亚里士多德进而说："必须把质料理解为运动着的东西，没有任何东西作为无限存在。若是这样，那么作为无限而是或存在的东西，便不是无限的。"① 即是说，如果不能从运动角度理解质料，则没有任何东西是无限的，无限存身于无休止的运动中。

把文本质料理解为语言，则阐释的开放是语言向阐释的开放，亦即语言的无限运动。而作为质料的语言又是有限的，因此，阐释便在这种有限中收敛。对于阐释的有限与无限这种转换关系，张江教授指出："作为一对相互依存的共轭变量，两者之间是相互包含、相互决定的积极关系，而非相互否定、相互排斥的消极关系。开放与收敛平衡，无限与有限相融，无限在有限中展开，有限约束界定无限。"② 为此，在哲学视域中，阐释获得了更高普遍性的理解，在这种理解中，多有争论的文本本意问题，成为在文本有限与阐释无限的关系中具有关系属性的问题。本义是有的，是在阐释中无限生成的本义，阐

---

① ［古希腊］亚里士多德：《形而上学》，苗力田译，中国人民大学出版社2003年版，第35页。

② 张江：《论阐释的有限与无限》，《探索与争鸣》2019年第10期。

释把文本本义投入无限，文本本义又把阐释收敛为有限。面对文本本义因阐释而生成的无限，任何有限的封闭或自我封闭都是不合阐释的封闭，因此任何确定的以及既定的阐释，都是不合理的阐释；而面对阐释因文本本义而收敛的有限，任何不确定的，无端或无理由的阐释，也都是无意义的或强制性的阐释。这里的关键是张江提出的"共轭变量"，它所表达的有限与无限并不是通常理解的在时间与空间的无限延续中实现的历时性的有限与无限，而是一种共时性的有限与无限，即有限中共时共在地存有着无限，而无限也共时共在地存身于有限。这种有限与无限关系的共时性理解，可以在古希腊阿那克萨哥拉那里找到哲学史根据。阿那克萨哥拉提到万物相聚的混沌状态——这也是精神把握的世界初始状态，他认为在这个状态中"万物聚在一起，数目无限多，体积无限小；因为小也是无限。万物聚在一起时，由于微小，是不清晰的"[1]。万物相聚，既是有限物的无限多与无限小，又是无限多与无限小的有限物。有限与无限共时存在，存在于万物相聚的"整体中"[2]。这种思维方式在西方不断强化的形而上学思维中逐渐失去了活力。但有机整体性的思维方式在中国传统思维中却一直活跃，由此形成的对于世界有限与无限的整体性把握也一直被传承。

　　这是一个极性关系体的理论带入。这一带入不仅展现了有限与无限这个关系体共时而在的两极，而且，这两极的共时互构同时又是历时延续的。对阐释的有限与无限的相互关系，《论阐释的有限与无限》分别从无限、有限、无限经由收敛而进入有限及阐释由无限进入有限的有效性方面进行哲学阐释学层面的概述。这类概述均建立在感性实体存在的基础上。这些感性实体存在均发挥着亚里士多德所说的质料流动的作用，所以在其无止境的发展与变化中，它才是无限的。它无限地通过释者的切生体验、理解及反思，形成着阐释。对阐释的有限性，《论阐释的有限与无限》讲了三个要点，即确定对象的阐释、对象文本的确定意蕴的阐释、释者用于阐释的确定意图的阐释。

---

[1] 杨适：《古希腊哲学探本》，商务印书馆2003年版，第257页。
[2] 杨适：《古希腊哲学探本》，商务印书馆2003年版，第257页。

这三种确定性在具体阐释中虽然都是相对的，但它们确定地存在着，又确定地发挥着作用，就像每天早晨的特征是相对的，但每天早晨又都是确定的一样。

三　导向两极共体的范畴辨析

在阐释的有限与无限这一两极共体关系中，具体与普遍、或然与确然及敞开与收敛，成为阐释的过程性运作的现象学特征。由此，对于两极运作的逻辑范畴的辨析，便成为随之而来的阐释论要题。

如前所述，古希腊的有机整体性思维方式，使他们发现了有限与无限相依相在的共时特征。至亚里士多德，虽然形而上学的思维方式日益走出有机整体性，但作为思维延续，仍使他成为有限无限共时互在关系的关注者。亚里士多德把无限置于有限，认为无限总是有限的无限，而有限又是无限的有限。他认为"无限绝不是一种分离的自身存在"，"无限显然不以现实方式而存在，如若这样，不论取来它的任何部分也都是有限"。[1] 即是说，无限存在着，但不是自身地存在着，而是依附地存在着。它本身不可感，但却依附于可感物，因而可感，而这可感物必是有限的，"既然地点不可能是无限的，物体也不可能，在地点上总有个某处，或是在上，或是在下，或是在其他某个地方，这些东西每一个都是某种界限"[2]。亚里士多德对有限与无限关系属性的这种互依互在的解释，由于他的形而上学奠基者的身份，因此也便为后来西方形而上学地理解有限与无限的关系奠定了基础。不过，随着形而上学二元对立倾向的展开，主体与客体、此时与彼时、此在与彼在，乃至形式与内容、现象与本质等也便被置于分立甚至对立之中。由此，有限与无限的共时互在关系也便难以维系了。有限在后来的形而上学中便逐渐被理解为直观、感性现实或感性实在；无限则被理解为普遍、一般或超验。在这样的范畴转化中，有限中的

---

[1] ［古希腊］亚里士多德：《形而上学》，苗力田译，中国人民大学出版社2003年版，第233—244页。

[2] ［古希腊］亚里士多德：《形而上学》，苗力田译，中国人民大学出版社2003年版，第236页。

无限被推升为抽象的历史无限，从而观念地抽身于有限，成为无限的观念；而有限失去了共时互在的无限，它也便自我封闭起来，成为观念化的感性实在。从张江《论阐释的有限与无限》，可以看出他在哲学阐释论建构中对于古希腊哲学的汲取，及对于后来的西方形而上学的否定。

《论阐释的有限与无限》重点辨析的阐释论范畴被分为四组。这四组辨析均围绕有限与无限的共时互在关系展开。第一组，文本开放与阐释开放。这是此前阐释研究中经常被模糊运用的一对范畴。文本开放，是文本向接受的开放。阐释开放，则是接受向文本的开放。前者因接受获有无限，接受可以无限地运用可能的接受机会、接受方式及接受资源，但这都是文本有限规定中的接受无限；后者使文本获有无限，文本赢得了来自接受的无限机遇，因此有了被无限阐释的可能性，但这又是在接受有限中的文本无限。第二组，阐释的边界与阐释的有效边界。边界与有效边界的区分，是张江继《公共阐释论纲》之后对于"阐释如何才是正当"这一问题的进一步思考。在阐释的有限与无限的哲学层面上，他开掘了赫施（又译赫什）的阐释有效理论。阐释的边界是阐释对于阐释无限的边界，因此是阐释对于阐释的边界，亦即阐释在怎样的阐释中方为合理的边界。由此也可以看到，哲学阐释论中有限与无限关系范畴的导入对于阐释学的普遍性意义，以及对于阐释与正当阐释标准进行求解的意义。第三组，蕴含、可能蕴含、蕴含可能。蕴含即文本显现的本来意义，这是作者的意图赋予；可能蕴含，也是文本自身的，是在文本中可以揭示的；蕴含可能，是文本被释者接受过程中，文本与释者所可能共生的。前面提到的赫施所捍卫的，当属蕴含与蕴含可能，哲学阐释论的有限与无限的关系则综合地见于蕴含、可能蕴含及蕴含可能三个方面，它们都蕴含无限与有限，又见有限于无限。第四组，诠与阐。诠与阐这两个范畴，是承前三组而来的，是对差异鲜明的两种阐释方法的区分。这种区分此前被阐释研究者普遍忽略。张江所以特别强调这种区分，是因为从有限与无限的哲学层面而言，它们具有不同的极向意义。诠，张江借助古汉语语义训诂，指出这是对于文本确证本义的方法；阐，则是开门纳客，围绕文本引经据典、广为交流的方法。诠的极向意义是有限中无限，阐则是无限中有限。这一辨析可以做这样的理解，即诠是使文本中既有的东西自己站出来的阐释方法，站出来即从文本中澄明出来，它原来就在文本中。而在阐中站出的则不是文本本义，而是释者与文本共生并与之共同站出，这便是蕴含可能。在这一共生共站中，双方也都有无限的可阐释性。

四 搭建于阐释 π 的两极通路

《论阐释的有限与无限》大胆地并且非常重要地引入了 π 这个来自数学的关键词。π，即圆周率，是任意一个圆的周长与直径之比。这个比用数学语言来表述，即介于 3.1415 与 3.1416 之间。然而，如此微小的数字差之间，却横亘着一个无可逾越的无限。张江引入这一关键词时介绍，π 的位数已达 30 万亿以上，其结果仍为除不尽的、非循环的无理数。

π 的引入，其效果不仅是一个来自异域的数学概念所唤起的新鲜感，其中更为深刻的意义是，π 带入了一种重要的思维方式。

就哲学的思维设定而言，最容易谈论的是无限，因为它可以是个无指代而又自我完善的概念，并最终在观念化中终结；同时，最难谈论的也是无限，因为它唯有获得现实实在的论证，才有理论意义与实践意义。这一难题，在黑格尔对于康德"物自体"的自然概念批判中便已提出。黑格尔说："康德指出，思维本身是具体的，具有先天综合判断，而这种判断并不是从知觉中创造出来的，这里面所包含的思想是伟大的；但是，另一方面，他对于这个思想的发挥却停留在十分普遍的、粗糙的、经验的观点之内，不能说是有什么科学性。"[1]从自然概念，黑格尔对康德进行了三点指责，其第二点指责便是就其中的无限而来，即由于康德确认的那个无限与善没有关系，因此便只能"又把我们带回到那个不知道的神"[2]，"它要求内容为完满的理念

---

[1] [德] 黑格尔：《哲学史讲演录》第 4 卷，贺麟、王太庆译，商务印书馆 2011 年版，第 290 页。

[2] [德] 黑格尔：《哲学史讲演录》第 4 卷，贺麟、王太庆译，商务印书馆 2011 年版，第 339 页。

所充实，亦即要求内容本身为概念和实在的统一"①。黑格尔对康德批判的深刻性，在于他看到了康德从自然的科学名义出发，却转入经验的思辨并最终落入先验的主观规定之中。要走出康德经验的、思辨的无限论怪圈，使哲学阐释论的无限论不至于落入文本有限与阐释有限的外设的观念之中，而是提供其客观的历史实践根据，张江必须拿出一个既是观念且又是感性现实，既是经验且又具有科学性的关于无限的证据。π的引入，使这一难题迎刃而解。

π就在眼前，那样的现实具体，像眼前的一棵树、一棵草，但同时它又是在现实具体中展开的无限。π会被更深入的探索，以求证更精准的π值。这是一个无限的过程。π的方法论意义，在于为阐释设立了一个客观的维度，无论是文本，是接受，是释者，还是在此三者中延续的历史，都具有各自的客观性，它就像π那样的客观，而且就在π那样的客观中，客观地存在着它们各自的无限展开。

在导入π的同时，在区分诠与阐这两个范畴的同时，阐释的开放与约束如何对待，有限与无限如何表达，阐释的有效性及所体现的理性的公共性程度如何验定的问题便突出出来。因为显然，具体阐释只能通过释者的个人阐释完成，个人性或个体性是具体阐释不言而喻的形态特征。而且，每一个具体阐释，只要释者在认真做这件事，这件事就一定体现着他的智力水平，包括选择阐释对象的水平、展开思维的水平、运用与组织证据材料的水平以及运用语言进行表述的水平等。因此，释者对自己的阐释自然会有一个面对自己的自我认可的态度，这种态度不会因为他对阐释的交流性、敞开性乃至无限性持肯定的态度而有所改变。于是，有多少具体阐释，就有多少释者的自我认可。为此，赫施提出了有效性如何验定的阐释学的普遍性问题，但他对这一问题的解答却令人无奈。他说"在此前所涉及的一些数量范畴，如'更多''更少''很多''很少一点'，都是含糊的概念"，但他随即申明，即便在这种判断中缺乏数量上的精确性，也"不会以任何一种方式影响到判断的正确性"。他以面对两堆沙子来说明这种

---

① [德]黑格尔：《哲学史讲演录》第4卷，贺麟、王太庆译，商务印书馆2011年版，第283页。

"正确性"："人们无需严格地确定两堆沙子中所拥有的具体沙子总数，而只需去定两堆沙子间相对的比例，就可以轻而易举地而且正确地去断言，这堆沙子比另一堆沙子更大一点。"① 这样，赫施便把阐释是否有效这一事关阐释命运的大事，交付给了估堆式的经验直觉。这对于哲学阐释论，也同样是一个严肃的问题，因为在有限与无限这种极性追问中如果没有客观的、科学的根据，黑格尔对康德哲学的观念性批判就仍然有效。为此，《论阐释的有限与无限》给出了一个阐释有效性验证的新的概念——阐释的正态分布。

　　正态分布，如该论文所概述，是随机变量概率分布的规律性表达。就阐释的总体性与历史性而言，它是众多具体阐释的聚合，这是交织的束状聚合，因此这必然是体现为数字的。而且，不同的阐释意见，是可以进行意蕴分类，并且在阐释中也自行进行意蕴聚合，这里有追随、有争论、有对立，也有不同程度的融合。当对意蕴进行类分时，众多具体阐释所形成的数字聚合，便也随着类分而形成数字分布，这便是概率分布。于是，概率分布的规律性便发挥作用，并且量化为数。对正态分布，《论阐释的有限与无限》将之描述为钟形对称曲线，"依曲线最高点向下横轴作垂直线，以此线为中心，钟形曲线两边呈对称状态，平滑均匀下降，开口逐渐扩大，无限趋近于横轴"②。从阐释学说，那横轴便是"现象或文本呈现"，也就是赫施所说有待阐释的可以从中提取意义的文本范型。这范型不是意义，却原本地据有并可以不断地生成意义，这种据有的原本追问及生成追问，其求值是无限的。表述阐释意蕴的钟形对称曲线，像 π 一样，可以不断接近那终值，却永远不会抵达终值，这是一个无限接近的过程，却又具体地体现为每一次有效的具体阐释。不同具体阐释的有效性是相对的，又是存在差异的。阐释的正态分布的正态程度即有效程度，以钟形的中轴线为凭，阐释的意蕴分类的统计数字以多少为标准，数字越大则越近中轴。就钟形曲线图示对于数字多少的明暗度而言，明则疏、暗则密，最密集亦即最暗的部分，就是最切近于中轴的部分。一

---

① ［美］赫施：《解释的有效性》，王才勇译，生活·读书·新知三联书店 1991 年版，第 198 页。

② 张江：《论阐释的有限与无限》，《探索与争鸣》2019 年第 10 期。

阐释的有限与无限

个不同阐释有效程度的统计图式便因此获得。该论文醒目地提供了这一钟形曲线图示，并对此进行了精要的六点阐发。概率密度函数的正态分布标准；有效阐释的中轴呈现；差异阐释意蕴向正反两个方向展开的趋向中轴的差异性；向中轴汇聚的阐释的有效边界；向中轴汇聚的意蕴阐释的有效面积随公共理性变化而变化；无论是底线横轴，还是垂直中心轴都置于 π 的具体且又无限之中。

这一钟形曲线阐释有效统计图式的提供，对于阐释学建构而言，是具有首创意义的。它置身于有限与无限的两极关系中，它也不可能抵达那个象征着唯一正确性的 π 的终值，但这是接近终值的过程，尽管阐释意蕴的两极分布可能尚显简单，因为可能还会有第 3 级、第 4 级的分布，尽管对称的钟形曲线太过完美，因为还可能有不规则曲线，但就数据统计的科学性而言，它为阐释有效性的验定，赢得了一个重要突破，即它可以使阐释评价在即时即地的阐释中走出沙子估堆似的无奈，从而获得一个接近准确的标准，尤其是当下这个已进入大数据技术应用的时代。所以，张江在该论文中对于所提交的钟形图示的表述，正是见无限于有限的哲学阐释论的表述："与对自然现象的正态分布描述不同，阐释作为精神现象，其公共期望与方差很难定量，只能定性地予以分析与认知。这种定性与分析，对于精神现象的描述而言，已经具有足够意义。"[①] 这也正是黑格尔所说的，这已经是可以像合理的酿酒，可以像合理的烧砖瓦一样运作的"具体思维"了。

[①] ［德］黑格尔：《哲学史讲演录》第 4 卷，贺麟、王太庆译，商务印书馆 2011 年版，第 341—342 页。

抽离了社会历史范畴的 π 还有效吗

——与张江教授对话

南 帆

【内容摘要】 张江教授采用正态分布描述各种阐释观点获得接受的概率,很大程度上,正态分布肯定的概率默认了公共理性的前提。然而,数学语言的抽象性滤掉了社会历史范畴——数学语言擅长的是表述各种超历史的现象。因此,概率无法说明为什么另一些偏执的文本阐释可能在特定的时间与空间突如其来地成为正统,并且形成特殊的效应。阐释的有限与无限构成一个巨大的理论漩涡,剧烈地冲击着见仁见智的多元阐释。必须穿过数学语言的帷幕持续地追溯社会历史范畴,探寻何种历史土壤促成了现代阐释的急速发育。

【关 键 词】 阐释学 共识 公共理性 社会历史范畴

【作　　者】 南帆,福建社会科学院院长、研究员。

一

　　阐释的有限与无限构成了阐释学内部一个巨大的理论漩涡,各种紊流错综交织。张江教授的《论阐释的有限与无限》勇敢地闯入,对于种种积存已久的难题发出了挑战。从古希腊色诺芬、柏拉图对于苏格拉底思想的不同传承到春秋战国孔孟与老庄对不同的阐释路线的追求,张江教授充分意识到漫长的理论故事遗留多少疑难的节点。他力图整理出一个清晰的航路图。这篇论文的严谨表述不仅显现出全神贯注的思想姿态与特殊的理论密度，同时还表示了综合性概括的意图——这篇论文并非单向论证，而是全面地考察了一批问题的复杂关系。对于中国阐释学而言，这种考察意义非凡。

尽管施莱尔马赫、海德格尔与伽达默尔、德里达等哲学家完成了一场思想革命，但是，所谓的"现代阐释"在解决了某些问题的同时，也带来了另一些新的问题——后者甚至不会比前者少。如果说，文学阐释领域的接受美学可以视为"现代阐释"的产物，那么，人们很快就会顾虑到，接受美学的"读者"会不会拥有太大的权力？当作家的尖锐探索超出了读者视野的时候，读者为中心的评判是否隐藏了埋没杰作的危险？如果读者抛下曹雪芹的《红楼梦》而垂青金庸的《鹿鼎记》，文学史必须下调《红楼梦》的经典等级吗？19世纪到20世纪的文学研究逐渐从作者、作品转向读者——古往今来，如此三个因素始终并列存在，为什么读者在这个时期成为主角？由于现代阐释打开了一个前所未有的视角，许多问题的解释不知不觉地依赖机智的新颖想象而缺乏深思熟虑的气质，例如阐释的限度。接受美学破除了文本阐释的独断，但是，破除了独断之后是否再也没有限度？"一千个读者有一千个哈姆雷特"是许多人熟悉的名言，然而，没有多少人愿意如同张江教授那样持续追问："一万个读者，会不会是一万个哈姆雷特，一百万个读者，会不会是一百万个哈姆雷特？"①

尽管如此，《论阐释的有限与无限》的意图不是聚焦某一个问题的精耕细作。张江教授似乎力图搭建某种相对宏观的理论模型，无论是重大问题的阐述还是边缘问题的消化，这种理论模型配置了一个统一的考察视野，并形成了相互联系的应答。

评价这种理论模型之前，有必要简要地复述架构与组织理论模型的一批概念及其意义——这些概念显现了有限的阐释与无限的阐释隐含的不同理论方位。第一，"文本开放"意味着允许各种阐释，但文本并非拥有无限的意义；第二，"阐释开放"意味着阐释者拥有自由理解文本的权利；第三，阐释不存在边界；第四，有效的阐释存在边界；第五，"蕴含"指文本包含和显现的本来意义；第六，"可能蕴

---

① 张江：《论阐释的有限与无限》，《探索与争鸣》2019年第10期。

含"指不为作者所知，但可能为阐释显现的意义；第七，"蕴含可能"指阐释者对于文本自在意义的发挥；第八，"诠"主要指对文本原意的阐释，为学术共同体普遍认可；第九，"阐"主要指衍生义理，重在阐发。根据这些概念构成的理论模型，《论阐释的有限与无限》论证了两种不同的阐释指向。作为阐释对象，文本的固定不变是一个基本前提。无论是李白的《梦游天姥吟留别》、苏轼的《前赤壁赋》《后赤壁赋》，还是曹雪芹的《红楼梦》、鲁迅的《阿Q正传》，交付阐释的文本具有固定的字数和段落排列方式。许多经典作品可能存在多种版本，但是，外部形式的差异并未带来意义表述的差异。因此，出现多种阐释的原因源于阐释主体，而不是文本。《论阐释的有限与无限》首先从理论上肯定了这种可能——阐释的无限。阐释对象锁定之后，张江教授列举了种种可能出现的状况。如不同的时间与空间可能使同一阐释主体对于文本产生相异的理解；不同的阐释主体也可能对于文本产生相异的理解；时间与空间的无限、阐释主体的无限以及各种状况的叠加重合必然形成阐释的无限。

然而，阐释的无限仅仅是一种抽象的理论可能。事实上，在既定的历史区域，阐释实践始终遭受种种条件的约束。首先，阐释的文本独一无二，这规定了一个文本必定存在异于其他文本的内容。逻辑的意义上，相异之处即是边界——甲文本的阐释不可能与乙文本的阐释完全相同。其次，阐释主体置身于特定的历史环境，必须接受当时语境结构以及公共理性的考核。再次，只有获得公共理性的认可才能成为有效阐释，另一些散漫、零碎的阐释只能停留于"聊备一说"的边缘状态，甚至被贬为可笑的无稽之谈。

这种理论模型的积极之处在于，以上众多特征并非描述为固化的结构，而是具有历史与辩证的意义。"一些当下不被承认的边缘化的阐释，可能跃迁于中心，而成为新的更有普遍意义的公共阐释。"[①]

闭合与敞开，有限与无限，当下与历史，主流与边缘，张江教授描述的理论模型从各个方面协调文本与阐释之间的多种张力，从而构想一幅既稳定同时又富于弹性的理论图像。

---

① 张江：《论阐释的有限与无限》，《探索与争鸣》2019年第10期。

二

　　构想这一幅理论图像的时候，张江教授保持了理性主义的稳重。尽管阐释的无限占据了充分的理论空间，但是，他显然倾向于站在"阐释的有限"这一边。所谓的"现代阐释"带有冲击传统观念的强烈效应，以至于"阐释的无限"时常以激进的革命姿态先声夺人。然而，现代阐释的意义无疑是打开了关闭的闸门，但却不是提供了一个无可争议的阐释制高点。后续追问是，无限的阐释即是理想状态吗？事实上，一道题目有无数个解相当于无解。无限的阐释犹如没有阐释——任何一种阐释均可替代另一种阐释。因此，张江教授的论文转向了另一种意图——破除文本阐释的独断仅仅是一个开始。更为重要的是，如何从蜂拥而至的众多阐释之中圈定某些有效的阐释。何谓"有效的阐释"？张江教授列举了若干必要的条件，从固定的文本、公共理性到文化传统和历史语境。《论阐释的有限与无限》引入了一个论证的特殊策略——数学。张江教授以圆周率 π 和正态分布分别形容文本阐释无限延伸的范围和众多阐释的概率分布。方法论的意义上，试图以数学的精确澄清、分析和覆盖人文学科的某些模糊领域。这再度显示出张江教授对于理性主义的敬意。

　　显然，理性主义的稳重必将在日常生活领域获得大范围的支持。通常意义上，一种符号体系的设立即是制造沟通与交流的不同形式。从语言、绘画、音乐、电影、建筑到旗语、密码、手势、表情、交通信号以及种种象征性仪式，各种符号体系共同组成严密的社会交流网络。很大程度上，这些符号体系乃是联结和指挥社会躯体的文化神经。符号体系的失灵可能导致社会的大面积瘫痪。某些时候，符号发出的信息可能遭遇种种障碍，以至于无法使接收者正确领会。这时，阐释的弥补功能至为重要。阐释的首要意图是修复符号的接收与破译机制，保持信息的流通，重新将社会成员组织为文化共同体。这个意义上，阐释与理解构成了基本生存的组成部分。所以，阐释的意图不是提供莫衷一是的解读、制造混乱，而是谋求符号、文本、信息与读者的接收、理解之间的光滑衔接。所以，张江教授认为，"确定性"

是阐释学的首要目标:"独立主体的阐释目的是确定的。阐明主体自身对文本的确定性理解,并企图将此个别理解固化为可以被历史所承认的提法、观点、结论,进而上升为经得起历史检验的普遍知识并嵌入人类知识体系,这是阐释的基本追求。"

笔者很愿意认可这种结论。而且,那些促成现代阐释的众多思想家也没有理由贸然反对。如果海德格尔下午两点半举办哲学讲座的海报出现了一千种解读方案,这种状况肯定令人恼火;如果德里达手中的欧元被阐释为一张病历证书,他的生活必将遭遇重大的困扰。总之,文化的传播与传承是以符号、文本与阐释的彼此合作为前提的。

当然,在维护这种结论的时候,笔者与张江教授的聚焦略有差异。张江教授始终如一地关注作者在阐释之中的主导功能。他曾经反复地为作者的意图对于文本的特殊意义进行辩护。《论阐释的有限与无限》之中,他再度清晰地重申这个观点。

> 文本具有自在意义,这个意义由文本制造者赋予。无论他表达的是否清晰与准确,我们目及任何文本,包括阐释者的阐释文本,皆为有企图和意义的文本……说作者死了,文本与作者无关,意图无法找到或找到也无意义,可以是一种趣味,但这绝不意味着它没有。①

除了少量超现实主义写作之外,否认作者意图的存在不啻于强词夺理。宣称"作者已死"的主要含义是,否认作者意图对于文本阐释的限制,即当文本阐释逾越了作者意图的时候,作者没有理由依赖文本之父的身份给予否决。当然,作者权利的捍卫始终是一种强大的势力。这不仅证明社会对于作者的尊重,更为重要的是阐释学存在的一个隐忧,即抛开作者意图的限制,阐释主体——亦即读者——是否可能进入为所欲为的状态?张江教授的《论阐释的有限与无限》表示:"阐释者对文本的任意理解以至误读,皆为阐释主体的权利。"②

---

① 张江:《论阐释的有限与无限》,《探索与争鸣》2019年第10期。
② 张江:《论阐释的有限与无限》,《探索与争鸣》2019年第10期。

然而，在笔者看来，阐释主体远非如此自由。"新批评"的"意图谬误"，尤其是罗兰·巴特的"作者已死"无不强调，语言的内在结构——巴特指的是"文本间性"——遏制了作者表述的独特性。结构主义的一个基本观念是，主体来自语言的建构。作者所谓独一无二的经验或者想象仅仅是一个幻觉，这些经验或者想象更像是语言借助作者之手显露自身。与多数人的观念相反，语言并非作者得心应手的工具，作者充当了语言结构自我展示的平台。与其阐释作者的意图，不如阐释语言的结构——包括交错的"文本间性"。不论这种观念拥有多少合理的成分，阐释主体并未获得为所欲为的许诺——阐释主体毋宁是以语言结构的限制换取作者意图的限制。

尽管阐释主体拥有无限阐释的权利，但是，正如人们所看到的那样，多数读者对于一个文本的评判仍然彼此相近，信马由缰乃至南辕北辙的混乱场面十分罕见。可以想象，貌似自由的读者实际上身陷重围。语言建构制造的前提之外，民族文化、地域传统、意识形态、审美观念以及教育程度、开放或者保守等各种因素无不介入文本的阐释，共同参与阐释结论的修订。事实上，张江教授的《公共阐释论纲》曾经从人类的共在、集体经验、语言的公共性、确定语境几个方面描述了阐释主体无法摆脱的束缚。[①] 无限阐释的权利仅仅相对于无限历史，这个事实似乎是一个定心丸——即使阐释的结论与作者意图相左，阐释主体也并未获得为所欲为的授权，读者的历史身份决定了他们有限的活动范围。

即使聚焦读者，笔者也并未产生与张江教授相异的结论。然而，需要指出的是，笔者对于这个结论的稳固程度不如张江教授那么乐观。《论阐释的有限与无限》特殊的论证策略并未增添笔者的信心——数学语言的说服力不如想象的那么大。

三

《论阐释的有限与无限》引用圆周率 π 和正态分布分别形容阐释

---

① 张江：《公共阐释论纲》，《学术研究》2017 年第 6 期。

之中的"诠"与"阐"。"在诠释之诠的意义上，我们认为，所谓诠的展开和实现，如同于π。"① 引入数学语言的目的是追求一种精确的、逻辑的理性主义再现，可是，这个设想并未成功。如果说，著名的"黄金分割点"0.618是对于造型美学的一个正面数学描述，那么，如同"如同"这个词显示的那样，π仅仅是一个不那么精确的隐喻。隐喻的意义上，"诠"对于文本意义无限追索的区间是在3.1415与3.1416之间还是在3.1415与5.1416之间无关紧要，只要表明某一个区域之内的"诠"不可穷尽即可。当然，指出圆周率π仅仅是一种隐喻并非本文的主旨；这里更想说明的是，"诠"不是笛卡儿所推崇的理性主义语言，对于数学语言的精确与前后一致敬而远之。

为了更为充分地展开论述，必须首先区分"真理"与"共识"。"真理"具有明显的客观性质，不依人类的意志为转移。即使联合国决议阻止一次地震的发生或者增加珠穆朗玛峰的高度，"真理"所显示的结论也会不为所动。尽管人类的视觉结构以及科学仪器的水平可能影响实际观测的结果，尽管"波粒二象性"这种现象可能挑战人类的认识逻辑，但是，通常的意义上，"真理"的客观性质拒绝各种人类意志的干扰，对"真理"的描述成为自然科学的基本任务。作为自然科学的组成部分，数学语言——譬如数学公式——是表述这些"真理"结论的特殊符号，例如几何图形之中的勾股定理，或者物理学之中的重力加速度。圆周率π虽然是一个无理数，但是，圆的周长与直径之比不可能任意伸缩——圆周率仍然属于"真理"范畴。

相当一部分"共识"与"真理"的认知相互重叠，认知"真理"的一致结论即为"共识"。然而，另一些"共识"无法纳入"真理"范畴。"足球是最伟大的体育运动""乌鸦代表了不祥""再也没有比小提琴演奏更好听的音乐了""不孝有三，无后为大"这些观念与其说是"真理"，不如说是"共识"。社会科学的大量内容实质上属于"共识"，例如语言、法律、社会制度。许多时候，"共识"的内容不是准确地描述客观自然，而是获得各种社会共同体的支持。因此，"共识"不依个人意志为转移，但是"共识"可能因为各种社会共同

---

① 张江：《论阐释的有限与无限》，《探索与争鸣》2019年第10期。

体的意志而改变。没有哪一个人可以任意修改汉字"水"的字典涵义，或者调动"A"在26个英文字母之中的位置，然而，当使用汉语或者英语的语言共同体做出一致决定的时候，这种情况即可发生。法律条款的修改即是众所周知的例子。哪些行为称之为"罪行"、各种"罪行"的量刑标准以及是否保留死刑等无不取决于特定社会共同体的意志。"真理"不存在前后不一的矛盾状况，500年前加减乘除的答案无异于现今；相形之下，现今的法律体系已经与500年前迥然不同。人们无法以"今是而昨非"或者"昨是而今非"的标准衡量古今的差异，每一种法律体系分别针对当时的历史环境与社会治理理念。文化传统的延续很大程度地左右"共识"的承传，但是，每一个历史时期社会共同体的意志对于"共识"的形成、延续、修正、更改具有决定性的作用。

"真理"与"共识"的区分并未附带褒贬的评价，许多"真理"与"共识"以相同的方式维持和巩固社会文化的稳定。当"真理"与"共识"二位一体的时候，"共识"背后的社会共同体往往泛指人类。尽管如此，二者发生革命性裂变的原因和时期远非一致。自然科学的演变与社会科学的演变构成了两条错落起伏的历史曲线，社会共同体的意志主导第二条历史曲线的轨迹。

根据上述区分，"诠"显然属于"共识"。结构主义语言学曾经以特殊的术语表述了符号的基本构成，即能指与所指之间的关系并非必然，而是来自约定俗成。这个事实的扩大意味着，文本的意义阐释是更大范围的"约定俗成"——社会共同体的认可。摆脱任何社会共同体的接受与理解，文本的固有意义是否如同一个尚未开采的煤矿始终存在，这是一个令人怀疑的命题。无论是多种叠加的阐释制造的博弈，还是众多社会条件对于阐释主体的约束，"诠"的"共识"性质并未改变。换言之，不存在某种不依人类的意志为转移的客观构造作为"诠"不得不遵循的刚性指标。

现在，笔者必须对张江教授信赖的"公共理性"稍作推敲。在笔者看来，约束阐释主体的意义上，"公共理性"这个概念的重点是"公共"，而非"理性"。某些时候，公共关系的基础并非理性。由于舆论的裹挟、穿凿附会、崇拜学术权威、惧怕权势等各种因素的作用,一些违逆理性的阐释观点可能流行一时。从古代的"指鹿为马"到精神分析学无处不在的"阳具象征",人们可以见到许多案例。无论是宗教领域还是学术研究,少数个人或者个别机构对于公众具有特殊的威望。他们的某些观点未经理性核准即已征服社会共同体,从而以"公共"的名义划定阐释的有效边界。

相对于"真理"范畴,"公共理性"对于"共识"的约束远为脆弱。"真理"范畴之内,理性的误判往往遭受立竿见影的惩罚——例如,一个微小的计算错误即可导致火箭发射的失败。然而,"共识"范畴"公共"与"理性"的配合方式远为复杂。如果"理性"意义上的偏差由遥远的未来承担,"公共"包含的安全感和利益可能构成巨大的诱惑——人们可能因为现世的个人境遇而放弃理性判断。理性的后撤可能严重地削弱"公共"的稳定与深刻,从而为见仁见智的多元阐释提供更多的露面机会。

采用正态分布描述各种阐释观点获得接受的概率显然是一种创举。许多时候,数学语言可能默默地传递各种结论隐含的惊人之处。所有的人都知道一张 A4 纸可以对折,但是,数学语言告知的是,由于宽度与高度之比,对折最多无法超过 7 次。如果进一步设想一张无限大的纸张允许持续对折,那么,计算将会证明,30 次对折之后,纸张的厚度已经超过珠穆朗玛峰的高度;100 次对折之后,纸张的厚度超过了地球与月亮的距离。这时,数学语言突然展现出模糊的想象不可能具备的强悍说服力。正态分布引入的概率降低了人们对于见仁见智的多元阐释产生的担忧。《西游记》隐喻的是几条蚯蚓遨游太空的感受——人们无法阻止阐释主体这种偏执的奇思怪想。正态分布给予的安慰是,这种奇思怪想可能被采纳的概率几乎可以忽略不计。

很大程度上,正态分布肯定的概率默认了公共理性的前提。然而,数学语言的抽象性滤掉了社会历史范畴——数学语言擅长的是表述各种超历史的现象。因此,概率无法说明,为什么另一些偏执的文本阐释可能在特定的时间与空间突如其来地成为正统,并且形成特殊的效应,例如清朝的某些"文字狱"。清朝翰林院学士徐骏有"清风不识字,何必乱翻书"之句,雍正皇帝认为徐骏有意诽谤大清王朝,依法斩立决。如果没有意识到满汉文化的冲突背景以及清朝对于汉族士大夫的长期忌惮，概率对于解释这种特例的前因后果无能为力。

　　阐释的有限与无限构成一个巨大的理论漩涡，剧烈地冲击来自见仁见智的多元阐释。在笔者看来，必须穿过数学语言的帷幕持续地追溯至社会历史范畴——何种历史土壤促成了现代阐释的急速发育？

四

　　事实上，阐释范畴内一些激进的理论主张并未完整地转换为实践，例如"作者已死"。文学批评领域，大多数批评家从未放弃对于作者的关注。他们的文学批评始终将作者与文本之间的互动视为前提。即使在罗兰·巴特的文学批评论文之中，作者的身影仍然十分活跃。相对于日常生活领域，施莱尔马赫、海德格尔与伽达默尔等人制造的阐释史转折仅仅是一个学术故事，这种学术故事并未干扰人们遵守公共交通规则，或者津津有味地享用晚餐。德里达解构主义的能指嬉戏几乎是文化真空中的某种语言学实验。解构主义认为，能指与所指始终无法合二而一，一个词的终极所指永远处于延宕的中途。这个意义上，种种形而上学的论断迟迟无法锁定确切的意义。然而，日常语境之中，绝大多数语言交流都能顺利完成，社会的交流系统并未由于意义的持续解构而崩溃。

　　然而，一个令人瞩目的迹象是，某种强大的势力不断地试图扩大文化真空中的实验，诱导相似的文化动向进入中心地带。笔者在另一个场所曾经指出，解构是20世纪一个明显的理论冲动，各种解构的尝试超过了建构。① 形而上学体系以及启蒙主义以来的理性遭到来自各个方面的挑战，理论广泛地开拓、调动和收集构成挑战的诸多文化资源。从意识流、解构主义哲学到现代阐释学，不同文化根系的叛逆能量开始相互交汇。如果说，理性主义成为各个学派不约而同的打击目标，那么，现代阐释的表现则是阐释的狂欢。作者的意图被抛开了，文本的本义被抛开了，完整的交流模式被抛开了。无论是恋母情结制造的阐释代码，还是女权主义或者后殖民主义眼花缭乱的解读，

---

① 南帆：《文学批评：开放的解读及其边界》，《东南学术》2019年第5期。

误读、曲解、夸张的想象或者犀利、深邃然而牵强生硬的阐释更多地成为时髦。《文心雕龙》曰："知音其难哉！音实难知，知实难逢，逢其知音，千载其一乎！"时至如今，"高山流水"式的阐释理想被贬为死气沉沉的文化保守主义。理论舞台上诸多学派门户森严，一套又一套面目迥异的概念术语接踵而来，然而，人们仿佛可以从挑战式的理论锋芒背后察觉某种非理性的冲动正在隐蔽地制造反抗的快感。

　　对于同一个文本持续地生产五花八门的阐释，阐释主体的动力从何而来？历史土壤源源不断地制造了后续的情节。许多人认为，他们正在从事一场文化的革命。如同意识流或者解构主义哲学，阐释的狂欢是瓦解资本主义文化秩序的革命行动。资本主义文化的整体性、统一性和面面俱到的叙述正在合成一个总体，一个强大压抑体系构造的"同一性"封锁了所有反抗的冲动。很大程度上，诸如"意识形态的终结"或者"历史的终结"这些观点共同将稳固的资本主义文化秩序作为展开的基础。西方左翼理论家乃至不甘平庸的人文知识分子必须保持激进的批判姿态，阻挠乃至破坏那些面面俱到的叙述，提供各种合情合理的幻象。作为象征性的文化想象，他们甚至将统一的文本视为"同一性"的共谋。例如，弗·詹姆逊就曾经认为，叙事文本的统一观念映射出资产阶级意识形态封闭的保守性。[①] 阐释的狂欢能否承担凿穿这种封闭与保守的使命？

　　源远流长的阐释学拥有独特的学科逻辑，从古希腊的阐释技艺、宗教经典的阐释到现代阐释的崛起，从作者的原义、文本的原义到读者领悟之义，这个学科内部的理论思辨不断完善，许多问题的辨析愈来愈精细。然而，这个学科置身的历史环境愈来愈保守，文化反抗的火焰日益微弱。这个意义上，阐释的开放乃至无序开始被赋予另一重含义——种种异乎寻常的阐释能否解放出另一个摆脱固有文化轨迹的、生气勃勃的灵魂？历史上的确屡屡出现这种文化事件——宗教经典、文学经典或者历史资料的重新阐释带动了惊世骇俗的思想突破。这种气氛之中，阐释的原则无形地产生了某种偏移，即权衡激进与严

[①] 詹明信：《文本的意识形态》，《晚期资本主义的文化逻辑》，严锋译，生活·读书·新知三联书店1997年版，第66—67页。

谨、大胆与精确或者想象与科学的时候,阐释主体不知不觉地倾向于前者。

阐释的狂欢仅仅是一种文化批判。无论是法兰克福学派、后现代、"文化研究"还是嬉皮士或者性解放,文化批判已经登台表演多次。文化批判当然产生了效果,但效果始终与预期相距甚远。来自阐释学的动荡可能扰乱了传统的经典体系,然而,学院、学术刊物、科研基金以及教授云集的学术会议很快吸收了思想骚动。在更大的范围,一切仍然按部就班。阶级的起义、武装斗争、夺取政权,这是另一些遥远的故事。阐释的狂欢波及的领域有限,学术事件只能是学术事件。当然,这往往也是西方左翼理论家的苦恼,即对于资本主义文化秩序,文化批判不过杯水微澜,几乎没有真正改变什么。他们的安慰是,杯水微澜总比寂静无声好一些。

不言而喻,这些背景资料贮存于西方文化之中,与中国阐释学的境遇格格不入。正如《论阐释的有限与无限》显明的那样,中国阐释学正在达成若干"共识",即垄断式的文本阐释已经撤走,阐释主体可能对于同一文本提出不同的理解。这个理论的交叉路口隐含了不同的延伸方向。不同的阐释意味的是无限吗?如果无限阐释的终点只能是传播与交流的彻底崩溃,那么,阐释限度的设定是远为复杂的工程。公共、理性、有效边界,这些概念始终必须根据历史语境提取真实的含义。阐释主体不断地提供突破这些概念的动力;许多时候,突破意味的是另一种历史语境的寄托与发声。如何积极地掌控多方面的辩证与循环,这是中国阐释学必须持续面对的问题。

作为阐释学根据的公共理性

周　宪

【内容摘要】张江教授提出文学阐释学可以被置于西方"语言学转向"的思潮中来理解，即从对阐释意义的讨论转向阐释本身规则的探索。在阐释行为中普遍存在着有限与无限两种不同的理路——诠之有限性和确定性，与阐之无限性与不确定性，构成了阐释学的内在张力。而如何解决这一张力是问题的关键。张文最具创新性的地方在于引入科学的原则和公式，具体清晰地揭橥阐释的有限性与无限性之关系，使限于语言层面的说明得到精确化的科学阐释。借助库恩的范式理论，可以发现阐释学"公共"概念包括了文学研究的学科或学术共同体以及一般文学读者。同时，这种"公共性"也涉及了理性的推理与逻辑。

【关　键　词】文学阐释学　语言学转向　库恩　公共理性　学术共同体

【作　　者】周宪，南京大学艺术研究院教授，教育部长江学者特聘教授。

张江教授的《论阐释的有限与无限》（以下简称"张文"），不但提出了文学乃至人文学科阐释的一个关键问题，而且独辟蹊径地探寻出一条更为明确的解释路径。该文围绕着阐释的有限与无限的张力关系，将这一辩证关系置于"诠"与"阐"的学术史之中予以考察，进而提出了解决这一阐释学难题的新思路。多年以来，张江先生始终坚持在文学阐释学领域深耕细作，旨在弄清文学研究方法论的一些初始的、基本的却又往往为人所忽略的问题，这就是阐释何以可能的问题。

从"语言学转向"来看阐释张力

我们知道，阐释或解释是有关意义的。对文学研究来说，就是文学文本的意义阐说。韦伯曾经提出，人是悬挂在自己所编织的符号之网中的动物。这个界定开启了20世纪学术思潮中的"阐释的转向"。晚近有研究发现，韦伯的界说其实与20世纪初即已开始的"语言学转向"密切相关。更重要的是，正是由于"语言学转向"这个"诸转向的转向"（meta turn），才导致了从阐释转向到图像转向等一系列的转变。所以，有必要在"语言学转向"的语境下理解张文关于阐释有限性与无限性的研究，由此瞥见这一研究的意义和价值。

"语言学转向"的说法因美国哲学家罗蒂1967年编撰的一本文集而流行起来。何为"语言学转向"？罗蒂在该书出版20年后的新版跋中明确指出，"就语言学转向对哲学的独特贡献而言，笔者认为这种贡献根本不是元哲学的。实际上，它的贡献在于帮助完成了一个转变，那就是从谈论作为再现媒介的经验，向谈论作为媒介本身的语言的转变，这个转变就像它所表明的那样，使人们更容易把再现（representation，或译作表征）问题置于一旁而不予考虑"。[①] 从谈论经验到讨论语言，这一精确的概括揭示了语言学转向的核心所在。其实，这个转向并不是到了20世纪60年代才出现，应该说此前索绪尔和维特根斯坦早就奏响了这一转向的序曲。维特根斯坦的经典表述"我语言之疆界即我世界之疆界"[②]，俨然就是这一转向最精妙的说明。在他看来，作为主体，我们自身的语言决定了我们的认知和经验，离开语言去讨论任何问题都将是成问题的。因此，回到语言乃是语言学转向的基本取向，维特根斯坦直言"全部哲学就是语言批判"。

[①] Richard Rorty, *The Linguistic Turn*, Chicago: Chicago University Press, 1967, p. 373.
[②] Ludwig Wittgenstein, *Tractatus Logico-Philosophicus*, London: Routledge, 1961, p. 68.

以此观念来看张江先生多年来所做的工作，也同样是一个语言批判工作，其要旨在于搞清文学阐释学的一些最基本的游戏规则。而张文着力要解释的问题就是阐释究竟是有限的还是无限的，抑或有限与无限是一种什么样的关系。搞清楚这些基本问题，实际上也就是探明了阐释的疆界，而阐释的疆界又决定了意义的疆界。不妨模仿维特根斯坦的说法："阐释之疆界即意义之疆界。"更重要的是，"语言学转向"所标示的从谈论表征之经验，转向谈论表征之媒介——语言，亦体现在张江先生的文学阐释学研究中，具体说来就是从对阐释意义的讨论，转向对阐释本身规则的探索。因为阐释必须借助语言展开，阐释内在规则的思考，颇有些相似于维特根斯坦所热衷讨论的语言之游戏规则。

文学阐释的有限性与无限性，既是阐释方法或路径的有限与无限的关系，亦是对文本意义理解和发现的有限与无限的关系。这个矛盾在张文中具体化为两个典型的中国概念之间的复杂关系，亦即"诠"与"阐"的关系。"诠"为无歧义的"诠正"，"阐"为"衍生义理"之"阐发"，这显然是迥然异趣的"两种阐释路线"。古往今来两者博弈纷争，未有定论。张文从这一看似矛盾的阐释内在张力入手，探询如何解决的新路径。

倘使说"诠"与"阐"是中国式的对阐释有限性与无限性的说明，那么，在西文中的阐释概念亦包含了这一矛盾。如英语中"interpretation"这个概念，就有不同涵义的界定。根据《新牛津英语词典》的权威界说，这个概念的一个意思是"翻译"或"口译"，亦即从一种语言直接转译成另一种语言；另一个意思是"扮演"或"演奏"，即"以某种特定的方式来扮演一个戏剧角色或演奏一首乐曲，这种方式亦即传达出某人对创作者观念的理解"[1]。前一个意思颇为接近中国传统的"诠"，因为翻译或转译就是一种追索原意的行为，着眼于忠实传递出某人所说的确切意思，明显受制于阐释的有限性；而后一个意思是"扮演"或"演奏"。自然包含了扮演者或演奏者自

---

[1] Judy Pearsall ed., *The New Oxford Dictionary of English*, Oxford: Oxford University Press, 1998, p. 55.

己的主观理解和体验，带有某种发挥和衍生，所以看起来更接近中国传统的"阐"。①

既然在阐释行为中普遍存在着两种不同的理路，诠之有限性和确定性，与阐之无限性与不确定性，就构成了阐释学的内在张力。如何解决这一张力亦成为一个难题。

从辩证关系到精确描述

解决这一张力关系最常用也是最便捷的路径，就是用哲学上的辩证关系式来加以说明。张文有很多辩证关系的陈述和论证，比如"阐释是开放的，同时也是收敛的。阐释因开放而无限，因有限而收敛。作为一对相互依存的共轭变量，两者之间是相互包含、相互决定的积极关系"②。在这样总体性的辩证关系界定下，张文又通过四个命题来具体展开，分别是阐释的无限、阐释的有限、阐释的收敛、阐释的有效性。从四个命题比重和分布来看，张文的重心还是在有限对无限的约束所导致的收敛，因而实际上其基本立场是质疑不加限制的阐释无限性的合理性的。从无限中探询有限，从开放中确证收敛，从不确定性中发现确定性，应该是张文的内在逻辑和最终关注。作者以文本自在意义及其作者意图的赋义作为确定性的合法根据，强调指出："我们的观点是，文本具有自在意义，这个意义由文本制造者赋予……找到作者及其意图，是显现文本自身的重要方向，是阐释必须承担的责任，这是无法摆脱的确定性之一。"③

如何从一般性的辩证关系的描述中超越出来，探究更为精确和确定的对阐释有限与无限关系的界说，是张文最值得注意的努力。我们知道，人文学科迥异于自然科学，无论其概念定义多么精准，都不如数学公式或实验检验来得精确。阐释及其意义的确定性再怎么细说详析，也始终是在语言层面操演述行。张文一个最具创新性的地方乃是引入科学的原则和公式，具体清晰地楬橥阐释的有限性与无限性之关

---

① 周宪：《文学研究和研究文学的不同范式》，《中国文学批评》2015年第3期。
② 张江：《论阐释的有限与无限》，《探索与争鸣》2019年第10期。
③ 张江：《论阐释的有限与无限》，《探索与争鸣》2019年第10期。

系，使限于语言层面的说明得到精确化的科学说明。

张文以圆周率数值关系来说明"诠"的特质，圆的周长与直径之比是一个无限不确定的数值，分布于3.1415与3.1416之间。作者指出，π在这个区间无限展开。如同诠释，诠释对文本意义的发掘是无限的。每次阅读和理解都可能有新的感受和发现。但是，作为诠，其指向应该是无限符合文本的自在意义，尽管不可能实现，也非离开文本的无约束的衍生……在区间约束下，诠释是开放的、无限的，无限开放的诠释收敛于诠释的起点与极点之间。

这就是说，无限归于有限的原理实际上体现为文本意义阐释的特定区间，任何阐释都不可能越出这个区间。尽管3.1415到3.1416放入区间数值小了一些，不足以说明阐释的复杂性和多样性，却也在精确性的意义上揭示了文学阐释有限性与无限性的关系。换言之，无论何人阐释何文学文本，限制性的条件或意义的区间总是客观存在着，诚如鲁迅所言，人是不可能拔着自己的头发离开地面的。区间特性描述了语言辩证关系描述之不足，给人以更为精准的有限和无限关系说明。

至于"阐"的特性，张文又以正态分布的数值关系图予以界说。作者提出了一个假说："确切地说，一般阐释结果的分布，其形态就是概率分布。面对确定的哈姆雷特，100万人的理解和阐释是随机的，离散多元，不可预测。但是，因为参与的对象众多，其分布将是表征的正态分布，服从正态分布的曲线描述。"更进一步，作者指出了正态分布在阐释学上的几个规律。一是阐释者的独立阐释与公共理性期望相差较小时，概率方差为1，阐释的分布将接近正态分布图形的70%；二是背离公共理性中轴的独立阐释无穷多，但越远则接受者越少，无限趋近于底线，所占图形之面积可忽略不计。这两个原则精确地说明了阐释的集中与离散的分布规律。70%的面积内云集了大多数阐释结果，而底部离散的、特异的或别出心裁的阐释，则往往由于偏离公共理性之中轴而偏离学术共同体，往往趋于沉寂。这个图形对于解释一个文本意义阐释的历史变化和当下焦点，确有不小的启发意义。

关于"公共理性"

张文在讨论复杂的阐释有限性与无限性张力关系时，时常归诸一个终极性的概念——"公共理性"。这个概念在文中出现了三十多次，成为贯穿全文的一个核心概念。虽然作者并没有明确对公共理性进行界定，但从对这一概念的使用来看，它是确定阐释有效性的关键环节。关于这一概念的内涵，作者提及几个层面。其一，阐释是理性的，因此阐释群体受理性制约；其二，阐释具有公共性，具有群体交往的公共意义；其三，公共理性是发展的，随时代发展而有不同的形态；其四，公共理性是确定的，具有无可置疑的裁判权，只有被公共理性所期望和所接受的阐释方为有效阐释。张文机智地采取描述性的方法，即列出公共理性的种种功能和作用，而避免对它做规范性的界定。这种叙述策略或许是想为阐释有限和无限的讨论留有更为广阔的空间，或许是为阐释有效性保留一个最终的客观的终极因。

笔者好奇的是，就文学阐释学而言，公共理性究竟是什么？如何来认知？又怎样来说明？这也许是张文留给我们的一个开放性的难题。公共理性在哪里？由谁来代表它？如何在文学阐释的纷争中裁定真理与谬误？它通过什么机制来运作？它与学术共同体的共识或多数意见有何种关系？

所谓公共，是指公众整体或社群或共同体，所谓理性（又译作合理性），字面意涵即基于推理和逻辑。[①] 这两个概念合在一起，基本意涵也就是公众中合乎推理与逻辑的事物或行为。就文学阐释学而言，公共理性亦即公众中依据推理和逻辑所展开的书写、思维或行为。这么来看，关键的一点在于什么是文学阐释中的推理和逻辑？

笔者以为，现代语言哲学的许多研究值得关注。语言哲学家们提出了许多看似有差异实则相一致的看法。比如用维特根斯坦的术语来说，阐释的公共理性也许就是"语言的用法"。维特根斯坦明确指

[①] Judy Pearsall ed., *The New Oxford Dictionary of English*, Oxford: Oxford University Press, 1998, pp. 1498-1539.

出，语言本是一个死的东西，它只有在使用中才被赋予了生命。① 所以，对任何语言行为的考察都必须回到语言的用法中去，所以他说道："在大多数使用了'意义'一词的情况下——尽管不是全部——我们可以这样解释：一个词的意义是它在语言中的用法。"② 而语言的用法又涉及词语和句子的使用规则和场合，既包括"语言的公共规范"，更包含使用时的特定语境。所以，维特根斯坦认为有必要把词语的形而上学用法，带回到其日常用法中去考量。也许我们有理由认为，文学阐释中的推理和逻辑也就是语言的用法，即语言的公共规范及其使用语境。在论及审美判断的语言用法时，维特根斯坦说："如果我没有学过规则，我就无从做出这个审美判断。在学习规则的过程中，你得到了越来越完善的判断。学习规则实际上改变了你的判断。"③ 他还特别批判了摩尔等人的语言哲学只关注词语的形式，忽略了最重要的问题——"这些词的形式所造成的用法"④。这就要求文学批评家需要有很好的语言学和语文学知识，对文学文本中的词语、句法、修辞、意象等具有扎实的专业知识，尤其是共时性的和历时性的语言学和语文学知识。遗憾的是，今天的许多文学批评家在这方面有明显不足，对文学作品中语言用法的研究有所欠缺。对文学文本的分析一上来就直奔文化政治主题，丝毫不在意本文语言的具体用法及其意义。

阐释学家赫施以捍卫作者意图来切入这个难题，他虔信文本意义的阐释就是一个回到作者意图的旅程。在这个过程中需要把文本的意义和意味加以区分，批评家的工作是确证文本内涵的意义，而非对不同读者所产生的不同意味。他明确提出了文学阐释的逻辑在于："当我们记住了确证一个文本就是确证作者表达的东西很可能就是我们揭

---

① [奥] 维特根斯坦：《哲学研究》，汤潮、范光棣译，生活·读书·新知三联书店 1992 年版，第 174 页。
② [奥] 维特根斯坦：《哲学研究》，汤潮、范光棣译，生活·读书·新知三联书店 1992 年版，第 31 页。
③ [奥] 维特根斯坦：《美学讲演录》，载刘小枫主编《人类困境中的审美精神》，知识出版社 1994 年版，第 529 页。
④ [奥] 维特根斯坦：《美学讲演录》，载刘小枫主编《人类困境中的审美精神》，知识出版社 1994 年版，第 525 页。

示其文本所要表明的东西时,那么,说阐释的诸标准最终都涉及一种心理学的建构,这一事实并不使人感到意外。阐释者的基本任务就是在自己身上重现作者的逻辑、态度和文化传承,简言之,就是重现作者的世界。"① 他把批评家努力重现作者的逻辑、态度和文化传承当作文学批评的理性原则,意在强调批评阐释的有限性和确定性。他所谓意义与意味的区分,也可以视为阐释有限性与无限性的另一种说明。不过赫施并不看重多样化的文本意味,而是主张批评家的主要工作是聚焦文本的确定性意义。那么,如何保证阐释的有效性呢?对作者意图在文本中的显现如何追索呢?赫施关于这一难题有自己的信念,他赓续了维特根斯坦的理念,即阐释的目标不是认识言者说了什么,而是要搞清在"公共语言规范"所认可的意义是什么。虽说词语意义与作者、阐释者或读者的不同理解相关,但是,语言规范的类型和方式才是把握文本意义的根据所在。②

沿着维特根斯坦开辟的方向来探究的还有很多理论,都从不同角度涉及阐释的公共理性,尤为值得注意的是言语行为理论代表性人物塞尔的见解。他认为文学研究领域对语言哲学的进展关注不够,因此许多语言哲学已经成为共识的理论,在文学研究领域却完全无知,这就导致了文学研究中出现了许多混乱和争议。在他看来,文献阐释最重要的是阐释者需要某种"阐释背景",这是一切阐释行为和交往得以可能的前提条件。他的观点如下:

> 尤其是意义和一般而言的意向性要产生作用,只有形成一系列背景性的能力、技能、假设和通常所说的门道(know-how)才得以可能。进一步,除了前意向背景之外,意义和意向性要产生作用,通常来说就需要一个知识、信念、欲望等构成的复杂网络。尤其是言语行为不可能完全由一个句子显著的语义内容所决定,甚至也不会完全由说话人句子表述中的意向内容所决定。我把这个意向现象的网络称为"网络",把这一系列背景性能力称

---

① E. D. Hirsch, "Objective Interpretation", *PMLA*, vol. 75, no. 4, 1960, p. 478.
② E. D. Hirsch, *Vilidityin Interpretation*, New Haven: Yale University Press, 1967, p. 27.

之为"背景"。①

只有在这个"阐释背景"中,所有阐释行为和交往才有可能发生,因而这是一个背景性的前提条件。它既包括一系列背景性的能力、技能、假设和门道,又涉及一个复杂的知识、信念、欲望等,由此构成了一切意义和理解行为都发生于其中的"意向性网络"。或许我们可以把塞尔的"阐释背景"视为对维特根斯坦语言用法或语言公共规范和语境的进一步说明,或是对乔姆斯基所谓"语言能力"的另一种表述。但是,这些阐释背景如何进入文学阐释学的研究,如何对阐释行为产生影响,会产生什么样的影响,还包含哪些值得关注的原则,仍需要进一步探究。尽管塞尔紧接着提出了七个言语行为理论的原则。② 如果我们把塞尔的理论和卡勒的看法加以整合,也许可以窥探到阐释行为公共理性的要旨所在。卡勒的观点如下。

> 语言学模式提供了重要的方法论上的明晰性。它教导我们,哪里有意义,哪里就有系统。一个言者的表达只有借助(语法的、语音的、语义的和实用的)语言规则才有可能,因为由此闻者才能依次搞清言者的表达。与此相仿,文学作品只有通过惯例和期待系统才成为可能,而文学作品的分析对于弄清作品的功能来说是至关重要的。③

卡勒这里所说的文学的"惯例和期待系统"颇有些启发性。如果把文学的"惯例和期待系统"转换为文学阐释的"惯例和期待系统",便可以进一步谈论文学阐释公共理性的问题了。在笔者看来,

---

① John R. Searle, "Literary Theory and Its Sicontents", in Daphne Patai and Will H. Corral, eds., *Theory's Empire: An Anthology of Dissent*, New York: Columbia University Press, 2005, p. 149.
② 塞尔指出了七个重要原则,分别是类符与单符的区分、句子与表述的区分、用法与引用的区分、语义合成性、句义和言者义的区分、本体论与认识论的区分以及句法非物理性事实等。
③ Janathan Culler, *The Literary in Theory*, Stanford: Stanford University Press, 2007, p. 9.

阐释的有限与无限

首先是存在着文学的"惯例和期待系统",文学阐释者或批评家熟知这些惯例与期待,并深谙如何通过语言的诗意用法与历史的和现有的惯例对接,并通过惯例的创造而形成种种文学的期待。文学文本的意义和价值正是在这样的惯例和期待中生成的,离开了这些惯例和期待,文学将不复存在。更重要的是,对文学的这些惯例与期待的研究,必然发展出文学研究中对文本意义阐释的"惯例与期待系统"。这些理论的和哲学的惯例与期待,往往以学术共同体的共识或协商的形式呈现出来,成为介入文学研究领域的学者们的共同的游戏规则。文学阐释所基于展开的推理或逻辑,在相当程度上就是这些阐释的惯例与期待。

更进一步,这些惯例和期待的具体内容,还可以用科学哲学家库恩的范式理论来解释。库恩认为科学的范式与科学共同体是同一的,科学研究有赖于一个科学共同体,共同体又有赖于其共有和共享的学科规范,他称之为"范式"(paradigm)。

> 一个科学共同体由同一个科学专业领域中的工作者组成。在一种绝大多数其他领域无法比拟的程度上,他们都经受过近似的教育和专业训练;在这个过程中,他们都钻研同样的技术文献,并从中获得许多同样的教益。通常这种标准文献的范围标出了一个科学学科的界限,每个科学共同体一般有一个它自己的主题……在这种团体中,交流相当充分,专业判断也相当一致。一个范式就是科学共同体的成员所共有的东西,而反过来,一个科学共同体由共有一个范式的人组成。[1]

库恩还具体指出了范式的四个层面。第一个层面是所谓"符号概括",即各种符号、公式等逻辑表达形式,每门学科都有自己特殊的符号、定律和公式,文学阐释学亦复如此。第二个层面是所谓"范式的形而上学部分",亦即共同体成员共同承诺的信念,诸如"热是物

---

[1] [美]托马斯·库恩:《科学革命的结构》,金吾伦、胡新知译,北京大学出版社2003年版,第159页。

48

体构成部分的动能"等；后来他又将它描述为特定的模型，它给研究团体提供了偏爱的或允许的类比与比喻，有助于什么能被接受为一个解释和一个谜题的解答。第三个层面是价值，诸如定量预言比定性预言更受欢迎，理论应是简单的、前后一致的、似然的、与当时采用的其他理论相容的。在库恩看来，价值比前两个层面更具普适性和共识性。他特别提到，"只要可能，理论应当是简单的、自洽的、似然的、与当时采用的其他理论相容的"。① 这一判断对于我们思考文学阐释学中的公共理性很有启发性。第四个层面则是各组研究"范例"，亦即在实验室、教科书、研究中告知应如何展开研究的那些经典案例，这也是库恩选用范式概念的首要原因。② 概要说来，前三者是"代表着一个特定共同体的成员所共有的信念、价值、技术等构成的整体"，最后一个方面则是"指谓着那个整体的一种元素，即具体的谜题解答。把它们当作模型和范例，可以取代明确的规则以作为常规科学中其他谜题解答的基础"③。这就意味着，特定的科学家共同体共享其范式的基本元素，他们是依照相同的规则来从事特定的科学研究的。

回到阐释学意义上的公共理性概念上来，此处的"公共"首先应意指文学研究的学科或学术共同体，还应包括一般文学读者公众，因为文学文本的阐释不仅是给学术共同体看的，亦包括普通读者，此乃文学批评之所以重要的原因所在。它与科学不同，科学只有科学家共同体而没有观众（库恩语）。其次，理性基于的推理与逻辑，在此也就是库恩所说的四个层面，当然，人文学科与自然科学有所不同，其学科知识所要求的理性或许还包含了更多的内容。限于篇幅，本文就此打住，将这个开放性的问题继续保持开放，留待更多的学者介入并提出更有创意的新解。

---

① ［美］托马斯·库恩：《科学革命的结构》，金吾伦、胡新知译，北京大学出版社2003年版，第158页。
② ［美］托马斯·库恩：《科学革命的结构》，金吾伦、胡新知译，北京大学出版社2003年版，第166页。
③ ［美］托马斯·库恩：《科学革命的结构》，金吾伦、胡新知译，北京大学出版社2003年版，第164、157页。

阐释的无限及限界：以中国经学阐释学为例

刘成纪

【内容摘要】 现代阐释学多集中于文本问题的讨论，但它终究是个哲学问题。从某种意义上讲，作为解释对象的文本只不过是一个中介，它对外联通世界，对内接引心灵。世界和心灵的双重无限，决定了文本阐释的无限。以此为背景，在阐释者与阐释对象之间，人为了达至真理性认识必须借助阐释，但一旦诉诸阐释就必然不是事物本身。这种存在于阐释活动和阐释对象之间的悖论，使了无终局成为阐释的命运，也使阐释史成为"猫鼠之间的永恒游戏史"。据此，为阐释划界，更多涉及的不是人的认识，而是阐释对象为人而存在的价值。从中国传统经学阐释学看，实现这种价值的主体不是阐释者，而是权力和制度。这为建基于公共理性的公共阐释提供了一种异化形式。同时，在阐释学领域，共识的达成往往预示着阐释的终结，就此而言，它最好是一个永远悬于未来的方案。

【关　键　词】 无限阐释　阐释限界　经学阐释学　公共阐释

【作　　者】 刘成纪，北京师范大学哲学学院教授、价值与文化研究中心研究员。

【基金项目】 国家社科基金艺术学重大项目"传统礼乐文明与当代文化建设研究"（17ZD03）

1990年，英国剑桥大学"丹纳讲座"邀请意大利学者艾柯主讲阐释学问题，同时邀请美国哲学家理查德·罗蒂等参与讨论，成为当时欧美学界关注的重要学术事件。艾柯的讲题是"阐释与过度阐释"。其中的"过度阐释"，天然预示着有一种"适度阐释"以彰显其越界性。也就是说，阐释的过度或适度，最关键在这个"度"，它标明了关于阐释学的两种截然对立的立场，即人对世界（或作为文本的世界）的解释活动，到底是趋于无限还是有一个限界。正因如此，在1992年这次讲座稿结集出版时，剑桥大学的柯里尼为该书写的导言名字就是"诠释：有限与无限"①。

值得注意的是，对阐释学中这一问题的关注，并不止于欧美。2019年10月，《探索与争鸣》发表张江教授《论阐释的有限与无限》② 一文，在国内学术界激起反响。张江关于阐释有限与无限的思考，并不是对欧美学界相关论题的重复，而是全新的发挥。就两者的差异而论，虽然任何哲学思考均试图避免陷入地方性，以期形成对人类经验的整体描述，但这种描述又往往是从区域经验出发的。从艾柯等业已出版的《阐释与过度阐释》看，其论域基本上是拘于欧美一隅自说自话。与此比较，张江也有隐在的东方或中国立场，但他通过近于数学化的逻辑辨析，将此文建构成了一个普遍性的阐释原理。尤其以"诠释π"形成的"对诠释开放与收敛、无限与有限关系的象征性说明"③，对揭示阐释的限界与规律具有开拓意义。但是，一种理论，当它专注于阐释学原理的普遍性，必然会相应抽离于人现实的阐释经验，逻辑与历史如何统一成为必须面对的重大问题。正如斯宾格勒所言："用来证明死形式的是数学法则，用来领悟活形式的是类比。"④ 下面，我将以中国传统经学阐释学为例，为这项研究提供一个区域性经验的阐明，并在诸多相异性中重建一种与逻辑预设更相匹配的更丰沛的一体性。

---

① ［意］艾柯等：《阐释与过度阐释》，柯里尼编，王宇根译，生活·读书·新知三联书店1997年版，第1页。
② 张江：《论阐释的有限与无限》，《探索与争鸣》2019年第10期。
③ 张江：《论阐释的有限与无限》，《探索与争鸣》2019年第10期。
④ ［德］奥斯瓦尔德·斯宾格勒：《西方的没落：世界历史的透示》，齐世荣等译，商务印书馆1991年版，第14页。

中国经学阐释学的阐释无限

在西方，阐释学长期被视为一种"理解和解释的技艺学"①。如伽达默尔所言："诠释学首先代表了一种具有高度技巧的实践，它表示了一种可以说是'技艺'的词汇。这种艺术就是宣告、口译、阐明和解释的艺术。"② 从西方阐释学史看，这种对于阐释的技术性或手段性定位从没有真正被削弱过。比如在中世纪《圣经》阐释传统中，教会垄断教义，所谓阐释就是复述《圣经》的原本意义。此后，在马丁·路德的新教改革中，认为《圣经》是"自身解释自身，我们既不需要传统以获得对《圣经》的正确理解，也不需要一种解释技术以适应古代文字的四重意义学说，《圣经》的原文本身就有一种明确、可以从自身得知的意义"③。这样，阐释就只能被限定在文字学或修辞学层面，必须无条件服从《圣经》的真理性。19世纪以后，阐释学逐渐成为哲学，但阐释作为手段或技艺的定位并没有动摇。比如今天我们一般将伽达默尔的阐释学称为哲学阐释学，但在这里，阐释依然被视为达至真理的手段，它的实践意义仍大于理论意义。也就是说，西方阐释学之所以将阐释定位为一种解释的技术，核心问题在于它赋予了解释对象实体性、唯一性、专指性和确定性。这个对象就是真理。所谓解释的有限和无限，则为作为解释对象的真理划定了一个相对保持弹性的场域。其中，解释的无限，是指阐释在多大程度上可以游离于真理之外；解释的有限，则是指真理的恒定性决定了相关阐释活动不可能是无界的，真理的边界构成了阐释的边界。

在中国传统阐释学中，也有这种真理信仰，但对真理的可认识、可理解或者可解释性，却长期保持了暧昧态度，如"道"这一和西方真理大致匹配的概念。老子讲："道可道，非常道。名可名，非常

---

① ［德］汉斯-格奥尔格·伽达默尔:《真理与方法：哲学诠释学的基本特征》，洪汉鼎译，上海译文出版社1999年版，第225页。
② 洪汉鼎主编:《理解与解释：阐释学经典文选》，东方出版社2001年版，第4页。
③ ［德］汉斯-格奥尔格·伽达默尔:《真理与方法：哲学诠释学的基本特征》，洪汉鼎译，上海译文出版社1999年第226—227页。

名。无名天地之始；有名万物之母。"① 这是讲道一定存在，但它超出了人的可识、可言或者可经验的范围。当然，如果它彻底超验，那对人而言也将毫无意义。正因如此，老子将"道"定位在了有与无、可知与不可尽知、可言与不可尽言之间，成为一种被"混沌""恍惚"指称的缺乏稳定性的概念。这种定位看似是一个逻辑的狡计，却揭示了人类知识命运的普遍状况，即说人对世界一无所知不可能，说人可以尽知、尽解世界同样不可能。在这种背景下，对人认识和解释道（或真理）的能力保持审慎就是重要的。如老子所讲："吾不知其名，强字之曰道，强为之名曰大。"② 这个"强"字，可以在怀疑论层面解释成勉强，甚至可以在独断论意义上解释为强制，但这种强制是建立在对人认识能力有限性的自觉基础上的，它无法避免人难以"道尽"道之真相的永恒缺失。而正是这种缺失使永无确解成为对道的正解，使无限阐释成为中国阐释学必须面临的命运。

老子关于阐释对象，即道的本体性思考，代表了中国早期哲学思维的最高水平，也为理解阐释学的中国道路提供了本源性的阐明。与此比较，孔子则对这类本体性问题保持了更趋谨慎的态度，认为既然世界真相超出了人的认知界限，最明智的做法就是将其搁置，存而不论，转而专注人间事务，即"君子于其所不知，盖阙如也"③，"我欲载之空言，不如见之于行事之深切著明也"④。也正如黑格尔所言："孔子只是一个实际的世间智者，在他那里思辨的哲学是一点也没有的。"⑤ 但是从史料看，孔子晚年思想有了很大变化，他对本体论问题产生了兴趣。如其所言："加我数年，五十以学易，可以无大过矣。"⑥ 亦如司马迁所记："孔子晚而喜《易》，序《彖》《系》《象》《说卦》《文言》。读《易》，韦编三绝。"⑦ 孔子的这一转向对于建构

---

① 参见《道德经》第一章。
② 参见《道德经》第二十五章。
③ 参见《论语·子路》。
④ 参见《史记·太史公自序》。
⑤ [德]黑格尔：《哲学史讲演录》第1卷，贺麟、王太庆译，商务印书馆1983年版，第119页。
⑥ 参见《论语·述而》。
⑦ 参见《史记·孔子世家》。

阐释的有限与无限

儒家阐释学本体论具有决定意义，它使儒家从"一些善良的、老练的、道德的教训"[①]开始趋近于哲学，同时也开启了后世儒家为这一学说补形而上学的工作。孔子之后，这项工作主要沿着两个方向展开。一是为人的道德实践确立人性基础，即对内补心性；二是以意志性的天为人的行为建立法则，即对外补天道。前者被余英时称为内在超越，后者则不妨称为外在超越。这种双重超越，为在哲学层面谈论儒家阐释学提供了可能。

但是，正像老子对于道的定位充满暧昧一样，儒家早期建立在易学基础上的本体阐释也是晃动的。按《论语·阳货》所述："子曰：'予欲无言！'子贡曰：'子如不言，则小子何述焉？'子曰：'天何言哉！四时行焉，百物生焉；天何言哉？'"在此，"天"作为一个有类于西方实体之真的概念，似乎为阐释确立了一个实指对象，但孔子的"无言"态度，预示着它超出了人的认知范围，对它无所阐释、保持赞叹或静默也许是最好的选择。与此相应，按照先秦儒家设定的上古圣王谱系，伏羲氏在中国文明的发端期象天法地，制作八卦，这是在经验层面为人建立了一个可认知、可理解的宇宙论框架。从文献看，孔子对这一框架是有充分信心的。按《易传·系辞上》所述："子曰：'书不尽言，言不尽意'。然则圣人之意，其不可见乎？子曰：'圣人立象以尽意，设卦以尽情伪。'"在这段话中，孔子虽然对文字和语言的阐释效能持怀疑态度，但相信通过卦象可以洞见天地的原质以及世情的真假。一个根本问题仍然无法回避，即"立象以尽意"，本身就说明"象"不是"意"。说卦者如果止于言"象"，就仍然和真理性的"意"隔了一层。同时，像道一样，"象"也变动不居，缺乏确定性。《易传·系辞上》讲："神无方而易无体。"本身就说明了象无法被赋予确指意义的特性。另外，在技术方面，《周易》基于立象尽意而起的"象思维"，对世界的解释总体建立在类比联想和隐喻的基础之上。这种方法至多可以对世界的存在性状形成类比或暗示，而无法形成实然的说明。就此而言，儒家阐释学在哲学层面保

[①] [德] 黑格尔：《哲学史讲演录》第一卷，贺麟、王太庆译，商务印书馆1983年版，第119页。

持开放也就具有了必然性。

关于中西思维方式的差异，王树人曾讲："从'主客二元'出发，把不动的最高实体作为现成的对象，西方传统思维从一开始，就表现为理性的规定性，即对实体下定义，并进而作判断、推理、分析、综合……理性的逻辑概念思维，实质上归结为概念的形成和展开。因此，可以把西方传统思维简称为概念思维。但是，与此不同，中国传统思维，则表现为以'象'为核心，从而围绕着'象'来展开。"[1] 这段话看似与阐释学无关，其中谈及的内容却决定了中西阐释学的不同路向。西方古典阐释学之所以有明确边界和专指对象，原因无非在于预置了现成的真理，阐释的过程就是让人的认识与这个真理相符合、匹配的过程。而相关的阐释活动之所以仅被视为语义学、修辞学之类的技艺，也无非是因为真理的预先被给予，使相关阐释活动永远处于从属地位。与此比较，在中国，无论是儒家还是道家，真理性的道、意被置于人的认识无法达至的超验之域，甚至被当作一种以"无"为标识的虚体形式。对于这种性质的对象，最明智的态度就是保持静默，不做阐释，免得一说就错。但是，如果人事实上又不得不说，那么可供选择的方式可能只有两种。一是以拒绝阐释为阐释，即以说的形式说出对象的不可说；二是借助现实经验形成对阐释对象的暗示，将阐释作为一种能指性的寓言。比较言之，保持沉默和说不可说，除了显示阐释者审慎和谦卑的美德外，均对阐释学无所贡献，甚至在本质上是反阐释的。借助比喻或暗示也仅能说出对象的如其所是，而无法达至是其所是，与真正有效的阐释尚隔着一层。

据此来看，中国传统阐释学在阐释者与阐释对象之间设置了永远无法弥合的间距，人谈论真理更多不是试图掌握真理本身，而是借助相关谈论或阐释表达一种人生在世的怅惘之感。同时，由于这类阐释活动大多是借助形象暗示真理，而不是直陈真理，这就使相关阐释显现出鲜明的审美特性，或者其表达的诗性远远压倒了逻辑性。另外，在阐释手段和阐释对象的二分中，由于手段性的言、象和真理性的道、意都缺乏固定性，这决定了两者的关系更像是动画片中猫捉老鼠

---

[1] 王树人：《中国传统智慧与艺魂》，武汉出版社2006年版，第8页。

的游戏——它在中国历史中被连续展开，但永远没有终局。于此，阐释过程给人带来的精神性影响要远远大于阐释目的的达成。甚而言之，人们似乎更愿意品味这个无终局过程给人带来的心理感受，对所谓的真理是否现身则大多采取了有意无意的回避态度。

　　以上内容，大致可以概述中国古典阐释学所面临的思想处境。儒家经学阐释学一方面是其中的组成部分，但就其所涉文本以及这些文本被赋予的权威性而言，又有一定的特异性。儒家《诗》《书》《礼》《乐》《易》《春秋》六经，除《春秋》为孔子本人撰写外，其余均来自他的整理和编订。这些文献在战国中期被定为经典，西汉时期《乐》经佚失，其余五经在汉武帝之后成为士人的必读文本。关于"经"，《白虎通德论·五常》云："经，常也。有五常之道，故曰五经。"刘熙《释名》云："经，径也，如径路无所不通可常用也。""径，经也，人所经由也。"这两个解释，分别赋予了"经"作为自然常道和人生真理的意义，五经则相应被赋予了不同的意义专指和用途。如司马迁云："《易》著天地阴阳四时五行，故长于变；《礼》经纪人伦，故长于行；《书》记先王之事，故长于政；《诗》记山川溪谷禽兽草木牝牡雌雄，故长于风；《乐》乐所以立，故长于和；《春秋》辩是非，故长于治人。"[1] 就此而言，在儒家经学中，阐释对象变得稳定，中国哲学长期因道的不确定而带来的阐释困境也似乎有了解决的可能。

　　但具有讽刺意味的是，五经文本在汉代成为经典并获得公共性，却仍没有使其阐释边界得到有效限定。按《汉书·艺文志》所记，当时的经师"便辞巧说，破坏形体；说五字之文，至于二三万言"。更有甚者，"秦近君能说《尧典》，篇目两字之说，至十余万言，但说'曰若稽古'，三万言"[2]。出现这种状况，大致原因有三。一是在中国历史上，两汉是五经获得官方提倡的初始时期，还没有形成稳定的解经模式。二是五经均不是严格意义上的理论著作，需要由记言记事引申出意义，这就给了阐释者无限想象和发挥的空间。董仲舒讲，

---

[1] 参见《史记·太史公自序》。
[2] 参见桓谭《新论·正经》。

"《诗》无达诂,《易》无达占,《春秋》无达辞"[1],正说明五经表意的非确定性,为对其进行无限阐释提供了条件。三是最重要的哲学方面的原因,即按照汉儒对五经作为"五常之道"的定位,它最终必然是通达于哲学的。但如上所言,先秦时期关于道的设定,本身就是一个空洞的能指,缺乏实指对象。与此相关的言、象、意关系讨论,则因象思维本身的类比和隐喻特征,而难以实现表意的清晰显明。至汉代,董仲舒为儒家经学"补天",这看似有助于为相关阐释活动提供一个实体性的形上对象,并进而使其成为规范阐释的总原则,但事实上,董仲舒从来没有将天实体化,而是仅关注在天人相与之"际"显现的阴阳消息。这种由上天垂示的阴阳消息,比原本虚体性的道更加扑朔迷离,并因此开启了儒学的神秘主义。由此可以认为,在汉代,儒家经学本身的解释传统已因经师的无限意义附衍而缺乏基本规范,再加上由董仲舒天人感应论开出的谶纬神学,所谓阐释的无限,在汉代这一中国经学阐释学的发端期,应算达到了后世无法复制的顶点。此后,经学有汉学和宋学之别,前者重章句,后者重义理;前者重天人,后者重心物。但在阐释的有限与无限之间,无限阐释一直是主流性问题。

权力、制度与阐释的限界

综上可知,中国传统的经学阐释实践,确实存在着严重的过度阐释。经学阐释虽然是一个实践问题,或者说是一门解释的技艺,但它终究是哲学性的。中国哲学在本体论层面的不确定性,使与其密切相关的文本阐释失去了必要的先在约束和规定。当然,哲学对于阐释取向的规定,只产生理论的可能性,真正对其形成决定性影响的还是世俗力量的外在强制。在中世纪,西方天主教会之所以能独断《圣经》的解释权,最终离不开宗教裁判对异端思想的压制。像在中国,由于阐释所依托的哲学理论本身缺乏对阐释限界的规约能力,它所面临的问题更为严峻。简析如下:

---

[1] 参见(汉)董仲舒《春秋繁露·精华》。

阐释的有限与无限

关于中国哲学，王国维曾讲："披我中国之哲学史，凡哲学家无不欲兼为政治家者，斯可异已！孔子大政治家也，墨子大政治家也，孟、荀二子皆抱政治上之大志者也。汉之贾、董，宋之张、程、朱、陆，明之罗、王无不然。……故我国无纯粹之哲学，其最完备者，唯道德哲学，与政治哲学耳。"① 这种中国传统哲学的政治化，一方面说明了它缺乏西方意义上的理论自律，另一方面也为其介入现实事务提供了便畅通道。从见于正史的相关论述看，中国哲学在其起源处就与政治具有一体性，像伏羲、黄帝、尧、舜，既是人间圣王，也是哲学王。至西周时期，周公制礼作乐，由此使礼乐文明成为中国此后数千年文明的主导，相应生成了礼乐政治、礼乐制度以及以礼乐教化为目的的"教化的哲学"②。以此为背景，传统史家倾向于认为，后世中国哲学多衍生于西周礼乐制度，如"儒家者流，盖出于司徒之官""道家者流，盖出于史官""阴阳家者流，盖出于羲和之官""法家者流，盖出于理官"③，等等。这种政治、哲学与教化的一体性，被清代学者章学诚称为"治教无二，官师合一"④。

中国传统经学阐释奠基于哲学，中国哲学又密切关联于政治，这意味着阐释学问题也必然是政治问题。一个值得注意的现象是，在先秦，虽然我们今天对诸子争鸣时代赋予了"思想繁荣"等种种定性，但在当时学者的言论中，却充斥着末世论，即人类正处于暗夜时代的共鸣。究其原因，大致可以概括为两点。一是西周礼乐文明的崩解，造成了整个社会的无序和混乱；二是社会的无序直接导致了思想领域的非统一。据此可以看到，在当时，政治层面重建秩序的欲求与解释学意义的谋求共识是具有一体性的。如《庄子·天下》讲："天下大乱，贤圣不明，道德不一。天下多得一察焉以自好。……悲夫！百家往而不反，必不合矣！后世之学者，不幸不见天地之纯，古人之大

---

① 王国维：《论哲学家与美术家之天职》，见姚淦铭、王燕编《王国维文集》第三卷，中国文史出版社1997年版，第7页。
② 李景林：《教化的哲学》，黑龙江人民出版社2006年。
③ 参见（汉）班固《汉书·艺文志》。
④ 章学诚：《文史通义·原道中》，见叶瑛《文史通义校注》，中华书局1985年版，第131页。

体。道术将为天下裂。"荀子讲:"假今之世,饰邪说,文奸言,以枭乱天下,矞宇嵬琐,使天下混然不知是非治乱之所存者有人矣。"①以此为背景,当时的思想者,如庄、孟、荀等,均对寻求跨学派的共识提出了自己的主张。至战国晚期,这种思想统合趋势更加明显,如《吕氏春秋》"兼儒墨,合名法"②,被后人视为综贯先秦诸子学说的集大成之作。就此而论,在多解不一中寻找共识,为诸种偏至性阐释建立限界,往往会成为价值多元、无限阐释时代思想者的共同欲求和目的,这和国家在政治上追求统一具有一致性。

但从中国历史看,由思想者或士人自动发起的共识努力从未真正实现过。原因大致有三。一是如上所言,在哲学层面,先秦思想者都崇尚道,但道这一本体论范畴从来没有获得过统一定义。道家有道家的道,儒墨有儒墨的道,甚至"盗亦有道",所以它缺乏对不同学派的共同约束。二是在历史方面,儒家推崇尧舜周公,墨家推崇夏禹,道家推崇"有巢氏之民""知生之民"(《庄子·盗跖》),就中国哲学讲究以史证道的特性而言,各家也缺乏共同的历史信仰。三是在中国,学派内部的师承关系往往被赋予了拟血缘性质,学生对师门的忠诚具有强大的道德约束力。在尊师与重道之间,前者是优先选项;在恪守师教与明辨是非之间,师教比是非更重要。这和西方亚里士多德式的"吾爱吾师,吾更爱真理"判然有别。据此来看,在中国传统士人阶层,虽然不能说公共阐释所依托的公共理性是缺失的,但起码是薄弱的,不足以成为达成思想共识的关键因素。

那么在中国历史上,真正为阐释建立边界并进而实现共识的力量是什么?可以认为,一是权力,二是围绕权力形成的制度形式。

首先,鉴于中国传统哲学往往以服务于政治为目的,这就无形中将学术的选择和价值评判权交给了政治人物,所谓学术竞争则成了能否被现实政治优先选择的竞争。比如在中国汉代,先有黄老成为国家哲学,后有汉武帝独尊儒术。道家与儒家在当时能成为思想领域的公共或主流话语,均离不开国家权力的提倡和择取。以此为背景,西汉

---

① 参见(战国)荀子《荀子·非十二子》。
② 参见(汉)班固《汉书·艺文志》。

自武帝之后，儒家成为官方哲学，五经成为被普遍尊崇的公共文本，但在儒家内部，公共阐释依然无法达成。这是因为，五经文本本身的隐喻特征给解经者提供了多元发挥的义解空间。同时，按照清人皮锡瑞的讲法："汉人最重师法。师之所传，弟之所受，一字毋敢出入；背师说即不用。"[1] 正是因此，在汉代，我们可以看到在儒家内部，存在着一种既有共识又没有共识、既谋求共识又永远无法达成共识的永恒纠结。这个共识就是儒家的五经，但对经义的解释多元歧出。每一家释经者都试图围绕自己的释义形成共识，但结果必然遭到其他诸家的抗拒和反对。在这种背景下，权力的再次出场也就具有了必然性。西汉时期，汉宣帝召开石渠阁会议，东汉章帝召开白虎观会议，均是将学术问题诉诸政治来解决，汉代也因此开了以政治拍板解决学术争议的先例。

其次是制度。有汉一代，被后世儒家称为"经学昌明时代"[2]。这一时代经学之所以繁荣，关键在于有稳定的选官制度提供支撑。如《汉书·儒林传》所讲："自武帝立《五经》博士，开弟子员，设科射策，劝以官禄，讫于元始，百有余年，传业者浸盛，支叶蕃滋，一经说至百余万言，大师众至千余人，盖禄利之路然也。"这段话中的"禄利之路"，虽然讲的有点刻薄，但却道出了士人与政治关系的实质，即现实政权需要借重儒家经学建构国家意识形态，经学则需要借助政治弘扬先圣教义，并获得实际利益。正是这种相互需要，在中国两千余年的封建史中，儒家和现实政治结成了最稳固也最紧密的同盟，并使其制度化。在汉代，政府选拔官员实行察举制。这一制度除重视士人的行为表现外，最重要的是"明经"。按《汉书·儒林传》，在五经之中，士人"能通一艺以上，补文学掌故缺；其高第可以为郎中者，太常籍奏。即有秀才异等，辄以名闻。其不事学若下材，及不能通一艺，辄罢之"[3]。隋唐以后，科举代替察举成为朝廷选才的新方法，五经之于士人前途命运的重要性更趋强化。据此不难看出，儒家经典之所以在中国古代成为最具公共性的文本，离不开与此相关的

---

[1] 皮锡瑞：《经学历史》，周予同注释，中华书局1959年版，第77页。
[2] 皮锡瑞：《经学历史》，周予同注释，中华书局1959年版，第69页。
[3] 参见（汉）班固《汉书·儒林传》。

"禄利"对士人的永恒诱惑。而相关的考试和选官制度之所以重要，则是因为它为士人"禄利"的达成提供了稳定的保证。

作为选官制度的有机组成部分，隋唐以降，中国儒家经学阐释也趋于规范，主要表现为五经文本和义疏的标准化。初唐时期，李世民命令颜师古"于秘书省考定《五经》"文本，然后"颁其所定之书于天下"①，自此五经被以"钦定"形式固定下来。他同时命令孔颖达等编《五经正义》，使五经有了统一的阐释内容。关于这两个文本的影响力，皮锡瑞曾讲："自《正义》《定本》颁之国胄，用以取士，天下奉为圭臬。唐至宋初数百年，士子皆谨守官书，莫敢异议矣。故论经学，为统一最久时代。"②所谓阐释的无限至此首先被五经版本的有限限定，其次被官方给予的标准解释限定。所谓公共阐释，则在此获得了文本和经义的双重保证。当然，自孔颖达《五经正义》成书以降，就争议不断，如唐"博士马嘉运驳正其失，至相讥诋"③，宋欧阳修评其"虽包贯异家为详博，然其中不能无谬冗"④。但是，在唐宋之间，该著的权威性却从来没有动摇过。这意味着，儒家内部靠公共理性无法解决的问题，最终因外在权力的介入得到了解决，所谓公共阐释也是借助权力的强制得以达成。至明清时期，朱熹的《四书章句集注》被官方指定为科举教科书，朱子学成为官方哲学。这种围绕朱子形成的新共识或公共阐释，同样来自权力的决断和科举制度的巩固。

小 结

儒家经学，是中国传统文化的主干。自孔子编订六经并立下"信而好古，述而不作"的古训，它的历史就是以传、注、笺、章句等形式不断对经典做出阐释的历史。后来，连注释也需要解释，于是又有了疏这种注而再注的引申形式。也就是说，中国传统经学阐释学，有

---

① 参见（后晋）刘昫《旧唐书》，中华书局 2000 年版，第 1752 页。
② ［德］皮锡瑞：《经学历史》，中华书局 1959 年版，第 207 页。
③ 参见（北宋）欧阳修、宋祁《新唐书》，中华书局 2000 年版，第 4333 页。
④ （北宋）欧阳修、宋祁：《新唐书》，中华书局 2000 年版，第 4333 页。

阐释的有限与无限

远比西方《圣经》阐释更久远的历史、更绵长的传统、更广博的知识面和更广泛的受众。如何把握它的特质并与现代阐释理论对接,是目前亟待解决的问题。下面结合本文的主题,给出几点简要的判断。

首先,关于阐释的有限和无限,中国传统经学阐释有着自身独特的展开方式和运行规律。其中,在中国历史的前半段,由于五经阐释原则和文本的非确定性,士人对经义的理解趋于无限,过度阐释成为主流。隋唐以后,五经文本和释义的官方标准制定出来,加上科举制度的"利诱",经学阐释被给予了边界,阐释的无限变为有限。同时,就像张江对于"诠释π"的象征性说明一样,公共阐释在传统中国表现出开放与收敛、无限与有限的辩证性。其中,先秦两汉时期,虽然五经阐释总体趋于开放,但讨论这些经典毕竟仍构成了相对稳定的话语场域,也即典经释义的多元歧出,并没有妨碍形成一种相对松弛的公共语境。唐宋以后,官方标准有效遏制了经典释义的非确定性,阐释的公共性在加强,但其中内蕴的不同意见却并没有因此削弱,甚至更趋激烈。如皮锡瑞讲宋代的义理之学:"宋人尽反先儒,一切武断;改古人之事实,以就我之义理;变三代之典礼,以合今之制度;是皆未敢附和以为必然者也。"[①] 就此而言,官方标准的规约并不妨碍经学阐释释放内部活力。或者说,在中国经学阐释学史中,可能存在着两种无限。一种是外无限,即中国历史前期经典释义外向延展的无限;一种是内无限,即后期在文本界限内释义的无限。而阐释的公共性,则存在于这两重无限之间。这是一个富有弹性的意义场域。

其次,在中国传统经学阐释场域的形成过程中,存在着士人、权力和制度三种促动因素。按照常规判断,士人应该是其中最具公共理性或思想良知的群体,但是,由于中国社会早期真理概念的非明晰性、真知观念的非统一性,加上这一群体师法森严,往往只问门派,不问是非,所以想依靠其理性自律达至公共阐释,几乎没有希望。在此背景下,权力的介入也就成为必然,并在其中充当了维持各方均势并作出仲裁的关键角色。但同样的问题是,这一权力主体虽然有公共

---

① (清)皮锡瑞:《经学历史》,中华书局1959年版,第257页

理性所需要的超越性，但却缺乏严格意义上的公正。它往往以为政治服务作为学术目的，同时将当权者的个人好恶植入其中。像东汉时期，光武帝迷信图谶，"宣布图谶于天下"①，直接导致了大量谶纬内容被植入东汉经学传注文本，甚至以纬书形式使其全面神学化。于此，统治阶层的非理性，造就了东汉经学阐释学的公共非理性，由此形成的公共阐释则成为缺乏公共理性支持的非理性阐释。再看制度，与个人权力对经学阐释的直接干预不同，制度具有为学术探索建立游戏规则的性质，它所制定标准的客观性和可持续性，有助于避免权力主体的非理性干预，同时也为士人提供了可以遵循的常态化秩序。从中国历史看，隋唐以降的科举制度虽然有机械和僵化的一面，甚至极大遏制了士人的创造活力，但却有效维系了中国经学阐释的稳定，促进了士人阶层关于经典共识的达成。据此来看，在士人、权力和制度之间，制度对于中国经学阐释学的意义要大于士人和权力主体的意义。至于这个制度是好制度还是坏制度，则另当别论。

再次，以公共阐释理论介入中国历史上的阐释实践研究，会面对着前所未有的复杂情景。在当代学术古今中西交错的大背景下，西方阐释学始于独断，终于开放，阐释实践随之从有限走向无限；中国则始于开放，续之于制度独断，阐释相应从无限走向有限。如何在两者之间寻找对人类普遍有效的公度性理论，成为对思想者的巨大考验。在公共阐释的达成方式上，张江寄望于公共理性；但在中国历史上，士人和权力阶层，不能说不具有公共理性或者对于公理的良知，但也同样充斥着非理性以及种种"一曲之士"的谬见。至于最终为公共阐释奠定基础的科举制度，今人对它的评价更是毁誉参半的。它以制度的强制最终实现了公共阐释，这也与建立在公共理性基础上的公共阐释大异其趣。比较言之，如果说后者代表了一种阐释学理想，那么前者则只能被视为公共阐释的异化形式。也就是说，如果真正的阐释学只能以人类公共理性的全面觉醒为前提，那么此前的经典阐释史则只能被视为阐释学的前历史。

最后，张江先生的阐释理论以人类共识的建立或公共阐释的达成

---

① 参见（宋）范晔《后汉书·光武帝纪》。

作为目标,但从中国历史看,共识的形成一方面预示着阐释理想的达成,另一方面也预示着阐释实践的终结。它对原本充满活力的思想的窒息作用甚至远远大于建设性价值。像在中国汉代经学阐释史上,郑玄是最终的集大成者,但正是他的"集大成"终结了汉代经学。关于这一充满悖论的现象,金春峰曾讲:"东汉中后期一个极为引人注目的现象是:官办经学刚刚达到了它的荣华和声誉的巅峰,就急剧地跌落下来,一蹶不振。"① 从历史看,经学在东汉中后期的一蹶不振,郑玄确实难辞其咎。如皮锡瑞讲:"郑君兼通今古文,沟合为一,于是经生皆从郑氏,不必更求各家。郑学之盛在此,汉学之衰亦在此。"② 换言之,在思想缺乏共识的时代,人们往往努力谋求共识;但吊诡的是,共识达成之时,也往往是思想终结之日。

那么,在这种充满矛盾的语境中,我们到底是要共识还是要思想?抑或将不寻求共识作为共识,将思考"思想"的命运作为最高的思想?好在张江以 π 值的比喻为公共阐释提供了一个充满弹性的动态空间,这有助于化解由此导致的思想的停滞和僵化,但就捍卫思想创造的本体价值而言,似乎还远远不够。事实上,没有人能够否认阐释是有限的,因为我们只可能以人的方式思考这个世界,人的经验的边界已经为阐释划定了一个无法超越的边界;也没有人能够否认阐释的公共性,因为以人的方式思考本身已经为相关阐释建立了共识。就此而言,边界和共识问题,并不是事实问题,而是对于人文科学的立场和价值定位问题。在一个已全面被科学理性乃至政治规制限定的社会,为人文科学保留一种面向无限的可能性,可能比什么都重要。

---

① 金春峰:《汉代思想史》,中国社会科学出版社1987年版,第559页。
② (清)皮锡瑞:《经学历史》,第142页。

阐释的循环和悖论

王 宁

【内容摘要】 诠释和阐释之于人文学科是必不可少的。一个理论家或一个有着自觉理论建构意识的学者的一大贡献就在于提出一个或一系列能够引发学界讨论甚至争论的理论概念。在中文的语境下，阐释不同于诠释，前者在于扩大和阐发，后者则在于追踪其本源。相较而言，阐释的意义和价值更大，其目的在于创新。阐释是绝对必要的，也是必不可少的。然而在扩展对作品的理解的同时，往往会碰到另一个问题——阐释的界限。阐释应该有一个限度，如果阐释走上了极端，那就必定远离作品的原意而导致过度阐释。虽然在某些情况下，过度阐释也具有某种合法性，但是要区分有效的阐释与过度阐释，以便发现某些过度阐释可能存在的有效性。诠释是没有终结的，阐释更是如此，它如同一个循环，但它本身又是一个悖论。任何理论如果不经阐释就没有存在和流传的价值。

【关 键 词】 强制阐释　过度阐释　诠释　悖论

【作　　者】 王宁，上海交通大学人文社会科学资深教授，教育部长江学者特聘教授，欧洲科学院外籍院士，拉丁美洲科学院院士。

张江先生的论文《论阐释的有限与无限》[①] 也和他以往的那些质疑和批判"强制阐释"的论文一样，发表后在当代文学批评界产生

---

① 张江：《论阐释的有限与无限》，《探索与争鸣》2019 年第 10 期。

了较大的反响。实际上，我在这篇文章尚未发表之前就有幸先睹为快了，在阅读文章初稿时我就萌发了一些想法，现在重读他最终发表的文章，不禁对这位致力于探讨文学作品本来意义的理论家充满了敬意。确实，在我们这个时代，文学及文学理论似乎早已被放逐到了边缘，但是无论是创作界还是批评界都需要这样具有理论探索勇气的批评家——绝不人云亦云，不仅可以与别人对着说，而且更擅长提出一个命题去引发别人讨论甚至争论。正是本着这样一个初衷，我也效法张江的批评实践，就他的文章未说出的话接着说下去，同时对他的某些不甚完善的理论假想与其进行商榷和讨论。

一

在我看来，张江的这篇文章之所以以"阐释的有限与无限"为题，实际上是想表明，他已经对之前一直坚持不懈地试图追寻文学作品的本来意义的努力作了一些修正。他之所以在文章的最后部分引入了 π 的概念，其意在表明，尽管在英语中，我们都用 interpretation 这一术语，但翻译成汉语时，则分别是"诠释"和"阐释"，甚至还有"解释"。但在张江看来，上述前二者是有差异的，应对之进行这样的区分：

所谓诠的展开和实现，如同于 π。它的过程是，其一，诠的最终追索，是文本的自在意义及作者的本来意图，即诠释的目标是寻找和确定文本的 3.1415。其二，如同圆周率的发现一样，π 的确定是一个漫长的过程，历史上的多种方法曾经失败，直到后来的圆面积的无限分割法不断成熟，圆周率才靠近并确定为 3.1415，并在此基础上无限延伸下去。诠释亦如此。面对确定文本开始诠之活动，首先是索求意义之 π。[①]

应该承认，在张江以往的文章以及与西方理论家的对话中，他总是不厌其烦地试图确定一部文学作品中作者的意图（intention），并试图追索原作者本来所要表达的意义。而在本文中，他依然坚持认为，

---

① 张江：《论阐释的有限与无限》，《探索与争鸣》2019 年第 10 期。

作品的意蕴（meaning）是确实存在的，但他在反复思考后终于认识到，作者的意图和作品的意蕴尽管存在，但是后者总是不可觅得，就好像 π 一样，对之的追索就如同一个无限往复的循环。这不禁使我们感到，这就如同英美现代主义诗人艾略特的《荒原》一样，其开放的结构和结尾向我们启示，荒原上的探索（寻找圣杯）是痛苦的，同时也是无止境的，它可以导致死亡，但死亡既是生命的结束，又是复活和再生的开始，因而这段历史就是循环往复的，永远没有终结。诠释作品的原本意义也如同寻找圣杯一样，永远不可觅得，但是一次又一次的追寻却使诠释者逐渐接近了原意。

阐释更是如此，张江承认，阐释本身就是一个悖论，或者说如同诠释一样也是一个循环，它介于有限与无限之间。也即"阐释的目的，就是不断附加文本的无限意义：同一主体可以对文本作无限理解，不同的阐释主体可以对同一文本做出无限不同以至完全相互对立的阐释。更进一步，阐释不是寻找意义，而是添加意义，其意义的扩张与推衍，完全由阐释者决定，与对象文本及生产者无关"[1]。既然承认了阐释者的理论阐释有着无限的可能性，那么追寻文本的本来意蕴意义何在？我想这正是其文可贵之处，明明知道意义的本源是无法寻觅的，但是对之的探索和追寻仍不失一定的意义。因为在张江看来，对作品意蕴进行追索的过程本身是有意义的，它的价值并不在于获得了什么，而是在于这一行为和过程能够引起什么样的讨论。毋庸置疑，任何一种理论概念的提出，如果未能引起广泛的讨论甚至争论，那就说明这一理论概念本身或许无甚意义和价值，要么就是同时代的读者和批评家尚未认识到其隐含的意义和价值。那么随着批评风尚的嬗变，它的意义和价值也有可能被未来的批评家或研究者发现或"重新发现"，进而重新引起人们的关注和讨论。因为"一些当下不被承认的边缘化的阐释，可能跃迁于中心，而成为新的更有普遍意义的公共阐释。阐释的有效性，其历史与辨证的意义就体现于此"[2]。

应该说，几年前由张江引发的关于"强制阐释"现象的讨论已经

---

[1] 张江：《论阐释的有限与无限》，《探索与争鸣》2019 年第 10 期。
[2] 张江：《论阐释的有限与无限》，《探索与争鸣》2019 年第 10 期。

取得了阶段性的成果，并使得中国当代的文学理论批评具有了国际性的影响。一方面，现在他坚持的这一追寻阐释的不懈努力必定同样会越来越接近作品意义的本源，其意义和价值自然也是不言而喻的。但另一方面，张江仍然通过不同的方式坚持他对文本意义的不懈追寻，因而在他看来，"阐释可以无限，但非全部有效。只有为公共理性接受的阐释，才为有效阐释，才可能推广和流传，并继续生成新的意义。有效阐释的边界在，且只在公共理性的框架之内"。在这里，张江在解构了中心意识后又建构了可供后来者继续解构的内核——有效阐释的边界。我认为这是张江从中国理论家的视角出发对西方的阐释学和接受美学理论的一个修正和发展，即并非所有的阐释都有意义，只有有效的阐释才有意义，因而才有增值的功能。而平庸的阐释只能是无聊的或无甚意义的。这不禁使我们想到美国批评家乔纳森·卡勒（Jonathan Culler）多年前在剑桥的激辩式演讲中所阐发的观点。关于这一点我后面还要进一步阐述。在此只想问道，究竟谁来判定这种公共理性？这种公共理性是由什么人或什么团体组成的？对此张江并未详细阐发。而我则要结合卡勒为"过度阐释"所作的辩护接着张江的话题说下去。

在我看来，诠释和阐释之于人文学科是必不可少的。一个理论家或一个有着自觉理论建构意识的学者的一大贡献就在于提出一个或一系列能够引发学界讨论甚至争论的理论概念。人文学科的评价标准并非要证明这一理论概念正确与否，而是要证明该理论概念在理论界和学界产生的影响能够持续多久。[①] 我们都知道，科学论文的意蕴（meaning）或意思是相对固定和确定的，而文学作品的意义则通常是不确定的，因而也是十分丰富的，有时甚至是含混和增殖的。一方面，一部优秀的文学作品的意义和价值并不在于它能否得到读者和批评家众口一词地赞誉，而是在于它能否引发一代又一代的读者和批评家的讨论甚至争论。另一方面，我们又认识到，对于一部文学作品的意义，不可能只有一种解释。并非只有作者才是唯一掌握自己作品意

---

① 王宁：《再论人文社会科学的国际影响及评价标准——兼论中国实施文科院士制的可行性和必要性》，《中国社会科学评价》2017年第3期。

义的人。作者常常并不一定清楚自己写了什么，或者我们也许可以说，作者试图表达的意义常常与读者和文学批评家所理解的意义（significance）大相径庭，即前者是作者的意图或作品的意蕴，后者则是阐释者由此阐发出来的衍生义。有时一位具有理论洞见的批评家可以发掘出作者在写作时也未曾意识到的作品的隐含意义。[①] 因此，任何阐释都未必能被证明是一定有效的。它只能指向一部作品的某个方面，而完全有可能忽视该作品的其他方面。有时这样的阐释也能引发讨论甚至争议，通过这些讨论和争议我们对那部作品便有了更好的理解和把握。但是在扩展对作品的理解的同时，我们往往会碰到另一个问题——阐释的界限。我也认为阐释应该有一个限度，就好比翻译一样，译者无论怎样发挥和阐释，都不可能把原文中毫无踪影的东西硬加进译文。有时，译者为了便于读者理解，可以对原作中表达不甚明确的东西加以解释，但至少仍有一个可以比照的东西存在于原作中。因此，我们经常形容译者的创造性再现就如同"戴着镣铐跳舞"，其不可能随心所欲地离题万里。当然，按照接受美学和读者反应批评的教义，文学作品的意义确实不仅仅存在于作者的头脑里，它更多隐藏在读者的头脑里和批评家的意识或无意识中。读者在仔细阅读作品后可以提出他们的不同解读和阐释，而各种不同的解读和阐释最终就形成了一部文学作品的接受史。崛起于20世纪60年代的接受美学正是对备受忽视的文学接受史的弘扬和对读者的阅读和批评性想象的解放。

我们之所以要感谢接受理论家，是因为他们提醒我们关注读者的作用，因为我们现在已经懂得，作者并非一部作品的意义的唯一拥有者和唯一合法的阐释者。因此，当我们说作者"已死"时，并非意指他真的不在人世了，而是意在说明作者已经无法影响其他人对自己作品的理解和阐释了。有时当几位读者为了一部作品中的某个情节的意义而争论不休时，如果作者在场，他们可能会去问作者，但是作者的解释是否可以被当真？确实，有些作者会想当然地认为，自己当初

---

① 王宁：《作为世界文学的中国当代小说：贾平凹小说的世界性和理论前瞻性》，《学术研究》2018年第12期。

在创作时并"不是那个意思,你们的解释是错误的"。也有的作者则会说,我也不知道我究竟想表达什么,你们可以根据你们的阅读经验来解释,我并不反对。笔者认为后一种态度更为可取。无数事实证明,即使是作者本人的回忆录和自传也不可全信,尽管这些材料可以当作研究者对当事人研究的重要参考资料,但并不是唯一可靠的资料。文学创作更是如此。虽然确实是作者创作出了自己的作品,但是许多隐含在其字里行间的微妙意义,他并不一定能全然把握。一位具有理论洞见的批评家常常可以发现作者并未意识到但确实存在于作品中的隐含的意义。因此,就这一点而言,阐释是绝对必要的,也是必不可少的。但是如果我们的阐释走上了极端,那就必定远离作品的原意并导致过度的阐释。当然,张江是不赞同过度阐释的,他试图为阐释设立一个界限。但另外,我们又不可否认,在某些情况下,过度阐释也具有某种合法性。但是我们要区分有效的阐释与过度阐释,以便发现某些过度阐释可能存在的有效性。这样,我们就直接回应了张江文中提出的问题——阐释的界限问题。

二

我在此还想提出的另一个问题,即阐释的限制是否真的存在,尤其是用于跨文化翻译时是否存在,因为后者在某种程度上说应该是另一种形式的阐释。我的回答和张江一样是基本肯定的。这一点同时也体现于文学翻译,也即另一种形式的阐释。因为译者将内在于原语中的意义在目标语中予以了重构,这就是阐释的力量。当我们在同一语言中阐释一部文学作品时,我们可以充分发挥阐释者——批评家的主观能动作用,但是当我们试图用另一种语言来再现它时,译者的作用就得到了弘扬。按照一般的规则,一位优秀的译者会使得原文增色以便在目标语中美化原作,而拙劣的译者则会在目标语中破坏原作的优秀品质,这样的例子在中外文学翻译史上有许多。一大批中外作家和理论家是得益于翻译的,张江也是翻译的直接受益者。他通过阅读大量翻译的西方理论家的著作,提出了自己具有挑战性的思想观点。但是他比当代别的批评家幸运的是,通过翻译的中介,他的理论观点也得以旅行到国外，在国际学界产生更大的影响。而他的不少国内同行的优秀著述和同样有价值的理论思想则依然在异国他乡受到"边缘化"的待遇。

由于张江文章中涉及的问题实际上已经跨越了两种语言和文化的界限，进入了一种跨文化阐释的境地，而他本人的论述又主要依赖于翻译，因此本文将从跨文化的角度对文学作品的阐释者——译者的作用略加阐发，之所以这样做，意在区分阐释与过度阐释。在笔者看来，所谓过度阐释，实际上就是读者—批评家在自己头脑里对可能隐含在文学作品中的"潜文本"（subtextual）意义作出的假想和阐释。但是他们的出发点仍是文学作品，而非其他。这些细心的读者想做的事无非就是发现原文作者不一定意识到的那些潜文本含义。这样，他们也就填补了原文及其作者留下的阅读空白。应该说，这样一种过度阐释会产生出与原作者试图表达的意义大相径庭的衍生义，有时当然也发掘出原作中的潜文本意义。

然而，阐释者在自己的头脑里仍有着一个原作作为比照，因此有效的阐释不可能走得太远，这应该就是张江所说的"公共理性所认可的"阐释的界限。就此而言，这样一种阐释即使有些牵强但仍多少能令人信服。这与张江在多篇文章中反复演示并予以批判的那种"强制性的"阐释不可同日而语。在那种情况下，阐释者通常是一个外在于批评圈内的理论家，他的目的并非向读者解释文学作品中的意义，而更是试图从一个预设的理论概念出发，将自己的能动性理解和对文本的主观武断的阐释强加于读者，这样他便能够提出一个先在的理论假设，然后从文学文本中找出几个例子来证明自己的理论的正确或有效。当然，这样的理论家得出的结论并不意在帮助读者理解文学作品，其更多是意在据此证明自己理论假设的正确性。应该说，张江在多篇文章中所强烈反对的就是这样一种强制阐释。可以说，他在《论阐释的有限与无限》一文中仍然坚持了这一立场，只是为阐释的合法性留下了更多的空间。这是他通过批评和阐释实践对自己早先理论教义的一种发展和修正。

实际上，对文学作品阐释的态度不外乎这样两种。其一是专注阐释者所读过并分析过的文学作品加以阐释，这样就依然是指向文学文本本身；其二则是从一个预先设定的理论教义入手来考察文学文本。毫无疑问，这是文学批评和阐释的两种迥然不同的态度和方法。前者的出发点和目的仍然在文学本身，而后者则完全是阐释者自己的理论建构。当然，这样的理论建构也并非没有必要，只是应该用于更加适当的场合。恪守前者自然是文学批评家和文学研究者的使命，他们倾向于依循一种既定的理论模式来展开自己的批评。因此，他们所关心的是一般的读者注意不到的文学作品的意义。而专注后者的人则一般是一些理论家或非文学研究者，他们不屑于使用别人的现成理论，而是试图将自己的理论教义用于对文学作品的阐释和过度阐释。因此毫不奇怪，他们的最终目的就是要证明自己的理论假想的正确和有效。当然，我们不能说这两种方式孰优孰劣，我们只能说哪一种方法更加有助于我们理解和阐释文学作品的意义。但是令人遗憾的是，后一种阐释方法长期以来在文学理论界一直影响更大，为当下的文学批评家广为使用。与之相比，对文学文本的阐释或过度阐释便淹没在理论阐释的汪洋大海之中，而具有影响的纯理论推衍和阐释却越来越远离文学本身。这就导致了文学批评界一些奇怪现象的出现。当然，这类现象不仅出现在中国，也更多地出现在西方，它受到关注和批评自然在所难免。

三

现在我们来看看所谓"过度阐释"（overinterpretation）的力量和局限。

多年前，围绕阐释和过度阐释曾经发生过一场意义重大的辩论，那场辩论围绕意大利著名的符号学家和后现代主义小说家安伯特·艾柯（Umberto Eco）在剑桥大学所做的三场"丹纳讲座"（Tanner Lectures），他的讲座由三位批评家和作家进行评点和回应。艾柯极具魅力的演讲从作家的角度展示了他的观点——"作品的意图"为阐释设定了限制。但是评议人理查德·罗蒂（Richard Rorty）、乔纳森·卡勒以及克里斯蒂纳·布鲁克-罗斯（Christine Brooke-Rose）则从不同角度挑战了艾柯的观点。显然，作为一位作家，艾柯不希望其他批评家强制性地"过度阐释"他的作品。但是,作为一位符号学家,他却又对其他作家的作品作了许多极富理论洞见的阐释,这其中就有一些属于"过度阐释"的范畴。具有悖论意义的恰恰是他的那些在过度阐释中得出的符号学理论洞见使他成为一位世界一流的符号学家。这样,一场热烈的讨论就围绕着阐释问题如火如荼地展开了。应该说,他们所热烈辩论的这样一种阐释仍限于西方文化语境中的理解和阐释之界限。虽然这种阐释并不能算作是一种跨文化意义上的阐释,但它依然在理论的传播、变形甚至重构方面扮演了重要的角色。因此,给我们提出了一些具有洞见的启示。

但这份挑战者和评议者的名单本身就十分引人关注,其中结构主义和解构主义理论家卡勒的阐释和过度阐释给人的印象最为深刻,并且至今仍广为批评界所谈论。他毫不隐晦自己对过度阐释最感兴趣的看法,并认为有时这种阐释不无一定的合法性。在他看来,过度阐释有时也会导致真正意义上的创新。因此,他试图为之辩护,把自己的评点式演讲命题为"为过度阐释一辩"(In Defence of Overinterpretation)。他开宗明义地提出如下观点。

> 阐释本身并不需要辩护,因为它总是伴随着我们而存在,但是也像大多数知识活动一样,只有当阐释走入极端时才有意义。不痛不痒的阐释往往发出的是一种共识,尽管在某些情况下具有价值,但是却无甚意义。[1]

显然,作为一位理论阐释者,卡勒并不反对一般意义上的阐释,他所反对的恰恰是那种毫无新意的平庸的阐释。他最感兴趣的是那些似乎走极端的阐释,因为在他看来,恰恰是那样的极端阐释有可能引起批评界的争议和辩论。而当一种理论阐释被推向极致时,它所蕴含的真理和谬误便同时昭然若揭了。对于读者来说,他完全可以进行自己的判断和选择。而这恰恰是平庸的阐释者所无法做到的。在回应艾

---

[1] Jonathan Culler, "In Defence of Overinterpretation", in Stefan Collini, ed., *Interpretation and Overinterpretation*, Cambridge: Cambridge University Press, 1992, p. 110, p. 115.

柯的批评时，卡勒甚至用后者自己的批评实践来批评艾柯。他在艾柯的那些引起人们广泛兴趣和讨论的符号学理论中发现了许多"过度的阐释"，而这些阐释的意义就在于使得一些含混的虚构人物得以成型。为此，他继续论证如下。

> 许多"极端的"阐释，也像许多不痛不痒的阐释一样，无疑是无甚影响的，因为它们被判定为不具有说服力，或冗繁无趣，或者与论题无关或本身无聊，但是如果它们真的走到了极端的话，那么在我看来，它们就有了更好的机会，也即可以揭示那些先前无人关注或思考过的因果关系或隐含意义，而仅仅尽力使阐释保持"稳健"或平和的做法则无法达到这种境地。①

因而在卡勒看来，能够引起争议且被人们认为是"过度阐释"的那些阐释的力量就在于以下几个方面。

> 如果阐释是对文本的意图进行重新建构的话，那么这些就成了不会导致这种重构的问题了；它们会问这个文本有何意图，它是如何带有这种意图的，它又是如何与其他文本以及其他实践相关联的；它隐藏或压抑了什么；它推进了什么，或是与什么相关联。现代批评理论中的许多最有意义的形式会问的恰恰不是作品考虑了什么，而倒是它忘记了什么；不是它说了什么，而是它认为什么是理所当然的。②

卡勒在学界的声誉在很大程度上就得益于他对前辈或同辈理论家的阐释和过度阐释。结构主义这一出自法国思想界并且最先风行于语言学和人类学界的思维模式和方法经过他的跨语言创造性阐释，促成了一种结构主义诗学建构的诞生。原先主要在哲学界有些影响的德里

---

① Jonathan Culler, "In Defence of Overinterpretation", in Stefan Collini, ed., *Interpretation and Overinterpretation*, Cambridge: Cambridge University Press, 1992, p. 110.
② Jonathan Culler, "In Defence of Overinterpretation", in Stefan Collini, ed., *Interpretation and Overinterpretation*, Cambridge: Cambridge University Press, 1992, p. 115.

达的解构主义经过他的阐释和过度阐释,再加之斯皮瓦克的翻译和耶鲁批评家的批评实践,最终在美国形成了一个解构主义批评学派。随后,又在相当程度上经过英语世界的中介,解构主义又伴随着广义的后现代哲学思潮风靡包括中国在内的整个国际学界。在这方面,阐释和过度阐释的力量是不可忽视的。

同样,张江的批评道路也得益于阐释和过度阐释,而且可以肯定,他的文章经过翻译的中介也完全有可能在国际学界产生反响,或者引发西方学者的阐释和过度阐释。那样一来,是否阐释的界限就会不断地扩大了呢?我想张江先生应该对此有所思考。

阐释逻辑中的精神科学与自然科学之辨
——与张江先生商榷

朱立元

【内容摘要】 张江先生对阐释逻辑做了系统的思考,但是有两个重要问题需要进一步商榷。其一,文中"精神科学"的提法值得商榷,该词在德国学界的使用源于精神科学与自然科学的对立,在我国学界的使用则与现当代学科分类的历史形成和约定俗成有原则区别;其二,自然科学方法应用于人文社会科学时应该谨慎,圆周率 π 是一种比喻和象征的修辞用法,和精确的定量分析并不相同,而用正态分布来论证公共理性的方法也值得推敲。

【关 键 词】 精神科学 自然科学 阐释 诠释

【作　　者】 朱立元,复旦大学文科资深教授、中文系教授。

张江先生最近在《探索与争鸣》发表的《论阐释的有限与无限》[①]一文就阐释的开放与收敛、有限与无限等一系列关于阐释实践及理论的重大问题发表了精辟而深刻的见解。该文与此前他发表的多篇关于公共阐释、公共理性和阐释逻辑等问题的论文[②]一起,对阐释逻辑这一涉及阐释学理论基础的重大问题作出了系统的思考,提出了许多创新性意见,为建构中国特色的当代阐释学理论做出了有益探

---

① 张江:《阐释的有限与无限》,《探索与争鸣》2019年第10期。
② 张江:《阐释逻辑的正当意义》,《学术研究》2019年第6期。

索。但是，我觉得还有两个比较重要的问题存在着需要进一步讨论或者商榷之处，特提出来向张江先生求教。

一

第一个问题——"精神科学"的提法值得商讨。

在该文发表前不久，张江在另一篇论阐释逻辑的论文中明确把阐释学归为"精神科学"，"阐释学遇到的问题，亦是诸多精神科学学科共同面临的问题。作为一般的方法论，阐释学涉及精神科学各个领域，或隐或显地贯穿于各学科研究的全部过程之中"。他进而提出："在正当理性与正确思维的意义上，研究与制定阐释学及精神科学的一般逻辑公理与规则系统，就显得更加必要与迫切。"① 在此之前，张江似乎很少使用"精神科学"这个概念。这里，他不但正式使用，而且提高到学科分类的高度。他关于"诸多精神科学学科"的提法，表明他把"精神科学"（复数）提升为一个除了自然科学以外的、包罗万象而处于最高层次的"大学科"，它下面包含了几乎所有的人文、社会科学门类。我觉得，这应该是张江首次不仅对阐释学，而且对其他所有社会科学和人文学科在学科分类上的明确定位和定性。但应当指出，这与我国现当代学科分类的历史形成和约定俗成有原则区别，会引起误解甚至混乱，不宜推广。

"精神科学"这个概念，在德国学界历来被广泛使用，至今仍然如此，是有其特定的历史和学术原因的。据考证，"精神科学"一词最早于1787年出现在一本匿名的小册子《哪些人是启蒙者？》中；至韦伯的《自然与文化间的平行：一种自然—精神哲学的体系》一书，"精神科学"的含义已经接近现在人们的理解；特别是卡利尼奇在《自然科学和精神科学的方法》一书中，第一次清晰地使用了我们今天对自然科学和精神科学之间的惯常区分。到了19世纪末期，狄尔泰在其《精神科学导论》对"精神科学"这个术语做了现代意义上的精确界定和阐发。他面对当时实证主义企图将自然科学方法论普遍

---

① 张江：《阐释逻辑的正当意义》。

化，以消解传统的哲学形而上学、统摄精神科学，统一人类社会和历史的一切知识于自然科学这一新思潮，做出了针锋相对的反击，从本体论上对自然科学与精神科学关于研究对象、范围和方法等方面进行了严格区分，强调了二者的根本对立，认为这是走出当时"哲学危机"的唯一途径。他把各种关于"社会实在"和"历史实在"的学术研究都纳入"精神科学"的领域。[①] 他针对实证主义贬低精神科学缺乏科学性的指责，提出精神科学不同于自然科学的科学性或者理论基础，是作为"经验科学"的理解和描述的心理学，大致与"精神显现的经验科学""精神世界的科学"同义，核心概念是"体验"（erlebnis）。狄尔泰认为，人文现象只能通过内在的体验和同情来予以把握，而这已经超出自然科学方法的范畴，进入了精神领域。所以他的诠释学也被称为"体验诠释学"。他把体验看成人之为人、构成人的精神世界的基础，精神科学的科学性只能借助体验的心理学研究才能获得，而这与自然科学的科学性大相径庭。他举例说，人们不可能借助自然科学的方法，从歌德的大脑结构或其各种身体特征出发，推导出歌德的各种激情、诗人的创造力和理智的反思等。[②] 这是精神科学的任务。由此可见，狄尔泰不但区分了自然科学与精神科学两大学科类型，而且提出了这两大学科不同的科学性追求和尺度。[③]

直到当代，德国哲学界仍然比较广泛地使用"精神科学"这一概念。伽达默尔在《真理与方法》中就大量使用这个术语，还对"精神科学"一词的最初使用做过考证。不过到后期，在他反思自己的哲学诠释学的局限时，已经明显减少了这种使用，而把重点放在研究的具体领域和学科上。他说："在被称作精神科学的领域中如此地把重点放在语文学——历史科学学科上的做法当然已经过时。在社会科学、结构主义和语言学的时代，人们不再会满足于这种与历史学派的浪漫主义遗产相联系的出发点……我很清楚，在我的体系中没有触及自然

[①] ［德］狄尔泰：《精神科学引论》第1卷，童志奇、王海鸥译，中国城市出版社2002年版，第15页。

[②] ［德］狄尔泰：《精神科学引论》第1卷，童志奇、王海鸥译，中国城市出版社2002年版，第23页。

[③] 潘德荣：《西方诠释学史》，北京大学出版社2013年版，第270—293页。

科学领域的诠释学问题，因为该领域超出了我的科学研究范围。我只是在历史—语文学学科中才有某些资格参与这一问题的研究工作。"①显然，此时的伽达默尔，重点研究的是历史—语文学学科，而不是一般地研究大而化之的"精神科学"，也不是研究经济学、政治学、法学等其他各种社会科学，包括语言学科（虽然他的《真理与方法》专门论述了诠释学中的语言问题），这些学科似乎也都属于精神科学领域；当然更不研究与精神科学对立的自然科学领域的诠释学问题。这种情况是发人深思的。

　　需要思考的是，狄尔泰等人通过精神科学与自然科学的对立，试图走出当时哲学的困境，他们建构起来的哲学诠释学固然属于精神科学的范围，但是，实际上出现了一个他们没有重视、而在我看来却很重要的问题——哲学与精神科学的关系究竟应当如何？哲学高居于自然科学和精神科学之上，还是从属于精神科学？伽达默尔也没有明确回答这个问题。也许，在他那里，哲学诠释学实现了哲学与诠释学的合一，不从属于某一门具体的精神科学，这样就避开了哲学与精神科学谁从属于谁的关系问题。然而，就学科分类而言，问题依然存在。

　　"精神科学"这个术语在中国的历史和学术语境中始终没有被广泛采纳和使用有其特殊原因。20世纪前半期，中国接受西方现代性的影响，逐步形成了一个现代学科分类的基本格局，即自然科学与社会科学对立并举，而哲学则成为统率二者的最高知识领域。中华人民共和国成立后，受苏联学界学科分类的影响，上面这个学科分类的基本格局进一步固化，并在学界达成不言而喻的共识，体现在许多教科书甚至权威辞书上，也体现在官方学术机构的设置上。如中国科学院和工程院是专门研究各门自然科学的机构，中国社会科学院则为专门研究哲学和各门社会科学的机构。不过，哲学实际上独立于、高于各门具体的社会科学，但又与社会科学一起区别于作为大类的自然科学。在大学分科体制和学位专业目录中，哲学与文史一起（所谓"文史哲"），加上伦理学、心理学等，构成人文学科诸门类，与其

---

① ［德］伽达默尔：《在现象学和辩证法之间——一种自我批判的尝试》（1985年），见《真理与方法》Ⅱ，洪汉鼎译，商务印书馆2007年版，第2—3页。

他诸门社会科学相并列；同时，诸人文、社会科学一起，与诸自然科学门类构成两个大系统的学科分类。这样一种学科分类体制是中国特有的，也可以与国际学界相接轨。在这种学术现实状况下，重新引入"精神科学"概念，恐怕既没有必要，也没有现实的可能性。

另外一个重要原因是，当代中国哲学、社会科学是以马克思主义为指导的，而我们在马克思、恩格斯著作中发现，他们在谈到与学科分类相关的问题时，基本上使用的是"精神哲学"，特别是"历史科学"等术语，而并不使用"精神科学"这个术语。恩格斯在评价黑格尔成功运用辩证法于精神哲学等领域时，指出其"精神哲学又分成各个历史部门来研究，如历史哲学、法哲学、宗教哲学、哲学史、美学等——在所有这些不同的历史领域中，黑格尔都力求找出并指明贯穿这些领域的发展线索"①。这里，"精神哲学"的提法来自黑格尔，是"大哲学"的含义，历史哲学、美学等属于"精神哲学"的一个部门或者分支。这个提法接近于"精神科学"，但又并不相同，哲学毕竟不包括自然科学。马克思在《〈政治经济学批判〉导言》中提出"历史科学"概念，"在研究经济范畴的发展时，正如在研究任何历史科学、社会科学时一样，应当时刻把握住：无论在现实中或在头脑中，主体——这里是现代资产阶级社会——都是既定的"，"这个一定社会在科学上也绝不是在把它当作这样一个社会来谈论的时候才开始存在的。这必须把握住"。② 这里"历史科学"与"社会科学"同时并列提出，两者有交叉、共同性，但又不能等同。我的理解是，"历史科学"大致与今天的人文学科的范围相当，"社会科学"则与我们今天的理解差不多。恩格斯的学科分类观念有所不同。他指出马克思的政治经济学"本质上是建立在唯物主义历史观的基础上的"，这个唯物史观原理，"不仅对于经济学，而且对于一切历史科学（凡不是

---

① 《马克思恩格斯文集》第四卷，中共中央马克思恩格斯列宁斯大林著作编译局编译，人民出版社2009年版，第272页。
② 《马克思恩格斯选集》第二卷，中共中央马克思恩格斯列宁斯大林著作编译局编译，人民出版社1995年版，第24页。

自然科学的科学都是历史科学）都是一个具有革命意义的发现"①。请注意，恩格斯似乎把人类的科学研究领域分为两大类——自然科学与历史科学，后者包括全部自然科学之外的人文、社会科学（哲学可能除外，虽然他没有明说）。这一点与马克思将历史科学与社会科学相并列有所不同。据此，我们今天只要沿用两人的学科分类思想就可以了，不必重新恢复和搬用德国传统的"精神科学"的术语。

二

第二个问题，自然科学的方法可以借鉴，但是应用于人文社会科学（包括阐释学）时应该谨慎。

张江从 π 到正态分布的数学逻辑出发论述、阐释的有限与无限等逻辑问题，是事出有因和有明确针对性的，主要是认为现在的人文社会科学包括阐释学，"背离基本的逻辑要求，具体说，没有完备的公理和规范系统作保证，无科学可言"，"特别是对复杂人文现象的阐释，因为其人的主体性及主观性的深度介入，阐释的创意与生产空间无限广大，所谓因果性、确定性，以至逻辑性，似乎全然丧失其意义，非理性、非确定性、非逻辑性，被视为最高选择，已造成精神科学无科学可言的荒唐境地"②。此话说得比较重，虽然主要针对当代阐释学理论的缺陷而言，但实际上扩大到了整个"精神科学"（主要是研究复杂人文现象的人文学科）的范围。然而，我觉得，对当前从阐释学到各门人文学科、社会科学做这样一个"无科学"的总体评价，"打击面"似乎过宽了。这里涉及对人文社会科学的"科学性"怎样理解、是不是与自然科学的科学性完全一样等问题。笔者认为，这两大类学科的科学性存在很大的不同，最大的区别在于自然科学的科学性以定量分析为基础，部分社会科学也需要一定的定量分析作为工具，而人文学科则不必。从前后文看，张江并没有在人文社会科学

---

① 《马克思恩格斯选集》第二卷，中共中央马克思恩格斯列宁斯大林著作编译局编译，人民出版社1995年版，第384页。
② 张江：《论阐释的有限与无限》，《探索与争鸣》2019年第10期。

的科学性与自然科学的科学性之间画等号，没有刻意追求人文社会科学要达到与自然科学一样的定量分析的精确性。他批评阐释学等人文学科"无科学"的主要标志并不是缺少定量分析，而是"三无"和"三非"，即"无公理可依据，无规则可约束，无标准可衡定"，以及"非理性、非确定性、非逻辑性"，认为这是"阐释学理论与方法的体系建构陷入困境的根本原因"①。这也可以看作张江提出了阐释学及其他人文学科（"精神科学"）科学性的基本规定，以及判定他们有无科学性的主要标准。正是从增强、提升这些学科的科学性的宗旨出发，他才强调，"研究与制定阐释学及精神科学的一般逻辑公理与规则系统，就显得更加必要与迫切"。但是，需要质疑两点：一是公理、规则、标准和理性、确定性、逻辑性，是不是衡量人文社会科学有无科学性的主要标志；二是当下我国的人文社会科学包括阐释学虽然会有这样那样的问题和缺陷，但是不是都已经处于"三无"和"三非"的状态。前一点还需要作者加以更加全面、系统、有说服力的论证；后一点我认为与我们人文社会科学的发展实际情况并不符合，据我所知，即使是文史哲等人文学科（如文艺学、美学、中国古代和现当代文学等），都不能说"三无"和"三非"。比如章培恒等先生编著的《中国文学史（新著）》，是文学史这个领域影响巨大的著作，它有着鲜明的内在思想、理论逻辑，从过去许多文学史著以阶级矛盾和斗争为贯穿线，到该书后来以人性和文学形式为贯穿逻辑，来梳理和描述中国古代文学的历史发展，不能说它没有自己的规则、确定性和逻辑性。即使是当代中国阐释学，虽然还处于借鉴西方理论、发掘中国传统的建构初始阶段，但也不能简单地概括为"三无"和"三非"。以上两点，提出来求教于张江先生。

显然，张江先生写作《论阐释的有限与无限》一文，就直接体现出为阐释学"研究和制定"科学规则所做的努力与尝试。值得注意的是，该文与张江的其他文章不同，虽然仍然紧扣阐释学的基本问题、范畴和逻辑，但是，却把重点向借鉴自然科学、特别是数学倾斜。该文首先把阐释的开放与收敛、无限与有限，作为一对相互依存

---

① 张江：《阐释逻辑的正当意义》，《探索与争鸣》2019 年第 10 期。

的共轭变量，认为两者之间，是相互包含、相互决定的积极关系，而非相互否定、相互排斥的消极关系。这实际上已经把阐释所包含的内在矛盾（对立面）转化为一种"共轭变量"的数学关系，其目的是"试图借鉴自然科学方法，由圆周率 π 而上手，达及概率的正态分布，给出我们对此问题的分析和说明"，阐明"开放与收敛平衡，无限与有限相融，无限在有限中展开，有限约束界定无限"的辩证关系。总体来看，我觉得该文在借用数学概率论方法来探讨和描述阐释学中阐释的开放与收敛、阐释对象的确定、阐释的有效性、阐释的经典性等问题，提出了确立"限定的标准"的可能范围，基本上是成功的，有较为严密的逻辑推理和一定的说服力。但是，也存在某些需要进一步思考和探讨的问题。文章对阐释中的诠和阐做了严格区分，并尝试用数学的圆周率 π 和概率的正态分布方法，分别对诠和阐两种不同的阐释方式加以论述。下面，让我们对张江先生这种运用自然科学方法探讨阐释学基本问题的思路，做一个初步的考察。

先看诠。以中国传统偏重于考证经典文本原意的诠释方式为例，它"更倾向于文本自在意义，包括作者意图的确证，是一种有限追求。但是，诠释同样无限。两者的关系，鲜明地体现为 π。所谓 π，即圆周率，圆的周长与直径之比，位于 3.1415 与 3.1416 区间"[①]。张江认为，"π 的基本特性深刻启发我们，以 π 为参照，进一步确证有关诠释本身的性质与特征，能够给出新的说明。"[②] 所以，他"面对确定文本开始诠之活动，首先是索求意义之 π"。他的具体论证和说明是："所谓诠的展开和实现，如同于 π。它的过程是，其一，诠的最终追索，是文本的自在意义及作者的本来意图。其诠释的目标是寻找和确定文本的 3.1415。如圆周率的发现一样，π 的确定是一个漫长过程……诠释亦如此。"[③] 这一段文字较长，不再详细引用。只是想指出，张江借鉴圆周率 π 展开论证的思路，其实只是一种比喻和象征的修辞用法。论述的主要环节，几乎都用了"如同于 π""如圆周率的发现一样""π 如诠释之视域"等比喻的修辞用法。概而言之，

[①] 张江：《论阐释的有限与无限》，《探索与争鸣》2019 年第 10 期。
[②] 张江：《论阐释的有限与无限》，《探索与争鸣》2019 年第 10 期。
[③] 张江：《论阐释的有限与无限》，《探索与争鸣》2019 年第 10 期。

该文借鉴自然科学的方法在此只是通过修辞性比喻方法的借用，并不是诠释过程的本质规定。诠释的过程，只是在"诠释的无限约束于有限，在有限中展开无限"这样一个有区间、寻求区间的特性上，与寻求圆周率 π 的区间相似而已，并不是真的表明诠释过程"位于 3.1415 与 3.1416 区间"①。如是，那为什么不可以是另外一个数学概率区间呢？因此，张江先生自己也说"诠释 π，是对诠释开放与收敛、无限与有限关系的象征性说明"。对此，我的疑问是，修辞的象征性（比喻性）说明是不是就等于自然科学方法？对诠释行为和过程的说明、解释和分析，能不能做到像自然科学一样精确的定量分析呢？恐怕不能，也没有必要。

再看阐。偏重于从不同读者角度对文本进行创造性的阐释，"阐为一种扩大，是在诠的基础上，衍生和创造新的理解和认识的重要方式，是主体及主体间视域交流与碰撞无限延伸的最高形式。无最终目标；无区间约束；无限追求之最终可能，无法达及"。当然，"阐"仍然不能不受开放与约束、有限与无限的基本矛盾的制约。对此，张江同样运用数学方法"给出新的概念：阐释的正态分布"加以说明。他指出，"正态分布是随机变量概率分布的规律性表达"，"不仅在社会科学，而且在诸多人文科学研究中被普遍推广，特别是在与阐释学研究密切相关的心理学研究上，正态分布应用已极为深入"，"可以断定，这个理论与方法，能够帮助我们有效认识阐释过程中普遍存在的概率现象，解决相关复杂问题"。② 此处，笔者又有两点疑问。第一，作为概率分布一种的正态分布是否已经"在诸多人文科学研究中被普遍推广"或者应用？也许笔者孤陋寡闻，觉得这个估计恐怕过高了。也许心理学确实应用得比较多，但是，心理学是人文与自然科学的交叉，其中自然科学的成分偏重，与其他人文学科区别较大，故正态分布得到普遍推广的估计需要推敲。第二，"断定"正态分布能够有效解释"阐释过程中普遍存在的概率现象"，论证还不够充分，论据也还不够充足。

---

① 张江：《论阐释的有限与无限》，《探索与争鸣》2019 年第 10 期。
② 张江：《论阐释的有限与无限》，《探索与争鸣》2019 年第 10 期。

当然，该文确实花费了一定篇幅论述了阐的过程和结果的正态分布现象，指出"因为参与的对象众多，其分布将是标准的正态分布，服从正态分布曲线的描述。以此为工具，当可深入分析和确证阐释的开放与收敛、有限与无限，并对它们的相互关系及呈现状态给出更可靠的量化分析"①。该文的具体应用分为以下两个方面，对此我仍然存在一些疑问。

首先是概括出"概率分布以中线为集合，大多数分布集中于中线周围，其所占面积为全部面积的绝大部分"的"分布规律"，应用于阐释学分析，主要是先设定"其横轴为现象或文本呈现；其中线为公共理性对现象或文本意义的期望或可能接受结果"，全部个体的独立阐释的结果分布于曲线面积之内；再设定"曲线之中轴，为公共理性所期望或接受的有效阐释。对确定文本的公共阐释，或阐释的公共性实现，投射为正态分布之中线"。由于阐释非一个中心，其正态分布中心可为多元，并以不同中心构成不同投射面积，但是阐释结果"可大概率地趋向于中心，并投射为以中线为核心的有限面积，使无限离散的阐释呈有限态势"。可见，该文以"公共理性"的期望为确定中线的基准（不知我的理解对不对？），由此展开"阐"的结果由多元、分散趋向中线的有限投射面积，呈现为正态分布的中线，体现出"阐"的有限与无限的特殊关系。该文进而再设定"当阐释者的独立阐释与公共理性期望相差较小，其概率方差抽象为1，此类阐释所占面积，将接近全部面积的70%"，由此方差1的设定，推出"70%以上的阐释，服从于公共理性的约束，约束于公共理性期望域之内"这样一个对"阐"的正态分布的量化描述了。粗看来，用正态分布面积的概率图形来描述张江先生对"阐"的过程和结果的论述，是可以成立的。但是细细想来，又觉得不甚踏实。一是中线的设定以公共理性及其期望域为基准，还需要更加充分的论证。张江说过"'公共理性'是指，人类共同的理性规范及基本逻辑程序；'有边界约束'是指，文本阐释意义为确当阈域"②，这里，"公共理性"及阐释的有

---

① 张江：《论阐释的有限与无限》，《探索与争鸣》2019年第10期。
② 张江：《公共阐释论纲》，《学术研究》2017年第6期。

限阈域怎么确定，始终是有待进一步思考和确定的概念，据此而直接套用正态分布曲线加以描述，虽然言之成理，但是给人一种"强制阐释"、为我所用的感觉。二是方差1的设定，似乎有点随意，而由此推出"70%以上的阐释，服从于公共理性的约束"的量化结论，似乎难以服人。

其次是设定由抽象为1的方差决定阐释的有效边界。这是对阐释进行量化分析的前提，但是此前提似乎并不可靠。该文指出，"方差反映正态分布的分散程度"，但是，"在阐释学的意义上，方差可象征为无限多的独立阐释与中线，即公共理性期望值的差距"。换言之，方差在这里不是被实际地而只是被象征地使用："方差越小，表明随机变量取值越集中于中心线附近或周围。方差越大，独立阐释的结果与公共理性期望的差距越大。"所以，此处不可能有真正的定量分析。因此，该文也坦率承认："与对自然现象的正态分布描述不同，阐释作为精神现象，其公共期望与方差很难定量，只能定性地予以分析和认知。"然而，定性不能代替定量分析，认为"这种定性分析，对于精神现象的描述而言，已经具有足够意义"，我不敢苟同。因为既然定性分析够了，为什么还要使用数学概率论的定量分析的方法呢？而且，这恐怕也并不符合作者"给出更可靠的量化分析"的承诺吧。

不当之处，请张江先生和同行专家批评指正。

总体阐释的量化分析是否可能

——对南帆教授一文的延伸讨论

曾 军

【内容摘要】张江教授与南帆教授围绕"阐释的有限与无限"所展开的讨论可以引出关于文学意义总体阐释的量化分析是否可能的问题。这就需要建立一种有关文学意义阐释的总体性观念,并引入量化分析作为手段。量的判断是理性思维的认知形式之一,数学化、数字化、数据化不断丰富量化分析的方法。所谓"阐释的有限与无限",应该从定性和量化两个角度来共同思考——量化乃质之量化,而非无质或去质之量化。量化是质的抽象化,是以"科学化手段"对社会历史范畴的描述,进而把握其背后的规律。

【关 键 词】文学意义　总体阐释　量化分析
【作　　者】曾军,上海大学文学院教授。
【基金项目】上海市哲学社会科学规划重大委托课题（2016WZD002）

一

张江教授在《论阐释的有限与无限》中借用数学中的圆周率以及正态分布、方差等概念,提出文学阐释的意义分布问题。南帆教授在《抽离了社会历史范畴的 π 还有效吗》中一方面对张江倾向于"阐释的有限"的立场表示赞赏,认为这体现了他"理性主义的稳重";但另一方面对张江在文中引入论证的特殊策略——"数学"——表达了一种忧虑,认为"方法论的意义上,试图以数学的精确澄清、分析和覆盖人文学科的某些模糊领域"固然可取,但对抽离了社会历史范畴之后,数学公式及其表达仍然能够有效传达意义这个问题持怀疑态度。① 南帆教授的这一忧虑其实并非完全是针对张江教授的批评。正如南帆教授已经注意到的,张江教授在文中对"π"以及正态分布等数学概念的运用其实是以隐喻方式进行的。"如同于π"所要表达的其实是"'诠'对于文本意义无限追索的区间"问题。张江教授其实只是借用π所具有的"无限""不确定性""区间"等特性来类比"诠"所具有的特征而已;同样,"正态分布"也试图表达自己对"阐释过程中普遍存在的概率现象"(他特意举了一个例子:"面对确定的哈姆雷特,100万人的理解和阐释是随机的,离散多元,不可预测。但是,因为参与的对象众多,其分布将是标准的正态分布,服从正态分布曲线的描述。以此为工具,当可深入分析和确证阐释的开放与收敛、有限与无限,并对它们的相互关系及呈现状态给出更可靠的量化分析。"②)的一种思考,即以前的阐释学研究要么处理的是抽象的、普遍的阐释原理(诸如哲学阐释学),要么处理的是具体的、个别的阐释现象(诸如"圣经阐释""作品阐释"),但是还没有人去处理具体的、整体的阐释问题,或可以将之命名为"总体阐释"。

与"总体阐释"这个概念相似,在一些学术领域已有类似"普遍历史"(universal history)、"总体文学"或"一般文学"(general literature)的概念。它们主要有四种不同的理解方式。一种是相对于"一般/具体"中的"一般"(general),一种是相对于"普遍/特殊"中的"普遍"(universal),一种是相对于"整体/部分"中的"整体"(whole),还有一种是在人工智能研究领域所提出的"通用/专门"中的"通用"(general)。③ 不过,本文现在要讨论的"总体阐

---

① 南帆:《抽离了社会历史范畴的π还有效吗》,《探索与争鸣》2020年第1期。
② 张江:《论阐释的有限与无限》,《探索与争鸣》2019年第10期。
③ 比如接受美学的学者姚斯就同时用了"universal history"和"general history"两个词;法国比较文学理论家梵·第根的《比较文学论》中的"littérature générale"最早被戴望舒翻译为"一般文学",但是到了20世纪80年代,这个词便被翻译为"总体文学"。

释"并不强调其"一般阐释""普遍阐释"和"通用阐释"方面,而是想突出其"整体/部分"意义上的总体性。也就是说,这里的"总体阐释"并不想回到哲学阐释学,探讨阐释的"放之四海而皆准"的一般的、普遍的、通用的规律上去,而是想建立一种针对具体的、现实的文学阐释实践的整体性的、体系性的认识框架。这不是一种抽象的整体性,而是具体的整体性;这一"总体阐释"也非"部分阐释"或"个别阐释"的叠加和拼凑,所谓"整体大于部分之和"就是这个意思。

基于这种具体的、现实的实践性特征,我们便可以提出一系列与总体阐释有关的问题域。首先,我们需要建立起一种有关文学阐释意义的总体性观念。也就是说,有没有可能将所有不管是有限还是无限的阐释意义作为一个整体来看待?这里既包含"作者意图",也包括"读者阐释";既包括作者通过文本传达出来的"意思",还包括作者深藏于心甚至自己也没注意到的"意念";既包括所有时期不同地域,不论是专家学者还是普通读者的对文学文本的接受、阅读、理解阐释,甚至是"道听途说"的只言片语,也包括所有造成和影响不同的主体对文学文本意义阐释的各种影响因素的总和。其次,当这种总体性观念建立起来之后,就会引出一系列新的问题。如这一个时期(时代)对某个作家、作品或文学现象的总体认知和判断是什么?这一总体认知和判断有哪些具体的类型?彼此之间有哪些差异?哪些认知和判断居于"量"的优势(是否能够因此将之视为"共识")?哪些认知和判断居于"量"的劣势(是否能够因此将之视为"异见")?随着时间的推移或者受众群体的变化,这种文学意义的"共识"是否仍然存在?是否会出现"异见"的地位上升并形成新的"共识"?再次,我们就能够在总体阐释前提下,进一步去讨论哪些是有效阐释,哪些是无效阐释;或者什么时候是有效阐释,什么时候又变成无效阐释了。

二

如果要回答上述所有这些问题,单纯凭个人一己之脑力已无法完成对所有这些信息的全面把握。仅仅凭经验、感知和定性的评价恐怕也相形见绌，见木不见林。1957年全国出版新创作的中篇和长篇小说为六十多部。① 20世纪80年代后，长篇小说创作呈上升趋势。② 而到了2018年，长篇小说的年出版量已在八千到一万部之间。这些统计还只是基于出版社正式出版的纸质图书数量。③ 如果说在新中国成立初期、在20世纪80年代，我们还可以通过通读全年出版的长篇小说来对年度长篇小说的成绩进行总体性把握的话；那么，进入21世纪以后，我们再也不可能有类似张炯、雷达那样的能够总揽全局的文学评论家了。这也充分说明，我们现有的基于"严肃文学""纯文学"的文学观念、基于对印刷文学的个人阅读经验以及以"细读"为代表的文学分析方法已无力应对"井喷"式的文学创作的爆炸性的增长了。它的后果就是文学批评、文学研究之于文学创作的无力感和"当下"文学创作的经典化危机。这可能就是需要提出"总体阐释"这一命题，并引入量化分析作为手段，来研究意义分布问题的重要原因。

张江教授文中提出的"100万人的理解和阐释"也并非实指的人数，而是"言其多"的一种修辞。他所提出的恰恰就是阐释学研究如何面对海量的超出了个体大脑所能够把握和分析的信息问题。数字时代的海量信息被称为"大数据"（big data）。所谓"数据"（data），在拉丁文中是"已知"的意思，用来代表对某件事物的描述。请注意，这个定义非常重要，"数据"并非简单的"数字化"（"数字化"有两种含义。一种是将所有非数字的事物或者符号用数字表示的"数字化"；另一种则是将所有非计算机识别的事物或符号转换成计算机能够识别的"比特"的"数字化"），或者"数学化"（即将所有对象、现象或问题用数学方式来表示和解决）。"数据"一定是能够被用作统计分析的对于事物的描述。简言之，数据是对定性描述进行量化处理后的信息。例如，我们把一本书扫描成图像形式的电子图书，

---

① 《1957年出版了六十多部中篇、长篇小说》，《读书》1958年第4期。
② 于清：《长篇小说的出版现状与发展趋势》，《中国图书评论》2001年第12期。
③ 陈梦溪：《2018年长篇小说大盘点！被称为"新时期文学四十周年"》，参见 https: // bai jiahao. baidu. com/s?id = 1624226771419201207&wfr = spider&for = pc。

那么就实现了对这本纸质书的"数字化";要让"数字"(bit)转变为"数据"(data),则必须"数据化",才能使这本书的"比特"具备可检索、可归类、可统计的特性。所谓"数据化"就是指"把一种现象转变为可制表分析的量化形式的过程"①。这里需要实现的最关键的步骤就是改变以往在文本阅读经验中基于组合轴的对文本线性展开的状态,而使所要分析的文本以整体性的共时性的状态能够在聚合轴上进行检索、归类、整理、计算和分析。如丁帆和赵普光以词频统计的方式分七个时段分析了从1949到2018年所有中国现当代文学研究的论文,发现在1949—1978年期间,"批判"这个词的词频稳居高位,显示"三十年中文章的具体批判对象会因时而异,但其主调则保持稳定";而1978—2018年,先后出现"西方""思潮流派""现代性"等排名第一的关键词,充分显示了这一时期中国现当代文学研究的主导倾向。基于这一海量数据的分析,作者发现"数据不会说话,然而数据又最能'说话'"②。严格意义上的"大数据"甚至还不是指超出个体的人脑所能够把握的信息量,而是"指需要处理的信息量过大,已经超出了一般电脑在处理数据时所能使用的内存量"③。换言之,如果说电脑是人脑的延伸,那么大数据时代所需要的技术工具则是一般电脑的延伸。不难发现,南帆教授所提出的阐释研究对数学概念和公式的借用其实只是人文研究量化现象中的冰山一角。我们真正要面对的是"数字时代的阐释学"问题。这就需要我们调整和转换自己对已有文学研究的看法,以及对"数学化""数字化""数据化"为代表的量化分析方法的既有观念。

其实,量化分析并非人文学科研究的洪水猛兽。"量化"并非只是数学才有的思维,它本身其实包含着一种普遍性的文化逻辑,即对"量"的判断是人的理性判断的知性形式之一;"量化"既是人类思

---

① [英]维克托·迈尔-舍恩伯格、库克耶:《大数据时代:生活、工作与思维的大变革》,盛杨燕、周涛译,浙江人民出版社2013年版,第104页。
② 丁帆、赵普光:《历史的轨迹:中国现当代文学研究七十年的实证分析》,《文艺研究》2019年第9期。
③ [英]维克托·迈尔-舍恩伯格、库克耶:《大数据时代:生活、工作与思维的大变革》,盛杨燕、周涛译,浙江人民出版社2013年版,第8页。

维的重要手段，也是认识事物、把握规律的必然要求。康德在《纯粹理性批判》中指出："如果我们抽掉一般判断的一切内容，而只关注其中的知性形式，那么我们就发现，思维在判断中的机能可以归入四个项目之下，其中每个项目又包含有三个契机。"这四个项目分别是"量""质""关系"和"模态"。可见"量"是判断的四种知性形式之一，具有"单一性""多数性""全体性"（分别对应于"判断的量"的"全称的""特称的""单称的"），并将这一"量的范畴"称为"数学性的范畴"[①]。任何事物的发展，都包含着量的积累和质的飞跃的不同阶段，对量变质变一般规律的探讨也是哲学的基本问题之一。因此，对事物的把握和认知，就不能仅仅采取质的分析方法，也应该充分考虑量化分析的要求。文学阐释的意义分布问题对意义的量化分析提出了要求。从这个意义上说，无论是实实在在将数学方法引入人文研究的数字人文，还是张江教授以隐喻方式提出的"如同于 π"，都是"量的判断"在理性思维中的具体体现。我们只有综合运用不同的知性形式，才能更好地完成对事物的理性判断。

以"阐释的有限与无限"这个问题为例。"不同的阐释意味的是无限吗？"这是南帆教授在文末提出的一个非常好的问题。"不同"是定性的分析，而"无限"不仅仅包含着定性的问题，还包含着定量的问题。从定性的角度来看，当我们强调阐释的"有限"时，更多强调的是"作者意图"作为文学文本意义创造之源的"确定性"和"唯一性"；但是当我们强调"无限"时，更多强调的是"读者阐释"作为文学文本意义再创造之源的"不确定性"和"多样性"。从定量的角度来看，如果说"有限"的极化形态就是"一"，"无限"的极化形态就是"多"的话，那么，这个"一"和"多"就是阐释意义分布的两极。而具体的现实的文学阐释的意义分布则是在"有限"的"一"与"无限"的"多"之间呈不规则状态分布的中间状态。因此，"有限"与"无限"关系的讨论，应该分为定性的"确定"与"不确定"的关系和定量的"一"与"多"的关系综合起来一起讨论（在此姑且不论康德所界定的"关系"和"模态"这两种

[①] [德]康德：《纯粹理性批判》，邓晓芒译，人民出版社 2004 年版，第 64—75 页。

知性范畴了）。当我们说，"一千个读者就有一千个哈姆雷特"时，其实包含两层含义。从定性的角度来说，无论读者怎么读，哈姆雷特仍然是哈姆雷特，不可能被解读成其他人物。因为文学文本中关于哈姆雷特的描写对读者阐释进行了规约和限制。这里要强调的重心是"限"，"有限"即"有限制"，"无限"即"无限制"。从定量的角度来说，"有多少读者，就有多少哈姆雷特"，读者无限，哈姆雷特就无穷。这里要强调的重心是"量"，"有限"即是可计数的，"无限"即是不可计数的。从这个角度来看，所谓"阐释的有限与无限"，应该从定性和量化两个角度来共同思考——量化乃质之量化，而非无质或去质之量化。量化是质的抽象化，是以"科学化手段"对社会历史范畴的描述，进而把握其背后的规律。"有限与无限"也是"一与多"的关系问题——作者是"一"，文本是"一"，读者是"多"。作者中心主义和文本中心主义是"以一否多"，将"一"作为唯一的价值标准，进而规范"多"的阐释空间；读者中心主义是"以多否一"，将"多"作为最高的价值理想，进而否定了"一"的权威性。所谓"有限与无限"，正是"一与多"的变奏，但不是"一"与"多"的二元对立，两者取一。

三

问题的讨论还不能仅止于此。文学阐释的意义量化问题并非数学加减法那么简单，即"一千个读者，就有一千个哈姆雷特"这样的一一对应。南帆教授所提出的"不同"与"无限"的关系问题非常深刻地指出，并非不同的读者，就一定会做出不同的阐释，否则就很难解释阐释中的"共识"现象；也并非所有的不同阐释都能够被定性为"异见"，因为不同的意义阐释中很可能有大量"大同小异"的问题。这就引出了另一个至关重要的问题——意义阐释的"共识"是如何形成的？意识的共识现象如何能够被描述出来？"共识"与"异见"之间是否存在相互转化的辩证关系？

如果将"总体阐释"理解为"一"，那么，这个"一"绝对不可能只对应于一种意义，而应该是各种不同意义的综合（即"多"）。

这就是"整体与部分"的关系问题。那么如何把握"部分"？从系统论的观点来看，所谓"整体"与"部分"之间的关系并非"整体乃部分之和"，而是"整体大于部分之和"。构成整体的各个部分并非扁平化的处于同等地位的分散的"作为原子的部分"。不同的部分因其结构组合方式，自身也可能包含着"整体/部分"的结构性关系，并与其他部分构成另一种结构性关系。因此，依据部分与整体之间的不同关系，部分可以被分解为二级、三级以至更多层级的部分，进而相互组合而构成一个复杂的结构体系，并最终构成一个具有整体性的系统，我们可以将之命名为"总体"。这套来自"老三论"之一的系统论的观念曾经在20世纪80年代风靡一时。不过当时文论研究者只是简单重复和套用了相关的概念，将之移植挪用到了文学研究之中，从而忽略了对文学研究特性的重视。与自然科学中的系统相比，文学意义的总体阐释要更为复杂、含混，其内部的意义构成和分布也很可能更加动态、多元。整体与部分关系系统与人文研究的类型化思维有相似之处，即都是在"求同辨异"的过程中完成的将海量的信息（无限的意义）简化为少量的类型（有限的意义）。类型化的过程也是一种认识不断深化的过程，这里既包括对质的辨析，也包括量的汇总。由此回到"一千个读者，就有一千个哈姆雷特"这个问题上来，也许一千个读者还可以用超强的个人大脑的记忆能力来把握，那么一百万个读者呢？把握这种个人无法把握的（读者）意义集合（"总体阐释"）最简单的做法就是将这"一百万"进行同类合并，依据特定的标准将它们区分成我们个人头脑所能够把握的较少的类型。

学界现在所接受的关于"文学"的观念其实是来自现代西方形成的基于虚构、想象和创造力的观念，但当我们用这样一种文学观念来研究中国古代的文学现实时，就会发现明显的错位和不兼容。用现代西方"文学"观念建构的关于中国古代文学史的体系，现在看来还是存在不少问题。因此，不少中国古代文学学者呼吁"强调对古代文学本体的回归"，主张"从中国文学固有的'文体'角度切入来研究中国文学"。值得特别注意的是，"文体"其实只是一种工具性概念，而并非实体性界定；也就是说，"文"作为"一个由文教礼制、文德、典籍、文辞等组成的多层次共生系统"可以算作实体性的"总体"的话,那么"文体"其实只是用来区分"文"的"体裁"和"体貌"的方法。① 换言之,"文体"的研究只是从一个特定的角度(即体裁和体貌)来认识"文",但并不承担对"文"的系统性建构的功能。这比较符合中国古代的"文学"观念。所谓"辨体"即是依据体裁和体貌的特点对"文"进行类型化的处理。如《文心雕龙》中的20篇文体论总共涉及34大类70多种文体;吴纳《文章辨体》分为59类;而徐师曾的《文体明辨》则分为127类。无论怎么分类,"辨体"的基本思路都是归纳法,而非演绎法,即依据具体的现实的文学经验所建构起的不同的文体观念,各种不同的文体观念的集合,即为我们对于"文学"的认识。相似的思维方式也体现在电影研究中,如"类型电影"其实并非按照一种先验的标准划分出来的界限分明的电影,而是基于一种"组织电影生产日程的经济策略",一种经过影片生产者和消费者之间磨合而形成的共识性的认知模式。因此应该"把电影类型描述为隐喻表达的网络,……它有助于解释为什么只有类型能成为集体认同的东西"②。当然,这种类型的简化也是"有限的"(有限度的),不太可能百川归海,万众一心。这就说明,无论我们如何将"读者的阐释"类型化,都不太可能最终定于一尊,而且这一尊就是"作者意图"。在此显示出人文研究的总体阐释与自然科学的系统论之间最大的差异。自然科学的"总体"是各部分依据一定的组合原则建立起来的系统。而文学阐释中,无论是作为"一"的作者意图,还是作为"多"的读者阐释,都只是这个总体阐释中的组成部分。换言之,作为作者意图的"一"只是"总体阐释"中的"之一",而不是"唯一"。这也说明,以文学阐释为代表的人文研究中的"整体/部分"的关系要比自然科学系统论所提出的系统观更为复杂。同样是量化分析,对文学意义的总体阐释的量化分析需要考虑的问题更多,也更复杂。

如果说"整体/部分"以及类型区分是以静态方式完成对总体阐释的描述的话,那么,张江教授和南帆教授都不约而同地强调了对总

---

① 吴承学:《建设具有现代意义的中国文体学》,《文学评论》2015年第2期。
② 陈犀禾、陈瑜编译:《西方当代电影理论思潮系列 连载三:类型研究》,《当代电影》2008年第3期。

体阐释以动态方式进行把握的努力，即他们提出的关于意义阐释的共识问题。张江教授指出："离开确定的时代和语境，离开有限共同体的有限共识，其有效性不断趋弱，以至湮灭。"[①] 共识来源于或者形成了共同体，但它们都是有限的，都受到时代、语境等各种因素的影响，因此是有限共同体和有限共识；南帆教授将"真理"引入对"共识"的讨论，认为"'真理'具有明显的客观性质，不依人类的意志为转移"；但是"相对于'真理'范畴，'公共理性'对于'共识'的约束远为脆弱"[②]。南帆教授强调了共识的约定俗成、因人而异的文化特性，也强调了这种共识的脆弱性和易变性。

　　共同体建立依据的是对"谁是我们的朋友，谁是我们的敌人"这一问题的判断；"真理"与"谬误"相对，因而有"共识"，也必然有"异见"。因此，从动态的、协商的、对话性的立场来看待文学意义的总体阐释时，"共识/异见"的关系是必须要讨论的问题。所谓共识就是大多数人都认可的文本意义的阐释；所谓异见就是只有极少数人才认可的文本意义的阐释。这是对总体阐释的量化分析最容易得出的结论，即支持者多的，就是"共识"；支持者少的，就为"异见"。但是仅仅以数量的多少来讨论"共识/异见"显然远远不够。文学阐释的显著标志就是创造（新的）意义，而且这一（新的）意义还要经过交流、传播寻求广泛的共识。因此，我们还可以进一步追问：为什么某一种阐释能够获得共识？它是通过怎样的方式来获得的？比如说"权威人士"（克里斯玛典型，或者是有权势的人，如领袖；或者有学识的人，如某领域的知名学者等）的阐释更容易形成共识。在文学阐释中，"作者意图"虽然只是各种文学阐释的意义之一，但是因为它的身份的特殊性，也被赋予了某种权威性，因此，无论是社会历史批评将作者意图作为阐释的目标，还是解构批评将作者意图作为消解的对象，作者意图都是更能够成为阐释共识的意义之一。再比如说"反复宣传"也是一种形成共识的途径。文学经典的显著特征就是在不同历史时期都被读者反复阅读和讨论；文学阐释的

---

① 张江：《论阐释的有限与无限》，《探索与争鸣》2019年第10期。
② 南帆：《抽离了社会历史范畴的π还有效吗》，《探索与争鸣》2020年第1期。

意义也会通过不断的重复（教育、宣传等手段）来获得更多人的认可和更长时段的认同。当然还有"谈判"和"协商"（这就是葛兰西的"文化领导权"、哈贝马斯的"交往对话"以及霍耐特的"承认"理论），以"真理不辩不明"的方式赢得共识。与此同时，我们也可以去追问何为"异见"；如何识别阐释的"杂音""噪声"；面对这些"异见"，是如何通过"思想改造"推动"共识"的形成的；或者以"防火墙"的方式"屏蔽"和限制其影响的扩大（有可能成为新的"共识"，进而威胁已有的"共识"）；等等。

张江教授对文学阐释的量化分析寄予了较高的期待，在他看来，"随着大数据技术的应用，文学社会学及其他人文社会学科的兴起，进一步的定量分析的期待，应该为合理"①。南帆教授也相信，中国阐释学必须摆脱像西方的现代阐释学那样沦为"阐释的狂欢"的命运，并认为"许多时候，突破意味的是另一种历史语境的寄托与发声"②。相信随着更多人文学者的参与，会推动这一量化分析手段将更多的社会历史范畴纳入"变量"因素，从而帮助我们完成对文学意义的总体阐释研究。

---

① 张江：《论阐释的有限与无限》，《探索与争鸣》2019年第10期。
② 南帆：《抽离了社会历史范畴的π还有效吗》，《探索与争鸣》2020年第1期。

究竟什么是公共阐释

——与周宪教授对话

傅其林

【内容摘要】 周宪教授在其文章《作为阐释学根据的公共理性》中，抓住公共理性核心概念的创造性理解，在一定程度上拓展了学界对这个概念的界定。然而在论证过程中，公共理性成了一个抽象的符号，并且，从语言逻辑来理解公共阐释忽视了公共阐释内含的丰富性，这是对张江系统整体界定的剥离或者偏离。公共理性应该被理解为感性与理性的融合，是一种新理性或者新感性，是真、善、美的新的统一。立足于公共理性的公共阐释既是文学经典的阐释所体现的，也是理论家和批评家直面文学经验的可能路径。它有可能在一定意义上超越强制阐释的困境，使文学理论成为有文学的理论。

【关 键 词】 公共理性　公共阐释　中国阐释学

【作　　者】 傅其林，四川大学文学与新闻学院教授，教育部长江学者特聘教授。

《探索与争鸣》2020 第 1 期刊发了周宪教授的文章《作为阐释学根据的公共理性》。该文抓住公共理性核心概念的创造性理解，在一定程度上拓展了学界对这个概念的界定。然而深究此文，周宪从根本上陷入公共理性与公共阐释的漩涡，他与张江一样没有明确界定公共理性的内涵，而是回到阐释的公共性，也就是公共阐释的概念上面。周宪从语言学转向的角度来探讨公共阐释，这一方面是张江充分肯定的，另一方面也是对公共阐释概念的偏离。因此需要进一步追问，到底该如何理解公共阐释的基本内涵呢？此文乃抛砖引玉，希望引起学界更精彩的讨论。

一

周宪的文章试图以公共理性概念建构阐释学的内在根据，并从现代西方语言学的角度来重新理解这一概念。文章彰显出作者扎实而细密的西学涵养。这在一定程度上弥补了张江对公共理性概念理解上的缺陷，进一步深化了对"阐释何以可能"的探究，从而切入张江整个阐释学内在逻辑的思考。简而言之，阐释何以可能就是阐释的根据是什么。

周宪文章较为严密地论述了索绪尔和维特根斯坦开启的语言学转向与张江关于阐释的有限与无限的命题之间的内在联系。文章认为，20世纪西方发生了"语言学转向"，阐释意义的问题成为重要命题，文学研究从意义的再现转向意义的媒介，"回到语言乃是语言学转向的基本取向"[1]。语言游戏的规则是确定语言的疆域与意义的疆域，这实质上关乎诠与阐、阐释的有限与无限的辩证关系。周宪依据《新牛津英语词典》中"interpretation"的两层含义来理解诠与阐。第一层意义"翻译"或"口译"类似于诠，第二层意义"扮演"或"演奏"就相当于阐，从而建立了张江关于诠与阐的西方对应概念。可以说，张江的阐释学根据可以在西方的语言学术语中得到理解。

阐释的有限与无限体现了哲学的辩证法与数学的精确描述，这是周宪对张江的肯定性描述，但是并没有去深究。周宪紧紧抓住了阐释的有限与无限之间的媒介点，即语言。这就是通过语言学来界定张江没有明确界定的公共理性的概念。他敏锐地指出："张文在讨论复杂的阐释有限性与无限性张力关系时，时常归诸一个终极性的概念——'公共理性'。它是确定阐释有效性的关键环节。"[2] 在周宪看来，公

---

[1] 周宪：《作为阐释学根据的公共理性》，《探索与争鸣》2020年第1期。
[2] 周宪：《作为阐释学根据的公共理性》，《探索与争鸣》2020年第1期。

共是指公众整体或社群或共同体，理性就是推理和逻辑。因此，公共理性也就是公众中合乎推理与逻辑的事物或行为。就文学阐释学而言，公共理性亦即公众依据推理和逻辑所展开的书写、思维或行为。因此，公共理性就是阐释的推理和逻辑。而阐释立足于惯例与期待，用语言去创造惯例与期待，因此文学阐释的推理或逻辑在相当程度上就是这些阐释的惯例与期待。这也符合库恩关于科学共同体的范式理论。由符号、形而上学、价值和范例组成的范式，在周宪看来，就是公共理性的推理与逻辑。因此，周宪得出公共理性的确切结论，即公共就是学科或学术共同体，理性所基于的推理与逻辑就是库恩的范式内容。也就是说，公共理性是学术共同体的符号、形而上学、价值和范例，简而言之就是学术共同体范式。

周宪对阐释的公共理性的界定值得反思。第一，他对公共理性的界定存在着矛盾，既认为公共理性是公众依据推理和逻辑所展开的书写、思维或行为，又认为它是学科或学术共同体的符号、形而上学、价值和范例。前者属于严格意义上的语言逻辑，后者融合了语言符号与共同体的形而上的信念、价值，这已经是在隐喻意义使用"逻辑"一词。这种内在矛盾在于把维特根斯坦、赫施、塞尔、卡勒、库恩的相关概念以语言哲学为基础统一起来，忽视了各自关于解释观的差异性，尤其关于文学阐释的分歧，此不赘述。第二，周宪对公共理性的界定没有实质性推进。在张江看来，公共理性呈现出四层基本意蕴。它呈现人类理性的主体要素；其目标是认知的真理性与阐释的确定性；其运行范式由人类基本认知规范给定，由同一语言组合而成的共同体，遵照基本语言规范的运行思维并实现表达；公共理性的同一理解，符合随机过程的大数定律，是可重复并且可被检验的。立足于张江的四层界定，我们看到周宪的界定无疑是关于公共理性的运行范式即语言规范的延伸。第三，从语言学转向来界定公共理性不仅削弱了公共理性的丰富意蕴，而且从根本上说没有阐明公共理性这个概念的内涵。就此，周宪的文章与张江的界定存在着共同的致命缺陷，即"公共理性"这一个概念是空洞的、抽象的。笔者认为，到目前为止，"公共理性"这个偏正短语或词组是一个累赘。因为，正如张江反复强调的，理性是普遍的、公共的。既然如此，公共与理性的术语组合有实质意义吗？难道启蒙的工具理性不是公共的？难道韦伯的目的性理性不是公共的？难道哈贝马斯的交往理性不是公共的？

二

如果把公共理性的界定转变为对公共阐释的理解，那么周宪的文章启迪更多。文章以作为阐释学根据的公共理性为题眼，而实质上在题目和论述过程中，很大程度上在限定阐释学尤其是文学阐释的有限与无限的推理与逻辑规则，也就是公共阐释的逻辑规则，从而赋予公共阐释内在可能性基础。这种努力是值得高度肯定的。更准确地说，从西方语言学转向的学术知识出发，公共阐释的阐释逻辑可以得到更充分、更深入的理解，尽管这些知识极其复杂甚至彼此矛盾，如塞尔与哈贝马斯关于言语行为的规范性和文学语言的非定义的观点。

从语言逻辑来理解公共阐释忽视了公共阐释内含的丰富元素，是对张江构建的系统整体界定的剥离或者偏离。张江对公共阐释的理解包含了认识论、语言学、逻辑学、社会历史学、伦理学、美学、数学等维度，可谓是一个系统复杂的概念。上述所言的公共理性的四层意蕴基本上被统摄到公共阐释的界定之中，因为理性的主体性与阐释的真理性的界定属于认识论中的核心元素，也就是康德意义的知情意的"知"；理性的确定性、运行方式属于语言学、逻辑学或者科学；理性的同一性、共享性属于逻辑学、数学的理解。张江指出："公共阐释的内涵是，阐释者以普遍的历史前提为基点，以文本为意义对象，以公共理性生产有边界约束，且可公度的有效阐释。"[①] 公共阐释具有六个特征，即公共阐释是理性阐释，是澄明性阐释，是公度性阐释，是建构性阐释，是超越性阐释，是反思性阐释。虽然这六个特征从不同角度限定公共阐释，但是基本上是理性逻辑的界定，也就是说从根本上说公共阐释就是理性的阐释。

不过，张江对公共阐释的理解是多层面的、丰富的，是尝试中西贯通的一种新建构。第一，类似于周宪对语言逻辑规则的理解，张江

---

① 张江：《公共阐释论纲》，《学术研究》2017年第7期。

认为阐释是语言的阐释。有效的理解和阐释，以公共语言为载体和内容；阐释的合法性，以词语和规则的确定性为前提。文本的确定语境规定了阐释的确定维度，为语言共同体所接受。这种理解类似于维特根斯坦的语言的公共规范。第二，是词源学上的定义。张江立足缜密而烦琐的汉语言文字学考辨，从"阐""诠""理""性""解""释"六个关键词的语言文献溯源，奠定了"阐释学"而非"诠释学""解释学"的学科合理性，事实上奠定了公共阐释的内在根据。"阐"赋予了公共阐释的内涵之一，因为诠是立足文本，而阐是开放、共享、对话，"'阐'之公开性、公共性，其向外、向显、向明，坚持对话、协商之基本诉求，闪耀着当代阐释学前沿之光"[①]。"理"也是如此，由中国古代理之正、通义为纲，坚持阐释的确定性、通达性、知识性的目标准则，构建当代阐释学主导思想，赋予了公共阐释概念的确定性。在张江看来，阐释之本质是将现象之道理或本质释之于人，说服人，争取人，乃阐之根本，"解"为"达"讲，符合阐之目的。通过对这六个范畴的梳理透视出一个基本结论——阐释是公共的。第三，是社会学的界定。阐释涉及阐释的主体，是人的意义生产的活动，而人是社会的人，具有社会性与公共性。张江明确指出，人的本质在于其社会关系的公共性。这是马克思对人的本质的透彻理解与定义。也就是说，阐释具有社会学意义上的公共性，有着社会历史的普遍基础。第四，是人性的共通感的界定。这个定义没有引起公共阐释论者足够的重视，值得深入挖掘。阐释的主体性及其主体间性，有着人的"性"的基础，从身体到心灵的共同基础，这个基础不同于逻辑理性、语言规则，而是感同身受。这实质上是康德所理解的共通感。张江对之有明确的认知："所谓共通感也由五官功能而起，上升为心之相通。阐释何以可能，此乃阐释学构成的核心原点问题。以人之心理、情欲、直觉及以此为基础的共通感，使阐释成为可能。人类对此在的生存感受基本一致，对未来生存的自然渴望基本一致，是阐释生成与展开的物质与心理基础。阐释是公共行为。公共者，公众之共同也。在人口众多、利益众多的世界上，公众之共同何在？最基础、最

[①] 张江：《"阐""诠"辨——阐释的公共性讨论之一》，《哲学研究》2018 年第 12 期。

普遍的是，且只能是，物质与心理同构的共通感。"① 第五，认知的普遍真理性设定。这是来自认识论意义上主体对阐释对象的真理性发掘与散播、交往、共享。第六，是数学的可计算与可重复性的界定。按照周宪的理解，张江从 π 和正态分布图的数学形式来确定阐释的有限与无限的辩证关系，以大数定律获得普遍的可公度性，从而赋予阐释以公共性。

可以看到，公共阐释的内涵是多层次的、复杂的，也是较为深刻、丰富的。这些界定远远胜过了对公共理性概念的界定，直接关乎对中国当代阐释学的重新理解，这也是张江不断推进和深化这一概念的缘由。张江的多元界定是较为合理的，有助于澄清公共阐释的内在根据。但是，这里仍然存在一些困惑。在公共阐释的具体界定中，他以强制性的公共规范性抹杀丰富性、复杂性、矛盾性，把公共与理性等同，阐释与理性等同，阐与理等同，等等。这种强制性统一归化，必然会导致公共阐释内在的悖论。因此，与其说公共阐释是公共理性的阐释，不如说公共阐释就是理性的阐释，公共理性这个概念可以忽略不计。当然，还可以进一步说，理性也可以忽略，甚至公共也可以忽略，因为在公共阐释的一系列论述中，我们不难发现，阐释是理性的，是公共的。倘若如此，周宪围绕公共理性来界定公共阐释，事实上只是在一个层面深化了西方的语言逻辑。无疑，这既忽视了公共阐释概念的本土的深厚滋养，又剥离了这个概念已经蕴含的丰富性。

三

周宪的文章事实上有益于洞察公共理性概念的空洞，并引发对公共阐释的重新界定。虽然张江对公共阐释的缜密的编织存在着一些困境，但是我认为，公共阐释的概念是中国当代阐释学的一个原创性概念，只是亟待进一步在学理上耕耘。

第一，在中西融通对话的基础上，对现有的公共阐释的几层限定加以内在的理论建构，真正形成新的理论发育系统。中西资源的攫取

---

① 张江：《"理""性"辨》，《中国社会科学》2018 年第 9 期。

阐释的有限与无限

需要进一步体现在公共阐释的理解之中。前文已谈及这个概念的六层意义，这只是一种建构，但是在张江的表述中并不是系统的、逻辑自明的。而且，在中西融通方面还存在某些偏误。张江的公共阐释概念包含了丰富的中国智慧与思维特征。譬如，他明确指出："汉语言文字起源之初，勠力于象形。此造字之法，从根本上影响汉语言民族之思维方式，使其呈现出重直观、重开放、重共享之特点。《论纲》谓阐释之公共性，乃阐释的本质特征，此为重要根据之一。"①但是，在中西融通之过程中，张江偏向了西方的逻辑，中国传统的资源只是在过程中存在，而在终极点上依然回到西方的理性概念。张江之所以批判当代西方文论的强制阐释模式，是因为文学理论的场外征用、主观预设、非逻辑证明、混乱的认识路径。他试图以公共阐释来超越强制阐释论，就是扭转这些本体性缺陷，就是关注文学与文学理论本身、客观真理性、逻辑证明、从实践到理性的认识论，从根本上说是对科学逻辑的信赖。按照张江的理解，"一切科学，包括各类精神科学，都必须以完备的逻辑基础为支撑，都必须服从理性的逻辑要求"②。这种逻辑规则就是不能自相矛盾，不能进行无效判断，不能循环论证，不能无边界推广。从这种意义上说，周宪的文章抓住了张江阐释学的关键点，语言逻辑是公共阐释最基本的限定。正是这种逻辑规则的科学性限定，透视出公共阐释是有限度的，在无限之中是有约束的。因此，重建公共阐释概念，就需要充分挖掘中国式的理性与逻辑思维模式，真正做到中西融通，真正融合东方的实践理性与西方的认知理性。

第二，增强公共阐释的人文性价值维度。周宪的文章通过库恩的科学家共同体的范式已经看到这点。库恩的范式除了符号概括和范例之外，还包括形而上学的信念和价值内容，涉及人的规范性元素。张江的公共阐释也包含了价值的含义，看到阐释的真理性价值与有效性、意义的共享性，但是人文性没有得到充分彰显。如果说公共阐释概念主要适用于文学、历史和哲学领域，那么人文性应该占据核心地

---

① 张江：《"阐""诠"辨——阐释的公共性讨论之一》，《哲学研究》2018 年第 12 期。
② 张江：《阐释逻辑的正当意义》，《学术研究》2019 年第 6 期。

位，不能以形式逻辑的普遍性规则压制人文性的价值规则与规范。人文学科的价值规范是公共阐释内在的核心要素。在追求真、善、美的价值统一体的过程中，阐释所认同的价值规范也是有各自的相对分化的，也是存在差异的，传统的儒家阐释强调仁、义、礼、智、信，道家追求无为与自然，释家则关注解脱与涅槃之乐。而社会主义先进文化的核心价值则是国家层面的、社会层面的和个体层面的差异性系统，这些价值共同组成社会主义核心价值观，毋庸置疑，这是新时代公共阐释的主导价值规范。

　　第三，明确界定公共理性概念。前面已经看到，公共理性概念事实上是一个抽象的符号，所以学者们一涉及此概念，就不得不退回到公共阐释概念。是否存在着公共理性这个中介性或者基础性的命题，值得展开深入讨论。就文学阐释而言，公共阐释的内涵要整合感性与理性两个维度，重建两者的可能性关系。如果说存在文史哲方面的公共理性的话，可能就是建构感性与理性统一的新理性或者新感性，这不是理性脱离了纯粹的启蒙理性或者说科学的逻辑理性，感性也不是纯粹经验的、瞬间的、偶然的、稍纵即逝的碎片。感性与理性的统一体是身心的统一，是共通感基础上的理性把握，这意味着理性始终不脱离感性，理性逻辑积淀着感性的体悟，感性本身成为理论的，实践成为理论的。这是马克思主义理论的重要观点。就此而言，张江在关于"理""性"的辨析中已经注意到了，并涉及中西语境中的共通感概念。北宋邵雍认为："是知我亦人也，人亦我也，我与人皆物也。此所以能用天下之目，为己之目，其目无所不观矣。用天下之耳，为己之耳，其耳无所不听矣。用天下之口，为己之口，其口无所不言矣。用天下之心，为己之心，其心无所不谋矣。"[1] 基于此，张江指出："阐释何以可能，此乃阐释学构成的核心原点问题。我们的回答是，以人之心理、情欲、直觉及以此为基础的共通感，使阐释成为可能。人类对此在的生存感受基本一致，对未来生存的自然渴望基本一致，是阐释生成与展开的物质与心理基础。"[2] 但是在他对公共阐释

---

[1] 邵雍：《皇极经世》卷62《观物内篇之十二》，九州出版社2003年版，第465页。
[2] 张江：《"理""性"辨》，《中国社会科学》2018年第9期。

的理解中，感性的共通感必须被西方的理性逻辑所规范，从而陷入理性殖民感性或者感性被理性强制支配的西方经典模式之中。可以说，基于感性与理性融合的公共理性之基础上的公共阐释，既是经典的文学阐释所彰显的范式，也是理论家和批评家直面文学经验的可能路径，这真正有可能超越强制阐释的困境，使文学理论成为有文学的理论。

综上所述，受周宪文章的启发，结合张江的阐释学思想，笔者认为，公共阐释应该在新的公共理性的基础上，突出真善美及其知情意的统一性，在一定程度上体现以真为基础的客观的科学性与逻辑性，以共通感为基础的审美心理基础、情感结构、社会心理、时代精神，以及实践理性为基础的价值规范性。以此为基础的中国阐释学，将蕴含着无限的生机与可能。

从意义的二重性看阐释的辩证法

李春青

【内容摘要】任何阐释对象的意义都存在"显"和"隐"、"现实性"与"可能性"的二重结构,即"意义的二重性"。"显"代表已经实现或处于实现过程的意义,意味着价值得到实现和确证;"隐"同时是一种"潜价值",代表尚未实现但具有实现可能性的意义。阐释实践是最典型的主体间性行为,其结果是意义的生成,作为一个意义事件的文本阐释就成为一种文化传统自我更新、自我创造的重要方式。意义的"显"或"现实性"总是有限的,而"隐"或"可能性"则总是无限的,这是阐释或意义的辩证法,也是价值的辩证法。变化则是意义与价值的常态。

【关　键　词】阐释　诠释　意义的二重性
【作　　　者】李春青,华南师范大学文学院特聘教授。
【基金项目】国家社会科学基金重大项目"中国文学阐释学的中外话语资源、理论形态研究与文献整理"（19ZDA264）

近年来学界持续不断地探讨阐释学的相关问题,从"强制阐释"到"公共阐释",从"阐释逻辑"到"阐释的有限与无限",思考在不断深入,可谓新见迭出、发人深省。即如张江先生发表的《论阐释的有限与无限》一文,借用圆周率和正态分布原理来说明阐释的有限性与无限性的关系,使这个在阐释学上一直争论不休的问题有了更加清晰的表述。本文即试图循着张文的思路,做一些笺注式的诠释和衍义式的阐发，以期对这个阐释学重大问题的研究贡献绵薄之力。

对 π 与正态分布之"诠"

阐释的开放与收敛、有限与无限，一直是阐释实践及理论发展中永远争论不休的重大问题。[①] 之所以"永远争论不休"，是因为这一问题过于复杂，直接关联语言和文字、含义和意义、价值和评价、传统和语境、主观性和客观性、现实性和历史性等一系列重要问题，其中任何一个问题在人文社会科学领域内都具有前提性和基础性，都不那么容易说清楚。比如说，"言尽意"与"言不尽意"就是一个古老的话题，从《庄子》到《易传》，再到魏晋玄学，一直被讨论，至今仍无定论。如是观之，阐释的有限与无限问题永远争论不休也就不足为怪了。之所以是"重大问题"，是因为对这一问题的理解直接关涉阐释的有效性与阐释学理论的合理性，在阐释路径与阐释学思想方面的一些根本性差异都来自对这个问题的不同理解。坚持阐释的有限性而无视阐释的无限性，囿于文本藩篱，难免于"我注六经"之谫陋；执着于阐释的无限性而无视其有限性，则师心自用，易流于"六经注我"之狂悖。能够在有限与无限、开放与收敛之间"执两用中"，方可不偏不倚，从容中道。然而要在"有限"与"无限"之间找到恰当的平衡点谈何容易！

阐释尽管可以在有限的范围内无限展开，但不同的阐释并不具有同等的有效性，也不是无差别地各自独立。各个独立阐释总是向着一个中心收敛，独立阐释越多，这种倾向就越明显。引进阐释学研究可以有效地解决在无限的阐释中"公说公有理，婆说婆有理"的相对主义倾向的问题。面对固定的文本，无论有多少个阐释者，无论有多少种阐释，都是围绕一个核心展开的，这个核心就是文本固有的意义，此意义对阐释而言具有一种"向心力"，使阐释不会像断线的风筝没有边际地飞向天空。

[①] 张江：《论阐释的有限与无限》，《探索与争鸣》2019年第10期。以下对张江的引文均出于该文，不再一一注明。

接下来的问题是，既然"阐释的展开与结果，无穷尽、无边界、无定论"，既然阐释者作为一个主体拥有任意阐释的自由，那么他又何以会屈从于阐释对象的制约或约束，从而形成阐释的"正态分布"呢？这无疑是一道难题。张江是用"公共理性"来解这道难题的。

任何阐释主体在运用理性进行阐释的同时，会受到其理性的约束。而"公共理性"并不是形而上学意义上的那种超历史的普遍性存在；而是历史性的，是在特定阐释共同体中形成的，因而也只有在这个共同体中才有效。由此，张江文称其为"群体理性"或"阐释群体的理性"。在学术研究领域，公共理性表现为某种基本学术规范与学术理念，对于一个学术共同体来说，这些规范与理念通常是作为常识和共识出现的，任何一种阐释都必须接受这些常识和共识的检验，否则就不会被学术领域所接受，甚或被视为"不入流"。但是"共识"并不意味意见完全一致，而是说在评价规则和"准入"标准方面共同体达成了一种协议。至于具体如何阐释，则是另外一个问题了。由于这种"公共理性"的存在，阐释行为必然有章可循，而不是漫无边际的，因此也是收敛的。

在解决了阐释的有限与无限、开放与收敛的问题之后，一个更为关键性的问题就浮现了出来——意义究竟从何而来？是阐释的结果还是阐释对象本自具足的？对这个问题张江没有回避，他集中论述了关于"意义"问题的各个层面。一是文本的"本来意义"，即"意蕴"；二是"文本自身的可能意义"，即"可能意蕴"；三是阐释过程可能生发出来的意义，即"意蕴可能"。这种划分可以说涵摄了阐释活动中意义生成的各种复杂性。以往关于阐释的意义问题主要有两种截然对立的观点，一种观点认为意义为文本所固有，是作者赋予文本的，阐释者所做的事情就是将此意义揭示出来。不管阐释者是否意识到这个意义，它都客观地存在于文本之中。在文本意义中作者意图占有最重要的位置。阐释的意义就在于，通过对文本的分析解读揭示出作者赋予文本的意义。另一种观点则认为文本的意义是在阐释过程中生成的，其中包含阐释者的赋予，因此阐释不是对文本客观意义的复现而是一种创造性建构。前一种观点为施莱尔马赫、狄尔泰所代表的传统阐释学以及他们的现代继承者贝蒂、赫施等人所坚持，后者则为伽达默尔为代表的哲学阐释学所坚持。张江的观点不能简单归于上述两种立场的任何一种。

与哲学阐释学不同，在张江看来，作者意图客观存在于文本之中，作者"原意"并非不可追问。同样的道理，文本一旦创作出来，也就具有了其客观的意义，因此文本"本义"也应追问。与传统阐释学不同的是，张江承认不为作者所意识的意义及阐释者对意义的赋予。由此，合理的阐释一方面不应该回避作者意图和文本本义，而是要把这些因素包含在阐释的视域之内；另一方面要进一步追寻文本的"可能意蕴"与"意蕴可能"。

所谓"可能意蕴"，其不同于作者所赋予的文本意义之处在于，它虽然是文本包含的，具有客观性，但却没有为作者所意识到。这种情况似乎可以这样来理解——文本本身就是一个复杂的系统。一是构成文本的基本元素是语言文字，而语言文字往往具有多种含义，有时候还具有模糊性，这就使得不同的阐释者难免做出不同的理解。二是文本的文体、结构以及表达方式往往是多维度、多层面、多形态的，这就使其在整体上所显示出来的意义不那么简单清晰，从而给阐释者的理解造成困难，难以达成一致性。三是文本所呈现的人物、事件或道理本身所具有的复杂性导致理解的差异性。作者只是呈现他感兴趣的内容，至于这个内容所包含的意义，并不是他可以完全把握的，这就给阐释者留下了广阔的空间，使揭示"可能意蕴"成为可能。

"意蕴可能"较之前两者则更为复杂而难以捉摸，因为它不是文本所固有的，而是由阐释者"生发"出来的意义。理论上可以说"意蕴可能无限"，因此最容易陷入一种相对主义。张江解决这一问题的办法是把"可能意蕴"理解为"能指"，把"意蕴可能"理解为"所指"，把二者之间的"一致性"理解为阐释有效性的标准，而判断这种"一致性"的尺度依然是"公共理性"。这里的"公共理性"更为具体，是指在特定的阐释共同体中与具体阐释对象相关的常识与共识。例如，杜甫的《兵车行》一诗表达了儒家的仁爱精神，显然是可以接受的，而如果说这首诗表达的乃是老庄思想，那就违背了阐释共同体的常识与共识，因此很难被认可。一种阐释不被认可就意味着它是无效的，至少在特定历史语境中是如此。由此，"意蕴可能"

实际上不能仅理解为阐释者个人对文本意义的"生发",它也是某种具有普遍性的思想观念、审美趣味或意识形态的表现,其背后隐含的是一个"集体主体"。"公共理性"正是某种"集体主体"价值取向之显现。

对意义的复杂性之"阐"

张文把文本意义分为"意蕴""可能意蕴""意蕴可能"三个层次,似乎过于烦琐,且在具体的阐释实践中,"可能意蕴"与"意蕴可能"也很难区分清楚。因此,用"意义的二重性"来说明意义的复杂性或许会使问题的呈现更清晰一些。

"意义的二重性",简单说来就是把文本的"意义"理解为由"显"和"隐"两个层面构成,"显"代表已经实现或处于实现过程的意义,"隐"代表尚未实现但具有实现可能性的意义。所谓意义的"实现",就是意义被觉知且为"公共理性"所认可。对于文本或"历史流传物"来说,"显"和"隐"两个层次意义的相互转换构成了意义生成的历史,这同时就是阐释的历史,更重要的,这还是一个文化传统不断延续并丰富化的历史。

意义的二重性取决于意义问题的特殊性——在人文科学研究领域中,意义问题不是主客体关系问题,不能在主—客二元对立的框架内来思考。意义问题是典型的主体间性问题,是思想和思想、情感和情感之间的碰撞、交融问题,因此意义也是人文学科或人文科学研究领域的核心问题,而与意义直接相关、须臾不离的,正是阐释。简单说来,人文学科根本上是个意义问题,而意义问题根本上是个阐释问题。因此,阐释实践可以说是最典型的主体间性行为,其结果是意义的生成。由文字符号组成的文本乃是中介,类似于沟通交流的平台,把两个主体介绍到一起共同完成一个事件,准确来说是一个意义事件——必须有两个甚至更多主体参与完成并且有一个复杂过程,因而有着多方面的关联性。狄尔泰早就说过,自然科学的方法是说明,而人文科学则是理解。理解是一个主体对另一个主体、一种思想对另一种思想、一种情感对另一种情感的体认、领悟与契合,其过程是"自得",即从自家产生出来,其结果是两个主体达成默契与融汇,从而形成新的思想或情感。但需要明确的是,构成这种主体间性的是两个主体而非两个个体。对于文本所表征的主体来说,作者的意图仅是这个主体的一个组成部分而已,那些凝聚和积淀于语词、意象等各种文化符号之中的文化惯习和意识形态诸因素都远远超出了作者个人的主观意图,因此文本所表征的主体也就远远大于作者个体。对于作为读者或阐释者的主体而言,理解和阐释的过程也必然包含他所处的文化传统与社会状况等因素,而非纯粹的个体行为。这样一来,理解行为也就成为不同文化语境、意识形态之间的交流与重构。因此,作为一个意义事件的文本阐释实际上已经成为一种文化传统自我更新、自我创造的重要方式。

意义问题是一个主体间性问题而不是主客体关系问题,因此解决意义问题的方法就不是认识论的而是价值论的。阐释学,就其根本属性而言,应该是价值论范畴。何以见得?

先来看"显"的层面,就是已经实现的意义。一个文本在进入阅读过程之后就开始了其意义的实现过程,这就是文本意义由"隐"到"显"的过程。某种意义,就其可能性而言,是存在于文本之中的,是由文本的文字符号所蕴含的;而就其现实性而言,是存在于文本的读者或阐释者这里的,是阐释者对文本加以理解、判断、评价的结果。因此,意义既有客观性又有主观性:就"隐"的层面来说是客观性的,就"显"的层面来说是主观性的。意义既是有限的又是无限的,就其"显"的层面来说,它是有限的,就其"隐"的层面来说,它是无限的。这意味着意义问题充满了辩证法色彩。那么"实现了的意义"究竟是什么意思呢?例如,一首诗被阅读或阐释了,它的意义得到了实现,这就意味着一种价值得到实现和确证。诗歌意义由"隐"到"显"的转化也意味着诗歌的语词、节奏、韵律等物质性因素在阐释者那里生成为一种切切实实的心理体验,从而对阐释者的精神造成积极影响。在这个意义上说,诗歌意义的生成也就是诗歌价值的实现。意义与价值无法分离,二者的区别仅在于侧重点不同。就诗人对诗歌文本的主观赋予和文本的客观性而言,称为意义;就诗歌文本在读者或阐释者心理上产生的效应而言,称为价值。"意义"

强调的是诗歌文本固有的普遍可理解性,"价值"强调的是诗歌文本在接受者那里阐释的普遍效应。

同样的道理,诗歌文本意义"隐"的层面同时是一种"潜价值",尽管同一首诗歌在不同阐释者那里可能会产生不同的效果,但是我们必须承认文本对于阐释行为所具有的普遍规定性的存在。意义的"隐"层面,即意义的可能性在某种意义上说是由语言所决定的。语言是"类"的存在物,是一个共同体,例如民族、种族等之普遍性、共识、共同感的体现,因此语言所能传达的信息是整个共同体约定俗成的结果。正是这种约定俗成,使语言能够有效地传达信息,又使语言所能传达的信息受到限定。语言传达信息的有限性就决定了语言含义的确定性——在具体语境中,任何语言的意指范围都是可以确定的。正是这种语言的确定性,使得不同主体之间可以有效交流。文本是语言的集合,语言的有限性和确定性也就决定了文本意义的有限性与确定性。正如张江所说,一千个读者有一千个哈姆雷特,但要看"是不是公共理性接受的哈姆雷特",否则就不再是有效的阐释而是胡说八道了。文本意义之"隐"的层面,即意义的可能性正是基于语言的有限性。当然,文本意义无论怎样具有确定性,都只有在文本与读者或阐释者的关系中才能获得现实性,离开了这种关系,它只能是一种可能性。

对于文学阐释来说,除了语言本身传达信息的确定性之外,情节、人物、意象、意境等"形象层面"所传达出来的意义也可以确定,也是文本意义确定性的重要条件,只不过这种确定性较之语言层面更难把握。文学虽然是语言的艺术,但语言却不是靠自己的固有特性来使文本获得文学性的。在某种意义上说,文学是语言的非正常状态,只有这样才能打破人们的心理定式,使人们走出司空见惯,获得新鲜的感受和体验,诗歌语言尤其如此。按照什克洛夫斯基的说法,诗人是通过改变语言的正常使用而获得"陌生化"效果的。一般而言,日常生活和学术研究所使用的语言符号仅具指示性功能,其所指涉都是实际存在之事物;而文学特别是诗歌中使用的语言符号,除指示性功能之外,更有表现性功能。中国古代诗文重视"味外之旨""韵外之致""言外之意"及"言在此而意在彼"之类,都是在强调诗歌语言符号的表现性功能。可以说，建立在隐喻、象征、类比、联想基础之上的表现性，才是诗歌语言符号的真正意义所在。这种不在语言符号的表面含义之中，又离不开语言符号表面含义的表现性意义，是文学阐释的真正对象。但是与语言符号的表层意义来自日常生活中的约定俗成不同，这种意义的确定性是由特殊的共同体所决定的，可称之为"趣味共同体"。中国古代文人在特定历史时期形成了相关的趣味共同体，只有在这个共同体中诗歌作品才能得到恰当的理解与评判，因此趣味共同体同时是一个"阐释共同体"。在这个共同体中，基于共同的趣味，诗人与阐释者通过诗歌文本的中介达到交流与默会，并确定该诗歌文本的表现性意义。这种表现性意义并不是语言符号和其所指示的事物的物质属性，而是由诗人与读者或阐释者所共享的意义，这种意义同时是一种价值，是文学的审美价值。

从某种意义上说，文学阐释中意义的二重性与阳明心学的"知行合一"颇为相近。在王阳明看来，知便是行，知了就是行了，行了才是真的知了，能知而不能行只是未知。这个道理只有在价值论视域中才可以理解，如果放在认识论视域中则无异于痴人说梦。在文学阐释中，只有当文本意义在阐释者那里生成，才算是从可能性转变为现实性。因此，意义被揭示的过程也就是其发挥效用的过程，在这里，意义的呈现也就意味着价值的实现。

在阐释学视域中，任何阐释对象的意义都具有二重性，都存在"显"和"隐"、"现实性"与"可能性"的二重结构。在不同阐释者那里或不同历史语境中，同一个阐释对象会呈现出不同的意义来。因此，意义的"显"和"隐"、"现实性"与"可能性"总是处于不断交替变化的过程之中。而在这一过程中，意义的"显"和"现实性"总是有限的，而"隐"或"可能性"则总是无限的。这可以称之为阐释或意义的辩证法，同时也是价值的辩证法。这种二重性说明任何意义和价值都是相对的。对于一个具体的阐释者来说，他通过对文本的阐释建构而成的意义是意义的现实性，即"显"的层面；那些没有进入他的视野的其他文本意义都是意义的可能性，即"隐"的层面。对于某个阐释共同体而言，为大家所共同承认的文本意义是其意义的现实性，即"显"的层面；而为这一共同体所没有阐释出来或不能认同，却为其他阐释共同体所共同承认的意义则是意义的可能性，即"隐"的层面。意义与价值的现实性与可能性、"显"与"隐"两个层面永远处于此起彼伏、相互转换、变动不居的状态。对彼而言是现实性，对此而言也许就是可能性；在历史上实现过的意义，在当下可能就归于"隐"的层面。意义的现实性总是具体的、有边界的；而意义的可能性则浩如烟海，无边无际。变化是意义与价值的常态。一旦这种变化不存在了，那就意味着阐释的终结，阐释对象也就不再是阐释对象了。

冲突与共在：阐释学视域中的
有限与无限

——对高楠教授一文"接着说"

段吉方

【内容摘要】 从两极共体的角度探析阐释的有限与无限，是符合阐释学的基本要义的。还可以进一步强调，阐释的有限与无限不仅是两极共体式的"共在"，更多是两极共体的"冲突"，冲突大于共在，有限与无限的冲突在根本上指向阐释的无限。阐释的无限不是说阐释没有客观标准，或让阐释走向过度和过界，而是指阐释的循环导致阐释无限接近真理的特征。阐释的有限与无限，揭示了阐释活动中冲突与共在的特性，也指向了阐释学中过度阐释的解决限度问题，即"共在"是冲突和无限中的"共在"，过度阐释只能在阐释的有限和无限的张力中寻求解决。

【关 键 词】 公共理性　冲突　共在　中国阐释学　限度

【作　　者】 段吉方，华南师范大学文学院教授，教育部青年长江学者。

【基金项目】 国家社科基金重大招标项目"马克思主义经典文艺思想中国化当代化研究"（17ZDA269）

近期，张江教授《论阐释的有限与无限——从 π 到正态分布的说明》①一文引发关注,学者们从不同层面探索阐释的有限与无限及其与"π"和"正态分布"的关系。高楠教授的文章《论有限与无限的共时性——重思"阐释"》,从古希腊以来的哲学史根据和阐释学研究的基本理念出发,深入阐释了他的观点。高楠从有限与无限的理论"共时性"角度提出阐释的有限与无限是一种"两极共体关系"②,认为张江提出的"共轭变量"概念介入了阐释的有限与无限问题,"所表达的有限与无限并不是通常理解的在时间与空间的无限延续中实现的历时性的有限与无限,而是一种共时性的有限与无限,即有限中共时共在地存有着无限,而无限也共时共在地存身于有限"③。顺着阐释学中有限与无限的理解思路,从两极共体的角度探析阐释的有限与无限是符合阐释学基本要义的;但还可以进一步强调,阐释的有限与无限不仅是两极共体式的"共在",更多是两极共体的"冲突",冲突大于共在,有限与无限的冲突在根本上指向阐释的无限。阐释的无限不是说阐释没有客观标准,或让阐释走向过度和过界,而是指阐释的循环导致阐释无限接近真理的特征。"阐释""理解""前见"与"阐释的循环"等重要的理论观念都涉及阐释学中有限与无限的冲突问题,这一"阐释的冲突"最后在"阐释距离""效果历史"的层面上获得理解的平衡。

有限与冲突:阐释的界限与矛盾

在阐释过程中,有限与无限是一对无解的矛盾。可以说,有阐释就存在有限和无限的矛盾,这种矛盾来自阐释的界限与标准的复杂及其厘定的困难。法国学者保罗·利科就曾用"解释的冲突"来说明阐释中的这种复杂性。他指出,在阐释学理论的发展中,从最早作为

---

① 张江:《论阐释的有限与无限——从 π 到正态分布的说明》,《探索与争鸣》2019年第10期。

② 高楠:《论有限与无限的共时性——重思"阐释"》,《探索与争鸣》2020年第1期。

③ 高楠:《论有限与无限的共时性——重思"阐释"》,《探索与争鸣》2020年第1期。

解经学的解释学，到作为普遍理解的艺术的一般解释学以及哲学解释学，解释学理论始终面临解释的界限问题。利科提出将解释学与结构主义、现象学、心理分析等其他学科进行嫁接，强调从现象学理论基础等其他理解模式来回答解释的界限与标准的难题。在他看来，解释学不能只是专家的技术，"如果不借用一个既定时代里可自由使用的种种理解模式，如神话、寓言、类比等，那么，任何引人注目的解释都不能被构成"[1]。利科提出了一种"反思解释学"的思路，即认为解释学不是静止的，不是平面地面对文本、原意及真理的阐释问题，而是强调解释学与其他学科视野的对话交流，实现阐释目标的多种可能性。这种解释学的观念不是从利科才开始的，至少在解释学的海德格尔阶段，解释学的理论发展已经包含这种对话性，但利科的"反思解释学"理论仍然突出了解释学研究中值得思考的问题。比如，他强调解释学的对话就是从解释的"冲突"中产生的，"解释的冲突恰恰说明了解释具有不可化约的多元性，这是询问方式的多元性，是阅读文本方式的多元性，因此，在利科那里，解释的冲突是一种生产性的冲突"[2]。

解释学的这种生产性冲突蕴含着理解与阐释的多种语义转换的矛盾，阐释的有限与无限的矛盾是这种冲突的一种表征，体现在以下三方面。首先，阐释的有限与无限的矛盾包含阐释学理论的一个大前提，即什么是阐释的界限，阐释是否有界限。阐释学号称为人类打开了一个新的认识领域，发展到哲学阐释学之后，阐释学几乎无所不包，"它不只是一种语文学的有效逻辑，也不只是当代神学内一场重大的新运动，它是一个广泛的——亦即其所有分支都聚焦于文本理解事件的——领域"[3]。如此复杂的阐释学领域自然面临这样的问题——谁在阐释？谁的阐释是有效的？阐释的有限边界和标准在哪里？无论是早期的《圣经》阐释学，还是法学阐释学以及后来的文本阐释学，

---

[1] ［法］保罗·利科：《解释的冲突》，莫伟民译，商务印书馆2017年版，第2页。

[2] 莫伟民：《一个"受伤的我思"：一种反思解释学》，载保罗·利科《解释的冲突》译者前言，商务印书馆2017年版，第3页。

[3] ［美］理查德·E. 帕尔默：《诠释学》，潘德荣译，商务印书馆2014年版，第98页。

赫尔墨斯阐释《圣经》的文本、法官阐释法律文本、批评阐释文学文本，都面临阐释的界限问题。施莱尔马赫曾把这个界限限定在"文本原意"，但很快就被伽达默尔等后来的阐释学理论所颠覆，文本阐释原意的阐释学被颠覆，让阐释的有限与无限问题陷入一种巨大的冲突，海德格尔的"前理解"、伽达默尔的"视域融合"等概念所触及的阐释学问题无不处于这种冲突的理论旋涡之中。颠覆了作者原意这个阐释的界限，其实就瓦解了阐释的有限性，有限和无限的矛盾又回到了最初的理论纠缠之中。赫尔墨斯既是上帝的使者，但最初人们认为他也是骗子；他传达上帝的指令，但也经常越界而自我言说。其次，阐释的有限与无限的矛盾也揭示了阐释行为本身的复杂性。在阐释学理论中，阐释的起点最初是有限的，施莱尔马赫的"作者原意"说强调的是有限阐释，中国阐释学理论中的《诗经》阐释、儒家的阐释学理论都是在既定框架规约中的阐释，都是有限阐释。但阐释本身的冲突在于，如果阐释仅限于有限阐释，那么最终阐释学就消亡了，就好比阐释的界限一旦厘定，就不存在阐释了，就变成"权威"和"标准"了，而阐释学的"真理"性恰恰是朝向无限的。因此，尽管阐释的起点是有限，但阐释的方向是无限，起点与方向的冲突是构成阐释学冲突的原因所在。最后，阐释的有限与无限的矛盾还构成了阐释学研究的基本问题。从施莱尔马赫到狄尔泰再到伽达默尔，西方阐释学理论并没有明确阐释的有限与无限问题，这一问题内化于"阐释""理解""前见"与"阐释的循环"等诸种理论观念之中。在伽达默尔看来，哲学阐释学是一种研究理解和解释的学科，这种学科与神学阐释学、一般阐释学的区别在于深入涉及精神科学的理解问题。阐释是"真理"问题扩大到精神科学之后的一种"理解"，它最初在艺术经验中呈现，经由人文主义的准备，最后过渡到精神科学。在这个过程中，阐释学理论经过了施莱尔马赫的普遍阐释学的设想，经历了狄尔泰阐释学研究中的历史主义困境，最终通过现象学来克服认识论上的历史主义。在这个理论演变中，阐释的有限与无限问题一直作为一个基本问题存在，尽管存在不可化解或曰不能化解的矛盾，但狄尔泰起到的作用是巨大的，因为狄尔泰通过引入历史主义认识论解决了一般阐释学中阐释的方法论固化问题，正像伽达默尔说的那样,"狄尔泰的重要性在于:他真正认识到历史世界观相对于唯心主义所包含的认识论问题"①。就阐释的有限与无限的矛盾来说,正因为狄尔泰引入了历史主义世界观,才让阐释学中的"理解"与精神科学的联系具有了认识论的哲学基础,不但"超越了施莱尔马赫的解释学,并对伽达默尔的思想具有根本的重要性"②。

因此,如果说阐释的有限和无限是两极共体"共时"存在的话,那么接下来要论述的是,这个两极共体的"共时"存在是经过阐释的"冲突"之后历史地恢复的。在阐释的有限和无限问题上,"共在"是一种冲突中的"共在",正是因为阐释的有效和无限的"冲突",阐释活动才获得了意义的丰富性以及阐释的多样性,没有阐释的有限和无限的冲突,就取消了阐释行为本身所具有的科学性。但是,我们强调阐释的冲突,并非在一般的意义表现层面上的"冲突"。在《真理与方法》中,伽达默尔说:"从哲学上看,诠释学的任务就在于探究,这样一种本身是被历史变化推着向前发展的理解活动究竟是怎样一门科学。"③ 在他看来,阐释行为是有传统和历史的,之所以存在阐释的有限和无限的冲突,除了意义本身(包括作者原意及其接受的过程)的复杂性之外,还在于阐释行为受传统和历史的限制,以及不断走向新的阐释语境和阐释历程的努力;在阐释学理论的层面上,"阐释的循环""前见""阐释距离""效果历史"等都具有从阐释的有限和无限的"冲突"中生发意义属性的特征。为了说明这一点,伽达默尔不断回到传统和历史,但又不断超越传统和历史。在这一理论前行中,阐释的界限、阐释的标准、阐释的有限和无限的冲突及其解决方式就构成了阐释学的一个根本要素,正是由于阐释的有限和无限的冲突,阐释学中的理解问题才获得了一个历史性延展的空间。在这方面,我的看法是,阐释的有限与无限的问题不仅是"两

---

① [德]伽达默尔:《真理与方法》(上卷),洪汉鼎译,上海译文出版社2009年版,第283页。
② [美]帕特里夏·奥坦博德·约翰逊:《伽达默尔》,何卫平译,中华书局2003年版,第16页。
③ [美]伽达默尔:《真理与方法》(上卷),洪汉鼎译,上海译文出版社2009年版,第401页。

极共体""共时"存在的,也是历史地延展的,或用利科的话说是"生产性的"。这一点也可以从狄尔泰的理论中得到答案,狄尔泰在分析他的阐释学的历史性时提出了"说明"与"阐释"的区分问题,即说明是一种客观的阐述,阐释则是在说明的基础上的延展,说明不需要历史,但阐释需要历史。可以说,说明是有限的,阐释则是有限与无限兼备,这就是为什么后来阐释学的发展要引入隐喻、神话等因素的原因,是为了加强阐释的语言的"意指功能",语言的意指功能是将意义从有限引向无限的主要阐释方式。因此,阐释的有限与无限的冲突是阐释学的基本定理之一,在阐释的冲突中,"阐释距离""效果历史"等阐释学的核心问题才能在理论的层面上浮现出来。

阐释的无限:开放的文本与过度阐释

强调阐释的有限与无限的冲突,并非否认阐释的价值。有限与无限的冲突决定了阐释活动收敛与开放的特征,在阐释活动中,阐释的无限大于阐释的有限,而且阐释越向纵深发展,有限与无限的张力形式越大,阐释的视域就越开放,阐释活动也就越走向多元对话,这是阐释活动的另一常态价值。在谈到阐释的视域时,伽达默尔说:"问题的本质就是敞开和开放的可能性。"[①] 视域不开放,阐释活动就无法深入进行。为此,伽达默尔提出"视域融合"和"阐释距离",通过这两个概念又深入论证了阐释学的"效果历史",这使得阐释的收敛与开放的张力关系更加明显。

就阐释学的一般问题而言,虽然有限与无限的冲突是常态,但在阐释的过程中,阐释之必要、阐释之有效性,基本上还是倾向于阐释的无限。所以说,在阐释的冲突中,阐释的无限是冲突的主要方面。这样说是否取消了阐释的冲突,特别是如何面对阐释学研究中过度阐释的问题,更是需要加以辨析的。

阐释的无限与过度阐释是什么关系?众所周知,过度阐释是意大

---

① [德]伽达默尔:《真理与方法》(上卷),洪汉鼎译,上海译文出版社2009年版,第387页。

利学者安贝托·艾柯提出的理论观点。1990年艾柯在剑桥大学丹纳讲座的演讲题目就是《诠释与过度诠释》，后来以同名著作出版。英国剑桥大学学者斯托尼·柯里尼为该著写的导论是《诠释：有限与无限》。理解艾柯的过度阐释观念需要和他的另一本著作联系起来，那就是1962年出版的《开放的文本》，这部著作在艾柯的阐释学理论中发挥了重要作用。在《开放的文本》中，艾柯强调，开放的文本是一种语法、句法和文字的组合意义上具有可变动性和开放性的作品，就像马拉美的作品《书》一样，开放的文本是"运动中的作品"，"探讨的是艺术作品的'确定性'和'开放性'"[1]。正因为文本是开放的，所以阐释的无限也成为可能，甚至"世界是为了一本书而存在"[2]。但在《诠释与过度诠释》中，艾柯所言如下。

> 1962年，我写了《开放的作品》（*Opera Aperta*）一书。在书中，我肯定了诠释者在解读文学文本时所起的积极作用。我发现读者们在阅读这本书时，注意力主要集中在作品所具有的开放性这一方面，而忽视了下面这个事实：我所提倡的开放性阅读必须从作品文本出发（其目的是对作品进行诠释），因此它会受到文本的制约。换言之，我所研究的实际上是文本的权利与诠释者的权利之间的辩证关系。我有个印象是，在最近几十年文学研究的发展进程中，诠释者的权利被强调得有点儿过了火。[3]

"开放的文本"与"过度阐释"之间是否有矛盾？我们可以看到这里面传达出艾柯关于阐释的几点看法。第一，开放的文本不一定意味阐释的无限扩大；第二，阐释者的作用强调得太多了；第三，阐释的界限还是存在的；第四，所谓过度阐释，探讨的是文本的权利与诠释者的权利之间的辩证关系。接下来，艾柯在阐释与历史、文本与阐释者的关系、阐释者与阅读者等多个层面探讨了诠释与过度阐释的关

---

[1] [意] 安伯托·艾柯：《开放的作品》，刘儒庭译，中信出版社2015年版，第3页。
[2] [意] 安伯托·艾柯：《开放的作品》，刘儒庭译，中信出版社2015年版，第14页。
[3] [意] 安伯托·艾柯：《诠释与过度诠释》，王宇根译，生活·读书·新知三联书店1997年版，第24页。

系问题。他提出,文本的过度阐释是文本意图与读者意图在阐释标准上出现了过度,从而导致在读者意图和文本意图的辩证关系中,理想读者或标准读者被强调过头了,"经验读者的意图被完全忽视了"[①]。文本意图和诠释之间存在或明或暗的"相似性",这种"相似性"的摇摆是文本过度阐释的基本界限。"相似性"源于天人之间、宏观宇宙与微观宇宙之间的"感应","宇宙感应的观念在形而上与形而下两个层面都依赖于感应的双方之间所存在的那种或明或暗的'相似性'"[②]。在具体的阐释活动中,文本意图和读者意图之间博弈的正是为了确定这种"相似性"为何物的阐释。阐释活动中"相似性"标准灵活宽泛,"相似性下面所隐含着的意象、概念与真理反过来又会作为其他意义的相似性符号。每次当你认为发现了某种相似性时,它都会继续指向另一种相似性"[③]。艾柯举了很多事例来说明文本意图和诠释之间这种"相似性"的复杂程度,如罗塞蒂论但丁的诗、哈特曼论华兹华斯的诗《昏睡曾蒙住我的心灵》,甚至他自己的小说《玫瑰之门》,他要说明的是文本的过度阐释是如何起到"一个作者必须向读者甘拜下风"[④]作用的。在艾柯看来,之所以会出现这种情况,是因为在长期的阐释中形成了一种"神秘主义符指论"的阐释标准,这种"神秘主义符指论"以某种相似性为阐释目标,从而使阐释活动陷入一种无休止的怀疑论,导致各种各样的过度阐释发生。

艾柯的过度阐释观念曾引发很多争论,但越是在争论中,这一观念越是引人注目。在某种程度上,艾柯的过度阐释观念成了西方阐释学破除阐释的有限与无限冲突的一个理论症结。依托文本意图的有限阐释已被后来的阐释学理论所打破,但阐释的无限又如何面对过度阐释的指摘?有限与无限的张力在过度阐释面前面临张力点崩塌的极

---

① [意]安伯托·艾柯:《诠释与过度诠释》,王宇根译,生活·读书·新知三联书店1997年版,第69页。
② [意]安伯托·艾柯:《诠释与过度诠释》,王宇根译,生活·读书·新知三联书店1997年版,第47页。
③ [意]安伯托·艾柯:《诠释与过度诠释》,王宇根译,生活·读书·新知三联书店1997年版,第47页。
④ [意]安伯托·艾柯:《诠释与过度诠释》,王宇根译,生活·读书·新知三联书店1997年版,第78页。

阐释的有限与无限

限。但是，在阐释学理论发展中，对这一极限并非没有破解之法，可以说是伽达默尔的"阐释距离"与"效果历史"这两个概念推动了这一难题的解决。

在《真理与方法》中，伽达默尔为了平衡阐释的各种偏见，提出了"阐释的处境"的概念。在他看来，由于受到历史意识和传统的影响，每个人都在自己的经验中阐释，因而不可避免会带有"前见"，这种"前见"有生产性前见，但也包括让误解得以发生的问题性前见，为此，需要将阐释置入时间距离的形式之中。

> 占据解释者意识的前见（vorurteile）和前见解（vormeinungen），并不是解释者自身可以自由支配的。解释者不可能事先就把那些使理解得以可能的生产性的前见（die produktivenvorurteile）与那些阻碍理解并导致误解的前见区分开来。

这种区分必须在理解过程本身中产生，因此诠释学必须追问这种区分是怎样发生的。但这就意味着，诠释学必须把那种在以往的诠释学中完全处于边缘地带的东西置于突出的地位上，这种东西就是时间距离（zeitenabstand）及其对于理解的重要性。① 伽达默尔进一步吸收海德格尔赋予理解的"生存论"的本体论视野，并与浪漫主义阐释学及施莱尔马赫的阐释学加以区别，强调时间距离的阐释学意义，认为"时间不再主要是一种由于其分开和远离而必须被沟通的鸿沟，时间其实是现在根植在其中的事件的根本基础"②。通过时间距离的阐释学分析，伽达默尔引领阐释学理论进入"效果历史"（wirkungsgeschichte），强调一种真正的阐释学应建立它的历史思维，这种历史思维在理解本身中显示历史理解的实在意义，

---

① ［德］伽达默尔：《真理与方法》（上卷），洪汉鼎译，上海译文出版社2009年版，第382页。
② ［德］伽达默尔：《真理与方法》（上卷），洪汉鼎译，上海译文出版社2009年版，第384页。

以这种方式,"作品和解释的历史合二为一,规定着显著的作品理解"①。通过阐释距离和效果历史的分析,伽达默尔其实是在扭转"前见"特别是问题性前见对阐释的客观性影响,规避阐释的误解,这潜在地为破解阐释的无限与过度阐释的争执提供了理论上的依托,经由"阐释距离",延伸在"效果历史"中的阐释既指向无限,同时又避免了误读,扫清过度阐释得以发生的"前见"障碍,这不得不说是解决阐释的冲突的一种理论上的有限说明。

阐释的冲突与过度阐释:来自阐释的公共理性的说明

作为阐释学的基本理论问题,阐释的有限与无限问题面对的不仅仅是阐释活动展开时的冲突,更主要的是这种冲突内化于阐释、理解的基本过程之中,影响阐释的确立和理解的合法性。阐释的有限与无限的冲突不是在阐释活动内部单线进行的,而是多元的,伽达默尔、利科等已通过阐释学的"阐释距离""效果历史"及阐释学的现象学考察,让阐释的有限和无限的冲突问题在阐释行动中得以化解,但这种化解不是消除,阐释的有限与无限问题不仅作为阐释学基本问题而存在,而且作为一个阐释的基本价值而存在。

阐释的有限与无限的冲突可以让阐释活动更具多元性,阐释活动在走向更加复杂的理论面向中更能展现阐释的价值。正是因为阐释的有限与无限的冲突,阐释活动中的"文本意图""作者意图""读者意图"等问题获得了更加辩证的体现,阐释学中"前见""阐释的循环""视域融合""效果历史""理解""应用"等理论观念也才更深入地内化到阐释学理论批评与实践中,这是对文本阐释活动的多重促进,利科称之为"重建文本工作","重建文本的内在动力;在对我可以居住的世界的表象中,恢复作品向外投射的能力"②。可以说,这方面的意义与价值是可以期待的。张江教授强调阐释的有限与无限

---

① [日]丸山高司:《伽达默尔:视野融合》,刘文柱等译,河北教育出版社2002年版,第107页。
② [法]保罗·利科:《从文本到行动》,夏小燕译,华东师范大学出版社2015年版,第31页。

的冲突是在一种"共轭变量"层面上的转换运动,指出了阐释的有限与无限的冲突在"变"与"不变"的不确定关系中产生的多元阐释价值。阐释的有限与无限的"共轭变量"特征恰恰指出阐释的有限与无限的冲突不是封闭的而是敞开的,在有限与无限的收敛与敞开中,引入语言的语义功能、符号能指、隐喻功能以及人的社会存在视野,阐释活动才能更有意义。

阐释的有限与无限的冲突会让阐释活动更具本体性。阐释的有限与无限的冲突存在着既抛弃文本又回归文本的努力,冲突既是实践的又是本体的。正是有了有限与无限的冲突,阐释才更具本体意义,海德格尔强调理解的"此在"价值,伽达默尔强调文学阐释是阐释与文学的"相遇",体现的正是阐释活动的公共性与本体性。对此,张江曾提出关于公共阐释论的想法,"我之所以研究公共阐释问题并撰写这篇文章,就是因为我深刻认识到阐释不仅仅是一个哲学问题或理解问题,而是应该延展和深入到现实生活之中。按照海德格尔的说法,它是一种社会存在,是一种此在的表现方式"[①]。阐释的有限与无限的冲突不仅仅是文本的冲突,不仅仅是文本意图与读者意图的冲突,或过去视域与现在视域的冲突,更主要的是人与世界的理解的冲突。在这种冲突中,各种阐释的对话呼之欲出,阐释学的多学科融合蓬勃发展并非都是阐释的有限与无限的冲突带来的,但至少是在走出阐释的有限而走向无限的过程中所抵达的阐释实践效果,就像利科说的那样,"有限性这一概念就自身来说一直是平庸的,甚至是无关紧要的"[②]。阐释的有限仅限于强调主体自身的阐释理想的不可通达,而阐释的无限才是对阐释理想的永恒追求。

阐释的有限与无限的冲突是阐释活动的恒常命题,这一命题使阐释的公共性与共识性价值更加突出,也让解决或避免过度阐释有了一定的理论期许。阐释的有限与无限的冲突涉及阐释学理论的基本问题,即阐释学研究对阐释的基本内涵如何定位与定性,如何恰当衡量

---

① 张江、[英]约翰·汤普森:《公共阐释还是社会阐释——张江与约翰·汤普森的对话》,《学术研究》2017年第3期。

② [法]保罗·利科:《从文本到行动》,夏小燕译,华东师范大学出版社2015年版,第27页。

与规约阐释的标准与界限,如何判断阐释的合法性与有限性,如何厘定阐释的个体性与公共性。阐释的有限与无限的冲突再次证明阐释不仅仅是一种个体行为与个体目标,更是作为人类理解和生存的基本方式。因此,从中也可以见出阐释以及阐释行为所具有的公共性研究视角和度量空间。从施莱尔马赫、狄尔泰、海德格尔,一直到伽达默尔的阐释学研究,文本、个体、阐释、理性与公共性的问题密切交错,在如何有效理解文本原意及真理呈现的问题上,既有有限阐释也有无限阐释,既有个体差异又存在公共视阈。阐释之所以可能与必要,是因为阐释的冲突打开了阐释视域与实践空间,"在阐释的有限与无限这一两极共体关系中,具体与普遍、或然与确然及敞开与收敛,成为阐释的过程性运作的现象学特征。由此,对于两极运作的逻辑范畴的辨析,便成为随之而来的阐释论要题"①。但同时,阐释的有限与无限的冲突也蕴含着理论悖谬之处的解决之道,这其中就包含过度阐释。众所周知,过度阐释的问题几乎是阐释中一个无解的问题,何种阐释是合理的?何种阐释是过度的?如何评判阐释是过度还是不过度?可以说,提出过度阐释的艾柯都没有给出一个明确的答案。在《诠释与过度诠释》中,艾柯曾提出对意义的"相似性"符号进行分析来"发现并克服许多'过度诠释'过程所具有的局限"②。关于意义的"相似性",他举了两个例子。一个例子是,英国邮票上画上了伊丽莎白女王的画像,由于画家们的努力,这个画像与伊丽莎白女王这个实际上的人非常相像,这个画像由于指称了女王这个人而成了大不列颠的象征。这个时候,在女王的画像与大不列颠之间建立了一种"相似性"。另一个例子是,"猪"这个词与猪这个动物不同,也与诺列加(Noriega)或齐奥塞斯库(Ceausescu)这两个人毫无相似之处,然而,有时候我们也可以根据我们的文化体系在猪的生活习性与独裁者的道德习性之间确立某种类比关系,可以用"猪"这个词去指称上面提到的两个人中的任何一个,这也是一种"相似性",这说明人类思维是按照相似性的原则来进行的。过度阐释的发生会受到这种相

---

① 高楠:《论有限与无限的共时性——重思"阐释"》,《探索与争鸣》2020年第1期。
② [意]安伯托·艾柯:《诠释与过度诠释》,王宇根译,生活·读书·新知三联书店1997年版,第50页。

似性思维的影响,那么如何在这种相似性原则下避免过度阐释,即"清醒合理的诠释与妄想狂式的阐释"之间的区别在哪里?就在于对这种相似性确定的阐释的"度",这种相似性是可以做出多种阐释的,还是认为这种相似的关系其实是微不足道的,是把握阐释的度的关键。艾柯其实在这里就指向了阐释的有限与无限的冲突问题,在对这种相似性的把握中,可以说冲突是多种形式存在的,在个体与个体之间、个体与传统之间,个体与历史之间、个体与公共之间,只要对意义相似性的判断不一而足,就随时有可能发生阐释的过度,但是如果把阐释的有限与无限的冲突定位于人类理解和生存的基本方式,特别是引入阐释及阐释行为所具有的公共性研究视角和度量空间,像艾柯说的那样,保持"对世界与文本进行'质疑式的解读'"[1],就有可能避免过分强调意义的相似性,从而起到避免或弱化过度阐释的作用,这或许是阐释的有限与无限冲突另一种理论上的收获。

---

[1] [意]安伯托·艾柯:《诠释与过度诠释》,王宇根译,生活·读书·新知三联书店1997年版,第51页。

作为阐释活动中预设存在项的作者意图

高建平

【内容摘要】在当下纷繁复杂的关于文学意义的阐释中，作者意图的重要性值得重新强调。阐释是一个回溯的过程，从文本可以看到作者意图的预设性存在。从作者意图到作品文本的意义，再到读者感受理解时所形成的意味，经历了双重生产的过程，要从生产活动的过程性来理解意图、意义、意味三者的关系。由此，读其书还是要"想见其为人"，通过"以意逆志"，从"传达"的角度看文学艺术，这是避免理论的空谈、回到可操作性的重要途径。

【关 键 词】作者意图　双重生产性　"以意逆志"　文本阐释

【作　　者】高建平，深圳大学人文学院院长，中华美学学会会长，中外文论学会会长。

关于文本阐释中作者意图的作用，学术界曾出现过很多争论。早在20世纪60年代，赫施与比厄斯利就围绕这一问题进行了争论。这个问题又进一步涉及一些更为根本的哲学问题，学术界因此将海德格尔、伽达默尔、罗蒂等许多学者的思考加入进来，使之成为一场横跨多种学科的混战。更进一步，一些学者将这个话题拉入"现代""后现代""后现代之后"等一些大的框架之中，形成"此亦一是非，彼亦一是非"的局面。怎样避免这样的讨论流于清谈，办法只有一个，即努力限制讨论的范围，使讨论向着简明而可操作的方向迈进。

作品的意义何处寻

张江教授在最近的一篇文章中,致力于说明阐释所形成的意义的无限性与有限性。他认为,诠释相当于 π 的值,既是无限也是有限的,阐释通常是在此基础上"衍生和创造新的理解和认识的重要方式,是主体及主体间视域交流与碰撞的无限延伸的最高形式"。由此,他提出"阐释的正态分布"①。阐释是有限的,也是无限的。它的无限,在于意义可以无限细分下去;它的有限,指意义会局限在一个特定的范围之内。"正态分布"是用数学的方法,对这种分布的有限与无限所做的清晰而形象的描述。

对于这种用数学方法对意义的多样性的描述,朱立元和南帆教授表示反对。朱立元教授认为,正态分布的分析对阐释过程中存在的概率现象的分析,"论证还不够充分,论据也还不够充足"②。那么,这种不充分和不充足,是否通过进一步用类似的方法去论证,从而达到"充分"和"充足"即可?在科学研究中,数学方法具有永恒的吸引力。例如,数学中有一拓扑学(topology)分支,表明几何图形或空间在连续改变形状后还能保持不变的一些性质,即变化了空间中几何性质的不变。

怎样看待数学在说明意义规律中的作用,是一个值得探讨的课题。数学方法会带来启示,也会造成遮蔽。这的确是应该注意的。南帆教授认为:"必须穿过数学语言的帷幕持续地追溯至社会历史范畴:何种历史土壤促成了现代阐释的急速发育?"③ 南帆的这一立场,是提醒研究者防止数学语言造成遮蔽。防止"遮蔽"的办法是他所说的"穿过",但"穿过"以后,就来到了哪里?我们所要追溯的是何

---

① 张江:《论阐释的有限与无限——从 π 到正态分布的说明》,《探索与争鸣》2019年第10期。
② 朱立元:《阐释逻辑中的精神科学与自然科学之辨——与张江先生商榷》,《探索与争鸣》2020 年第 2 期。
③ 南帆:《抽离了社会历史范畴的 π 还有效吗——与张江教授对话》,《探索与争鸣》2020 年第 1 期。

种"社会历史范畴"？同一文本有其产生时的"历史范畴"，也有其被阐释时的"历史范畴"，这很不一样。

打个比方，我们今天读马克思的书，读完字面意义后，想进一步深入了解，有两条路径。一是去读马克思读过的书，再结合他所生活的时代和他的经历，力图了解他所写的书背后的意义；二是结合当代的生活、生活经验和实践需要去理解，从而探讨其当下的指导意义。这两条路径都很重要。一般说来，学者喜作"知识考古"，倾向于前者；而从事实际工作的践行者，可能更喜欢后者，将一些道理付诸当下实践。这当然不是绝对的。更多人是兼而有之，重要的是对两者要加以区分。

1861年，斐迪南·拉萨尔出版了一部法学著作《既得权利体系》，寄给马克思请他提意见。马克思在回信中，针对书中所谈到的"遗嘱自由"的罗马起源，说明不同的时代可以对它有着适用于自己时代的理解，从而为当代服务。在这个语境下，马克思写出了一句名言："被曲解了的形式正好是普遍的形式，并且在社会的一定发展阶段上是适于普遍应用的形式。"[①] 虽然是"曲解"，但"曲解"有其社会根源。从马克思所提出的这一原则来看，我们可以说，应该有对马克思观点的当代理解。

然而，阐释总是人在阐释，阐释者带着不同的目的，因而方法也是多样的。"曲解"后会有人要求"正解"，意义衍生以后会有人要求再进行"历史的还原"，从这个意义上讲，"社会历史范畴"又进入新一轮的辨析。

回到本文所涉及的文学解读上来。在传达活动的发展过程中，由于所承载的媒体不同，接受者也处于不同的位置。接受者的主体性，造成接受的变异。接受者个体千差万别，当我们说"一千个读者，就有一千个哈姆雷特"时，表达的就是这个意思。接受者可能会由于民族、文化、时代的差异而对文本的接受产生差异；也可能会由于各种个人原因，如年龄、性别、个性的差异，对同一部作品

[①] ［德］马克思：《1861年7月22日致斐迪南·拉萨尔的信》，载《马克思恩格斯全集》第30卷，人民出版社2015年版，第608页。

阐释的有限与无限

产生不同的解读。从这个意义上讲,同一部作品的意义是无限的。我们的确可以说,一百万个读者,会有一百万个哈姆雷特。数字在这里没有意义,关键在于谁在决定哈姆雷特的解读。宋人朱熹用"月印万川"来解说他的"太极",借用到这里,也很有说服力。每个人的心灵都是一条河,在这条河上,会对同一个月亮有不同的反映。

然而,正像人们在说"一千个读者,就有一千个哈姆雷特"以后,会接着说"但他不是李尔王"一样,这种阐释的多样性仍然有一个范围。这就是说,在各位接受者那里有种种偏差,但意义的分布点仍然在确定的范围之内。因此,这是一种有限范围内的无限。所有的意义多样性,都是在这个被限定的范围内出现的。无论意义如何变,哈姆雷特不能变成李尔王,同样,孙悟空不能变成猪八戒,林黛玉不能变成王熙凤,宋江不能变成李逵,关羽也不能变成张飞。"月印万川"中之"月",毕竟仍是月而不是日,也不是星星。观者可对此写出多种多样咏月的诗文,但不可将之看成杜甫所写的照在香炉峰上的太阳,也不是李白居于高楼上要摘的星辰。无论人们对一物的理解和解读多么不同,但总是在一定范围内变异。对人物的理解也是如此,变异是无限的,对同一人物的理解各有所异,可作出无穷的解读;但解读也是有限的,不能逾越一定的界限。

可以说,读者具有很大的自由,可以在作品中读出多样的意义来。读者可以有自己的创造,通过阐释形成自己的发挥。这种阐释还可以具有时代的合理性。然而,所有这些阐释仍是要受到原初对意义设计的制约。所有的阐释都只是戴着镣铐跳舞,而镣铐是文本的创制者给予的。

创作与欣赏过程中的生产性

在文学阐释史上,有一篇重要的文章,使人们在对意义的探寻中质疑对作者的回溯产生了决定性的影响。这就是温姆萨特和比厄斯利的《意图谬误》①。这篇文章批评了那种将作品的价值归结为意图，并通过寻找一些"外在证据"，如作家的日记、草稿来寻找"意图"的研究方法。主张把"意愿的意义"（intentional meaning）与"实际的意义"（actual meaning）区分开来。这对于纠正当时流行的具有浪漫主义倾向的传记式研究，走向以"文本细读"为特征的"新批评"研究，是有利的。但是，他们并没有走向"作者死了"的极端。作者的意图仍是存在的，尽管不能以此为文学价值的标准。这篇文章卷入到一场今天看来已经很古老的争吵之中。与温姆萨特和比厄斯利相反，赫施（Eric Donald Hirth）捍卫作者，认为文本的意义就是作者所给予的意义，阐释的有效性在于还原作者。

其实，比这场争论早一百多年，马克思就在《资本论》一书中谈到这个话题。他指出："蜜蜂建筑蜂房的本领使许多建筑师相形见绌。但是，最蹩脚的建筑师从一开始就比最灵巧的蜜蜂高明的地方，是他在蜂箱里建筑蜂房以前，已经在自己的头脑中把它建成了。劳动过程结束时得到的结果，在劳动者的想象中已经观念地存在着。他不仅使自然物质发生形式变化，同时他还在自然物质中实现自己的目的，这个目的是他所知道的，是作为规律决定着他的活动的方式的，他必须使他的意志服从这个目的。"②

有意图的劳动是人的一切生产行为的特征，文学艺术的创作也是如此。作者在创作之初总是带有某种意图，包括某种情感情绪、意愿，也包括创作计划和大纲。对于叙事性文学作品来说，还包括某些情节线索、人物性格的构思。但是，这些与作品的意义并不是一回事。作品的意义（meaning），是作者带着这些意图（intention）进入生产并经历了一个生产过程而形成的。作者经过创作的劳作过程，才使得作品的意义形成。在这一过程中，作品中的人物在作者的脑海里生成并生活，在与具体情境的互动中形成自己的遭遇和历险。由此，故事不再是生活中搬来的故事，而是人物在与情境互动的发展过程中

---

① W. K. Wimsatt, Monroe C. Bearsley, "The Intentional Fallacy", in David H. Richter, ed., *The Critical Tradition*, Boston: Bedford Books, 1998, pp. 748-757.

② ［德］马克思：《资本论》第1卷，载《马克思恩格斯全集》第43卷，人民出版社2016年版，第180页。

自然产生的故事,是作品中人物不得不遭遇的故事。因此,意图只是像磁铁一样,在创作过程中将各种各样的材料,不管内在还是外在的,都吸附过来,成就作品,形成意义。如此说来,意图早就融化在作品之中,它只是在作品形成过程中起过作用的一种推动力而已。作品的意义要从作品本身之中寻找,而不是离开作品,从作者的日记、笔记、草稿,他人对作者的回忆和评述,以及有关作者的各种传说故事中去加以考证或编造。然而,这并不等于说,作品与作者的意图无关。意图在作品的创作过程中,总是起着引领作用。文学艺术作品的形成是一个生产过程,在这个过程中,创作与制作这两种被一般认为性质上不同的活动始终结合在一起。作者既是在创作,又是在制作,两种活动合二为一。不少作家在修改自己的作品时,喜欢一遍又一遍地抄写自己的手稿,抄写过程就同时是创作的过程。在意图的指引下,处于创作过程中的作者克服材料的外在性,在一个创作兼制作的过程之中,形成富有意义的整体。

文学艺术品的接受,也是如此。作品的文本放在面前,读者对文本的接受,仿佛是把一些文本放进脑子里。其实,人的大脑并不是白板,阅读也绝不是往白板上写字。人对作品的阅读实际上也是一个生产性的过程。字符化为经验,经验在一个具有创造性的过程中被吸收。接受者有着自己的主体性。每一位接受者都从属于一个特定的民族、文化和时代,有一定的教育水平和生活经历,也有自己的个性和世界观,在接受时还带有此时此刻的情绪状态及此时此刻之前的某种影响。面对作品的文本,我们可能一次读懂了,也可能多次才读懂;可能年轻时不懂,到了一定年龄,有了一定的生活经历和社会阅历后才读懂;还可能是开始不懂,听人讲了才懂,或者看了某篇评论后再读才懂;甚至可能是曾经自以为懂了,以后再读,才意识到此前并不懂,这时才是真懂。作品的文本放在那里,看不看由你,懂不懂也由你。但是,你不懂别人会懂;现在的人不懂,将来的人会懂。于是,文本的意义与它在读者心中产生的理解与共鸣,是分离的。后一种被人们称为意味(significance)。文本存在于空间中,是一个物质性的存在,但其意义的实现,有待于读者开启另一个生产过程,通过这个过程,意味获得一种流动的存在。在阅读时,读者或者在思考,或者慷慨激昂，或者悄悄流泪，这是文本意义得到实现、在读者身上和心中产生"意味"的过程。

一方面，前面曾引述的"月印万川"，说的就是这个意思。同一个文本的意义，可以在众多人心中印出无数的映像，产生各种各样的经验，那就是意味。但从另一个方面说，这种比喻也有不足之处，它忽视了生产过程，实际上，所有的意味都不是被动地被"印"的痕迹，而是读者积极地去从事理解活动，从而在心中生产出的"意味"。这是一个主动的生产过程的结果。不是月去"印"，而是川来"映"，更是人来"应"。

根据这个道理，我们不能在"意图""意义"和"意味"之间画等号，它们之间的差别是巨大的。我们可用这样一个比喻来说明，作者的意图大致相当于用以建造一所房子的图纸，作品的意义是根据图纸建好的房子，文本的意味也大致相当于居住者住在这所房子里的感受。

从图纸到房子，有一个建造的过程，根据图纸采用各种材料，进行施工，解决种种施工中的困难，也不断修改图纸中的不完善之处。要造房子，光有图纸不行，只有根据图纸，思考用什么样的材料，并按生产程序通过劳作使材料得到利用，通过一个复杂的建造过程，房子才能最终建成。然而，没有图纸也不行。有什么样的图纸，就会造出什么样的房子，房子毕竟还是体现了建筑师的意图。

一方面，房子的形制决定了它的用途。民居、官邸、商铺、超市、银行、博物馆、车站、机场、剧院、电影院和体育运动馆，各种各样的房子有设计出来的不同用途，也对它的使用作出相应的规定。但从另一方面说，同一所房子，不同的人去居住、使用，感觉也不一样。居住者生活习惯不同、心境不同、文化品味不同，对建筑的感觉也会不同。从图纸到房子，再到人居住和使用时的感觉，分别具有不同的性质。我们不能说图纸不需要，房子不存在，所拥有的只是感觉。感觉都是在房子里的感觉，房子是依据图纸建的房子。因此，这种回溯仍然是需要的。我们不能用民居的标准来评价官邸，也不能用剧院的标准来评价体育馆。在评价时，要根据设计的意图来考察其效果。

读其书想见其为人

关于阐释,赫施曾区分阐释(interpretation)与理解(understanding)。他说:"理解是沉默的,而阐释极尽唠叨。"[①] 这种区分对我们很有启发。他指出,理解一个文本的意义,并不是阐释。理解是安静的。文本在接受者心中产生意味,接受者就照此来接受它,这是理解。阐释则不同。阐释是要说出的,要说出文本的意义,不能只陈述接受者的感受,而需要回溯从读者到作者的全部过程。对于理解者来说,对同一部作品可以有各自的理解。但对于阐释者来说,则不能满足于此,这里有一个确定性寻求的问题。阐释者应该找到确定性的根源,从而说明不同的人有着相似理解的原因。

我们阅读一部文学作品,或欣赏一部艺术作品,直接接触到的是一个感性对象,如一本书、一幅画或一场演出。我们是通过把握感性对象,进而理解作品的意义的。

在今天,有人提出各种不同的阅读方法,用搜索关键词,快速翻阅的方法来研究文学。他们认为到了一个新科技飞速发展的时代,一切皆有可能。但那只是用想象代替现实,用科幻取代常识。人类固然总是在进步:有些方面进步很快,例如信息技术,过去一些年有了突飞猛进的发展,深刻地影响着我们的生活、学习和思考;有些方面仍然很慢,例如阅读。从一个字一个字的读,到一目一行,再到一目十行,进步已经很大,在阅读过程中却牺牲了很多细节。许多书不能一目十行地去读,即使阅读能力再强也不行。读得太快,就读不进去。

我们接触文学艺术作品,要从感性开始。从感性的接触,用悟性去理解,再到获得理性的阐释,需要一步一步地向前。读书有读了、懂了、能进行评论三个层次,这也是与感性、悟性、理性相对应的三个阶段。感性是基础,一切理解和阐释都建立在感性的基础之上。在现代心理学史上,曾经出现了构造主义心理学派、格式塔心理学派、

[①] [美]赫施:《解释的有效性》,转引自高建平、丁国旗主编《西方文论经典》第五卷,安徽文艺出版社 2014 年版,第 533 页,有改动。

深层心理学等学派。构造主义心理学派重视感官因素，从单一感官的直接刺激开始，将认知看成单一感官刺激的叠加。格式塔心理学派重视整体性，认为整体大于部分，也先于部分。深层心理学重视无意识对意识的作用，看到推动当下认知的内在动力。然而，人是有群体性的。将单个人作为实验对象所获得的关于认知的数据及建立在这种数据之上的分析，是有局限性的。当我们用格式塔心理学派的方法看构造主义心理学派，觉得那是盲人摸象，缺乏整体性。用深层心理学派的观点看，则又会认为此前都是盲人摸象。然而，将人的本质看成"单个人所固有的抽象物"①，仍然是盲人摸象。认知行为发生在人与人之间，是一种社会性行为。

谈到人与人交朋友，钱钟书曾说，了解一个人，要同出一次差。他说的是在那个交通工具不发达的时代，出差要克服许多困难。于是，同出一次差，要一同处理许多的事，就有深入共处的机会。日常交友、青年男女谈恋爱都是如此，需要在长期的过程中相处。这是一种感性的过程。我们还有一种了解人的方式，就是看档案，或通过其他方式取得关于一个人的数据。对于一个作家，我们也可获得两种类型的了解。一是读作品，认真细读，形成感受；二是获得"外在证据"，搜寻作家的日记、笔记、草稿及同时代人的回忆，再统计这位作家写了多少本书，字数多少，销售量多少，有过什么评论，获得过什么奖。如果下一步想进行评论的话，就有两种路径，前一种建立在细读的基础之上，后一种建立在搜寻到的证据和统计数据的基础上。

感性的接受具有重要的意义。知识的传授，对感性具有极大的依赖性。我们学习仍需要从听课开始，教科书上看不懂的东西，老师一讲就清楚了。远程教育的兴起，并不是要取代老师，而是让老师借助信息技术，更好更方便地与更多学生接触。一些教会的传教充分利用了这种感性的力量。教会传教并不只是甩给可能的信徒一本书，让他自己去读，而是通过讲道、听圣歌、做弥撒，参与各种思想分享活动，从而实现思想的传达。演艺和戏剧演出并不能完全用看电视、听

---

① [德] 马克思：《关于费尔巴哈的提纲》，载《马克思恩格斯选集》第1卷，人民出版社2012年版，第135页。

音乐来取代，人们还是喜欢到现场去，看到人与人的直接交流，并对假唱的现象深恶痛绝。上述这些例子，都显示出感性的重要性。

其实，即使读书也有不同的读法。读书是在读什么？阅读的对象，是文字所构成的文本。但是，正如李白在诗中谈到的，读书不能"白发死章句"。文本如果不是人与人之间在共同活动中实现的交流，那就是"死的"。创作的生产活动，是赋予文本以活的生命；而阅读的生产活动，是要将这个生命再次激活。读书在本质上还是在与人交流。读一部伟大的书，是在与伟大的人物对话。

对文本的阅读，对艺术品的欣赏，同人与人之间的交往一样，都需要调动一种心理能力，这就是"移情"（empathy）。"移情"现象很早就被人们所关注，一些重要哲学家也曾论述过。例如，笛卡尔讲"我思故我在"，从我的"清楚而明晰"的思考与我的行为间的关系，到根据他人的行为，通过类比的方法，间接推断他人之"思"。经济学家亚当·斯密也曾关注过一种天生的"自动摹拟"（motor mimicry）现象。这些现象，在当时被统称为"同情"（sympathy）。到了20世纪初，德国心理学家里普斯（Theodor Lipps）专门论述了这个问题，使用"einfühlen"来概括这种"感入"到对象之中的现象，英国著名心理学家铁钦纳（Edward Titchener）再将这个词译成英文的"empathy"。中国学术界对这个词并不陌生。朱光潜在《文艺心理学》一书中，就对这个概念做了专门介绍。他将这一概念与"物活论"联系起来，强调"物我同一"，强调移情是一种自我向对象的情感投射。我们在审美中的确常有这种现象，高兴时觉得"山欢水笑"，忧伤时觉得"愁云惨月"，使"物皆着我之色彩"。然而，最近一些年来，"移情"研究有了一些新的发展。它不仅被看成一种审美能力，而且被认为是一种存在于人与人之间的心理能力。由此，产生了一种"镜像神经元"（mirror neurons）理论，通过内摹仿，以自身的心灵为模式，读出其他人的精神生活。这种理论试图解释心灵间沟通的心理机制。正像我们看见别人的面部表情，就能看出他的内心的活动一样。从外部到内部，通过一种感应性的心理活动，人与人之间能够实现沟通。

察颜可观色，察文可观心。根据这些道理，可以进一步推断，我们欣赏文学艺术作品，首先发生的是这种移情关系。读其书，想见其为人。既设想作家、艺术家在对我们说话，也设想假如我们是作家、艺术家，该如何表达自己，这样就有了参照系，构成了我们理解文学艺术作品的基础和尺度。离开这个尺度，文学艺术的意义就是不可思议的。

结论：回到传达上来

前文叙述了多种复杂性，但归根结底，在对文本做阐释之时，仍要将作者的意图考虑在内。固然，追寻原初的作者在创作瞬间的动机是不现实的，也无从寻找。将作品的意义归结到作者创作的原初意图，是不可取的。然而，在对作品意义进行阐释时，还是要设想作者的存在，将作者意图作为预设的存在项。作者在意图的指引下，经过艺术创作的过程，生产出了艺术作品，将意义凝结于文本之中。这样生产出来的文本必定与作者有密切关系，是作者意图的实现。当然，正像前文所述，书有着自己的命运。接受者和欣赏者在接触到文本后，就开启了另一个过程。这也是一个生产的过程，使文本在读者身上产生"意味"。

我们不能保证从意图到意义，再到意味，是一个单向的信息传递过程，其中信息不变。这一过程并不像一封信从一个人之手传递到另一个人之手那样，而是时刻处在变化之中。然而，它毕竟还是意义的传达。从这个意义上讲，有效的传达，在传达者与被传达者之间并无另外的直通车，还是要依赖于上述双重的生产过程。

人不能住在房屋的图纸上，但房屋毕竟还是依照图纸而建成的。我们不能读到作者的意图，但那个意图曾指引了作者的创作。那是作品背后的人。文本是无生命的物，但它也是人与人之间传达的凭借物，是人赋予了它意义。

我们在阅读作品时，可以有两种读法。一种是从文本的意义出发，看到其背后支撑它存在的意图，这是一个"以意逆志"的道路。

139

阐释的有限与无限

孟子写道:"故说诗者,不以文害辞,不以辞害志,以意逆志,是为得之。"① 这里的"志",可以读为"意图"。要以阐释者之意,根据文本,去迎接作者之志。另一种是对文本的借题发挥,把外在的意义强加到文本之上。这后一种读法,也能引导阐释者写出一些精彩、华美且自有其价值的文字,但这与作品无关,不过是借题发挥而已。文学艺术研究者的研究对象还是文学艺术本身,是让读者感到背后有人在说话的文学作品。

---

① 焦循:《孟子正义》,中华书局1986年版,第638页。

阐释逻辑的诠与阐法则

——基于思想史与科学史的思考

张政文

【内容摘要】认识与阐释是人类把握世界的基本方式，二者的逻辑有着本质不同。认识是指人对感性客观世界的认知，并在此基础上形成知识；阐释是指人类基于自身的理解、领悟和体验能力，对文本世界的意义昭示与价值言说。阐释逻辑法则下的诠，有求真、证实、显原的认知特性，将特定文本时空中的作者意图和文字语义还原出来，让公众理解，最终形成共识，构成知识，成为历史性的社会文化。在阐释逻辑法则下，阐是具体文本与阐者的对话过程，具有无限开放多元的特征，正态分布的有效区间性是阐的重要逻辑法则。然而，根据热力学第二定律，相对稳定、平衡、有效的阐的正态分布又总是一种临界区间，这也与历史唯物主义的基本精神相一致。

【关 键 词】阐释逻辑　诠　阐　热力学　正态分布

【作　　者】张政文，中国社会科学院文学与阐释学研究中心教授。

继在当代阐释学现场中提出强制阐释论、公共阐释论之后，张江教授近期又提出了阐释逻辑的问题。[①] 阐释逻辑曾为许多阐释学家所提及，如伽达默尔的"问和答的逻辑"。解析阐释逻辑是当代阐释学

---

① 参见张江《阐释逻辑的正当意义》，《学术研究》2019 年第 6 期。

的重大理论与实践问题，也是创建当代中国阐释学的内在要求。张江明确表达他所说的阐释逻辑作为阐释的普遍方法和思维方式，生成并自洽着阐释公理与规则系统。其基本属性与特征为阐释的确定性、开放性、收敛性、融贯性及可接受性。这里有两个重要问题需要追问。一是阐释有普遍的逻辑吗？二是阐释的逻辑就是这五个基本属性与特征吗？笔者认为，阐释有逻辑，而且在阐释内部有着更本质与普遍的法则决定着阐释的逻辑。本文将通过对思想史与科学史的反思就此问题进行阐发。

认识与阐释的逻辑规定性

（一）认识的逻辑规定性

主体的人与客体的世界关系多维多元，主体的人对客体世界的把握也复杂多样。马克思说过："整体，当它在头脑中作为思想整体而出现时，是思维着的头脑的产物，这个头脑用它所专有的方式掌握世界，而这种方式是不同于对于世界的艺术精神的，宗教精神的，实践精神的掌握的。"[①] 认识与阐释是主体的人与客体世界的两种构成性关系，认识世界与阐释世界是人类两种性质不同的把握世界的方式，认识与阐释就有着本质不同的逻辑。

认识的逻辑的基本含义和规则，是在西方认识论两千多年历史性生成与发展中确立的。古希腊泰勒斯在公元前6世纪用"水"表述世界本原之道，经毕达哥拉斯、赫拉克利特、巴门尼德、芝诺、德谟克里特，世界本原之道的存在根基也成为不证自明的认识逻辑起点。苏格拉底进一步把世界本原之道与认识逻辑起点的同一性原则创设为关于认识真理的开放性话题，彻底否定对世界的相对主义理解，而坚持揭示认识世界的真理性，为认识的逻辑定制了基本功能。柏拉图的理念论又为认识的逻辑是获得真理的基本功能提供了普遍性。柏拉图尝试在感性具体、变化不息的现实中找到不变的普遍性确定性，认识真

---

① ［德］马克思：《〈政治经济学批判〉导言》，载《马克思恩格斯选集》第2卷，人民出版社2012年版，第701页。

理就依据这个不变的普遍性、确定性,他称之为"理念",这是认识逻辑的根本法则。认识逻辑的根本使命就在于揭示万事万物背后普遍确定的理念,这也是认识的真理性所在。亚里士多德为认识逻辑设定了形式法则。一是感性现实先于认识而在;二是认识即为感官对感性现实的经验加工并形成知识的过程;三是感性现实与人的认识思维具有密切联系,这是认识真理性的基本依据。对感性现实的经验归纳产生概念。两个以上概念构成肯定或否定的话语,形成判断。如判断与对象相一致就是真判断,反之则为假判断。判断符合同一律、矛盾律和排他律就是真判断。由已知判断为前提的推导叫推理。推理得知的未知信息就是知识。认识思维与认识对象的同一性,使认识逻辑成为识和知的普遍、理性、规范的主观工具。17世纪,数学的巨大成就使其成为认识逻辑中的思维法则准标。法国哲学家、数学家笛卡尔依据数学公理解释认识的真理性和知识可靠性问题,提出"我思故我在"的认识逻辑法则,思维理性最普遍、最实在、最自明,不可怀疑。18世纪,英国哲学家培根、休谟、洛克等解析人类心理要素,确立认识来源于感性的认识逻辑法则,经验成为检验认识真理性的唯一标准。而德国思想家莱布尼兹、沃尔夫、鲍姆伽顿等则坚持认识逻辑的根本是与生俱来、非经验的天赋观念。天赋观念自洽而无矛盾,普遍而建构化,产生了知识的真理性,是思维理性所在,是检验真理的唯一标准。康德不同于既往都从"人认识了什么"来规划认识的逻辑法则,而是从"人能认识什么"来规划认识的逻辑法则。康德对认识逻辑制定的法则是,可知的现象经验为认识的对象,对现象经验世界的逻辑推理判断是认识过程,知识是认识结果。认识的边界则是现象世界,对于现象世界之外的意义、信仰、意志世界,诸如上帝天堂,宇宙诞生前的世界、伦理、审美等超越经验现象的问题,认识能力无能为力;如认识它们就出现二律背反,知识内部将充满矛盾,失去统一性、普遍性,认识也就丧失真理性了。理性能力是反思性、制限性、批判性的认识能力。在认识逻辑中,理性能力为确定知识边界,保证知识的同一性、普遍性、真理性提供法则。费希特强调自我的主体意识在自我创造性运动中实现了认识对象与认识主体的同一,在认识逻辑的展开中,认识对象成为人的本质展开。谢林又突出了自然在认识中成为自我，自我又成为自然，在兼性中生成知识，为认识逻辑增添了兼性法则。黑格尔则强调绝对理念的辩证发展演进使客观世界与主观世界融会统一、相互作用、互展确证，并被认识，形成知识。黑格尔赋予认识逻辑以历史性法则。

从古希腊至19世纪中叶，认识论已成为完善系统的体系，认识逻辑的法则被坚实确立。第一，认识对象是感性客观的世界。第二，认识主体是人类的感性、知性、理性能力。第三，认识工具是观察、认知、归纳、分析、实验、实证、计算。第四，认识结果是揭示感性客观世界的性质、因果、结构、功能、规律。第五，认识目的是形成关于感性客观世界的客观性知识，指导人类适应、利用、改造感性客观世界。第六，认识真理性在于由发现感性客观世界的真、客观的真实至知识的道理，这是检验认识的标准核质。

（二）阐释的逻辑规定性

阐释指阐发解释。在阐释学中，阐释是对文本世界的意义昭示与价值言说。对阐释逻辑的法则界定，需要回到当代阐释学建立的思想与文化现场。

19世纪中后期至20世纪上半叶的西方世界，垄断是从生产到消费、从政治权力到日常生活的社会时代标志，国家优先成为现代的基本历史形态，西方处于重大变局之中。同时，西方文化也出现深刻转型，先后出现了孟德尔遗传学、爱因斯坦相对论、普朗克量子力学、弗洛依德精神分析学、韦伯社会学、费边福利经济学、德国新历史学派、法国年鉴学派、维特根斯坦语言学，还有象征派、印象派、抽象派、未来派、意识流派等现代主义文学。西方精神倾向主流是非理性主义逐渐掌握了解释世界的话语权，而阐释学也成长为一门人文学科。当代阐释学鼻祖施莱尔马赫一反西方启蒙运动的理性传统，拒绝用认识论或伦理学来理解世界，而视情感传达与认同为理解生活的普遍方法。施莱尔马赫的传人狄尔泰则明确宣示阐释不同于知识认识和信仰实践，是个体生命体验对世界的历史理解。因此，狄尔泰称阐释为精神科学。文德尔班区分了"事实世界"与"价值世界"，认定对"事实世界"的理解为认识，对"价值世界"的理解则是阐释。阐释学集大成者李凯尔特坚信科学的基石为客观事物的普遍规律，而阐释学的本质是社会文化的自由价值。价值的个体性、差异性造就了文化的具体性、不可重复性，这正是文化与自然的根本区别，也是文化科学与自然科学的不同之处。显然，从当代阐释学生成的思想文化现场中可以看到，阐释学就是为对抗认识论一统天下而诞生的，排斥普遍而追求个别，压制理性而张扬非理性，是当代阐释学的基本规定性。20世纪中叶，阐释学逐渐哲学化，出现了本体论阐释学，胡塞尔为其提供了哲学方法论。胡塞尔断言，认识的本质不是将精神还原为物质，就是把物质归根为精神，导致心物分裂的认识困境。而承认现象即本质，是解除认识困境的唯一方法。这意味着意识都有对某个对象的指向性，可将意识之外的存在如所谓的前提、设定、条件、公理等悬置起来，犹如人们天天使用电脑却不一定都要知道计算机最早的发明者是图灵一样。胡塞尔的弟子海德格尔为阐释学提出的"阐释的循环"，使当代阐释学现场出现了深刻变化，开始触及阐释逻辑问题。海德格尔相信有一种特殊的"在"使世界其他的万事万物存在，称为"此在"。这个"此在"不是黑格尔说的具体属性和特征的现实存在，而是有血有肉的当下个体人。这个有血有肉的当下个体人能运用言说证明自己现实地生活在世界中，并确认这个世界的存在及其对人的意义和作用。如此，不是实在性而是意义性才是存在的本质。个体人头脑中的生活世界"前结构"不可避免地参与对世界意义的阐释，所以阐释一定是历史性、当下性的。阐释也就成为一个确证自己、昭示世界存在意义的循环过程。也许海德格尔的"循环阐释"就是一种哲学意义上的阐释逻辑。伽达默尔则坚持阐释者不可能纯客观地释读文本。文本是文本作者的创作结晶，积淀着作者的思想、情感、动机等主观意识，当阐释者面对文本时，作者已不在场，无法还原文本的作者原意。即便作者出场指认自己的原意时，也是另一阐释者对文本的阐释，阐释者总有一个"前理解""前阐释"参与文本的释读，它是阐释的前提与基础，所以有限、相对、开放是阐释的根本规定性，而"前见"也就是阐释逻辑。阐释依靠言语，对话则是阐释的言语方式，于是对话的规则在伽达默尔那里也许只是一种阐释逻辑。

从发生现场和发展谱系看，阐释学生于非理性主义对抗理性主义、长于个体冲击群体的包围、立于摆脱经典认识逻辑的背景之下，在阐释逻辑的语境与情致中形成了阐释逻辑的法则。第一，阐释对象是社会文化的文本世界。第二，阐释主体是人类的理解、领悟、体验能力。第三，阐释工具是释读、对话、表达。第四，阐释结果是昭示文本世界的意义、价值。第五，阐释目的是构建关于文本世界的公共性知识，引导人类发现、理解、反思历史性生活。第六，阐释真理性在于昭明文本世界的理，由社会共识的理至公共知识的真，这是检验阐释的标准核质。

综上，认识与阐释是人类掌握世界的两种方式。在人与世界的关系中，它们有着各自的逻辑法则。

"诠"与"阐"的阐释逻辑法则

（一）"诠"的阐释逻辑法则

张江曾对阐释的内部形态进行分析，认为阐释内部其实有"诠"与"阐"两种类型，"'诠'之实、'诠'之细、'诠'之全与证，其面向事物本身"，而"'阐'之公开性、公共性，其向外、向显、向明，坚持对话、协商之基本诉求"。[1] 中国古代就有"我注六经"和"六经注我"两种释经传统，前者是阐释中的"诠"，后者则是阐释中的"阐"。西方当代阐释学却从未在语义和理论上真正认真对待阐释中"阐"与"诠"的不同。应该说，"诠"是具有一定认知性的阐释，"阐"是释义性阐释，各有特性，各有诉求，各有功能，各有作用。

在阐释学语境与理路中，与"阐"相比，"诠"更关注对文本原意与作者创作意图的还原。譬如，文本细读通过对文本逐字逐句逐段的字、词、句的解释来还原文本中语言文字自身义。再如，中国古典文献学研究的重要学术任务就在于借助各种考证、注释方法明确作者的创作意图和表达本意。对文本原意与作者创作意图的还原使"诠"的阐释有了认知性特点，自然科学阐释、历史考古学阐释、社会学阐

---

[1] 张江：《"阐""诠"辨——阐释的公共性讨论之一》，《哲学研究》2017年第12期。

释、经济学阐释等应都属于"诠"的一类。很明显,"诠"的阐释在阐释对文本世界的意义昭示与价值言说这一阐释本质的逻辑法则统摄下,有求真、证实、显原的认知特性,这也许就是"诠"的特殊阐释逻辑法则。

就阐释的现实活动行为与形态而言,相对于文本世界的意义昭示与价值言说这一阐释逻辑法则而言,"诠"的求真、证实、显原的特殊阐释逻辑法则是阐释的特殊区间,张江借用数学 π 的概念来解释"诠"的区间状况。可以说,"诠"的求真、证实意味着"诠"的阐释有极限,"诠"以还原文本本意与作者创作意图为目的,也就决定了"诠"的边界。

"诠"的阐释有极限与边界,是有限的。阐释的对象文本世界是人类历史的一部分,由人类创造,为时间这一人类历史与自然的共同法则所规定。时间是衡量事物大小或距离变化的尺度,是空间变化的持续性量度。在同一系统中,时间不依赖观察者,具有客观性。每一事物的时间都是独一的,就决定了每一事物的空间也是无二的。反之亦然,时间与空间是一体的,它们与质量一起,为万事万物的共同客观法则,无一例外。作者创造了文本,文本就是一个独立的事物,它的存在有特定的时间、空间和质量,表现为文本符号意涵的作者意图和文字语义具有存在的客观性。"诠"的阐释就是读者要将特定文本时空中的作者意图和文字语义还原出来,让公众理解,最终形成共识,构成知识,成为历史性的社会文化。这也是"诠"的阐释逻辑法则的依据。作者创造的文本虽是一个独立的事物,作者意图和文字语义是这个文本特定的客观性时间、空间和质量,但是解说这个有作者意图和文字语义且有特定时间、空间和质量的文本,"诠"的阐释者也是一个有意图、能进行表意言说的有特定时间、空间和质量的人。当有作者意图和文字语义的特定文本被读者诠释,本质上是由一个独立特定的时空移动到另一个时空中,这两个时空是不同的,因而进入读者头脑中的作者意图和文字语义已不再是原有的那个文本所蕴含的。在"诠"的阐释者的时空中,要想"诠"出文本所在时空中的作者意图和文字语义,必定是有限的还原。还原特定文本作者意图和文字语义的诠释就像圆周率 π——无论怎样无限计算下去,却只能局限于3.1415与3.1416之间的数值一样,"诠"的阐释也只能在还原中有限地解释与表达特定文本的作者意图和文字语义,这是"诠"的阐释逻辑的更高法则。更深刻的方面还在于第二热力学定律决定了系统中的运动总是趋向熵增,因而系统中的时间不可逆,在不可逆的时间中运动的万事、万物、万过程必然不可逆,就像一个文本的阐释总是历史性言说一样。这意味着万事、万物、万过程在时间中不可能被完全还原,回到原时空。时间不可逆的法则决定了"诠"的阐释不可能完全是文本原意和作者意图的实证,"诠"的言说也不可能是零度性质的考据、训诂、描述。"诠"的描述、实证,只为诠者与文本之间建立理解与言说的客观性基础。

"诠"的阐释逻辑的有限性法则决定了在阐释行为与活动中,还原特定文本的作者意图和文字语义的"诠"是十分高深、困难的,需要特殊的专业素养与技术训练。面对特定文本时,"诠"的阐释要求不主动干预文本的文字语义,不直接构建作者意图,诠者尽力控制主体的主观想象、情感、虚构因素,对文本保持冷静、客观和距离。在"诠"的阐释中努力避免对特定文本外的社会动机、世情心态或历史规律的探讨。在阐释的话语与表达中尽量做零度的客观陈述。在传统文化场景与阐释语境中,中国知识界历来视"诠"的阐释为最有功力、最显学问的学术行为。纵视中国千年学术史,"诠"的阐释始终是中国学术的高峰与榜样,也是中国学术倡导的基本理念、主导方法。宁可被杀也要"书法不隐"的董狐宁(《左传·宣公二年》),坚持"述故事,整齐其世传"的司马迁(《史记·太史公自序》),"文皆诣实,理多可信,至于悠悠饰词,皆不之取"(《史通·内篇·载文》),已成为中国学术阐释的最高要求。汉代司马迁、班固,魏晋南北朝陈寿、范晔,唐代刘知幾、杜佑,宋代欧阳修、洪迈,明代陈邦瞻、谈迁,清代赵翼、钱大昕、章学诚都是"诠"的阐释者的师表。孕于先秦、长于两汉、成于南宋、盛于清代的文献学、版本学、训诂学集聚着中国独有、影响巨大、成果彰著的"诠"的阐释传统。事迹、行迹、思迹、本意、原义等"诠"的阐释无不执着于对作者意图和文字语义的考据钩稽。可以说,在中国传统文化场景与阐释语境中,"诠"的阐释是最具知识考古学的学术属性与形态的,它的有限性与边界性又真实地成就了"诠"的阐释在知识界的崇高地位和阐释活动中的高位处境，也为阐释行为与活动中的"阐"提供了参照与可能。

（二）"阐"的阐释逻辑法则

无限开放多元的"阐"也是有有效区间的，正态分布的阐的有效区间性是"阐"的重要逻辑法则，也是无限开放多元的"阐"能够产生共识、形成知识的原因。然而，阐释活动还显出一种现象，那就是"阐"的共时性、知识性总是不稳定、暂时性的，"阐"的正态分布的有效区间是临界区间，极易解构或换形。根本原因在于"阐"的正态分布有效区间性这一"阐"的重要逻辑法则之上还有一个主宰它且同时统摄宇宙万事、万物、万过程的规律，即熵增法则，又称热力学第二定律。

1824年，法国工程师卡诺证明了热机效率的两个原理。一是在相同高温热源与相同低温热源之间一切可逆热机效率相等，且与工作物质无关；二是相同高温热源与相同低温热源之间一切不可逆热机效率不可能大于可逆热机的效率。可逆和不可逆热机分别经历可逆和不可逆的循环过程。这就是卡诺定理。卡诺定理说明实际热力学过程的不可逆性。1827年，英国植物学家布朗发现，花粉在水上发生的不规则运动由水分子的撞击引起，且愈加热，花粉的无规则运动就愈剧烈，科学界称之为热运动，即布朗运动。1850年德国数学家克劳修斯发表论文《论热的移动力及可能由此得出的热定律》，首次确立热力学第二定律的基本概念，并于1865年发表论文《力学的热理论的主要方程之便于应用的形式》，引入"熵"的概念。熵指推动体系从有序自发变为无序变化的推动因素。克劳修斯将热力学过程的不可逆性推及所有的循环过程，证明了在任何孤立系统中，熵的总和永远不会减少。自然界自发过程中熵总向增加的方向进行，这就是熵增法则。依据熵增法则，克劳修斯将熵增视为宇宙基本法则，提出热寂说。1871年麦克斯韦在他的专著《热理论》末章《热力学第二定律的限制》中，限制了热力学第二定律的应用范围。之后，波尔兹曼提出涨落说，认为热平衡态附近存在的涨落现象说明宇宙必然由平衡态返回到不平衡态。

20世纪60年代，以普里高津为首的布鲁塞尔学派提出了耗散结构理论。所谓耗散结构，指远离平衡态的有序结构。耗散结构理论认为一个开放系统的熵的变化分两个部分。一个部分是由系统本身不可逆过程引起的熵增部分，另一个部分则是系统与外界交换带来的负熵部分。一个开放系统的熵变是增熵负熵之和。一个开放系统的熵大小由增熵负熵的量决定。但是在海量统计中，开放系统中的分子无规则热运动的动能远大于势能，这是一切自发热过程系统的熵总是增大的本因。所以从一个平衡态到另一平衡态，熵永不减少。根据热力学第二定律，一个系统的混乱程度由系统可能性的多少来决定，系统的可能性多，系统不稳定、不平衡，就混乱、无序；而系统的可能性少，系统就稳定、平衡、有序。一个文本只有一种阐释时，其过程与结果一定是有序、平衡、稳定的，而一个文本有非常多的阐释时，其过程与结果一定是无序、不平衡、不稳定的。无限开放多元的"阐"是具体文本与阐者的对话过程，有时是某一具体文本与多个阐者的对话过程。这些对话过程就是与外界的交换，具有熵减特征和状态，所以阐有其相对稳定、平衡、有效的区间。正态分布的有效区间性是"阐"的重要逻辑法则，应是符合自然一般规律的。但是阐释过程是一个开放系统，最终受开放系统中的分子无规则热运动的动能远大于势能所决定，这是一切自发热过程系统的熵总是增大的本因。因此，"从一个平衡态到另一平衡态，熵却永不减少"这一自然法则决定了，相对稳定、平衡、有效的"阐"的正态分布又总是一种临界区间，如中国古代对汉大赋的经典化、共识化、知识化在唐宋前是相对稳定而正态分布的。可唐宋时对汉大赋的阐逐渐封闭、死寂，汉大赋读者愈少，阐者愈减，至当代绝大多数的读者不知何为汉大赋，几无阐者释汉大赋，关于汉大赋的知识冷僻，共识不再，经典到只存于极小的专业化、职业化小圈子而失去公共性。可以说，关于汉大赋的阐也就死亡、热寂了。而这一自然法则描述的阐释现象也完全符合历史是不断新陈代谢、永远发展的历史唯物主义原理的。

数学语言的洞见与盲视

——回应曾军教授[*]

曾军先生《总体阐释的量化分析是否可能——与南帆教授商榷》[①]一文引述若干我在《抽离了社会历史范畴的 π 还有效吗——与张江教授对话》一文中的观点，进行了延伸讨论。显然，我们并未因某一具体论断而产生分歧，仅对数学语言介入阐释学研究的意义产生了不同的评价。曾军先生更多关注数学语言的介入可能开拓的研究空间，他论文标题中"总体阐释的量化分析"业已表明了他的兴趣所在。相对来说，我对于数学语言介入的成效不那么乐观，甚至觉得过多期待可能会干扰数学语言获得恰当评价。

曾军先生对"数据""数学化"等的不同涵义做了很好的说明。由此，我们可以获得几个简单的前提。第一，诸多事物均可以数学语言予以描述，从体积、空间位置、人数规模到情绪指数，数学语言可以在数字领域内复述一切；第二，诸多事物可以处理为数据，作为研究的素材，这是计算机参与研究的基本条件；第三，可以在数学语言描述的基础之上使用特定的数学方法进一步考察，例如统计、概率的计算、数学模型等。当然，迄今为止，人文社会科学研究使用的数学演算相对初级，远不能与物理学、天文学等学科对数学演算的使用相提并论。

对于人文社会科学研究中数学语言的介入，我的期待是，数字提

---

[*] 本文作者：南帆，福建社会科学院院长、研究员。
[①] 曾军：《总体阐释的量化分析是否可能——与南帆教授商榷》，《探索与争鸣》2020年第3期。

供的结论能颠覆传统的认知。我在《抽离了社会历史范畴的 π 还有效吗——与张江教授对话》一文中举了一些例子，譬如一张 A4 纸可以对折多少次，"数学语言突然展现出模糊的想象不可能具备的强悍说服力"①。无论是人口分布、就业选择还是财富集聚与社会阶层的关系，数学语言都曾给我带来一些新颖的认识。如果没有精确的数学语言作为证据，大约许多人不愿意接受这些认识。

尽管如此，仍然必须指出，在我的工作领域之中，数学语言的帮助并不明显。多数时候，数学语言的描述只不过证实业已被普遍接受的结论。我们可以持续地增添更为大量的数据来证明"多数人拥有两个眼睛和一个鼻子"，但是，这个观点之中数学语言的运用基本上已经丧失了论证的意义。

因此，尽管数学语言描述了诸多事物不存在技术障碍，但关于这种描述对于论证的有效程度必须给予合理的评估。合理的评估可以帮助人们决定，种种"质"的论述是否必须配备"量"的附件。然而，评估立即涉及研究对象和研究目的——研究者企图知道什么。数学语言对于某些研究对象及某些问题十分敏感，对另一些问题则相对迟钝。所谓"敏感"与"迟钝"，是由社会文化参与决定的。现今的文化环境之中，同性恋者的统计数据显然比吸烟者的统计数据更"敏感"。未来某一天，这种状况也许会颠倒过来。当前，社会文化划分了不同学科的区域。鉴于研究对象和研究目的，数学语言对于理工学科设置的课题相对"敏感"，对于人文社会科学研究——尤其是人文学科——设置的问题则相对"迟钝"，这并非没有理由。在文学研究范畴之内，以数学语言测定文本美学意义的贡献就相当有限。对一个县域的植物进行调查，遗漏50种花卉大约是个相当"可观"的疏忽；然而，两个不同版本的《红楼梦》或《水浒传》，相差50个字对美学意义的影响通常微乎其微。有人或许会争辩说，某些关键词的缺失可能会产生特殊的效果，甚至极大削弱美学意义，少几个介词乃至形容词与少一首诗的意义迥然不同，譬如《三国演义》开篇那首《临

---

① 南帆：《抽离了社会历史范畴的 π 还有效吗——与张江教授对话》，《探索与争鸣》2020年第1期。

152

江仙·滚滚长江东逝水》。但是，关键词、介词、形容词与诗的鉴定已经远远超出数学语言的范畴。数学对于数量之外的问题往往无能为力。

曾军先生的论文提出"总体阐释"问题。

> 首先，我们需要建立起一种有关文学阐释意义的总体性观念。也就是说，有没有可能将所有不管是有限还是无限的阐释意义作为一个整体来看待？这里既包含"作者意图"，也包括"读者阐释"；既包括作者通过文本传达出来的"意思"，还包括作者深藏于心甚至自己也没注意到的"意念"；既包括所有时期不同地域，不论是专家学者还是普通读者的对文学文本的接受、阅读、理解阐释，甚至是"道听途说"的只言片语，也包括所有造成和影响不同的主体对文学文本意义阐释的各种影响因素的总和。①

正如上文所言，"总体阐释"包含极为庞杂的内容，海量的信息远远超出了个人研究所能负担的范围。庞大的研究团队、众多信息的数字化与计算机的参与，是开展这个课题的基本条件。让我感到疑惑的是，耗费巨大的成本收集与掌握这些庞杂内容的意图是什么？在我的想象之中，这些庞杂内容构成了一个巨大的资料库。然而，恰恰由于无所不包，这样的资料库缺乏针对性。曾军先生认为，总体观念的建立可以派生出另一些研究课题。例如，"这一个时期（时代）对某个作家、作品或文学现象的总体认知和判断是什么？这一总体认知和判断有哪些具体的类型？彼此之间有哪些差异？哪些认知和判断居于'量'的优势（是否能够因此将之视为'共识'）？哪些认知和判断居于'量'的劣势（是否能够因此将之视为'异见'）？随着时间的推移或者受众群体的变化，这种文学意义的'共识'是否仍然存在？是否会出现'异见'地位上升并形成新的'共识'？再次，我们就能

---

① 曾军：《总体阐释的量化分析是否可能——与南帆教授商榷》，《探索与争鸣》2020年第3期。

够在总体阐释的前提下，进一步去讨论哪些是有效阐释，哪些是无效阐释；或者什么时候是有效阐释，什么时候又变成无效阐释了"[1]。我对曾军先生提出的研究课题十分认同。可是，我没有发现这些研究课题与"总体阐释"名义之下的庞杂内容存在紧密的逻辑联系。后者并非前者的必要条件，即使不了解或者仅部分了解这些庞杂内容，后续研究也不会遭遇无法克服的困难。为了说明这一点，我愿意构思一个不无夸张的比喻——除了高高在上的神，谁又能知道全世界数十亿人口的生活细节？尽管如此，多数人仍然知道自己以及周围的人需要做些什么。

通常，人们倾向于将文学及其阐释视为某种精神产品的创造活动。宽泛地说，这些精神产品的主要意义是制造文化与社会历史的互动。文学由文字符号按照特殊的形式组成，审美是这种互动的实现方式；阐释的基本意义是围绕文学的解读而增进彼此理解，共同认识文学与世界的意义。因此，审美、历史、无意识、话语这些术语成为阐释依据的范畴并非偶然。相对来说，数字语言无法充分表述文化与社会历史的互动特征。

数学语言擅长稳定状态的再现。比如，A观点多少人，B观点多少人，观点之间力量对比、支持率，如此等等。但是，数学语言不善于解释种种历史潮汐的出现。一些人为什么倾向于A观点，另一些人为什么中途转而投奔B观点；为什么张三可以领风气之先，而李四迟迟不能觉悟；某些观点拥戴者如何迅速地从少数人扩展为大众，另一种观点在哪些社会条件之下很快被湮灭，如此等等。一个地区的蝴蝶品种、一个湖泊的水容量、一条公路的里程或一种新药产生种种不良反应的百分比，这些数据力求精确，每项统计均不应遗漏。然而，考察文化与社会历史的互动，宏观的基本印象比琐碎的数据远为重要。人们得出并接受了"C城市的人热爱足球运动"的结论之后，踢球的人数究竟是三万还是三万五千已经无关紧要。文化与社会历史之间互动成功的标志是，某种观点产生了明显效用。然而，追溯促成人们作

---

[1] 曾军：《总体阐释的量化分析是否可能——与南帆教授商榷》，《探索与争鸣》2020年第3期。

出种种选择的原因，精确的数据远不如先声夺人的口号或源头模糊的舆论"有效"。事实上，大量阐释争夺的话语制高点时常是后面二者。阐释之中种种观点的交锋，共识与异见的转换，哪些观点具有"振臂一呼，应者云集"的效应，数学语言通常无法揭示其最为重要的原因。

如同任何一种话语，数学语言也存在自己的局限。这里还想指出的是，某些特殊语境之中，真实和精确的数字也可能形成另一种遮蔽，例如平均数。作为整体状况的一种描述，平均数获得了普遍的使用。然而，统计一个拥有数万员工公司的平均工资，另一些重要的数据可能会淹没在整齐划一的平均数背后，例如流水线工人或者保洁员与董事长、总经理之间巨大的收入差距。平均数强调的是均衡一致的整体面貌，统计单位内部人事位置与经济收益造就的落差以及由此派生的复杂错动被光滑的表象所替代。这时，数学语言的描述显示了异于社会学语言的视角。某些时候，这种描述甚至如同"转移真相"。

我对于数学语言并不抱有任何成见。数学语言对于理工学科的巨大贡献业已赢得高度评价。我想指出的仅是，数量造就的问题时常不是人文社会科学之中最为重要的问题。数学语言可以覆盖研究的各个方面，但这并不能证明，数学语言擅长揭示各个方面的意义。许多人喜欢说，用数字说话——仿佛数字是真实和精确的代表。对于人文社会科学来说，数学语言既可能是一种洞见，也可能是一种盲视。人们没有理由被"真实"与"精确"这两个形容词所迷惑，以至于夸大数学语言的功效。

公共理性使有效阐释得以可能

——回应傅其林教授[*]

我的文章《作为阐释学根据的公共理性》（以下称"周文"），是对张江教授《论阐释的有限与无限——从 π 到正态分布的说明》（以下称"张文"）的评论，傅其林教授的《究竟什么是公共阐释——与周宪教授商榷》（以下称"傅文"）是对我的评论文章的批评，本文则是对这一批评的进一步回应。这样深入反复的学术争论在中国学界并不多见，颇有些引领风尚的意义。

傅其林是青年才俊，思想敏锐，在东欧马克思主义文论方面有所专攻。傅文有些地方说得有道理，有些看法不敢苟同。真理越辩越明，我一方面反思自己的文字，另一方面对傅文的批评做出回应。

傅文的一个基本判断是，"'公共理性'这一概念是空洞的、抽象的"，但并没有给出充足的理由论证这一基本判断。"公共理性"是张文的核心概念，而周文是对张文这一概念的延伸性讨论。两篇文章的共同基点不但是确认"公共理性"概念的存在和重要性，而且都认为这是一个需要深究的关键词。傅文一开始就否定了这一概念的必要性与合理性，实际上也就取消了在学理上进一步对话的共同语境和目标靶向。这一判断不但取消了讨论的共有基础，亦否定了张文的价值以及周文的分析。傅文断定周文"根本上陷入了公共理性与公共阐释的漩涡之中"，"公共理性"在张文中显然是一个非常重要的支撑性概念，这不仅体现在该概念是文中出现了三十多次的高频词，更

---

[*] 本文作者：周宪，南京大学艺术研究院教授，教育部长江学者特聘教授。

因为这是张文全文对阐释问题分析的基础。

有效阐释的边界，由多个元素决定。如作者赋予的意图、文本的确当意义、文本的历史语境、民族的阐释传统、当下的主题倾向等，决定了阐释是否有效及有效程度的边界。而上述一切，包括其他更深广的内容，或显或隐，都将集中起来，归化于确定时代下的公共理性之中，对阐释的有效边界作出判决。阐释可以无限，但非全部有效。只有为公共理性接受的阐释，才为有效阐释，才可能推广和流传，并继续生成新的意义。有效阐释的边界在，且只在公共理性的框架之内。不能用阐释的有效边界代替阐释的边界，以此否认阐释的无限性；不能虚设阐释的边界代替阐释的有效边界，以此否认阐释的有限性。[1]

正是由于"公共理性"在张文中的重要性，周文概括"公共理性"至少包括以下四方面意思。其一，阐释是理性的，因此阐释群体受理性制约；其二，阐释具有公共性，具有群体交往的公共意义；其三，公共理性是发展的，随时代发展而有不同的形态；其四，公共理性是确定的，具有无可置疑的裁判权，只有被公共理性所期望和所接受的阐释方为有效阐释。[2] 从张文到周文，具体语境是阐释何以可能问题，而周文对公共理性的讨论则围绕张文的这一核心概念展开。遗憾的是，傅文似乎对这一具体语境和明确靶向未予重视，在没有给出充分论证的情况下判断此概念纯属"空洞""抽象"而没有讨论的价值，缺乏有力的论证和清晰的说服力。

我读张文，深感"公共理性"乃是一个有待深究的概念，反映出张江教授对有效阐释根本规范与原则的思考。对于纷繁复杂的文学阐释，不仅要关注阐释的技术性层面，更要关注隐含其后更为重要的规范或原则。从张文对这一概念的使用来看，"公共理性"几乎可视为阐释在学术共同体中可理解交流的基础，阐释因而不至于成为偏私臆语而无法沟通。我甚至认为，依据张文的论述，"公共理性"确然是有效阐释得以可能的前提。正是基于这些规范和原则，阐释才具有真理性、逻辑性和可交流性。因此，取消"公共理性"，也就无异于对

---

[1] 张江：《论阐释的有限与无限——从 π 到正态分布的说明》，《探索与争鸣》2019年第10期。

[2] 周宪：《作为阐释学根据的公共理性》，《探索与争鸣》2020年第1期。

阐释的有限与无限

张文的理论基础釜底抽薪。正是基于这一认知，我对这一概念展开了进一步的讨论。希望傅文能针对这个靶向发表看法，避免过于主观的论断。由于否定公共理性的讨论具有必要性，傅文认为问题必须转换为公共阐释的分析，所以出现以下说法就不足为怪了，"与其说公共阐释是公共理性的阐释，不如说公共阐释就是理性的阐释，公共理性这个概念可以忽略不计。当然，还可以进一步说，理性也可以忽略，甚至公共也可以忽略，因为在公共阐释的一系列论述中，我们不难发现，阐释是理性的，是公共的"①。

在此基础上，傅文对周文关于公共理性讨论的方法提出质疑。其一，认为周文关于公共理性的界定是矛盾的。因为一方面它是指依据逻辑推理展开的书写、思维或行为，另一方面又包含了学术共同体的符号、形而上学、价值和范例。照此理解，依据逻辑推理规则的书写、思维和行为，并不包含形而上学和价值，这与傅文所认定的公共阐释也不包含公共理性的逻辑是一致的。然而，傅文最后反复强调，公共阐释必须包含各种各样的价值。其二，傅文说周文对公共理性的界定没有实质进展，因为张文已经对公共理性做了四个层面的界说。一方面说公共理性是空洞和抽象的，另一方面又说张文已对此做了四个层面明确界说，不知哪种是傅文真实要表达的意思。我一方面觉得公共理性这个概念重要，另一方面又感到张文未对这一概念做出论说，所以才在文章的后半部分着重讨论了这个概念。其三，傅文指出："从语言学转向来界定公共理性不仅削弱了公共理性的丰富内蕴，而且从根本上说没有阐明公共理性这个概念的内涵。就此，周宪的文章与张江的界定存在着共同的致命缺陷，即'公共理性'这一个概念是空洞的、抽象的。"② 一方面"公共理性"是空洞、抽象的；另一方面又削弱了"公共理性的丰富内涵"，这种矛盾表述难道是"否定之否定"？

其实，我的看法与傅文相反。对语言学转向有所研究的人，是不会得出这样的结论的，甚至可以说，语言学转向正是把文学理论甚至

---

① 傅其林：《究竟什么是公共阐释——与周宪教授商榷》，《探索与争鸣》2020年第3期。

② 傅其林：《究竟什么是公共阐释——与周宪教授商榷》，《探索与争鸣》2020年第3期。

人文学科的诸多难题规定到更为具体、深入和更有生产性的思考中来。塞尔毫不客气地批评说："在当代文学理论的广泛讨论中有一个奇怪的现象，那些讨论问题的作者们往往对语言特性发表一些不着边际的评论，却并未运用逻辑上、语言学或语言哲学中已广为接受的原则和区分。长期以来我一直怀疑，至少文学理论中的某些混淆乃是由于对一些众所周知的研究成果的无知。"① 也许人们会从不同学科固有的定势来理解塞尔的抱怨，但我宁愿将其看成一位语言哲学家给文学研究者们的一个忠告。我们很多文学研究者对文学作品的阐释充斥着语言的混乱甚至反逻辑。如果能够多一些语言学训练，多一些语言学方法论和观念，那么强制阐释的问题也许就会少一些，逻辑混乱和语焉不详也可能会销声匿迹。因此，千万别小觑语言学转向的深刻意义。当然，有一点傅文说的没错，在语言学转向这个大趋向上，许多哲学家和思想家们的主张并不完全一致，但这已超出了周文对张文评论的题旨范围了。

更进一步，如果把语言学转向只限于语言学领域，那就大错特错了。了解20世纪思想谱系和哲学背景的人都清楚，语言学转向是现代人文社会科学很多转向的"元转向"。比如晚近有德国学者通过系统研究发现，20世纪中叶以来一系列重要的思想和学术转向，都是由语言学转向这个最重要的转向引发的，诸如"阐释的转向""述行（或操演）的转向""自反的转向""后殖民的转向""翻译的转向""空间的转向""图像的转向"，等等。② 看不到语言学转向广泛而深刻的影响，也就很难理解隐含在如此之多的理论转向后面的复杂动因。

傅文在断言公共理性空洞、抽象的同时，提出应把公共理性的讨论转至公共阐释的分析中来。作者并没有给出充足的理由和论说，却要在公共阐释与公共理性之间做了一个明确的取舍。遗憾的是，傅文将周文对公共理性的讨论一股脑转至公共阐释，进而认为周文"从语

---

① John R. Searle, "Literary Theory and Its Discontents", in Daphne Patai and Will H. Corral eds., *Theory's Impire: An Anthology of Dissent*, New York: Columbia University Press, 2005, p. 147.

② Doris Bacgnabb-Medick, *Cultural Turns: New Orientations in the Study of Culture*, Berlin: De Gruyter, 2016.

言逻辑来理解公共阐释忽视了公共阐释内含的丰富元素,是对张江构建的系统整体界定的剥离或者偏离"①。这段话逻辑上显得不周延,周文明明集中于探究张文的公共理性概念,却被说成对张文公共阐释"系统整体界定的剥离或者偏离"。更使人不解的是,周文并不是一篇全面讨论张江教授阐释学理论的批评文章,而是聚焦于公共理性这一问题,何谈是对张文的系统界定的剥离与偏离?照此逻辑,周文必须对张文每个论断都做出回应,否则就是对系统界定的剥离或偏离。那么,如果用同一逻辑来要求傅文,是否也可以说"傅文是对周文系统表述的剥离或偏离"呢?

最后,我就本土的人文研究方法论说些看法。如果我的理解不错,傅文的一个主旨就是认为周文在处理公共理性问题时,采用语言学转向的路径,是一种以偏概全的方法,囿于语言学转向一隅不足以说明公共理性(或傅文坚持的公共阐释)。诚然,我不能说语言学转向这一视角对公共理性问题的探究穷尽了所有可能性,实际上也不存在一种方法或一个视角可以统摄全部问题。但我坚持认为,相较于其他方法或路径,语言学转向是一个较有效且较具体深入的研究路径,它恰恰可以避免傅文所说的"空洞"和"抽象"。在当下中国的不少文学乃至人文研究中,我们经常会看到一种令人忧虑的现象,那就是大凡研究,一上手就摆出宏观或系统的架势,热衷于把诸多相关甚至不相干要素纳入研究框架,好像研究就是越多越好。看似在进行整体或系统的研究,实际上却因诸多问题与要素过于庞杂和相互抵牾,其理论或结论往往苍白无力、含混不清。

傅文在批评周文以偏概全的同时,努力避免囿于一隅的局限,故而在论证公共阐释时不加限制地将太多东西纳入其论证范围。傅文提出阐释首先是要中西融通,"真正融合东方的实践理性与西方的认知理性",但如何融合和融合什么却语焉不详。其次,要加强公共阐释的人文性价值维度。再次,将儒家阐释强调仁、义、礼、智、信,道家追求无为与自然,释家则关注解脱与涅槃之乐,以及社会主义核心

---

① 傅其林:《究竟什么是公共阐释——与周宪教授商榷》,《探索与争鸣》2020年第3期。

价值观，都置于公共阐释之中。然后，必须要整合感性与理性两个维度，重建两者的可能性关系，进而建构感性与理性统一的新理性或新感性，由此达致包含了中西语境中的共通感概念及其理性把握。① 最后，傅文在结论中把阐释的丰富性又提升了一个层次，"公共阐释应该在新的公共理性的基础上，突出真善美及其知情意的统一性，在一定程度上体现以真为基础的客观的科学性与逻辑性，以共通感为基础的审美心理基础、情感结构、社会心理、时代精神，以实践理性为基础的价值规范性"②。值得注意的是，被傅文说成空洞抽象的公共理性，又戴上了"新的公共理性"的帽子而获得了合法性，再次成为公共阐释的"基础"，并被赋予超多的意义荷载。我对这样的结论是否具有科学理性持相当怀疑态度，这种"大而全"是不是一种"大而无当"呢？当一个原本很具体的问题被纳入如此多内容，一个范畴被超多概念的意义冗余所荷载时，很显然，问题的讨论便失去了自己的规定性和焦点，特定范畴也就难免变得模糊不清。据我观察，人类思想史的发展过程中有一个规律性的现象，那些极具原创性的思想和理论派别多少有点"思想偏锋"，强调一点而不及其余，自觉避免求大而全并无所不包的思维模式。正是在这个意义上，语言学转向思路的优势彰显无疑，它或许正是公共理性讨论中避免空洞和抽象的有效路径。因此，在本土的文学研究乃至人文学科研究中，提倡一种"焦点透视"而非"散点透视"的研究甚为重要。

当然，还是要感谢傅其林教授，他的批评促使我进一步思考，对自己的文章进行反思。伏尔泰说过："我不同意你的说法，但我誓死捍卫你说话的权利！"我的想法和傅教授有所不同，我也不同意他文中的一些判断，但必要要捍卫他说话的权利，这是学术讨论必须有的"公共理性"。

---

① 傅其林：《究竟什么是公共阐释——与周宪教授商榷》，《探索与争鸣》2020年第3期。
② 傅其林：《究竟什么是公共阐释——与周宪教授商榷》，《探索与争鸣》2020年第3期。

"我们的需要就是解释世界的需要"

——中国现当代文学批评史中的阐释学现象

丁 帆

【内容摘要】通过对"古典释义学"和"现代阐释学"的解读以及对作家与文本"误读"效应的分析,比照中国现当代文学批评史,尤其是近40年来的文学批评,可以发现,对阐释的有限和无限机制的忽略及批评价值观的游移,导致了中国现当代文学批评方法单一化。重视批评的多元性和包容性问题,探讨如何正确对待阐释学中的"误读"这一历史性难题,有助于推进重建文学批评方法论,并在对文学批评史重估的过程中谋求阐释的多样性。

【关 键 词】阐释学 正读 误读 中国现当代文学批评史 单一性 多元性

【作　　者】丁帆,南京大学中国新文学研究中心主任、资深教授。

文章题目之所以引用尼采在"权力意志"中对阐释的理解①,是因为我觉得这句话是"阐释"与"强制阐释"的全部要义。我认为一切"阐释"都是带有主观性的,那种纯而又纯的"客观阐释"是不存在的,只要"阐释",阐释主体的价值观就会潜入阐释文本,无

---

① 参见［德］弗里德里希·威廉·尼采《权力意志——1885—1889年遗稿》上卷,孙周兴译,商务印书馆2007年版,第363页。

论你是有意识还是无意识的，它都"存在"于历史的书写中。

保罗·阿姆斯特朗指出："每一种解释方法在显示一些东西的时候也掩盖了另外一些东西，至于那些被掩盖的东西，就由具有竞争力的其他方法以及提出的不同假设来揭示。每一种解释立场都具有自身的盲点与洞见构成的辩证逻辑——掩饰与显现之间的比率因解释提出的假设而定。接受一种解释方法就像参加一场赌博——即，赖于某种假设的洞见抵消了它们固有的盲点带来的风险。"[1] 之所以用保罗·阿姆斯特朗对阐释的理解作引言，是因为我对自己的阐释也不自信，因为这只是一种阐释的可能，它的有限性和无限性让我在文学批评和文学评论的活动中始终保持一种两难的抉择。

作为中国现代文学研究学人，我没有能力在西方哲学和文学理论层面对阐释学进行引经据典的滔滔论证，那是我心向往之而不得的境界，所以只能就个人的阅读经验及浅薄的文学理论知识，谈一谈对阐释学的片面理解。

三十多年前我就阅读了大量关于"阐释学"的种种译著和编译著作，这曾让我一度迷狂。作为一种文艺理论的学术和学理辨析，也许"阐释学"是一个永无穷尽的话题。但是，作为文学批评和文学评论所运用的各种各样的阐释方法，现当代文学批评却始终没有走出中世纪"阐释学"的阴影。无疑，只有多种阐释方法的选择，才能真正使文学批评和文学评论繁荣起来。从这个意义上来说，张江教授从"强制阐释"到"阐释的有限与无限"，又一次揭开了文学批评方法更新换代的序幕，这应是具有学术和学理意义的。作为一个阐释作家与文本的批评者，我不揣谫陋，只想对中国现当代文学在阐释方法上的种种选择做一番历史回顾，试图通过这场学术研讨，推进重建文学批评方法论，并在对文学批评史重估的过程中谋求阐释的多样性，从理论的实践中寻觅新的发展路径。

---

[1] 赵一凡、张中载、李德恩主编：《西方文论关键词》第 1 卷，外语教学与研究出版社 2006 年版，第 276 页。

"阐释学的有限与无限"与批评关系变迁的意义

阐释学不仅是文学理论范畴的重大议题，而且是文学批评、文学评论和文学史所关注的焦点，因为它们依赖的治学方法是离不开这些理论的指导的："就20世纪文学批评的发展而言，文学解释主要经历了以作者原意为理解依据的作者中心论、以作品本身（文本）为理解依据的文本中心论、以读者创造性理解为意义根源的读者中心论。所不同的是，文学批评以文学作品（文本）作为主要批评对象，而阐释学不仅针对书写文字，同时也关注人际间的口头表述方法和人际交流模式。此外，文学批评对文本的文学性提出评估，而阐释学则未必关心文学价值，也不注重研究具体作家的技巧。从这个角度讲，文学解释也可以被认为是现代阐释学的一个分支。"[1]

上面这段话可以分三个层次来理解。首先，我对20世纪阐释学三种不同方法的归纳是认同的，但我个人的观点是，只有兼顾和包容了作者、文本和读者这三个维度的阐释，我们的文学批评才能不以偏概全；其次，我认同文学批评是现代阐释学的一个分支的说法，因为我们的批评只有在理论引导下才能进行实践；最后，我不同意"阐释学则未必关心文学价值，也不注重研究具体作家的技巧"的学术判断，且不说许多西方阐释学家的原典均有强调文学价值和技巧的论断，就是中国文学理论家对阐释学的理解也没有如此决绝，即便以张江先生的阐释理论为例，也不能得出这样的全称性判断来。

关于"强制阐释"的理论，我们不能局限于中国文化语境的特殊性而望文生义。其实，这既是一个学术的常识问题，即任何一种阐释都是一种"强制阐释"；又是一个学术的命题，即自中国新文学诞生之日起，我们对文学的阐释永远就在一种历史循环论中盘桓。"强制阐释"作为阐释的独尊方法，显然又有弊端，只有"众声喧哗"的"强制阐释"才是理论的常态。于是，我认为"阐释的有限性和无限

---

[1] 赵一凡、张中载、李德恩主编：《西方文论关键词》第1卷，外语教学与研究出版社2006年版，第271页。

性"的辩证方法又是对"强制阐释"进一步的补阙和修正,触发了学界进一步深入的论辩。引发争论的最后结果并不重要,重要的是它不仅会对中国文学理论界带来阐释方法多样化的倡扬,更会给中国文学批评阐释方法的单一化带来一次冲击。

无疑,张江先生把"阐释的有限和无限"设定在一个辩证逻辑的方法框架之中,对阐释的主体性和客观性悖反都做了时空分界的梳理,这就很难找到他理论逻辑的漏洞。我并非想从文学理论层面进行辨析,只想以其各种阐释条文逐一对照中国现当代文学批评史,进行现象学的分析。亦如对阐释学有着重要影响的海德格尔所言,"现象学描述作为一种方法的意义全在于阐释,此在现象学的基本原则具有阐释学特点,通过诠释,存在的真实意义以及此在所具有的存在的基本结构,才向此在的存在性理解展示自身。此在的现象学,就其广义而言,大概同于诠释学,研究阐释问题"[①]。我就是想对阐释的"存在"与"此在"进行一番比较而已。

所谓的"阐释学"最早起源于古希腊"释义学","它的词根是Hermes。Hermes是古希腊神话中专司向人传递诸神信息的信使。他不仅向人们宣布神的信息,而且还担任了一个解释者的角色,对神谕加一番注释和阐发,使诸神的意旨变得可知而有意义。因此,'释义学'一词最初的意思就是'解释',主要指在阿波罗神庙中对神谕的解说。由此又衍生出两个基本的意思:1. 使隐藏的东西显现出来;2. 使不清楚的东西变得清楚"[②]。但是,严格来说,"阐释学"理论成型并付诸实践应该是在12世纪,也就是中世纪末期在欧洲所产生的对《圣经》的"释义学",囊括四层释义内涵:字面或历史概念上的意思;寓意本身;道德寓意,即故事的道德真理与教义;神秘的含义,即引申意义。[③] 但是,张汝伦先生对"释义学"的"四原则"和

---

① [德]马丁·海德格尔:《存在与时间》,载罗伯特·R.马格廖拉《现象学与文学》,周宁译,春风文艺出版社1988年版,第105页。

② 张汝伦:《意义的探究——当代西方释义学》,辽宁人民出版社1986年版,第3—4页。

③ 赵一凡、张中载、李德恩主编:《西方文论关键词》第1卷,外语教学与研究出版社2006年版,第269页。

"四要素"的翻译和理解有所不同，贝蒂所说的"四原则"如下。第一，对象的释义学自主性原则；第二，意义的整体性原则；第三，理解的现实性原则；第四，意义的释义学相符原则。① 而"四要素"如下。第一，文献学要素；第二，批判要素；第三，心理学要素；第四，技术—形态学要素。② 我认为，这"四原则"和"四要素"是"阐释学"的根基，舍此，我们对阐释的意义就会大打折扣，这些虽为早期阐释学的"基本标准"，但其中的逻辑原理是不错的，因为阐释的所有能指与所指都无法挣脱意义和方法两个层面的终极表达和表现。

通过对早期"阐释学"原理的解析，我们看出它们在批评实践过程中的顽强生命力，用张汝伦先生的话来说，就是"由文献学与经典注释学构成的释义学，实际上是一种正确理解的技术，是一种狭义上的文本解释的方法论……造成释义学这一发展的主要原因，当然是人文科学本身的发展，而近代在人文科学研究领域里流行一时的科学主义与实证主义的思潮，则在某种程度上对释义学的发展起了一种触发作用"③。无疑，这种建立在实证主义之上的"古典阐释学"，尤其是对经典化文本的阐释方法在中国的文学批评和文学评论中沿用至今，且还是正统、主流的"学院派"论文和论著阐释方法。这种定型的阐释方法为什么到了21世纪还有很大影响，除了学科制度原因外，还因为它已经变成了一种阐释学原则，用张汝伦先生的观点来说就是，"人们认为研究历史人物就是要勾画出他们的人格和精神，文学解释要靠作者的传记，而传统文学史则要阐明影响作者思想的先驱和资料"④。9个世纪过去了，纵观我们的文学批评史，至今还在这样的阐释框架中不能革新，这是阐释学的悲剧，如果我们固守中世纪"古典释义学"的单一化，恐怕是难以建构当代多元化的批评体系的。

回顾40年来批评方法的阐释，我们可以看到这样一个延展性的

---

① 张汝伦：《意义的探究——当代西方释义学》，辽宁人民出版社1986年版，第87—90页。
② 张汝伦：《意义的探究——当代西方释义学》，辽宁人民出版社1986年版，第92页。
③ 张汝伦：《意义的探究——当代西方释义学》，辽宁人民出版社1986年版，第6页。
④ 张汝伦：《意义的探究——当代西方释义学》，辽宁人民出版社1986年版，第99页。

历史曲线。一方面是20世纪80年代各种各样"阐释学"的引进极大地丰富了我们的批评方法，使得批评有了更多活气与色彩，批评界对文本的阐释呈现出多声部的复调旋律，摆脱了前30年的一元化阐释模式；另一方面是古老的"释义学"有着更加强大的生命力，尽管它在20世纪80年代差一点被各种各样的"阐释学"原理和方法挤向阐释方法的边缘，但它很快就恢复了元气，从古典文学文本阐释开始，拒绝和摒弃了方法论更新。因为学者们从近邻的日本学界那里看到了"古典释义学"的曙光，以及在英美"新批评"那里找到了"细读文本"批评方法的理由，认定"古典释义学"方法是治学的根本法则，具有普遍的真理性。这种坚持和坚韧，使得原先在中国现当代文学领域内风起云涌的批评方法不断翻新的阐释实践潮流也遭到了一定程度的扼制，使这一学科强劲的阐释方法存旧逐新的势头有所减缓，尽管相关学科的外国文学与比较文学还在不断介绍和述评阐释学的新方法，但阐释学逐渐从多样化回归单一化。究其根本原因，我认为，一是学科体制规范化让学者们更倾向忠于文献与资料的引用和阐释；二是这种"古典释义学"已经成为我们治学的"集体无意识"，驾轻就熟，作为武器的方法使用起来更加便捷实用，也更加容易得到普遍认同与赞扬。但是，"误读"的无限阐释方法的缺位，过分依赖作者和文本的倾向，无疑是批评方法论的一大损失。

回顾这段围绕阐释学批评方法的变迁，如何加以评判，也许各种各样的阐释者和批评者都会有自己的看法，我想只谈史实，不讲道理。

也许18、19世纪世界阐释学鼻祖、被"释义学之父"狄尔泰称为"释义学的康德"——德国的施莱尔马赫，对《圣经》的阐释方法发出颠覆性解析是有一定道理的："错误的理解是必然的，因此，解释者必须用意志控制每一环节的理解。"[1] 这恐怕是第一次接受"误读"的理论家，我认为这段话有两层含义。一层是读者参与阐释的合理性，也就是文本与读者接受之间的差异性是存在的，使阐释的

---

[1] 赵一凡、张中载、李德恩主编：《西方文论关键词》第1卷，外语教学与研究出版社2006年版，第269—270页。

一维空间变成了二维空间；另一层是读者、接受者的阐释"必须用意志控制每一环节的理解"，就是一种读者和接受者自我实现、自我完善的一种"强制阐释"。从这个意义上来说，这种读者、接受者改变文本的"误读的合理性"，从20世纪80年代起才成为一种十分新鲜的文学理论批评方法传入中国，直接运用到了我们的文学批评和文学评论活动中，可惜这种"误读"在有限与无限的辩证阐释中很快就成为明日黄花了。我们的阐释完全被作家的"所指"所笼罩，被文本的"能指"所覆盖，阐释者的主体性被消解后，只剩下了孤零零的作家作品考辨，而多年来形成的匍匐在作家作品皮袍或石榴裙下的阐释批评方法就化作一种不成文的规训。这是阐释的悲剧，也是批评史的悲剧。

施莱尔马赫的阐释学规律多达44条，以张汝伦的观点来说，最重要的就是前两条。第一，"每一在一给定文本中需要充分确定的东西只有参照作者与他最初的公众公有的语言领域才能确定"；第二，"在一段给定的文章中每一个词的意义只有参照它与周围的词的共存才能确定。"① 在这里，作者、读者以及"公共理性"的立体阐释，构成了对文本多方位的观照，这无疑是人类阐释学的一种进步。它打破了"古典释义学"的单一化，囊括多种阐释的方法，"每一个词的意义"生成和发掘不仅是历史的"存在"，同时也是现实的"此在"，每一个阐释者都拥有"误读"的权利，这才是阐释的真理所在，否则你针对的作家和文本就是没有灵魂的"僵尸"，阐释的意义也就没有了。这里用后现代主义德里达的"延异"理论来解释，恐怕不是很准确，但起码可以说对作家和文本的解读阐释是一种开放性的体系，连"延异"的解构方法都可以存在，其他的"误读"方法则更有施用的无限空间了。

毋庸置疑，阐释的无限是批评主体处于自由状态下的美学境界，审美意义上的"无限"其实就是施莱尔马赫所说的另一种"错误"，不过与其对《圣经》的阐释一样——"必须用意志控制每一环节的理解"。就此而言，无限阐释给我们的启示就在于，如果不能改变外

---

① 张汝伦：《意义的探究——当代西方释义学》，辽宁人民出版社1986年版，第13页。

部的批评条件,那么,我们对自我内心世界的"开放度"是不是可以进行适当调整呢?40年来阐释学批评观念和方法的变化,给现当代文学批评带来的意义就是批评多元化和文本歧义性阐释空间的扩大。

诚然,阐释主体因时代的思想变化,对同一文本的阐释当然会有不同的变化,甚至是颠覆性的阐释,这无可厚非,这是阐释主体的问题。但是,如果在阐释方法上墨守成规,不愿更新阐释观念,即便主体再无穷变化与延续,仍旧会陷落于历史循环的阐释方法的泥淖而不能自拔。这就使我想起了"19世纪早期,人们通常认为文学是一种认识世界的方式,作品的意义就是作者寄托在作品中的思想,而作者思想就是作品产生时代的产物。因此,作为一种判断作品思想的佐证,读者在解释文学作品之前,必须首先考虑作品产生的时代背景、作家个人生活脉络"[1]。这种保守主义的阐释会给我们的批评和文本解读带来什么样的后果呢?中国现当代文学批评史无情地告诉我们,这种批评方法之所以仍然流行于今且占据主导位置,就因为我们在阐释方法上缺乏世界视野,缺乏大度包容的阐释心态。不是说"古典阐释学"有错,但是让其作为"必须首先"的阐释条件却是不可取的。它就是阐释方法的一种,却不是唯一途径,因为它不能排斥其他阐释方法的同时介入。如今,我们在"学院派"许许多多的文本批评和评论文章中,均可寻觅到它清晰的足迹。其简单实用的阐释方法,以及应和了整个人文学科广义意识形态的需求,成为其生命力恒久的理由。无疑,它阻塞了阐释理论所设定的在"有限"的文本之中展开无限阐释的可能性,这也是我们的批评史中方法没有"复调"意味的症结所在。因此,虽然阐释的主体变了,却因方法的不变而不能实现"对同一文本,生产与其他时代不同的阐释",其再生与再造性也就会自然消失。

反之,"同一时代,语境不同,对同一文本,生产无穷差别的无限阐释"[2]却是成立的,因为阐释主体因语境的不同是可以生产出

---

[1] 赵一凡、张中载、李德恩主编:《西方文论关键词》第1卷,外语教学与研究出版社2006年版,第272页。

[2] 张江:《论阐释的有限与无限》,《探索与争鸣》2019年第10期。

"无穷差别的无限阐释"空间的。撇开外部条件的压抑性来说,单从内部条件来说,阐释主体的语境是由多种多样因素构成的,包括知识结构、生活经验、审美倾向、所处的文化语境、观察事物的学识和眼光等。可惜包括我在内的批评者都有许许多多的局限性,这些"有限"的素养阻碍了我们达到那个审美阐释的"无限"空间。从辩证唯物主义角度来考察这种失却主体意识的阐释,其结果就不难预料。也许我们能够拾人牙慧,用一种新的阐释方法去解读已有的文本,使其似乎有些阐释的活气,然而,仅在方法上生搬硬套,骨子里却没有那种阐释主体的自觉意识和自由精神是不可取的;所以在机器流水线上压模出来文本阐释的产品,同样是无意义的,因为其中没有阐释主体意识和精神的"存在",阐释也就在一种机械的"过度阐释"中消弭了它的本质意涵。由此,我想到,百年来我们沿袭最多、汲取最多的是苏联的文学理论模式,它对阐释学的无限理论的戕害是极大的,不仅阻隔了西方阐释学的进入,同时也妨碍了英美"新批评"的导入,甚至对最原初的"古典阐释学"也进行了无形的颠覆。无疑,这种单一阐释理论的生根,让我们在漫长的阐释黑洞里摸索爬行了几十年,好在我们今天终于看到了一片阐释学的灿烂天空。

"现代阐释学"进入中国文学批评的镜像

在"现代阐释学"诞生之前,我们无法回避的是"释义学之父——狄尔泰"对"阐释学"的理论贡献,"在他 1900 年写的论文'释义学的兴起'中,狄尔泰按照释义学的观点把理解重新定义为'我们理解体现在一个物质符号中的精神现象的活动',或者'在外部世界的物质符号基础上'理解'内在的东西'的活动"[①]。阐释必须在体现阐释主体上发挥作用,换言之,就是阐释者必须与文本作者有一个"同化",即"重新体验"或"设身处地"进入历史情境的过程。狄尔泰指出:"让我们来看看这种重新体验对于我们同化精神世界的重要作用。它由两个因素组成。每当我们想起一种环境和一种情

[①] 张汝伦:《意义的探究——当代西方释义学》,辽宁人民出版社 1986 年版,第 45 页。

况，我们就重新体验了它。想象能加强或减少我们自己生活整体中的行为模式，力量、感情、欲望与观念。这样，异己的内在生活（seeleleben）就在我们中再次产生了。"① 无疑，站在世纪转折点上的狄尔泰把"阐释学"作为一个认知和解释世界的窗口，作为阐释主体与作者"同在"的契机，作为一个自我的升华，的确是"阐释学"走向现代的一座坚实的桥梁。我们的批评方法时常可以看到他的理论面影，这种理论和方法并没有过时，仍然适用于我们的文学批评，而且往往散发出对文本"深度阐释"的馨香。

20世纪"现代阐释学"的发展虽然突飞猛进，但其理论很少能够进入中国理论批评研讨的范畴，更不要说如何将它与20世纪前半叶和后半叶的批评进行平行比较了。可以看出，中国近几十年来的文学批评没有得到长足发展，都与这种只取"关键词"做口号，而不深入肌理研究文学阐释本质问题有直接关系。如果将其作为文学批评的一种范式，甚至形成理论批评流派，倒是对批评方法的建构大有裨益。

如果将这些先验性理论运用于具体的文学批评，尤其是中国文化语境之中的文学批评和文学评论活动中去，又会产生什么样的效应呢？显然，我们经历了20世纪80年代思想解放下的文学批评历史，那时最显赫的文学批评方法就是本体论的方法，阐释主体高举"我的阐释我做主"的大纛，没有"误读"的批评就不是具有"现代性"素质的好批评成为时髦论调。然而，这股批评风气没有持续很长时间就偃旗息鼓了，除了外部原因——20世纪90年代商品文化狂潮惊涛裂岸式地席卷——更重要的是我们的"阐释主体"是在一个没有强大理论体系支撑的基础上，匆忙接过口号就上马种种批评方法，呈现出没有底气和自信的特质。这些批评文本多为一次性使用西方的批评方法，这无疑是对那套陈旧、单一的阐释方法加以反拨而引起的强烈反弹，其批评史意义无可厚非。但是，我们应该看到这种"贪多嚼不烂"的全盘接受带来的后遗症。值得反思的是，因为浮躁，我们痛失了一次静下心来梳理、鉴别、遴选和运用现代阐释学理论，将拿来的

---

① 张汝伦：《意义的探究——当代西方释义学》，辽宁人民出版社1986年版，第47页。

东西演化成适合于我们的阐释批评形式与方法,具体运用到文学艺术批评中去的机会。如今来补救,亡羊补牢,为时未晚。

曾记否,从20世纪80年代到90年代,我们的批评界像过电影一样,把西方各个历史时期的批评方法都尝试了一遍,当然也包括彼时即刻性传导进来的后现代主义解构学理论,让人觉得年年出新、月月更新、日日弥新,各种口号满天飞,各样批评方法的帽子漂洋过海,让人眼花缭乱、目迷五色。然而,这一切都似过眼云烟一般,瞬间就烟消云散了。究其原因,除了实用主义的功利心作祟外,就是我们的批评家们不仅哲学的功底甚浅,而且文学理论的功力也羸弱;当然也归咎于学科分层太细,搞评论和批评的学者对跨学科的东西问津甚少,造成了哲学与文艺学的学养不足,严重阻碍了批评阐释者的视野;此外,从事文学理论的学者,却很少涉及作家和具体文本,参与批评实践者寡,这又是一个不可忽视的因素。这些学科之间老死不相往来、相互掣肘的割裂状态,便造成了批评缺少补给、实验而日益衰落。其结果就是批评方法又一次进入历史循环的轨道,让"误读"阐释的无限性在并无靶向的逻辑中受到来自各种外力的狙击,从而回到变形的"正读"之中,延缓了阐释的多样性研究发展和辩证唯物主义方法进入中国当代文学批评的前沿。

当然,尽管我们承认阐释学中"误读"对延展作品和文本的生命力,对拓展其理解空间有十分有意义的帮助,但"无限"倘若停留于批评者的无意识层面,同样会出问题。从理论上来说,张江先生的开放性也是设定在有限的约定之中的:"阐释的开放由文本的开放提供可能。对一确定文本,特别是经过历史检验的经典文本是开放的……阐释者对文本的任意理解以至误读,皆为阐释主体的权利。作者、文本、其他阐释者以及阐释的接受者,无权干涉。同一阐释主体,不同语境下阅读文本,可以生成完全不同的体验。语境无限,阐释因此而无限。不同的阐释主体,在相同语境下可以生成完全不同的理解。阐释主体无限,阐释因此而无限……特别是文学叙事,它与史学、哲学,以至绝大多数的社会科学研究的阐释不同,其本来就有制造歧义、引诱读者落入语言及意义陷阱的企图,生产歧义是文学言说的主要目的与技巧。文本是开放的,就是允许阐释主体对文本做多元而非一元、多义而非单义的理解与阐释。在此规定下，任一阐释过程，皆可无限扩张下去，没有重复，没有穷尽。"① 这种宽容对于经典文本来说，应该是有效且有益的；但针对当下大量鱼目混珠、泥沙俱下的创作文本而言，这个理论却是极有限的。这是因为，作为面对需要筛选的海量中国当代文学文本来说，这种无限开放式的"误读"反而会将文学批评史的工作导向一种虚无而混乱的场域之中，从而失去目标和方向。

"误读"是阐释无限的延展，及至20世纪后期，后现代主义理论的产生，德里达从索绪尔那里引申出了"延异"的观念，表明阐释的意义永远在路上的运动状态，从而否定了阐释学的稳态结构和终结效应。"后现代主义主张'打倒权威'、'祛除中心'，强调'差异'。解构主义认为，阅读的'正确性'（'有效性'）、'谬论'、'合法成见'、'世俗偏见'等等说法是由权力机构或权力意志强加的，只有误读才能颠覆权力意志所确立的'正误'。权力拥有者以代表大多数人的意见和利益裁定阅读的正误。文学中的'正典'有权力的记印。"② 这些后现代主义对阐释学理论在中国学界，尤其在文学批评界引起过很大反响，其理论的传播与批判者陈晓明先生就是其中的代表人物，他在《德里达的底线》《解构的踪迹》《无边的挑战——中国先锋文学的后现代性》等著作中对阐释和解构都有许多精辟的剖析。但我以为，德里达的一句名言足以解释他对阐释学的全部概念："穿过文本表面找到本有的所指。"这种"误读"就是后现代主义经典的阐释指向。

因此，我们就不难理解哈罗德·布卢姆认为提倡"误读"是一场具有革命性意义的阐释学新论的说法了。在这里，我要强调的却是，一些语言学家也为"误读"理论推波助澜，从而加速了这一说法的合理性："德曼在《阅读的寓言》中写道，'所有文本都具有同样的组成模式：一个（或者一整套）比喻和它的解构'，而这一模式'又会产生一个增补的比喻重叠物，由它来叙述前一叙述模式的晦涩难

---

① 张江：《论阐释的有限与无限》，《探索与争鸣》2019年第10期。
② 赵一凡、张中载、李德恩主编：《西方文论关键词》第1卷，外语教学与研究出版社2006年版，第624页。

懂'。他把这些增补的比喻性重叠物称为寓言。布卢姆进而把反讽、提喻、转喻、夸大法、暗喻和双重转喻等他称之为转义的六种修辞手段看作是对诗的六种不同的误读。"① 无疑，这种以修辞学命名的批评方法曾经成为那一时期批评的时尚，沿革至今仍然有其生命力。尤其是"反讽"和"转义"几乎成为批评文章中引用率最高的词语，以至形成了一种理论模式。所有这些"误读"的批评效应是否具有批评的进步性，也许在不同学者那里可以找到不同答案，这正是阐释学"无限"的魅力所在。

"误读"和"正读"中的变误为正的创造性阅读在 40 年批评理论的角力后，我们能够从中汲取一些什么样的经验教训呢？

"新批评"视野下的中国当代文学批评

"新批评"新吗？它究竟新在何处？这是我一直纠结的一个理论问题。

人们总以为"新批评"浪潮滥觞于 1941 年美国学者兰塞姆的《新批评》的出版，而直接开拓"新批评"的是英国诗人批评家 T. S. 艾略特。此后，"新批评"的进一步拓展之处其实就在于对文本的深度和精确性的挖掘。理查兹在《实用批评》里提出了"文本细读"（close reading），使之成为"新批评"所奉行的圭臬。以我之浅见，这种批评方法就是"古典释义学"方法的变异，与中国古代考释学的方法与功能有相同的地方，也是日本学者一以贯之的治学方法。但是，它与传统释义学不同的是，不仅强调文本的"本意"，更强调文本的"引申意"，后者才是"文本细读"的创新所在。这种新批评的阐释学方法也运用于百年来的中国现当代文学学科领域，业已成为一种批评规范与模式，这也是不争的事实。

然而，由于 20 世纪 80 年代大量的西方文学理论涌入中国，中国现当代文学领域首先就从"方法论"上寻找批评阐释的突破口，形

---

① 赵一凡、张中载、李德恩主编：《西方文论关键词》第 1 卷，外语教学与研究出版社 2006 年版，第 626 页。

成了一阵"方法论"的时尚旋风,同时也波及古代文学研究领域,许多古代文学治学者都哀叹自己的研究方法落伍了。可是,进入21世纪以后,人们回望"方法论"阐释的"无限"给阅读具体文本所带来的困惑时,再"斜睨"一眼日本学者所坚持的那种古典释义学的"有限阐释"的细读方法,觉得还是老老实实的考据学方法更符合"宏通博洽"的阐释路径。这种复古的阐释方法同样吊诡,因为美国"新批评"的基本方法虽然也是"细读文本",但是它融入了"心理学的批评方法",再看看身旁的日本学者,他们并不是采用一成不变的文献学和考据学的文本对读方法了,也会引进一些西方先进的批评方法,在"有限阐释"和"无限阐释"两根钢丝绳之间来回摇摆舞蹈。兰塞姆就理查兹的"隐喻""悲剧""反讽"和"歧义"四个话题展开论证,我们从中可以得出以下结论。"有限阐释"和"无限阐释"并不是绝对相互排斥、绝缘的矛盾体,应该是一种可以通融的"本体论"理论和批评方式方法,尽管兰塞姆们的"构架—肌质""张力"等理论十分"玄乎",但在一定程度上"新批评"又是开放的理论体系,他们关心的是文学本身的审美意义,即把所有的文学作品看成语言结构,其"模糊语言"成为衡量作品优劣的标准。这一理论的倡导与运用曾经在中国20世纪八九十年代也有昙花一现的实验,说明它不适应中国文学批评的土壤。但是这种批评方法有无可取之处呢?

当然,我们不能忽略20世纪八九十年代在中国理论界和批评界引起过重大反响的两个理论家及其理论主张——一个是罗兰·巴特的结构主义理论,一个是姚斯的接受美学理论——导致文学批评"向内转"。前者"诗不属于批评家,也不属于作者"的"意图谬误"和"感受谬误"让许多理论家追逐,也让许多批评家效仿;而后者"读者中心论"的观念则解放了许多批评家的口与手,成为批评家阐释自我以及自我阐释的旗帜。由此,把作品与作者意图完全割裂开来的文本分析成为时尚,姚斯强调,"一部文学作品,即便它最初显得新颖,实际上不可能在一个信息真空状态中使自己显得完全是新颖的","与该文类有关的前理解有关,(读者)已经熟悉的作品为他提供了形式、主题,此外,还有诗歌语言与实际生活语言的不同",而阐释的历史意义就在于"在文学与历史、历史方法与审美方法之间建构一座桥梁"。① 他还认为:"必须从三个方面来考虑文学的历史性:历史地说,接受文学作品的环境……共时地说,当代文学的关系系统和这些系统的影响……最后,内在的文学发展与一般历史进程的关系。"② 显然,这里面充满了历史的辩证法,同时,海德格尔的"前理解"("前见")理论给了他们另一种"误读"文本阐释的权力,孰是孰非,历史已经做出了回答。

有人认为"新批评"学派已经衰落,而"阐释本体论"是好几个世纪前就提出来的阐释方法,是适用于任何文学文体和文学文本批评的方法。但是,我们却不能忽视"新批评"流派中那个当时隐藏较深,却在后程发力并对文学史、文学批评产生了巨大影响的另一个美国文学理论家。在"新批评"的理论流派中,对中国文学理论和文学批评、文学评论以及文学史建构影响最大的要数当代著名的美籍捷克裔学者勒内·韦勒克了。他与奥斯汀·沃伦合著的那部《文学理论》在中国多次再版,几乎成为我们文艺学、现当代文学、比较文学、外国文学"圣经"式的教科书。韦勒克的《批评的概念》和《现代文学批评史》也是具有指南性的著作,尤其是《现代文学批评史》,这部煌煌巨著把西方文学批评史上各种流派和著名大家都条分缕析地"细读"了一遍,堪称阐释学的经典教科书。尽管西方的后现代派认为他的理论过时了,但是他的批评观念统摄了我们40年来的阐释学方法论,其实用性和普及性以及对马克思主义文学批评的阐释的特色,让中国学者青睐甚至倾倒,以至大多数学者对其他深奥而不适用的理论方法侧目而视。韦勒克和沃伦的《文学理论》为什么会在中国有如此大的影响呢?我以为,除了"新批评"高举的"细读文本"的旗帜外,他们所提倡的文学研究针对的是"具体的艺术作品本身",它才是大家对他们批评阐释方法的归属感所在。"该书十分强调以新批评为代表的艺术形式分析的美学意义和价值,通过对文学的性质、功用、文学理论、文学批评、文学史及总体文学、比较

---

① 赵一凡、张中载、李德恩主编:《西方文论关键词》第1卷,外语教学与研究出版社2006年版,第274页。
② 张汝伦:《意义的探究——当代西方释义学》,辽宁人民出版社1986年版,第299页。

文学、民族文学等各个方面的定义和研究，力图廓清文学研究方法上存在的各种问题。通过大量资料的准备，作者讨论了文学与诸多相邻学科，如传记学、心理学、社会学、哲学的关系，最后建构起自己的一套理论。"① 正如李欧梵在《文学理论》中译本总序中说的那样："然而中国的情况不同，20世纪80年代杰姆逊第一次在北京大学讲学后，'后现代'理论大盛，甚至连'后'字也顺便时髦起来。然而'后学'以前的理论呢？似乎大家都不闻不问，也很少有人做这方面的研究。这就牵涉到一个最基本的对文本分析的问题：美国学者不论是何门何派或引用了任何理论，很少是从'宏观'或文学史出发的，反而一切都从文本细读开始，所谓'文本细读'这个'新批评'的字眼，早已根深蒂固，只不过现在不把以前那种细读方法'禁锢'在文本的语言结构之中而已。可是中国的文学研究传统——至少在现当代文学中——一向是'宏观'挂帅，先从文学史着手，反而独缺精读文本的训练，因此我得出一个悖论：越是'后现代'，越需要精读文本，精读之后才能演化出其他理论招数出来。"② 我对李欧梵先生准确分析中国20世纪80年代理论界和批评界的心态和状况十分敬佩，但是，我不同意他说韦勒克不注重文学史宏观分析的论断。恰恰相反，韦勒克与其他"新批评"流派理论家不同的地方，正在于他十分注重对文学史的梳理和宏观阐释。除撰写文学批评史的巨著外，他在《文学理论》中大部分都是从文学史角度来谈阐释的批评方法的，"外部研究"成为重头戏，而"内部研究"也始终渗透了文学史和文学理论的视角。他的理论才是真正让中国学界彻底"向内转"的驱动器，正因为如此，中国现当代文学的许多学者在开设文学史课程的时候往往将这本书作为位列前茅的必读书目。

当韦勒克把文学研究分为"内部"与"外部"的时候，填平了内外理论不平衡的落差，而其"误读"文本的阐释理论更使得中国学者相信"内部研究"的无穷意味，并做出了许许多多的本土化阐释。反观许多理论家对他"误读"理论的解释，我认为是有偏差的，

---

① 王治河主编：《后现代主义辞典》，中央编译出版社2004年版，第667页。
② [美] 勒内·韦勒克、奥斯汀·沃伦：《文学理论》，刘象愚、邢培明、陈圣生等译，江苏教育出版社2005年版，第7—8页。

我们还是回到韦勒克的时间原点上来吧。

> 按照现代的定义来看，文学的"纯"是指它没有实用的目的（宣传、有目的的煽动和直接的行动等），也没有科学的目的（提供情报、事实，积累知识等）。我们所说的"纯"并不是指在小说或诗中没有某些倘若从作品的上下文中抽取出来就可以具有实用和科学用途的分离"因素"，也不是说一部"纯"小说或诗不能从总体上去"不纯地"阅读。所有的东西都可能被误用，也可能被用得不充分，就是说，它们的功能和它们的性质可能被弄得不相符合：
> 正如某些人到教堂去集会
> 为的是那里有音乐，而不是那里讲教义。
> 在果戈理的时代，他的《外套》和《死魂灵》明显地被人们甚至被明智的批评家们误读了。而那种认为这两个作品是宣传品的观点只是一种误解，是根据这些作品中的一些孤立的章节和因素得出来的，这种看法同这两个作品的精心制作的文学结构、复杂的冷嘲、滑稽模仿、双关语、模仿和讽刺等技巧是完全不相符合的。①

韦勒克所指出的文学的"纯"是指除了政治宣传与科学目的以外的"误用"，而非文学人文元素的"误读"。因此，他以果戈理的《外套》和《死魂灵》为范例，证明文学"内部研究"是在修辞手法的运用中获得其人文主题表现的，这就是"误用"与"误读"之间的本质区别。这也是在李欧梵先生那里，20世纪80年代以前那种政治宣传挂帅的文学批评"宏观"表达和放弃"细读文本"现象遭到诟病的原因。

但是，我们要注意的问题恰恰是韦勒克与其他英美"新批评派"的许多理论家和评论家有着很不相同的地方，那就是他对文学理论、

---

① [美] 勒内·韦勒克、奥斯汀·沃伦：《文学理论》，刘象愚、邢培明、陈圣生等译，江苏教育出版社2005年版，第285页。

文学批评和文学史的三维建构，以及它们之间的关联性所做出的不同凡响的"经院式"阐释，正是中国庞大的"学院派"文学阐释者所钟爱的方式方法。他的《文学理论》之所以在各个不同的中国文学学科中产生影响，除实用性以外，还因为其理论方法更能够冲破许多烦琐的理论阅读障碍。他的"文学理论不包括文学批评和文学史，文学批评中没有文学理论和文学史，或者文学史里欠缺文学理论与文学批评，这些都是难以想象的"。这些金句刷新了我们对中国文学的阐释认知，对文学理论、文学批评和文学史三维空间互渗、互动的理论机制与方法的建构大有裨益。阐释学站在了一个新起点上，以往那种三元独立、老死不相往来的文学阐释格局被打破，单就中国现当代文学学科而言，它对文学史的重估与重构，对拨乱反正后作家作品的重评，起了十分重要的理论和实践的指导作用。

与"新批评派"其他理论家一样，韦勒克也是提倡打破以作家为主体构成文学史的主要元素的："作家的'创作意图'就是文学史的主要课题这样一种观念，看来是十分错误的。一件艺术品的意义，决不仅仅止于、也不等同于其创作意图；作为体现种种价值的系统，一件艺术品有它独特的生命。一件艺术品的全部意义，是不能仅仅以其作者和作者同时代人的看法来界定的。它是一个累积过程的结果，亦即历代的无数读者对此作品批评过程的结果。历史重建论者宣称这整个累积过程与批评无关，我们只需探索原作开始的那个时代的意义即可。这似乎是不必要而且实际上也不可能成立的说法。我们在批评历代的作品时，根本不可能不以一个20世纪人的姿态出现：我们不可能忘却我们自己的语言会引起的各种联想和我们新近培植起来的态度和往昔给予我们的影响。我们不会变成荷马和乔叟（G. Chaucer）时代的读者，也不可能充当古代雅典的狄俄尼索斯剧院或伦敦环球剧院的观众。想象性的历史重建，与实际形成过去的观点，是截然不同的事。……我们会否认后来人在此剧中不断发现的合理含义。我们也会否认此剧有新的解释的可能性。这里并非赞同主观武断地去误解作品：'正确'了解和误解之间的区别仍然是存在的，需要根据各个特定的情况一一加以解决。历史派的学者不会满足于仅用我们这个时代的观点去评判一件艺术品，但是这种评判却是一般文学批评家的特

阐释的有限与无限

权;一般的文学批评家都要根据今天的文学风格或文学运动的要求,来重新评估过去的作品。对历史派的学者来说,如果能从第三时代的观点——既不是他的时代的,也不是原作者的时代的观点——去看待一件艺术品,或去纵观历来对这一作品的解释和批评,以此作为探求它的全部意义的途径,将是十分有益的。"①

韦勒克的"误读"观点为什么会得到许多人的认同,其中最重要的因素就是他使用了辩证法的方法,较圆满地兼顾了"误读"的歧义性。我认为,这一段话起码有三层含义值得深思,这也是我们在20世纪80年代"重评文学史"过程中留下的许许多多没有读懂韦勒克的遗憾之处。

首先,韦勒克区分了"误用"和"误读"。艺术品(文本)的解读不能止于作家的"创作意图……和作者同时代人的看法来界定",它的生命力就在于阐释者一定要超越作者写作时代的思想观念,以一个新时代人的立场去阐释历史性的文本,意即不断阐释的过程,就是历史阐释叠加积累的过程,也是对经典作品不断经典化的过程。在这一点上,我们在"重评文学史"的文本阐释中虽然顾及了这个问题,但从本质上来说,我们还不习惯脱离作家"创作意图"和"文本时代思想"给定的约束机制,从而走向一个有着"时代新阐释者"精神,一个具有自由阐释意识的阐释主体的境界之中。因此,造成了一种顾此失彼的尴尬阐释局面。

其次,"'正确'了解",亦即"正确的误读"则是文学批评家和文学史家的评判特权,他们要完成的任务就是"要根据今天的文学风格或文学运动的要求,来重新评估过去的作品"。也许,我们在80年代后期对中国现当代文学的重新评估,就是依照这样的观念去进行的;然而,其戛然而止恰恰又是因为"误读"的外部环境变化,意识形态和商品文化的挤压终止了这场"重评文学史"的理论潮流。

最后,韦勒克毫不隐晦地认为,阐释者应站在"第三时代",即"既不是他(阐释者——笔者注)的时代的,也不是原作者的时代的

---

① [美]勒内·韦勒克、奥斯汀·沃伦:《文学理论》,刘象愚、邢培明、陈圣生等译,江苏教育出版社2005年版,第36—37页。

观点"。这种调和既可说是辩证法的胜利，亦可说是解决了文本阐释和文本细读时遇到的具体难题。这种开放性的"正确误读"才是我们应该汲取和吸收的方法论。韦勒克认为，绝对主义和相对主义都是对文学批评和文学史的重建有害的。

因此，韦勒克呼吁"学院派"的学者捍卫批评家的阐释权力，从而也毫不留情地指出，"学院派不愿评估当代作家，通常是因为他们缺乏洞察力或胆怯的缘故。他们宣称要等待'时间的评判'，殊不知时间的评判不过也是其他批评家和读者——包括其他教授——的评判而已"，"文学史家必须是个批评家，纵使他只想研究历史"。[1]

由此，我想到的是，无论我们是从事文学理论研究，还是从事现当代文学研究的学者，在"误读"作家作品时应有怎样的阐释责任，以及我们在有限阐释和无限阐释之间应采取怎样的对待文本的态度与方法。

---

[1] ［美］勒内·韦勒克、奥斯汀·沃伦：《文学理论》，刘象愚、邢培明、陈圣生等译，江苏教育出版社2005年版，第38—39页。

文学史学研究中技术分析法的有效性问题

张福贵

【内容摘要】 量化分析本质上是技术主义的方法,具有科学性与合理性,然而能否从历史的长线来对文学史现象和作家作品做出相对超越性的评价,是存有疑问和不无难度的;但它指向了文学史研究中新的理论生长和文学史文本写作的新思路。由此,在中国文学史观本质主义和反本质主义的讨论中,"阐释主体的权利"提醒我们对于文学史进行个人性阐释的可能,"公共理性进步或退化"能够很好地解释中国现当代文学研究中评价尺度的变幻问题。而在中国当代文学发展过程中,公共理性最核心和最恒定的内涵只能是人性和人类性,无论是审美评价还是思想评价,都不能忽视这个基础和底线。

【关 键 词】 文学史观　技术分析　历史最大公约数　公共理性
【作　　者】 张福贵,吉林大学哲学社会科学资深教授。
【基金项目】 国家社科基金重大项目"鲁迅的文化选择对百年中国新文学的影响研究"(19ZDA267)

中国有漫长而辉煌的文学史却缺少成熟的文学史学,传统诗论、文论的发达并没有带来文学史学的发达,文学史写作不仅出现时间较晚且争议较大。对于文学史的评价本质上就是对于历史的评价,而对于历史的评价往往就是一种当下评价。因此,历史评价必然随着社会时代变化而变化。多年来,在这种复杂的语境中,我们试图寻找对于中国文学史特别是现当代文学史更有力的理论支持和逻辑解释，虽说张江的《论阐释的有限与无限——从 π 到正态分布的说明》[①]（以下简称"张文"）的理论和方法本身仍然需要进一步讨论和检验，但其体现了一种以历史实践、逻辑分析和技术统计为支撑的新思路。

历史的阐释与文学史观的本质性

几十年来，现当代文学史研究和文艺理论批评一样，始终处于一种不断争论和重复讨论的过程中。争论的焦点无外乎文学与政治的关系、文学的真实性、文学史的本质有无、文本的经典性、审美的差异性、批评的价值等相关问题。就文学批评和文学史写作而言，我们可能重复的是更为古老的"我注六经"还是"六经注我"的问题。应该说，张文的价值意义是开放的，主要在于对文学现象和文学文本批评经验的总结和理论的升华，其所面对的是一个历史生成问题，也是通过一种逻辑方法而俯瞰未来的问题；从而把文学研究的本体论、认识论和方法论作为一个过程完整阐释出来，既解释了文学史研究长期争论不休的问题，也为未来的文学理论和文学史研究预设了一份思想路线图。

文学理论关于本质主义与反本质主义问题的讨论已经过去多时，但是在参与者那里最后并没有形成共识，也许这正是讨论的意义。张文可以看作前些年学界有关本质主义与反本质主义等问题讨论的阶段性总结。虽说没有做出明确的断言，但是首先张江从内心还是对本质论乃至本质主义有所认同的，当然是在一个更新的层面上的认同。如果说传统本质主义具有一元化、单一性的线性认识论特征的话，那么张江的本质论则具有辩证主义和技术主义特征，具有历史、逻辑和方法的多重论证与支持，抑或叫作辩证本质主义或者技术本质论。补充一点说，就是在坚持历史唯物主义与辩证唯物主义本质论的基础之上，又在一定程度上承认反本质主义的某种合理性。

[①] 张江：《论阐释的有限与无限——从 π 到正态分布的说明》，《探索与争鸣》2019年第10期。本文中引文除注明之外，皆出于此。

本质主义的思想源流是古希腊哲学和基督教神学，其形而上学本体论后来影响了生物学、心理学和政治学等范畴的本质主义流脉。本质主义实质上与本质论是有差异的，后者具有个人体验的求索，而前者则是普遍、抽象、执着的世界观。有学者指出，"由于实体论转化为存在论，实体概念转化为意义概念，虽然文学没有了实体本质，但仍然有基本的意义"，"文学活动在历史中保持着统一性。人们在各种文学活动中都有某种特殊的生存体验"。① 这种统一性就是各种关系构成的历史实在，它超越了具体的实体存在，具有普遍性意义。我们抑或将其称为本质。而在统一性中的"特殊的生存体验"就具有了非统一性抑或反本质特性。这种理解既是明确的，又是辩证的。

中国文学史学的本质主义文学史观主要受苏联文艺思想的影响，无论学术界探讨文学史问题有多少差异，在教科书体系下的中国文学史研究和文学史写作，从20世纪50年代以来基本上延续着这种传统本质主义文学史观，从王瑶、丁易、刘绶松到当下"马克思主义理论研究和建设工程"教材，在一以贯之的思想立场之下，对所有文学现象都做了贯穿性、连续性、相似性的解释。应该说，这种解释与中国社会进程相契合，特别适合于中国文学发展的真实历程，尤其是在一种历史的和思维的二元对立价值观上起到了巨大的支持作用。其突出表现就是使文学最大限度地参与社会进程，在民族矛盾激化、阶级矛盾突出的革命时期发挥了巨大作用。毫无疑问，政治对于学术的规约是长期和明确的，其中可能具有强制性。而历史对于学术的制约更主要是对于已经发生的事实的认同，是一种过去式的理解。就20世纪文学史而言，政治风云激荡，社会人生变幻，很难找到一部与时代政治毫无瓜葛的文学作品。20世纪20年代新文学与旧文学、20世纪30年代左翼文学与非左翼文学、20世纪40年代解放区文学与国统区文学，直至20世纪50年代之后阶级斗争的文学，这个思想矛盾和历史趋势最后注明了本质主义文学史观的真实性和合理性。如果按照张江的正态分布的中轴线来看，基本上是严丝合缝的。所以说，本质主义对于文学史研究来说，实质上首先应该是一种普遍事实的陈述。20

---

① 杨春时：《后现代主义与文学本质言说之可能》，《文艺理论研究》2007年第1期。

世纪80年代以降，虽说教科书体系文学史观依然是主流文学史观，但是在个体化的文学史研究中存在着一种反本质主义的探讨。在中国现代文学史研究和文本写作的讨论中，有些学者曾提出建立一种疏离政治意识形态的纯正的文学史书写。毋庸讳言，传统文学史过多注重文学的外部关系而忽略文学本体属性，使文学史文本成为革命史和思想史的翻版。但是，与政治结缘，与时代同步，就是中国20世纪文学的本质属性。如果疏离了时代政治，也就远离了文学史的本质。其实，反本质主义理论并不是简单地反对文学对于政治的服从；相反在詹姆逊、伊格尔顿等一些后现代主义哲学家那里，他们反对传统的本质主义，但是承认甚至主张文学理论对于政治文化的接纳，至少要从这一角度去阐释文学和文学批评。很明显，这和后现代哲学家普遍的新马克思主义的思想立场有直接关系。这也可能是后现代主义在中国特别流行的原因之一。

多年来，我一直认为，对于中国现当代文学史的评价绝不是单纯艺术史和学术史的评价，而是思想史和革命史的评价。但我们必须要警惕的是，传统本质主义世界观很容易进一步抽象为一种"本质主义"思维方式。就历史和文学史写作而言，那就是离开基本历史事实陈述，而将本质主义作为单向的思想原则和写作方式，从而对历史事实进行阉割，让历史适合某种先验的"本质"，使文学史写作成为不真实的叙述。由此可见，相对于本质主义本身而言，将本质主义作为一种思维方式可能对于人类的认知发展的消极影响更大。

张江是通过逻辑论证和技术分析来表现自己的思想立场的，其政治性的成熟不仅表现在文学研究的本体论上，也表现在文学阐释的方法论上。前面说过，张江是在一个更高层次上认同本质论的，他始终着力于几对关系的辩证阐释，可能就是担心本质论成为一种普遍的思维方式或者教条、僵化的本质主义。其中不言说的内容就是对反本质主义的某种合理性的承认。反本质主义虽说作为一种世界观会导致虚无主义和相对主义，但是作为一种思维方式却对于人类认知的进步有着不可忽视的价值。不能简单地说，本质主义就是进步，反本质主义就是非进步。本质主义认为现象本身不是真实的存在，其背后有一个形而上的实在世界本质，并以此作为先验公理，进行普遍与个别的逻

阐释的有限与无限

辑演绎，欧洲古典哲学大多如此。本质主义既是一种实体存在，也是一种逻辑演绎。当坚持一种普遍的形而上学的本质主义世界观的时候，容易产生对于事物的僵化认识，进而发现世界诸多与"本质"相忤的事实，最后可能带来理想主义式的失落。

张文入口是对于文本阐释的讨论，出口处却是对于思想创新的表态。无限阐释是基于主体的个人体验和历史语境，面对文本所做出的自我选择，他将其上升为一种文化和思想的权利。这和反本质主义思维有某种相通。但是，张江的阐释无限的观点并不是简单的反本质主义，而是建立在文本蕴意和阐释结果基础上的历史主义思想，"在更广阔的界面下，约束阐释的诸多因素，其能量几乎无法抗拒。语言、传统、境遇、话语权力，等等"。就个体和逻辑来说，思想是无限的。正如有学者指出的，"我们赞成的是反本质主义求解问题的方式和超越精神，即不能把事物和问题看成是僵死的、一成不变的，并且要有不断进取精神，超越现成之论，走创新之路"①。

《论阐释的有限与无限》作为论文题目，表明了张江思想的着眼点，显露出其对于本质主义思想和反本质主义思想关系及其价值的全面探讨。他把所有的思考终点都留在了文学创作与批评的阐释，我甚至觉得张江是在设置或认可了一个边界之后，便着力阐释文学的无限与开放。"阐释者对文本的任意理解以至误读，皆为阐释主体的权利。作者、文本、其他阐释者以及阐释的接受者，无权干涉。"这种有限与无限、收敛与开放的思考打开了文学史研究的一扇门。我们如何在有限和收敛之中走入无限与开放的自由境地？需要眼力，也需要功力。

中国现代文学的概念本身就有一种长期的阐释有限性约定，现代文学约定俗成的"现代意义"从内容到形式规约了文学史写作——选择的标准，"意义"的限定最终导致近千部文学史著述大同小异甚至千篇一律，有系统性创见之作寥寥无几。而张江的"阐释主体的权利"提醒我们可以有对于文学史进行个人性阐释的可能，这使我们此前苦心探讨的文学史观问题得到了一种逻辑上的支持——现代文学如

---

① 童庆炳：《反本质主义与当代文学理论建设》，《文艺争鸣》2009年第7期。

何从一种意义概念重回时间概念，具有思想和内容的开放性。[1] 文学创作中作家个体的人生体验的独特性与真实性、审美的个人性和主观性，是关于审美的主观性问题的老话，这些为阐释的无限提供了传统的支持，关键是文学史观的个人性阐释需要谨慎的开放。张江文中的中轴线分析比起审美个性评价来说，更适合于对文学的时代思想评价，这也是中国文学史学最关注的问题。从20世纪50年代"红色经典"流行，到新时期文学思潮的"轰动"，都体现出思想性领先的特点。这一特征甚至可以在反本质主义哲学那里得到印证。弗雷德里克·詹姆逊认为："一切事物都是社会的和历史的，事实上，一切事物'说到底'都是政治的。"[2] 因此，在对文学文本的阅读和阐释中，政治阐释具有优越性，这和特里·伊格尔顿的"我们所研究的文学理论是政治性的"[3] 判断是一致的。张江更多是讨论思想文化评价问题，提出期望的终点是"公共理性"。所以说，无论是中国文学史学的主体价值观还是张江的思考，都更多是从一种文学社会功能角度去阐释和界定的，这又是契合中国社会发展实际的。因此，我们可以把张江的思考看作诸多思想活动经验的总结，并且可以用来作为艺术评价的方法。反本质主义不一定通过否定本质来实现，而是通过强化对于一般与个别关系的辩证理解，形成多元本质论来纠正单一本质主义的偏颇。

当一种理论过于严密和完整时，可能作为一种方法的有效价值就会有所折损。很多创新都可能偏于一极，远离中轴线，至少最初是这样。反本质主义的思想结果，可能会阻碍建构中国文学理论体系和文学史学。从公共理性建构的角度看，最紧迫的问题是如何扩大无限和开放。本质主义文学史观最大的特征就是文学评价的确定性或既定性，而不确定性恰恰是人文学科价值观的本质属性。"文人相轻自古

---

[1] 张福贵：《从意义概念返回到时间概念——关于现代文学的命名问题》，（香港）《文学世纪》2003年第4期。

[2] [美]弗雷德里克·詹姆逊：《政治无意识》，王逢振等译，中国社会科学出版社1999年版，第11页。

[3] [英]特里·伊格尔顿：《文学原理引论》，刘峰译，文化艺术出版社1987年版，第247页。

而然",就在于文学评价缺少公共性,见仁见智不一而足。公共理性的遥远与朦胧,不仅在于概念不清,而且在于文学本身的属性——缺少公共价值观。它的个性特征往往突破群体界限,感性特征又往往突破理性界限,甚至不能用逻辑和常识去判断取舍。人类之所以不能缺少这种个人体验的情感世界,就在于需要填补他者、群体和理性的空缺。当我们把定量分析作为基本尺度之后,可能在某种程度上就意味着个性思想的弱化。

历史最大公约数与技术分析的可靠性

张江的理论在讨论"诠"与"阐"及其关系判断上恰当而直观。比如,现代文学研究领域关于老舍《骆驼祥子》中祥子悲剧的原因,特别是与虎妞的关系问题的探讨,如果使用 π 理论来分析,是合适的。祥子的悲剧和与虎妞的关系是文本的现实存在,属于"π"的存在。但是,祥子悲剧的根源和虎妞在其悲剧中的作用究竟如何评价,则是 3.1415 至 3.1416 之间的无穷小数的求证差异。或者认为虎妞闯入祥子的生活加剧了祥子的悲剧;或者认为虎妞增加了祥子的人生愿望,虎妞的死恰是祥子彻底堕落的原因。就历史本身而言,无限阐释必须有边界,因为是已经发生的事实,所有评价不能脱离事实;而对于文学理论和审美个性而言,无限阐释应该没有边界,至少在思维逻辑和技术期望上是如此。

为说明有限与无限、收敛与开放,张江引入了另外一个数学方式——正态分布。这不是他的独创,而是源于高斯正态分布函数将这一基本理论和方法用于文学阐释,使引发争议的文学理论和文学研究问题变得清晰起来。正态分布具有接受美学的大众立场,强调文本阐释取决于阅读接受群体的量与质。这在大众文化勃兴和自媒体时代,具有一定的前瞻性意义。概率正态分布首先有两个前提。一是要有足够多的具有见识的参与者,无论是阅读接受还是研究批评,参与者越多,阐释越靠近中线,才越接近公共理性;二是当下公共理性的真实性。众口铄金或墙倒众人推式的评价很难成为真正的公共理性,民众或言者的立场即使处于最大公约数,也并不一定就是理性的。在这样基础上产生的公共理性首先必须被证伪。"公共理性的期望是变化的。为当下公共理性接受的阐释,未必是真理。随着公共理性的进步或退化,若干曾经边缘化的阐释,可能移进中心,并生产更多的同质性阐释,集中于新的公共理性接受的有效面积之内。"纵观文学史写作和评价的基本过程,公共理性的存在是毫无疑问的,但是其中的差异性、变化性也是十分明显的。如果我们对于理性内涵本身的界定不变,那么评价的悖论和逆反就是理性与非理性的差异。

"公共理性进步或退化"现象,能够很好地解释中国现当代文学研究中评价尺度的变化问题。20世纪50年代的鲁迅研究延续了30年代和40年代的基本路数,愈到最后中轴线就愈向左偏移,将"多元的鲁迅学"变成了"单向的学鲁迅"。这种变化也使丰富的鲁迅变成了单一的鲁迅,思想家的鲁迅简化成了战士的鲁迅。到了20世纪70年代,鲁迅研究几乎不复存在,战士的鲁迅"升格"为神的鲁迅,其丰富的思想被当作政治斗争的武器库,其文章和言论甚至可以同时作为正反两方的论据。进入20世纪80年代,鲁迅研究进入了一个为期不长的新的极端化时代,鲁迅形象由云端跌落到地下。21世纪以后,鲁迅形象趋于正常,"鲁迅学"与"学鲁迅"并行不悖。需要说明的是,这一变幻莫测的现象的产生是历史本身固有的,即使是一种非理性现象也并不都是极左政治的责任,研究者、接受者的责任同样巨大,几方共同构成了"历史的中轴线"。如对巴金的《家》的评价,从20世纪30年代到60年代和80年代,也经历了一个肯定、否定再到肯定的过程。同样,1957年被批为"毒草"的《组织部来了个年轻人》《红豆》《在悬崖上》等小说,20世纪80年代被冠以《重放的鲜花》之名而重新出版。其实,在当代文学史发展过程中,还有比这周期更短的前后相悖的逆袭评价。按照正态分布来看,否定、肯定都来自中轴线,但差别却是"毒草"与"鲜花"这云泥之间!这不应是文学史研究中的正常学理现象。很明显,这种变化不是来自艺术审美的差异,而是来自中国文学创作和文学研究的基本思想路径。正如吴炫所言,"中国读者有很多时候其实并不需要'文学性阅读'的话,那么中国作家写的任何作品,其实都可以找到不同读者圈产生情感共鸣和生存认同,但这种共鸣和认同,却可能像当年成千上万读者认同浩然的《艳阳天》和刘心武的《班主任》一样，很大程度上不是在'高文学性'意义上的认同，而是在'时代思潮'和'文化需要'意义上的认同"。① 这种变化是中国文学批评和文学史研究中的常见现象，关键是要探讨其背后促使公共评价（暂时不使用"理性"这个概念）变化的原因，从而对于公共理性做出比较合适的理解。评价变化的核心并不是审美的差异性而是思想和政治定性。因此，时代政治对于文学史观的影响是决定性的。当政治理性弱化之后，学术理性应该跟进做出控制和调节；如果学术理性也随之弱化，可能公共理性就会出现问题。这可能就是张江所提到的历史语境、权力话语等对于阐释的制约，最终促使"公共理性退化"。

"阐释的有效意义，由公共理性所决定。公共理性所决定的阐释的有效边界，是催动阐释无限生成，并努力趋进公共理性接受中心的根本力量。""有效阐释的边界在，且只在公共理性的框架之内。"张江反复强调公共理性的边界和框架，足见其对于这一中轴线或终结点的重视。我曾经说过，千百年来中国传统社会所有罪恶的根源只有一个，那就是对于人的不尊重。同样，当下中国社会最大的问题是缺少公共理性。从有限到无限，从收敛到开放，张江把公共理性置于其上，本身便体现了一种全面的学术理性。

为说明"公共理性退化"这一现象，这里可以引入另外一个数学概念——"墨菲定律"。这是美国专家爱德华·墨菲在1949年提出的一个数学推理。这个定律跟高斯"正态分布"相似，只不过价值取向是负向的，即如果采样量足够大的话，那么任何反常的事情都有可能发生。在实践的历史过程中，任何一件事情客观上都可能存在一种错误做法，存在发生某种恶果的可能性。但是，错误的做法总会有人选择，恶果也总会在某一阶段发生，而选择错误当时可能往往并不被人认识到。究其原因，就是"公共理性的退化"。因此，无论个人还是群体，丧失公共理性的非理性阐释就代替"正态分布"而成为"负态分布"。最后，负向的中轴线或者错误的全民评价就产生了。

---

① 吴炫：《论文学的"中国式现代理解"——穿越本质和反本质主义》，《文艺争鸣》2009年第3期。

这在非理性的"革命大批判"中表现最为突出。

阐释是无限的,然后才是有限的,这不是一个逻辑问题,而是一个历史的认识过程。无论是 π 还是正态分布,表面看来都是一种量化分析,但技术之中包含了深刻的思想。其中最有价值和说服力的就是超越教科书体系的本质主义,也就是人民创造历史的逻辑。无数个体无限阐释的结果,就构成了多数选择,个人史与教科书是相辅相成的,而这也符合马克思主义辩证唯物主义史观。正如恩格斯所指出的,历史是这样创造的,最终的结果是从许多单个的意志的相互冲突中产生的,最后的结果是各个意志融合为一个"总的合力"。"每个意志都对合力有所贡献,因而是包括在这个合力里面的。"① 由此可见,张江的技术分析不仅解释了本质论的生成结构,最终也表明他的阐释学是建构主义的。教科书体系已经决定了阐释的有限和收敛,作为一种国家意志,这是必要的;阐释是无限的,才能保证个体的话语权利,这不只是个性权利问题,也是思想创新和思想能力问题。特别是在自媒体时代,这种无限已经不是一种主观愿望而是一种现实存在。如果先确定了有限性,就是对于思想的限制,就不会有真正的阐释。先天的有限性在人文社会科学领域是不存在的。从无限到有限,是一个个人性思想被他者和群体认同的过程。一切历史最初都是个人史。

我们不能否认历史具有本质性。历史的本质并不神秘,就是事实加阐释,二者之间的函数是时代。历史文本就是临床病例的诊断书,对错高低取决于不同的医生。但是,病症是真实存在的。像正态分布一样,一种理论和思想愈远离中轴线就愈不具有合理性,况且任何一种理论和思想也会随着环境和时代的变化而变化,虽说这种变化不一定都是增值的。

时代政治对于作品经典性影响巨大,阐释的有效"是由确定历史语境所决定、对阐释主体所处时代具有巨大影响力和穿越力的衍生意义,也就是文本的意蕴可能"。虽说文本意蕴的经典性为经典化阐释提供了一定的基础,但是,"某些完全降服于确定语境的阐释,常常

---

① 《马克思恩格斯选集》第 4 卷,人民出版社 2012 年版,第 605—606 页。

因为语境的变化，而被历史所抛弃，失去阐释效力"。当然，反之也可能被历史重新识别而成为经典。伊格尔顿认为，"在任何学术研究中，人们选择的总是自己认为重要的对象和方法，而人们对其重要性的评价则是由深深植根于社会生活实际形式中的利益结构来支配的"①。张江比伊格尔顿更进一步提出或强化了"公共理性"的概念及其功能。

公共理性的标准与文学史观的合逻辑性

对于习惯于群体亢奋的我们来说，"公共理性"实在是一朵最迷人的花。那么，什么才算是"无限进步的公共理性"呢？其实这是一个历史难题。公共理性具有什么样的具体标准和倾向，值得进一步探讨。理性说白了就是人类正常的思想能力和思维方式，公共理性主要指正常的社会中正常的思想能力和思维方式。其实，公共理性的标准并不高，粗俗一点说，就是正常的人应该吃饭而不应该吃饭的消化物。但是历史的实践证明，这又是一个很难形成共识的问题。

历史的本质也可能是人本身和权力赋予的，历史就是一种阐释，具有不确定性。"阐释的有效性由公共理性的承认和接受所决定。公共理性的不断进步，给予阐释的有效性以强大约束：其一，不是所有阐释都为有效阐释；其二，有效阐释不是无限有效。"这在中国现当代文学的经典化过程中，需要十分注意。"历史地看，阐释的经典性，由对文本自洽意义的阐释能指所决定。与经典本身的经典性相比，阐释的经典更难塑造。"由此，对于那些具有历时性悖论的文学经典，文学史家可能需要倍加注意其经典价值的可疑性。在经典的评价中，如果其他内容都不能确定，那么可能有一个超越性的尺度，那就是经典一定是符合人性和人类性的。反人性的文学可能构成时代影响，但是不能成为超越性的经典（这里不便于使用"永恒的经典"——笔者注）。在20世纪文学史经典化评价过程中，为何会出现前后存在悖

---

① [英] 特里·伊格尔顿：《文学原理引论》，刘峰译，文化艺术出版社1987年版，第229页。

论的经典评价，其根源就在于此。我们过去过多关注经典化过程中的结构分析——典型环境中的典型人物、个别与一般，但是对于经典的内在功能则较多做单一的分析。到此，我们可以斩钉截铁地说，公共理性不能缺少人性和人类性。1956年宗璞在《人民文学》上发表小说《红豆》，这是一部将阶级性与人性完美结合的作品。小说主人公江玫是一个集共产党人的意志和恋人的柔情于一身的典型人物。然而，正是由于表现出了一种人性的恋情，即使最终主人公用政治意志战胜了恋人的柔情，小说仍受到集中批判。政治的剃刀是锋利的，它要剔除所有"非革命"的情感，这在20世纪30年代革命文学论争中已经有过充分表达。20世纪80年代，《红豆》等一批具有人情味的革命文学作品，在思想解放、人性回归的新时期得到重新评价，其作品中的人性价值得到肯定。

当我们对于张江的技术分析赞赏有加之后，也略觉不太满足。在中轴线的基础上，如何具体界说文学批评和文学史研究中公共理性的内涵和标准？进步也好，退化也好，理论也好，逻辑也好，最终都要落实于实践操作。结构分析与属性分析是不同而又相关的两个程序，因此，在对公共理性逻辑认同的同时，可否就内容本身做更深入的探讨？可否对于公共理性赋予一些比较恒久和普遍的内涵？这也是艺术实践的功能之所在。张江的技术主义分析较多集中于技术和逻辑范畴，他像是烹饪大师，按照基本食谱做好了一桌佳肴，让别人去品尝。但随之而来也有一点疑虑，一部作品或者一种文学现象的评价，是否也可以更多关注公共理性构成的内涵呢？

历史的中轴线可能是一目了然的，但是当下的中轴线却往往是不确定的。1937年中国抗日战争全面爆发，不仅改变了中国的政治格局，也改变了中国文学的整体风貌，文学界出现了前所未有的"大统一"局面——统一的组织、统一的主题、统一的形式、统一的风格。在该时段里，正态分布的中轴线是极其明显的，而且如果不是对这一期间作品本身价值评价而是对于现象评价的话，其真实性是任何时候都不能否认的。所以说，此时中轴线是准确而有效的。但是，有些作品的正态分布却不是那么一目了然。以浩然的《艳阳天》和《金光大道》两部作品为例，前者的正态分布具有历史的连续性，后者则出现明显的偏移现象。如何看待这种文学史观，可以有逻辑和事实的不同途径。现象的真实与本质的真实，是文艺理论界长期讨论的一个基本问题。有限和收敛，其实就是本质主义文学观的一种表述方式。而在中轴线和 π 的认同下，无限和开放也是一种有限的阐释规约。这不能简单地从政治哲学层面进行理解，而应从历史哲学层面去理解。

"文学文本的意义完全由阐释者一方任意决定。对于同一文本有无穷的理解与阐释，无真无假，无是无非，无约束可言。"由此，无限阐释有落入"亦此亦彼"的相对主义的嫌疑。说到底，还是公共理性的"理性"价值问题。是否中心轴就是公共理性？公共理性中的"理性"如何判断？这可能涉及文学史评价的所谓"定论"问题。

张江特别强调，公共理性的承认与接受，以及约束阐释向有限收敛的理性的重要性，包括阐释主体的理性约束、阐释者自我认定，其理性阐释可能为更广大的公共理性所接受。此诉求本身当然蕴含阐释者承认和服从公共理性的约束。从个体、群体到公共三个不同层级的理性具有递进性，层层制约。对三层理性及其关系重要性的反复强调，足以说明张江对于理性本身是非问题的担忧。我们也同样有这种担忧，当前两个层次把自己的理性判定交给公共理性之后，公共理性本身的判定交给谁？

量化分析本质上是技术主义的方法，具有科学性与合理性。但是否能够从历史的长线来对文学史现象和作家作品做出相对超越性的评价，是存有疑问和不无难度的。文学史学基本上是遵循线性历史观建构的，作家思想和文学时代都是一个向上的发展过程。线性历史观可能是自然科学的普遍规律，但是对于文学艺术来说大多是失效的。作为一种定量分析，公共理性或者平均值一定是存在的，但是公共理性本身是一个不确定的期望；特别是在政治波动比较大的社会中，人文学术的处境恰恰是被非公共理性或者公共非理性所支配的。公共理性是可疑的，像中国股市一样，单纯的技术分析往往是无效的，场外的因素使指标钝化，有效性大打折扣，按照技术分析或软件炒股几乎都以亏损告终。当然，历史总是要合逻辑的，但是由不合逻辑到合逻辑可能是一个漫长而反复的过程，所以公共理性最终可能是难以实现的期望。因此，定量分析必须考虑不可缺少的变数。在文学史研究和文学批评中，作家或文本本身具有的丰富性和多元性，可能导致了阐释的无限性。而且无限性阐释往往并不都是正向的、有认识价值的。特别是在政治功利主义需要的影响下，公共理性难以成长为一种理性。

从整个人类发展史来说，人类理性处于虽有反复但不断进步的过程中。在这种反复过程中，经典往往成为一种阶段性的经典。虽说作者强调要加权重，但是处于中轴线的公共理性实质上仍然是历史最大公约数，仍然是一种统计学上的判断。但是公共理性应该是超越性的，即使不是一种形而上的抽象形式，也必须在一个历史的长线中来判断其真实性。或者说，如果不能通过审美评价和思想评价来确定作品的经典化价值，那么就只能通过一个历史的长时段去淘洗、检验。从古代文学史中《水浒传》《红楼梦》《金瓶梅》等作品的经典化过程中，可以看到这种历史的反复构成了多么大的价值翻转，而这种翻转往往是以百年为时间单位的。如果没有这种长时段的历史淘洗，经典的价值是很难被发现和承认的。同样，在中国当代文学发展过程中，一部作品的经典化是不能在须臾之间完成的。对于文学史来说，公共理性本身可能就有差异性和矛盾性的认识。那么，公共理性最核心和最恒定的内涵只能是人性和人类性。无论是审美评价还是思想评价，都不能忽视这个基础和底线。一旦越过底线，即使在短时间可能成为全民认同的经典，但那也是一种全民错误选择，时过境迁而经典价值不复存在，甚至成为否定对象。在这一都在中轴线区域的价值置换中，样本足够多，但是公共理性究竟有无？所以说，技术性的结构分析在现阶段是准确的，但是如果把这个点放到一个较长的线上是否还准确，可能就是一个问题。例如，关于对莫言的影响力与小说思想价值问题等的探讨，是在公共理性下的有限与无限结合的学术探讨，其获得诺贝尔奖前后的评价发生了较大的变化。当这种中轴线本身出现历史波动时，我们该怎样判断公共理性的理性？类似的问题根源在于我们自己如何强化理性和审美能力。

文学史研究的公共理性与有效阐释

程光炜

【内容摘要】 除了"时代公共理性"这一大视野，对当代文学的文学史研究者而言，"文学史研究的公共理性"的小视野更重要，即研究者不能以自己的是非为是非，而要根据发现的新材料，来研究看起来已不成为问题的问题。阐释有边界，并非要限制批评家解释作品的权利，而是要求批评家在作品解读之前，应了解作品发表时的周边环境，如时代气候、文坛潮流、社会转型矛盾，尤其是作家选择这个题材的原因、塑造人物时的人生处境和思想情绪等，而不是先入为主地加以主观评判。公共理性是检验阐释有限和无限的标准之一，在此前提下，"作者意图"显然应进入关注视野，这是当代文学研究的应有之义。

【关 键 词】 阐释　有效性　当代文学史　公共理性
【作　　者】 程光炜，中国人民大学文学院教授。

一

中国当代文学史研究，一般表现在两个方面。一是文学史史实、史料和史识研究。具体而言，比如作家路遥与林虹关系的史料和史实，因目前只存当事人路遥的说辞，无另一当事人林虹的确凿说辞，而成为一桩"悬案"。对其进一步研究，必然期望有新的史料出现，例如林虹的叙述、进一步发现的重要旁证等。二是作品的阐释。一个众所周知没有形成共识的例子,是对贾平凹长篇小说《废都》"作者意图"的分析。《废都》1993年刚出版时可谓好评如潮,被认为是当代的《金瓶梅》《红楼梦》,是以写世情呈现历史变迁的大作品。但紧接着该作品受到各方批判,阐释的方向马上逆转。它被指责为写欲望的小说,而且结合当时文学与商业合流的语境,被断定为一部有"商业操作行为"的坏作品。近年来,随着这部长篇的再版,指责的调门渐渐走低以至消失,"作者意图"重新回到文学史研究视野,比较客观公允的评价开始出现。甚至有评论指出,这是贾平凹迄今为止最重要的长篇小说。

尽管阐释者即批评家有权解释作品意图,但该意图完全由阐释者一方任意决定,似乎也存在风险。因此,阐释有边界,并非要限制批评家解释作品的权利,而是要求批评家在进入作品解读之前,应了解作品发表时的周边环境,例如时代气候、文坛潮流、社会转型矛盾,尤其是作家选择这个题材的原因,塑造人物时的人生处境和思想情绪等,而不是先入为主地加以主观评判。关于前者,我已在《路遥与林虹关系的一则新材料》中有所介入和讨论;关于后者,可参考当前对贾平凹的研究,应继续开发作家的传记材料,如《废都》创作前后作家父亲的死、离婚、单位矛盾等。这样不光从作品表面效果,也从"作者意图"的角度,重新回到作品理解当中。由此,我对张江教授在《论阐释的有限与无限——从 π 到正态分布的说明》一文(以下简称"张文")中指出的"有效阐释的边界,由多个元素决定。作者赋予的意图,文本的确当意义,文本的历史语境,民族的阐释传统,当下的主题倾向,如此等等,决定了阐释是否有效及有效程度的边界"[①] 的看法深以为然。

其实,这种"冤屈"不单发生在贾平凹一人身上,关于张承志、王朔等作家的研究也有相类似的问题,或可将之称为"失踪作品""失踪作家"的研究。先说张承志。在新时期一代作家当中,张承志是与贾平凹同时期最早成名的作家之一。1978、1979两年,他连续

[①] 张江:《论阐释的有限与无限——从 π 到正态分布的说明》,《探索与争鸣》2019年第10期。

借《歌手为什么歌唱母亲》《黑骏马》获得全国第一届短篇小说和第二届中篇小说奖。仅过几年，他的《北方的河》再次获得好评。1991年，他的重要长篇小说《心灵史》问世。按理，张承志应拥有贾平凹、莫言和王安忆相似的文学史地位，前两年我通过十位批评家手机投票，张承志在新时期小说前十名的作家名单内，虽然位置没有贾、莫和王靠前。而在本人眼里，他应与这几位旗鼓相当，甚至思想上要更深刻些，他在中国当代文学史上的重要性非同一般。但为什么张承志从文学史研究视野中"消失"了呢？这是1993年前后他与批评家的争论所造成的直接结果。换言之，他在批评家和文学史家眼里变成了一位"有极端情绪"的作家，被打入另册，事所必然。另外一例就是王朔。在北师大教授王一川带着博士生做的研究中，他被看作老舍之后"京味小说"的另一重要代表。这种看法比较符合王朔的小说成就，至少从一个方面看，王朔小说记录了20世纪90年代北京城市变迁的真实面貌，以及新一代青年日趋个人化的社会观念。王朔地位急速下降，甚至在有些文学史叙述中消失，主要是他得罪了很多批评家，因此被冠以"痞子作家"的恶名。从本人的文学史研究经验看，张承志和王朔都是不会"经营"自己的作家，不了解得罪了批评家和文学史家，对自己的文学史定位将意味着什么。

"民族的阐释传统"在这两位作家身上还可以做延展性研究。中国批评家深受温柔敦厚等中庸思想传统的影响，他们天然会反感和排斥思想、行为比较偏激的作家。这种"前理解"一直在批评家身上潜移默化地产生作用，只是我们在观察当时的批评实践时没有注意，及至再对其进行文学史清理时，才隐约感觉到了。20世纪90年代，张承志、王朔都曾被看作"极端"的作家。

"文本的历史语境"，势必牵涉如何研究20世纪90年代社会语境的问题。"张承志现象""王朔现象"是在90年代语境中生产出来的。90年代文学论争关乎两个重要问题——文学与革命、文学与市场。"张承志现象"偏重前者，"王朔现象"偏重后者，有时互有交叉。在上述历史语境中，他们的"问题"才得以成立；离开上述语境，他们就会被看作没有"问题"的作家。因此，"如何理解20世纪90年代"，是重新理解分析张承志和王朔的一个新途径。

本文并非要对上述两位作家进行"平反研究",而是说我们需要重新回到材料中去,回到"文本的历史语境""民族的阐释传统"当中去。首先,寻找他们被贬低的原因;其次,对其文本和作家传记材料进行比对研究,不带偏见且设身处地地从作家出发,从问题出发,从作品出发,进行谨慎、稳重和严格的讨论与研究。这里能想到的第一步,就是进行"究竟发生了什么"的研究。至于这种研究能走到哪一步,是否会产生比较客观的效果,恢复文学史现场,从而能在一定范围内形成共识,目前看不清楚,但值得去做。

二

张文还分析道:"其一,不是所有阐释都为有效阐释;其二,有效阐释不是无限有效。""因时代和语境不同,公共理性的当下存在决定了对确定文本的有效阐释,以某种方式约束于有限区间。"[①] 在当代文学批评活动中,尤其是某部作品的初期批评,经常会出现"不是所有阐释都为有效阐释"的现象。其中一个原因是某些批评杂志为推出"作品批评专辑",急速邀请一些批评家写批评文章,因距发表时间太近,作品缺乏时间沉淀,很多问题不容易看清楚、想清楚;另外作者多是敷衍成文,思考较随意芜杂,虽然体现了一些文坛氛围的鲜活性,但这些"批评专辑"大多质量不高,除极个别文章外,多数文章不能算"有效阐释"。

"不是所有阐释都为有效阐释"还有其他原因,比如批评家的见识低于当时的作家作品。路遥的《人生》发表后,当时杂志上发表的两百多篇相关批评文章很多说的是套话,是那个年代流行的话题。这种现象,正好反衬出路遥是通过切身的人生体验,包括对转折年代的巨大敏感,才创作出这篇几乎成为20世纪80年代"时代符号"的文学作品。他提炼出的"高加林"形象浓缩了一代人的经历和挫折,很多人都在这一人物身上找到了"自己的影子",产生强烈的共鸣在

---

① 张江:《论阐释的有限与无限——从 π 到正态分布的说明》,《探索与争鸣》2019年第10期。

意料之中。由此可以认为，路遥在创作小说时，对"高加林现象"的见识是高于一般读者，也是高于批评家们的。

"不是所有阐释都为有效阐释"，一定程度上关乎读书问题。批评家们忙于频繁、激烈、兴奋的批评实践，不少人除阅读新出现的文学作品外，几乎无暇读书，补充知识的仓库。另有些人虽也读一点，但一般是抱定"拿来主义"的功利观念仓促读书的。这种读书有限的现象还被"大家都说一种话"的批评现场和行业风气所干扰，这样思想无法沉淀下来，来不及生成独立的思考。有个说法是"批评现场"就是说"半截子话"，每个发言者被规定说10分钟、5分钟，本来有所准备，终究无法展开，回去还要赶批评文章的任务。在北京批评界，每周三四场作家作品研讨会是常态，可以说月月如此，年年如此。因此，"半截子话"就把读的一点书、稍微想沉淀一下的文气都磨损掉了。看到这种现象，真有点心痛，冷眼去看批评这个"文坛"，便觉得稍微后退一步，呆在书斋里做研究，偶尔客串一下"现场"，可能是一种明智选择。

另外，"有效阐释不是无限有效"的判断，从一般原理上说非常有道理。所谓"有效"，离不开时代话题、时效性、多数人的感受等外因。但它必然会经历时间的磨损或伤害，语境一变，大多数当时有效的观点就可能很快失去效用。例如20世纪80年代流行过"文学主体性""向内转""寻根""先锋""新写实""新历史主义小说""女性文学""欲望叙事""个人叙事"等说法。这些说法对语境有较大的依赖性，一旦语境消失，它们的危机即会显现。自然，也有一些元话语是"无限有效"的，例如黑格尔、马克思、弗洛伊德等人穿越不同时空而仍具思想张力的著述。

"因时代和语境不同，公共理性的当下存在决定了对确定文本的有效阐释，以某种方式约束于有限区间"[①] 了，是对上述判断的延展和深入讨论。作为哲学论文，作者希望对提出的问题有所限定。就当代文学研究而言，可以分开来论述。

---

① 张江：《论阐释的有限与无限——从π到正态分布的说明》，《探索与争鸣》2019年第10期。

第一，关于20世纪80年代作家作品的批评活动。对文学来说，20世纪80年代的公共理性就是"改革开放""解放思想"。既然改革开放，就要解除一切束缚人思想的极左思维，打碎思想的锁链，把"个人"从历史的牢笼中解放出来，变成"新人"。20世纪80年代文学塑造的人物形象，有的是一个具体的人，有的是一种观念，各呈异彩，不能用统一的文学标准来要求。可以称为"具体的人"的人物形象，有刘心武《班主任》的谢惠敏，王蒙《夜的眼》的陈杲，《布礼》的钟亦诚，张洁《爱，是不能忘记的》的钟雨，张贤亮《绿化树》的章永磷，《男人的一半是女人》的章永璘，路遥《人生》的高加林，王安忆《本次列车终点》的陈信，贾平凹《黑氏》的黑氏，张一弓《犯人李铜钟》的李铜钟，等等；可以称为"观念"的人物形象的，有莫言《透明的红萝卜》的黑孩，余华《十八岁出门远行》的我，《现实一种》的山岗、山峰，李杭育《最后一个渔佬儿》的渔佬儿，王安忆《小鲍庄》的捞渣，马原《虚构》的我，等等。前者与作者的人生经历有些牵连，带有自传色彩，可以进行"人物原型"的考证和考察；后者不存在具体的"人物原型"，从现代派小说、先锋小说的观念中派生出来，表面上看是一种虚无缥缈的存在，实际也是实体，即"现代社会的人"。对这些"确定文本"进行有效阐释，依据的正是上面所说的"改革开放""解放思想"这一时代的公共理性。这是因为，不管上述人物形象是否有生活来处，或出自某种文学观念，它们都由"公共理性的当下存在"所决定。凡曾经生活在那个年代的读者、批评家、文学史家，都不会怀疑其有效性。即使是后代研究者，只要接触了20世纪80年代的这一公共理性，认同这一理性对那个转折年代思想行为的描述和规定，那么也不会怀疑它们是有效的阐释。然而必须看到，这种人物形象包括对它们的阐释，也会"以某种方式约束于有限区间"。离开了20世纪80年代这个区间，它们也很难成为研究课题。它们因20世纪80年代的时势之变而展开，也因20世纪80年代的有限性而受束缚。

第二，对20世纪80年代文学的文学史研究。刚才讨论第一个问题时，文学史研究的眼光已置于其中。不过，文学史研究的范围要比作家作品研究广阔而复杂得多。它当然离不开"作家作品"这个中心，然而也不一定为作家作品所局限，比如文学思潮流派相关材料的开发、甄别、辨伪和细化，也都可以离开作家作品来展开。即使对作家传记与作品关系的考证研究，也可以离开审美批评范畴，拉到文学社会学范畴里来进行。文学史研究除了"时代公共理性"这一大视野，还有一个小视野，或叫"专业规则"，即"文学史研究的公共理性"。对从事当代文学的文学史研究者而言，后一种公共理性也许更重要。对当代文学这个还在发展的学科而言，文学史研究一直会受文学批评活动和思维方式的困扰。比如，当有学者希望当代文学某些阶段，比如十七年文学，20世纪80年代文学能沉淀下来，作为"时段史学"的一部分，愿意对其进行历史性研究之时，总有些不弄材料的人加以质疑、商榷或讨论，明说、质疑、商榷、讨论，实际上是个人危机——怕失去聚焦点的恐惧不安的体现。

专业规则范畴的"小公共理性"，是指研究者不能以自己的是非为是非，而要根据发现的新材料，来研究看起来已不成为问题的问题。比如，对路遥与林虹分手原因的叙述，主要依据当事人路遥对朋友曹谷溪的讲述，后经曹谷溪转述，被《路遥传》《路遥年谱》《平凡世界里的路遥》等研究著作所接受，由此成为两人关系的结论。为此，我查找相关材料，发现了林虹插队知青同学邢仪《那个陕北青年——路遥》这篇文章。该文披露了一则新材料，说当年招工到铜川二号工厂的林虹断绝与路遥交往，并非背信弃义，而是屈于家庭的压力，父母不同意她找陕北当地农村青年。在当时，北京女知青家长对陕北农村男青年普遍持拒绝的态度。这种内外压力，促使林虹态度发生异变。这则新材料与"改革开放"的大公共理性无关，却与专业的小公共理性具有关联性。专业的文学史研究并不受制于大的舆论，它服膺的是史料的真实。文学史结论，不是在大的公共理性的决定下做出，相反，应出自史料所给定的历史事实。

文学史研究有可能被约束于"有限区间"，在结论上并不是一成不变的。新材料的发掘考证，会将这一被约束于"有限区间"的结论再次解放出来，推导出一个新结论，或在旧结论的基础上有所推进。比如，也有人说林虹到铜川二号工厂之后，并非断绝了与路遥的交往，有职工就发现路遥曾出现在工厂大门口。这一材料再一次打破了"有限区间",虽然还待进一步证实真伪。

这就可以使人想到一个在大公共理性与小公共理性之间的路遥的问题。按照"改革开放""思想解放"这一大公共理性,表现农村青年个人奋斗精神的路遥,必然被赋予很大的历史理解和同情,提升了他个人形象的道德制高点。这种道德高地,容不下路遥传记研究的不同意见。而在小公共理性视野里,路遥是一个作家也是普通人,他有各种优缺点,是一个有七情六欲的活生生的人。因此,以史料为基础和依据的文学史研究,就会经常跳出大公共理性的范畴,自觉去推进既有的路遥传记研究,对已形成的文学史结论有所推进和发展。在文学史研究中,"有限区间"处于变化之中。

三

张文最后指出:"所谓阐释的确定性又如何体现和实现?这涉及两个方向的问题:其一,文本有没有所谓自在意义,如果有,它是不是一种可以被考虑的标准之一;其二,如果没有自在意义,谁来制造和判定意义。我们的观点是,文本具有自在意义,这个意义由文本制造者赋予。无论他表达的是否清晰与准确,我们目及任何文本,包括阐释者的阐释文本,皆为有企图和意义的文本。如果非此,文本制造者为什么要制造文本,阐释者为什么前赴后继地阐释自己?"① 张文的观点是,文本存在自在意义,这种自在意义取决于"作者意图"。不这样推定,就不好解释。

20世纪的西方现代派小说,有意弱化作家的"创作意图";而接受理论则把对作品的解释权归之于读者反应,至少认为文本是由作者、读者和批评家三方共同创作的。乍看好像有道理,然而细化到具体作家的作品,这种看法实际上脱离了作品创作的真实过程。举例来说,莫言的中篇创作确实有过"先锋小说期",比如《红高粱》《透明的红萝卜》《民间音乐》等作品的生产过程。近年来,随着莫言传

---

① 张江:《论阐释的有限与无限——从π到正态分布的说明》,《探索与争鸣》2019年第10期。

记材料的披露，研究的不断推进，我们发现20世纪80年代文学批评得出的那些结论，比如"神话模式""家族模式""儿童视角"等，出现了主观性的漏洞。有材料证实，《红高粱》的构思创作并非空穴来风，并非纯属作者主观臆造，而出自好友张世家给莫言讲述的一个当地抗战的真实故事。《透明的红萝卜》的构造中，确实有莫言天马行空的想象成分，但人物原型则与生产队时期莫言偷队里萝卜被罚的实事有关。管谟贤在《大哥说莫言》中也披露，莫言小说的原型很多来自本村的一些人与事。进一步说，没有莫言合作化时期的饥饿和孤独，就不会有他后来的乡村小说，这一"作者意图"实际是贯穿他20世纪80年代中篇小说创作始终的。

与文艺理论界漠视"作者意图"的有些观点相反，文学批评家则强调它对作品生成的影响。王晓明在《从"淮海路"到"梅家桥"——从王安忆小说创作的转变谈起》一文中，特别提醒读者注意作家的"创作意图"："正是'改革'之潮在90年代初的大转弯，将上海托上了弄潮儿的高位。上海凭借历史、地理和政府投资的三重优势，迅速显示出新的神威。""就我对《富萍》的疑问而言，这新意识形态的大合唱当中，就有一个声音特别值得注意：对于旧上海的咏叹。"他发现："几乎和浦东开发的打桩声同步，在老城区的物质和文化空间里，一股怀旧的气息冉冉升起。开始还有几分小心，只是借着张爱玲的小说、散文的再版，在大学校园和文学人口中暗暗流传。""一连串以'1931''30年代'或'时光倒流'为店招的咖啡馆、酒吧、饭店和服装店相继开张，无数仿制的旧桌椅、发黄的月份牌和放大的黑白照片，充斥各种餐饮和娱乐场所。甚至整条街道、大片的屋宇，都被重新改造，再现昔日的洋场情调"，"在这怀旧之风四处洋溢的过程中，纸上的文字：小说、散文、纪实文学，乃至历史和文字研究著作，始终腾跃在前列。不但十里洋场的几乎所有景物，都蜂拥着重新进入文学，构成许多小说故事的空间背景，那据说是旧上海的极盛时期的20和30年代，也随之成为这些故事发生的基本时间"。[①]

[①] 王晓明：《从"淮海路"到"梅家桥"——从王安忆小说创作的转变谈起》，《文学评论》2002年第3期。

南帆也指出:"如同人们所发现的那样,越来越多的作家将他们的小说托付于一个固定的空间;他们的所有故事都发生在一个相对封闭的独立王国里面,这里的人物互相认识,他们之间有着形形色色的亲缘关系,作家笔下所出现的每一幢房子、每一条街道或者每一间店铺都是这个独立王国的固定资产。"在分析王安忆20世纪90年代小说创作的变化时,他还不忘拿贾平凹、莫言的地域性的乡土题材做比较:"有趣的是,这样的独立王国多半存留了乡村社会的遗迹,作家所喜爱的固定空间往往是一个村落,一个乡村边缘的小镇,如此等等。通常,乡村社会拥有更为严密的社会成员管理体系,宗族、伦理、风俗、礼仪、道德共同组成了乡村社会独特的意识形态。对于许多作家说来,乡村社会的文化空间轮廓清晰,版图分明,相对的封闭致使他们的叙述集中而且富有效率,这些作家的心爱人物不至于任意地出走,消失在叙述的辖区之外。"而王安忆上海题材小说与他们的作品最明显区别的特征则是,"王安忆更乐于为她的小说选择城市——一个开放而又繁闹的空间"[1]。文艺理论界出于建构新理论的需要,可能会故意忽视"作家意图"的存在,把关注重心转向读者反应;而文学批评家则要面对作家创作,否则无法开展具体工作。跑到创作之外去面对作者,这从来不是批评家的职责。

综上所述,有效阐释得以成立,设定阐释边界是必然前提;而关于阐释的有限和无限,公共理性则是检验标准之一;在此前提下,"作者意图"显然应进入关注的视野。应该说,这是当代文学研究的应有之义。这是因为,"有效阐释"从来就是文学批评和文学史研究为自己设定的目标。

---

[1] 南帆:《城市的肖像——读王安忆的〈长恨歌〉》,《小说评论》1998年第1期。

有效阐释的边界

——以 20 世纪 90 年代的"个人化写作"研究为例

洪治纲

【内容摘要】 文学阐释必须从作品出发,让阐释主体与作品之间构成一种平等的对话关系,才能获得理性意义上的说服力。在 20 世纪 90 年代"个人化写作"思潮研究中,有些论文要么在参照目标的选择上不够严谨,要么在作品择取上缺乏整体意识或以偏概全,导致阐释的有效性值得怀疑。文学阐释的多样性与作品的开放性之间,永远存在着微妙的博弈。作品的开放性并不意味阐释的无限性。阐释的边界既包括作品本身,也包括附着于作品内外且影响作品内涵的诸多元素。

【关 键 词】 阐释 有效性 边界 个人化写作 参照目标
【作   者】 洪治纲,杭州师范大学人文学院教授。
【基金项目】 浙江省哲学社会科学重点研究基地"文艺批评研究院"资助项目

阐释的有效性与边界

在新时期以来的文学实践中,从现场式的文学批评到当代文学史的构建,人们一直在努力寻求一种高效且可靠的阐释,希望能够迅速抵达研究目标的本质,但事实常有违人愿。当我们作出了一个个看似有效的阐释,甚至形成某些具有共识性的文学史观念之后,各种"再解读"又给人们提供了诸多新的理解空间。譬如有关"红色经典"的再解读，20世纪80年代启蒙文学思潮的再解读，汪曾祺小说的再解读，《平凡的世界》《白鹿原》等具体作品的再解读，等等。尽管我们要承认，有些"再解读"未必提供了更为丰富的审美视野或文化内涵，只是动用某些现代理论重新解析了研究对象而已，但大多数"再解读"确实为我们展示了新的研究视野和思考维度，同时也在不同程度上动摇了某些既定的文学史观念。其中最典型的，或许就是唐小兵主编的《再解读：大众文艺与意识形态》一书。该书中的十多篇文章，运用了大量西方现代文学理论，对20世纪40年代以来的一些文学创作进行重新阐释，摆脱了以往工具论或历史意志论的思维局限，确实给我们提供了一些新的思考。

问题当然不在于这种"再解读"是否合理，或者说它的价值究竟在哪里，作为一种审美意义上的文化阐释，它无疑是有意义的。在很多时候，我们都强调文学作品的生命力正取决于它的阐释空间。一个作家或一部作品能够获得人们的"再解读"，既表明其拥有让人反复"重读"的潜质，也说明其能够不断激活人们的阐释欲望，就像《红楼梦》衍生出"红学"一样。正因如此，近些年来，中国当代文学研究领域开始涌现出各种"再解读"，以至有学者将之视为一种"再解读思潮"，并认为这种学术思潮沿着"历史性研究""文学性研究""现代性研究"三条路径，开始对20世纪40年代以来的左翼文学进行了别样的阐释。[①] 但是，面对这种不断涌现的"再解读"现象，有一个问题已无法回避——是否可以通过不同的阐释主体、选择不同的研究方式对文学作品进行无穷无尽的解读？如果文学存在一定的边界，那么这种边界在哪里？

这是一个看似空泛的问题，却又是一个文学批评的原点问题，甚至内在地规定了我们进行"再解读"的某些基本原则。在张江先生看来，阐释并非没有边界，它必须获得公共理性的接受和认同，有效阐释的边界由多个元素决定，如"作者赋予的意图，文本的确当意

[①] 刘诗宇：《论中国当代文学研究中的"再解读"思潮》，《文艺研究》2019年第6期。

义，文本的历史语境，民族的阐释传统，当下的主题倾向"[①] 等。阐释的有效性必须建立在公共理性的认同之上，而公共理性既受制于文本与作者意图的约定，又具有动态性的变化特征，因此，阐释的有效性在某种程度上又具有开放性特征。

将阐释的有效性落实于公共理性，似乎没有太大问题。但是细究之后，有两个问题仍然值得推敲。一是很多文学作品借助情感共鸣而产生影响，并不一定具备深刻的理性意义，在阐释上很难聚焦于公共理性，像严羽的《沧浪诗话》、宗白华的《美学散步》所涉及的诸多精妙阐释，都立足于接受主体的感性体悟，无法诉诸明确的理性；二是公共理性的基本内涵并不容易约定，因为文学作品具有内在的开放性，必然会导致不同的阐释主体得出不同的理性认知，而且这些认知都具有公众认同的基础。譬如针对《水浒传》和《三国演义》，就一直延续了两种截然不同的阐释和评判。因此，真正意义的文学阐释可能是"层累的"，即不同时代的人们基于不同的阅读感受和个人思考进行"再解读"，无论作家作品还是文学史，均是如此。

当然，这并不是说阐释就没有边界，它的边界应该以具体作品为限。也就是说，阐释必须从作品出发，牢牢立足于作品来进行分析和判断。无论作家创作还是文学史定位，都必须立足于具体作品，从中寻找阐释的路径。作品（不是文本）隐含了作者的审美意图，同时又以开放性姿态延伸到各种非文学领域。当李银河的《虐恋亚文化》以萨德的小说来讨论人类的虐恋问题时，我们很难判断这种非审美的阐释是无效的，因为它立足于作品的人物言行，且从人性层面探讨了人类学问题。事实上，人们之所以觉得有些阐释是无效的，主要是因为这些阐释要么从各种理论出发，将作品仅视为某些理论的注脚；要么从主流观念出发，在二元对立的思维中展示主观性的判断；要么以偏概全，用少数极端作品来取代整体性阐释。这样的阐释无法获得令人信服的理由，丧失了应有的说服力。

关于阐释的有效性与边界问题的深入探讨，我们不妨将 20 世纪

[①] 张江：《论阐释的有限与无限——从 π 到正态分布的说明》，《探索与争鸣》2019 年第 10 期。

90年代"个人化写作"的相关研究作为例证，重新梳理一些阐释中存在的问题，并进一步说明科学而有效的阐释应从具体作品出发的基本原则。

可疑的参照目标

20世纪90年代中期涌现出来的"个人化写作"思潮，主要体现在三个写作群体中。一是以"晚生代"为主要阵容的写作群体，代表人物有韩东、朱文、刁斗、张旻等"断裂事件"的主角；二是以陈染、林白、海男、徐小斌、徐坤等为代表的女性小说家群体；三是以"民间写作"为主的诗歌群体，代表诗人有沈浩波、伊沙、尹丽川、朵渔、侯马等。这三个群体彼此交叉，在写作上倡导个体生命体验，强调身体欲望，自觉疏离宏大叙事，突出日常生活中个体生存的意义，因此被学界命名为"个人化写作"思潮。在后来发展过程中，这一思潮确实存在一些极端化的情形，如卫慧、棉棉的小说对本能欲望的展示，沈浩波、尹丽川、伊沙等诗人推行的"下半身写作"，都体现出某种感官化的审美倾向。但从总体上看，绝大多数作品都试图重建日常生活中的个体生存价值，让文学重返世俗意义上的"人学"轨道。游离于社会现实之外的普通个体，他们的生死爱欲、喜怒哀乐以及他们与某些世俗伦理的对抗，一直是这些作家孜孜以求的审美目标。

这种"个人化写作"思潮，刻意剥离了个体的社会群体属性，让人物回到个体可控的生存领域，揭示他们在自我精神空间中理性或非理性的生存状态。一方面，这一思潮拓展了当代文学对于现代人精神处境的深度思考，展现了个体的世俗欲求与社会秩序之间的抵牾，也折射了创作主体对于个体生活多元化的内在诉求；另一方面，它又割裂了人的群体生存属性，将人还原为纯粹的独立个体，导致个体的诸多行为无法形成共识性的情感关联，使一些读者产生排斥心理。但在具体的研究过程中我们发现，针对这一思潮的很多阐释并不是依据具体作品的分析，而是从先在的观念入手，即作者先确立一些自我阐释的参照目标，然后针对这种自我设立的参照目标进行理论言说，而在具体的论述过程中，仅以少数作品作为点缀，由此形成了各种难以令人信服的判断。

　　首先是集体叙事的参照。"个人化写作"思潮之所以能够成为学界普遍认同的概念，主要是因为人们将它先在地放置于"集体/个人"的语境之中，并由此形成了一种二元对立的思考范式。既然要表明"个人化写作"思潮的独特性，证明这种思潮具有进化论意义上的作用和价值，学界总是不自觉地将以前的文学创作概括为集体性叙事或代言式写作。因此，我们看到，在大量的阐释中[1]，人们认为，这种写作思潮是对以前集体化写作的一种自觉反抗，其核心依据，除了陈染的《私人生活》和林白的《一个人的战争》《致命的飞翔》等少数作品之外，便是几篇创作谈，包括陈染的《陈染自述》和林白的《记忆与个人化写作》等。因为在这些创作谈里，作家们明确提出了个人长期被集体遮蔽的生存处境，所以被学界反复征引。

　　我对这种阐释的有效性一直持怀疑态度，主要有以下三方面原因。

　　一是集体叙事并非20世纪90年代之前的主要叙事，至少在20世纪80年代中后期，集体叙事已经开始急速衰落。在诗歌方面，最典型的就是"第三代诗歌"的崛起，从"非非""他们"到"莽汉"，由这些民间诗歌群体所构成的第三代诗人之所以高喊"PASS北岛"，就是为了反抗诗歌创作中的集体意志，意欲重返真实而普通的个人，像李亚伟的《中文系》、韩东的《有关大雁塔》。在小说方面，从刘索拉的《你别无选择》到徐星的《无主题变奏》，再到后来的先锋小说，都是在重建个人化的自由生活，特别是后来的"新写实小说"，更是彰显了个人在日常生活中的世俗体验。可以说，它们构成了20世纪80年代启蒙主义的文学主潮，被人们称为"中国文学的第二次启蒙思潮"。

　　二是集体对个人的遮蔽，在本质上是强调集体观念高于个人欲

---

[1] 相关论述很多，如王冬梅的《从启蒙到世俗的文学转型——兼论"个人化写作"的文化意义》(《山东社会科学》2020年第1期)、罗振亚的《"个人化写作"：通往"此在"的诗学》(《中国文学研究》2004年第1期)、周晓燕的《当代文学的向内转与个人化写作》(《北方论丛》2001年第2期)等，均以集体叙事或公共话语作为论述的参照目标。

念，推崇个人对集体的服从原则，鄙视或取消个人的世俗生存欲望。这种情形在 20 世纪 80 年代的文学中也并不突出，像叶兆言的"夜泊秦淮系列"、冯骥才的《三寸金莲》《神鞭》、苏童的《妻妾成群》《妇女乐园》等女性系列，以及《红高粱家族》等新历史小说，都在集体性的宏大叙事中充分彰显了普通个体的世俗情怀，集体意志对个体生存的遮蔽则显得微乎其微。先锋文学则完全摆脱了集体叙事对个体的钳制，成为作家探讨个体生命非理性存在的一种重要方式，像残雪的《山上的小屋》《黄泥街》、洪峰的《极地之侧》、史铁生的《命若琴弦》、余华的《现实一种》等，都是如此。到了新写实小说，普通个体的世俗生存在创作中获得了进一步弘扬，甚至成为合法性的叙事目标，像刘震云的《塔铺》《新兵连》《一地鸡毛》、池莉的《烦恼人生》《太阳出世》等，已看不到集体对于个体的遮蔽，只有个体在现实生存中左冲右突。

　　三是作家的创作谈，其实只是作家创作过程中的一种思考，未必拥有多少严谨性，也未必具有科学性，只能是阐释的参照物，不可能也不应成为阐释者在论证过程中的核心依据。但在"个人化写作"研究过程中，人们总是将作家的创作谈作为重要依据，以此确立自己的判断。表面上看似乎没有什么问题，但创作谈与实际创作之间仍然存在很大的距离，而且很多作家的创作谈都缺乏应有的理性思考。可以说，在中国当代作家中，创作谈与其作品相距甚远的作家，不乏其人。因此，所谓"集体叙事"，从某种程度上说只是阐释者自我设定的参照目标，并不符合文学创作的客观现实，由此来确定"个人化写作"思潮的特殊性，显然是不科学的。

　　其次是消费文化的参照。20 世纪 90 年代是中国社会结构逐步向市场经济转型的重要时期，消费文化自然成为人们热议的目标，尤其是"人文精神大讨论"所引发的媚俗文化问题，就被视为消费文化的一种典型形态。在"个人化写作"思潮的讨论中，不少学者似乎顺理成章地将消费文化作为一个重要的参照目标，推演这一思潮如何体现了消费文化对文学创作的内在驱动。不少论述均将一些作品中个体生命的感官化书写，直接视为个体私密欲望的汇展，或者将一些有违世俗伦理的两性叙事认定为取悦于读者的窥视心理，其中最突出的例证便是世纪末卫慧和棉棉的小说创作。

  我对这一参照目标同样持怀疑态度。消费文化对创作的影响是非常复杂的，尤其是在20世纪90年代的社会转型期，从最初的"文人下海"、文稿拍卖，到《废都》《白鹿原》引发市场喧嚣，绝大多数作家或多或少受到了消费文化的影响。"个人化写作"中的很多作家，更多注重个体生命的内在体验，并不熟悉消费文化的市场特征。他们的作品也没有获得太大的市场（除了卫慧、棉棉的小说），特别是像"晚生代作家群"里的韩东、朱文、刁斗等，以及陈染、林白、海男和徐小斌的小说，根本看不出迎合读者接受心理或寻求市场运作的特征。因此说他们是通过身体体验或个体欲望的兜售，意欲迎合消费文化市场，无疑有些牵强。像江腊生的《个人化写作与市场消费》、徐肖楠的《迷失的市场自由叙事》等论文，都以消费文化作为参照，质询"个人化写作"思潮的审美动机，虽然在某些方面也不无道理，但在总体阐释上难以令人信服。尤其值得注意的是，在这种参照目标的引导下，"个人化写作"很容易变成个体隐私的贩卖，呈现出某些低级趣味的审美格调，而这与"个人化写作"本身所强调的个体生存意义构成了内在的悖论。

  再次是欲望本能的参照。在讨论"个人化写作"思潮过程中，还有不少阐释聚焦于一些作品的欲望书写，认为这种欲望书写带有个人体验的极端性，是以自我欲望来张扬生命个性。从这一思潮的具体创作来看，确实有不少作品涉及个体的欲望，包括金钱和肉体的双重之欲，如韩东的《障碍》、朱文的《我爱美元》、林白的《一个人的战争》、海男的《我的情人们》、何顿的《我们像葵花》以及卫慧的《上海宝贝》和棉棉的《糖》等，均集中笔力揭示被压抑的身体欲望。因此，有学者明确论道："无论是邱华栋、何顿等人笔下的疯狂追逐物质欲望的都市经验个体，林白、陈染等人笔下的袒露自身性心理成长、性压抑、性变态的性欲经验个体，刁斗、韩东等人的男性中心语境下的欲望个体，还是卫慧、棉棉诸人的表演性个体，文学没有进入人物生存处境的分析和阐释，而是停留在张扬个性的高蹈姿态层面。"① 应该说,这种从作品出发的阐释确实是有道理的。但是,我们也必须看到,"个人化写作"思潮所体现出来的这些欲望书写,并不是一种突兀的、"为欲望而欲望"的叙事,而是与个体的日常生存、生命体验有着密切关联,甚至是个体世俗欲求的基本范式。在书写个体的日常生存时,几乎所有作品都会不可避免地触及"欲望",这是一个不争的事实。如果就欲望展示而言,此前的《小城之恋》《岗上的世纪》《废都》《羊的门》等作品,与"个人化写作"中的作品相比,或许更显突出。当然,当这一思潮发展到"胸口写作""下半身写作"时,情况确实变得更复杂一些。

无论进行怎样的阐释,就文学研究而言,都离不开必要的参照目标。但参照目标的选择必须是审慎、严格的,有着文学史意义上的科学依据,才能确保阐释沿着准确的轨道前行。如果随意确定某些参照目标,或参照目标本身就缺乏学理依据,那么阐释的有效性必然会受影响。"个人化写作"的相关研究在选择参照目标过程中,无论是集体叙事、消费文化还是欲望书写,就其文学史的发展境况而言,都存在这样或那样的问题,这必然影响了其中部分阐释的说服力。

以偏概全的判断

由于参照目标本身缺乏必要的学理性,有关"个人化写作"思潮的一些阐释,总是或多或少地存在某种缺憾,从而影响了阐释的有效性,导致最终的判断难以令人信服。事实上,在很多反思性文章中,人们对于"个人化写作"思潮都持否定或批判的态度,主要原因就在于,论者以先在的观念确立了某些带有价值导向性的参照目标,然后推导出各种以偏概全、有失公允的结论。我们当然也不能完全否定这种阐释和判断的价值,因为在文学阐释的层面上,"片面即深刻"并非完全没有道理。同时,本文的任务也不是为了辨析"个人化写作"思潮研究的内在局限,而是借此考察文学阐释本身的有效性和边

---

① 江腊生:《姿态表演:20世纪末个人化写作的审美冲动》,《中国文学研究》2009年第3期。

界问题,所以我们有必要回到阐释本身的问题。为阐释而阐释是不存在的,阐释的目的是推导出判断。在文学阐释中,无论人们强调审美功能、教育功能还是文化认知功能,都必须从作品的内在肌理出发,辨析其中蕴藏的内涵,最终做出属于自己的价值判断,从而体现阐释者的审美创造和个人思考。

如果进一步细究"个人化写作"思潮的相关研究,很多判断带有否定性或批判性,除了上述参照目标有失学理性之外,在具体的阐释过程中同样存在一些值得商榷的问题。这主要体现在论者对这一创作的整体性把握不够,以偏概全,要么将概念以小换大,将群体阵容缩减成少数作家,然后以少数作家的创作表征整体思潮的特点;要么对作品研读挂一漏万,阐释中只是取己所需,刻意回避不符合自己判断的作品。其具体表现为两点。一是核心概念互换导致阐释内涵的变迁,二是借助一些极端书写的局限进行总体性评价。这两个主要问题,都是在阐释过程中经常出现的思维错位,也可以说是逻辑问题。

在核心概念的阐释中,有些论者不是立足于"个人化写作"思潮的内在创作诉求,而是从概念出发,将个人化写作、私语化写作、身体写作等重要概念彼此置换。这种情形在讨论陈染、林白、海男、徐小斌等女性写作时尤为明显。如有学者就认为,一些女性作家的创作所体现出来的个人化叙事,在本质上就是"私语化叙事",即"摆脱了宏大叙事的个体关怀,是私人拥有的远离了政治和社会中心的生存空间,是对个体的生存体验的沉静反观和谛听,是独自站在镜子前,将自我视为他者的审视,是自己的身体和欲望的'喃喃叙述',是心灵在无人观赏时的独舞和独白"[①]。而禹权恒的《"身体写作"的症候式分析》、宓瑞新的《"身体写作"在中国的旅行及反思》、贾雪霞的《"个人化写作"反思》则将个人化写作、私人写作和身体写作完全混杂在一起,使"个人化写作"的讨论直接变成了有关身体写作的阐释。尽管这些阐释看似有一定的道理,但是如果将它们视为"个人化写作"思潮的一条阐释路径,会发现其中隐含了欲望兜售和隐私贩卖的媚俗结论。事实上,只要认真剖析她们的一些小说,像陈染的

---

① 郭春林:《从"私语"到"私人写作"》,《文学评论》1999年第5期。

《私人生活》《站在无人的风口》《凡墙都是门》《嘴唇里的阳光》、林白的《一个人的战争》《守望空心岁月》《致命的飞翔》、海男的《蝴蝶是怎样变成标本的》《坦言》《男人传》《花纹》、徐小斌的《双鱼星座》、徐坤的《春天的二十二个夜晚》《爱你两周半》等，就会明确看到其中个体生命体验与私语化之间的距离。不错，她们的作品排斥了个体在社会性、公共性上的价值取向，明确张扬个体生命的内在感受，在一定程度上将创作引向了私人化的精神空间，以个体生命的欲望体验来展示自身的审美情趣，但是从私语性、身体性方面对这类写作进行阐释，无疑舍弃了这些作品所隐含的反抗性和解构性倾向，非常容易得到隐私展览的结论。

与此同时，我们也必须承认在"个人化写作"思潮的发展过程中，确实存在一些对本能欲望、另类生活的极端性书写，但这并不能代表整个文学思潮的基本特质。无论是卫慧、棉棉的欲望书写，还是诗歌创作中的"下半身写作"，抑或后来出现的"木子美现象"，只是一种世纪末的文化现象，折射了新一代写作者内心"影响的焦虑"。他们的作品无论数量还是质量都无法代表"个人化写作"思潮的整体面貌，也很难触及"个人化写作"的某些本质特征，尤其是"个人化写作"对个体生活完整性的内在诉求。但在具体的阐释过程中，针对这一文学思潮，人们常常会不自觉地动用这些极端性作品为例证，由此推导出难以令人信服的判断。应该说，这种以偏概全的阐释在我们当代文学研究中经常出现，一方面固然反映了阐释者受制于自身的阅读视野和阐释方式，另一方面也体现了阐释者在整体意识方面的匮乏。真正有效的阐释，必须对研究目标中各类作品形成全局性的把握，在丰沛的作品分析中呈现思考，进而得出可靠的结论。

当然，要完美地解决以偏概全的问题是很困难的，因为任何一种阐释都只是在通往本质的途中，不可能获得终极意义上的精确性。阐释主体、阐释对象、接受主体这三者内部以及它们之间，永远存在微妙的博弈。这种不确定性给阐释的确定性带来了巨大的困扰，但这并不意味着我们就可以放弃对确定性的追求。反思"个人化写作"思潮的相关研究，我们也要承认，一些阐释尽管存在这样或那样的问题，但它们的目标都是试图探讨这一思潮的确定性本质。事实上，在跟踪研究这一文学思潮的发展过程中，我也同样出现过这样或那样的问题；或者说，参照目标的可疑和以偏概全的阐释策略，也是我在阐释过程中一直试图克服的重要障碍。就我个人而言，"个人化写作"不仅体现了作家内心的平民化价值立场，而且在表达策略上恪守理性与感性的双向演绎，致力于将个人的异质性、独特性放在首要位置，强调从个体经验切入特定的历史与生活内部，将个体生活的完整性作为写作的起点，显示出世俗生存中的多元化审美特征。它既隐含了中国文学的言志传统，也折射了现代人对身与心、人与物相统一的精神诉求。尽管"个人化写作"有时会以极端化的欲望书写，让习惯于日常伦理观念的人们感到不适，但这种书写主要还是一种解构性的表达策略，就像王安忆当年的"三恋"那样，未必体现了创作主体的审美理想。

余 论

文学是语言的艺术，但它不是对日常交流语言的简单套用，而是借助各种修辞手段形成自有体系的符号系统；它的开放性与阐释主体的多样性，构成了文学阐释的不确定性。针对某一部作品，阐释的开放性可能是有限的；然而针对某种文学现象或思潮，针对某一段文学史，这种阐释的开放性会更宽更广，不确定性也将变得更加明显。从上述对"个人化写作"研究的梳理可以看到，阐释的有效性必须建立在作品解析之上。只有从具体作品出发，让阐释的主体与作品之间构成一种平等的对话关系，或者说构成一种主体间性，这种阐释才能获得理性意义上的说服力。与俄国形式主义、新批评等将作品仅视为一种纯粹的文本不同，我们更倾向于认为一部作品就是一个复杂的主体。如果将作品视为单纯、被动性的客体，那么我们只需要技术主义的解剖和阐释，没必要集纳那些附着于作品内外的其他因素，包括作者的主观意图、作品的时代语境及民族的文化伦理，也很难多维度地把握作品所承载的审美内涵。然而，文学终究是为了传达人类对于人的生存及其可能性状态的体察与思考，它不仅是人类文化的组成部分，而且更是人类文化变迁的路标。没有"鲁郭茅巴老曹"等杰出作家的作品，我们对于 20 世纪中国启蒙主义的思想文化将很难描述。同样，如果将"个人化写作"思潮中某些极端性书写仅视为一种个体隐私或欲望的汇展，忽视它们对现实伦理的尖锐质询、对个体世俗欲念的某些合理吁求、对人的完整生活的重新审视，那么我们的阐释可能更加缺乏效度。从女性主义、新历史主义到后殖民主义，这些文化批评轻松摆脱了技术主义的文本批评并广为文学研究者所认同，道理可能也在这里。

但是我们也要看到，作品的开放性并不意味阐释的无限性。阐释的边界，既包括作品本身，也包括附着于作品内外且影响作品内涵的诸多元素。无论这些元素有多少，我们都可以明确地看到它的限度。任何一部作品都是一个特殊的主体，既不是神秘主义的存在物，也不具备永无边界的阐释空间。"阐释本身是人类理性行为，超越于表层的感性、印象，以及各种各样的非理性范畴，它必须以确定性、真理性追求为己任，为对自然、社会、人类精神现象的确当理解和认识开辟广阔道路"[1]，这是文学阐释基于科学范畴的本质属性。然而，在具体的阐释实践中，我们如何遵循这种理性的科学准则，确实是一个难题。

---

[1] 张江：《不确定关系的确定性——阐释的边界讨论之二》，《学术月刊》2017 年第 6 期。

"阐释"阐释了什么

——兼论作为现象学的"深层阐释学"的可能性

张任之

【内容摘要】当前的中国阐释学研究,对于阐释主体和阐释活动都有着深入的思考。相对来说,作为"阐释"之第三维的阐释对象受到的关注比较少。文本或语言被视为当然的阐释对象,但阐释对象是不是仅指文本或语言?借助西方阐释学对于"语法的阐释"和"心理学的阐释"的区分,可以追究文本或语言背后的阐释对象,即体验。通过对体验这一最终阐释对象以及对其理解和把握的现象学分析,可以理解阐释的有限与无限的相互关系。在此基础上,一种在现象学的视域中得到理解和拓展的、跨文化与跨文明的"深层阐释学",可以成为当代中国阐释学发展的理论资源。

【关 键 词】阐释　阐释对象　体验　深层阐释学　现象学
【作　　者】张任之,中山大学哲学系教授。

在《关于公共阐释的对话》[①]一文中,哈贝马斯对于张江教授倡导的"公共阐释"理论表达了自己的看法。一方面,哈贝马斯认为,公共阐释理论深深植根于中国的文化传统,这一理论所强调的公共性和开放性也是欧洲阐释学所包含的;另一方面,在与伽达默尔阐释学的对照中,哈贝马斯也追问,理性在阐释学中究竟扮演着什么样的角

---

① 张江、[德]哈贝马斯:《关于公共阐释的对话》,《学术月刊》2018年第5期。

色？无论是张江还是哈贝马斯，都对伽达默尔的阐释学提出了批评意见，在思考中国阐释学的建构时，进一步思考和检讨哈贝马斯的这一追问，显然不会是多余的。

通常而言，人们对于"阐释"的探究，需要关注三个维度，即阐释主体、阐释活动和阐释对象。当前的中国阐释学研究，对于阐释主体和阐释活动都有着深入的思考。阐释的主体，不仅是具有自知和自省的主体，更是交互的主体，构建合理的交互主体性或主体间性，是阐释的前提。而"阐""诠"之辨，其核心即在于对阐释活动本身及其目的的检讨。① 相对来说，作为"阐释"之第三维的阐释对象受到的关注比较少。文本或语言被视为当然的阐释对象。而哈贝马斯想探究的恰恰是："为了理解一句话的意义，我们必须探寻文本背后的理性，即为何一个作者或一个人会选择某个被说出的句子。"② 换言之，我们可以追问，阐释对象是不是单单只是文本或语言？"阐释"阐释的是什么？如果我们对于阐释对象做更进一步的探究，是否有可能基于阐释对象的维度思考阐释的有限和无限？

"阐释"阐释的仅仅是文本吗

根据帕尔默的概括，阐释学在现代有六个主要的界定，分别为圣经注释的理论、一般的语文学方法论、所有语言理解的科学、精神科学的方法论基础、存在和存在论的理解之现象学以及把握神话和象征背后意义的阐释体系。③ 如果涉及阐释的对象，西方的阐释学大致可以分为两个大的脉络。一个是以圣经等宗教文本、法律文本、神话文本乃至语言本身为阐释的对象，另一个则是以生命、体验以及存在理解等作为阐释对象。这一区分在施莱尔马赫的思想中就已经存在，以

---

① 张江：《"阐""诠"辨——阐释的公共性讨论之一》，《哲学研究》2017年第12期。
② 张江、[德]哈贝马斯：《关于公共阐释的对话》，《学术月刊》2018年第5期。
③ [美]理查德·E. 帕尔默：《诠释学》，潘德荣译，商务印书馆2012年版，第50页。引文涉及"hermeneutics/hermeneutik"一词的翻译，均统一为"阐释学"，特此说明。

至于人们可以在施莱尔马赫那里区分"语法的阐释"和"心理学的阐释"①，后世的研究者们也将这一区分规定为"语言为中心的阐释学"和"主体性为中心的阐释学"。② 这一规定也构成了狄尔泰、海德格尔以及伽达默尔阐释学思考的出发点。

同施莱尔马赫追求一门不同于诸种特殊阐释学（如历史的、语文的、法律的阐释学等）的普遍阐释学一样，狄尔泰也发展了一门作为理解的艺术的普遍阐释学。在其《阐释学的起源》（1900年）一文的相关手稿中，狄尔泰对阐释学有一个界定："我们把对用文字书写固定下来的生命展现的理解的技艺学称作阐释学。"③ 这段话清晰地表明了狄尔泰对阐释学的阐释对象的规定。特殊阐释学针对的始终是各种各样的"文字书写"，无论是历史文本、法律文本、艺术作品或文学表达等。而普遍阐释学关注的是这些"文字书写"背后的"生命展现"，阐释即是对这些生命展现的理解。正是在此意义上，狄尔泰的阐释学可以被称作"生命的阐释学"（hermeneutik des lebens）。狄尔泰还更进一步地将生命的阐释学视为精神科学（geisteswissenschaften）的基础。

狄尔泰最为突出的贡献在于，他不仅强调了生命体验或生命展现对于阐释学的独特意义，而且还勾勒了生命体验或生命展现之所以可以被阐释的意义关联结构。这一结构可以被简化为"体验-表达-理解"（Erlebnis-Ausdruck-Verstehen）的三联公式。所谓"体验"乃是构成精神历史世界的基本细胞，"主体在体验中发现，他与他的环境

---

① [德] 施莱尔马赫：《诠释学讲演（1819—1832）》，洪汉鼎译，载洪汉鼎主编《理解与解释：诠释学经典文选》，东方出版社 2001 年版，第 47—73 页。引文将"诠释""诠释学"，均统一为"阐释""阐释学"，特此说明。

② [美] 理查德·E. 帕尔默：《诠释学》，潘德荣译，商务印书馆 2012 年版，第 117—124 页。引文涉及 "hermeneutics/hermeneutik" 一词的翻译，均统一为"阐释学"，特此说明。

③ Wilhelm Dilthey, "Die geistige Welt. Einleitung in die Philosophie des Lebens, Erste Hälfte: Abhandlungenzur Grundlegung der Geisteswissenschaften", Gesammelte Schriften Bd. V, Stuttgart: Göttingen, 1990, p. 332f. 中译参见狄尔泰《诠释学的起源》，洪汉鼎译，载洪汉鼎主编《理解与解释：诠释学经典文选》，东方出版社 2001 年版，第 74—92 页。中译文未包括狄尔泰写作该文的相关手稿。

结成了一种生产性的生命关联体"①。体验是生活中各个部分因某种共同的意义而联系成的一个统一体，可以说，体验构成了人类精神世界的知识、对他人的理解、对共同体的历史认识等一切的根本前提。②而"表达"则是对"体验"的传达，它是创造性的。表达有多种多样的形式，比如表情、姿态等身体性表达，以及艺术作品、自传、诗歌、文学等文字书写性表达。"理解"的根本，就在于借助"表达"去把握生命"体验"的意义。所谓"阐释"（auslegung）就是"在一定规则指导下的、对持久固定的生命展现所做的理解"③。因此，文本或语言之所以成为阐释的对象，究其根本，是在于文本或语言是固定下来的生命展现，是生命"体验"的"表达"，阐释主体对于文本或语言的阐释，最终指向的是对文本或语言背后的生命体验的意义的阐释。

　　狄尔泰的这一突破被海德格尔进一步推进。海德格尔赋予"理解"以存在论的意义。"理解"被视为"此在"的存在方式，"理解"始终关涉此在的"在世界之中存在"的基本建构，此在正是在对世界的理解中一道理解了生存。④ 跟随海德格尔的"此在阐释学"，伽达默尔发展出一门"哲学阐释学"，理解在根本上同样是"人类生命本身原始的存在特质"。⑤ 只不过伽达默尔又往前走了一步，提出"能被理解的存在就是语言"，阐释学是通过语言而与存在照面。

　　可以看到，无论是狄尔泰的"表达"，或是伽达默尔的"语言"，它们可以成为阐释学阐释的直接对象，但它们却不是阐释学的唯一或最终的阐释对象。狄尔泰借助"表达"试图通达的是"生命体验"，

---

　　① ［德］狄尔泰：《精神科学中历史世界的建构》，安延明译，中国人民大学出版社2010年版，第142页。
　　② ［德］狄尔泰：《精神科学中历史世界的建构》，安延明译，中国人民大学出版社2010年版，第180—181页。
　　③ ［德］狄尔泰：《精神科学中历史世界的建构》，安延明译，中国人民大学出版社2010年版，第198页。
　　④ ［德］海德格尔：《存在与时间》，陈嘉映、王庆节译，熊伟校，商务印书馆2015年版，第31、32节。中译本将"verstehen"译为"领会"，为保持本文的行文统一，改为"理解"。
　　⑤ ［德］伽达默尔：《诠释学I：真理与方法》，洪汉鼎译，商务印书馆2010年版，第370页。

伽达默尔借助"语言"试图照面的是"存在"。

回到哈贝马斯的追问，我们会发现，他同样关注了阐释对象的不同层面，即文本和文本背后的理性。对于西方的阐释学思想家来说，阐释对象始终可以是两个层面的。一个是文本或语言，一个是文本或语言所关涉的东西（生命体验或存在等）。当然，哈贝马斯与狄尔泰、伽达默尔都不相同，因为尽管他提出了理性在阐释学中究竟该扮演什么角色的问题，看上去他和狄尔泰或伽达默尔一样在追问文本背后的理性，但是哈贝马斯思想的独特之处在于，文本背后的理性成为人们理解文本的手段。后面本文还会提到，哈贝马斯对于语言本身的歪曲会有自己的批判。

对阐释对象的"阐释"

如果我们在狄尔泰的阐释学三联公式中来理解"阐释"本身，我们究竟应该如何理解阐释的有限与无限？张江教授在《论阐释的有限与无限——从π到正态分布的说明》一文中指出，阐释的开放与收敛、有限与无限是阐释学的基本问题。20 世纪以来，在这一问题上有两种主要看法。一是坚持阐释的绝对开放性，文本具有无限意义；二是坚持阐释的约束性，阐释的目的在于把握文本原本固有的意义。通过借鉴自然科学方法，该文强调阐释是无限的，同时又是收敛的，标准正态分布展现了阐释之"阐"的有限与无限关系。?[①] 可以说，这一探究对阐释的有限与无限之间的相互包含和相互决定关系做了清楚的说明。在这一分析中，阐释对象被明确地界定为文本，文本的阐释可以是无限的，但最终阐释须约束于文本的有限之中。

如果阐释对象不单单是文本，而是文本所关涉的东西，那么阐释的有限与无限可以得到怎样的理解和展开？

（一）阐释的有限

如果按照狄尔泰的想法，我们是借表达来理解生命体验，那么生

[①] 张江、[德] 哈贝马斯：《关于公共阐释的对话》，《学术月刊》2018 年第 5 期。

命体验这一阐释对象对于阐释而言，是否具有约束性？施莱尔马赫的"心理学阐释"在狄尔泰这里得到了保留，但正如利科所说："与施莱尔马赫的工作相比，狄尔泰的工作更好地提出了阐释学的核心疑难，这一阐释学让文本的理解服从于对进行表述的他者的理解的法则。如果这个举动最终仍然是心理学上的，这是因为它指派给阐释的最后目标是进行表述的人，而不是文本所说的东西。同样地，阐释的对象也不断偏离文本、它的意义以及它的指涉，而走向进行表述的生命体验。"① 一方面，狄尔泰跟随着施莱尔马赫在追究文本背后的东西，即生命体验；另一方面，这一追究使得人们对文本的理解最终要服从于对生命体验进行表达的他者的理解，而后者仍未能摆脱心理学。

换言之，如果我们把阐释的对象聚焦于生命体验这样的对象之上，对其进行理解的心理学是否对阐释具有约束性？或者说，生命体验本身是否具有客观性，因为阐释对象的客观性正可以对阐释活动产生约束性。利科敏锐地指出："客观性问题在狄尔泰那里一直是一个既不可避免又不可解决的问题。"② "不可避免"是因为狄尔泰想用生命阐释学作为精神科学的基础，亦即发展一门与自然科学相对，但同样具有其独特客观性的精神科学；"不可解决"是因为狄尔泰始终把阐释学的问题归为认识他者的纯粹的心理学问题，所以客观性的根据最终并不能在阐释学自身找到。

这正是胡塞尔的现象学超出狄尔泰生命阐释学之处。胡塞尔在总结其《逻辑研究》的突破性意义之前简单勾勒了狄尔泰"解释的与描述的心理学"之得失：" '内在'经验的领域，意即体验的脉络，这个体验脉络乃构成了我们内在流动的生命，或者这个脉络是对于纯然具体的人来说以及对于直接的观看来说是可触及的，不是也应该带有一个形式的法则框架，也就是一个颠扑不破的必然性或

---

① ［法］保罗·利科：《从文本到行动》，夏小燕译，华东师范大学出版社 2015 年版，第 88 页。引文有改动。引文将"诠释""诠释学"，均统一为"阐释""阐释学"，特此说明。

② ［法］保罗·利科：《从文本到行动》，夏小燕译，华东师范大学出版社 2015 年版，第 87 页。引文有改动。

法则性的普遍形式，以便使得精神科学工作的解释性成就可以在方法上获得回溯？"① 相较狄尔泰的生命阐释学，胡塞尔的意识现象学迈出的决定性一步在于对意识生活（生命体验）的意向性分析。胡塞尔通过揭示意识生活的现象学本质发展出一门"新的心理学"，即"现象学的心理学"，先天性、本质性、直观纯粹描述、意向性等是这门新的学问的根本特质。正是通过"意识—意识对象"或"意向行为—意向相关项"之间的"相关性先天"，胡塞尔赋予了生命体验以客观性。

由此我们可以进一步补充狄尔泰阐释学的三联公式，其中作为最终阐释对象而出现的"生命体验"在根本上就是意识生活，意识则始终是意识着某物，这种具有意向性本质的"生命体验"在根本上有其自身的先天性和本质性，因而对于人们对其"阐释"和"理解"的活动就具有约束性。阐释的有限性恰恰就导因于阐释对象（意向性的生命体验）自身的先天性而产生的约束性。

（二）阐释的无限

如果阐释对象被标定为文本背后的生命体验，我们的阐释活动就意味着对他人（如文本作者）的生命体验的理解，这是如何可能的？

施莱尔马赫曾将"心理学阐释"的任务规定为"把每一所与的思想复合物看成某个确定个人的生命环节（lebensmoment）"②，为了更好地进行心理学的阐释，人们可以使用"预期的"（divinatorische）方法以直接地理解作者，这种理解的核心在于"我们使自身变成另一个人"。这种"预期的"方法之使用得以可能，前提在于"每一个人除了他本身是一个有特征的人外，对其他人还具有一种敏感性"，而

---

① ［德］胡塞尔：《现象学的心理学》，游淙祺译，商务印书馆2017年版，第33页。
② ［德］施莱尔马赫：《诠释学讲演（1819—1832）》，洪汉鼎译，载《理解与解释：诠释学经典文选》，洪汉鼎主编，东方出版社2001年版，第70页。引文将"诠释""诠释学"，均统一为"阐释""阐释学"，特此说明。

这最终又依赖于一个事实，即"每一个人都分享了某些普遍的特性"。① 施莱尔马赫这里所表达的以"预期的方法"所进行的"心理学阐释"，核心在于阐释者要借"阐释"去把握和理解他人（文本作者）的"生命环节"。这种阐释最终依赖的其实是我们共通的人性。

狄尔泰对此做了精当的概括："普遍有效阐释的可能性可以从理解的本性中推出。在这种理解中，阐释者的个性和他的作者的个性不是作为两个不可比较的事实相对而存在的：两者都是在普遍的人性基础上形成的，并且这种普遍的人性使得人们彼此间讲话和理解的共同性有可能。"？② 在此基础上，狄尔泰更进一步，将"理解"的最高形式规定为对于"生命展现"之内容或意义的"再体验"（nacherleben）或"再创造"（nachbilden）。在这种"再体验"中，心理生命的总体整全地活跃于理解活动之中。"一种充分的生命参与要求理解活动与事件的线索本身同向发展。它必须一直与生活的过程本身一道前进。因此转换或转移的过程可以使理解者沿着事件的线索，再体验到一种创造活动。"③ 历史学家或诗人能使我们获益，恰恰就在于这种"再体验"。狄尔泰搁置了这种"再体验"与"同情"（mitfühlen）和"同感"（einfühlen）的区别与联系，因而也未能对"再体验"本身做更为细致的描述分析。

同时受到狄尔泰和胡塞尔影响的现象学家埃迪·施泰因发展了对"同感"的现象学研究，并将之视为精神科学的真正基础。同感在现象学上看是一种"对异己意识之把握"的行为，它在根本上是一种"本原的"但"非本原给予性"的行为。说其"本原"，是因为这一行为作为"我"的当下的现时的行为是"本原的"；说其"非本原给

---

① ［德］施莱尔马赫：《诠释学讲演（1819—1832）》，洪汉鼎译，载《理解与解释：诠释学经典文选》，洪汉鼎主编，东方出版社2001年版，第68页。引文将"诠释""诠释学"，均统一为"阐释""阐释学"，特此说明。

② Wilhelm Dilthey, Die geistige Welt, "Einleitung in die Philosophie des Lebens", Erste Hälfte: *Abhandlungenzur Grundlegung der Geisteswissenschaften*, GesammelteSchriften Bd. V, Stuttgart, Göttingen, 1990, p.332*f*. 中译参见狄尔泰《诠释学的起源》，洪汉鼎译，载《理解与解释：诠释学经典文选》，洪汉鼎主编，东方出版社2001年版，第90页。中译文未包括狄尔泰写作该文的相关手稿。

③ ［德］狄尔泰：《精神科学中历史世界的建构》，安延明译，中国人民大学出版社2010年版，第196页。

予性",是因为在这一当下的现时的行为中直接给予"我"的"异己意识"始终还是属他的。①

在现象学的意义上,我们可以说对他人生命体验的理解("再体验""再创造""同感"等)行为本质上是一种"本原的"但"非本原给予性"的行为。正因其"非本原给予性",阐释或理解的可能性就是无限的。

概括而言,借助现象学的展开,我们可以对狄尔泰阐释学的三联公式"体验—表达—理解"做更细致化的分梳。其中,表达是现象学阐释学的直接的阐释对象,理解则是阐释活动,而生命体验是最终的阐释对象。意向性的生命体验因其自身的先天性和本质性对阐释本身有约束,阐释的有限盖源于此;而理解或阐释本身尽管是当下的、现时的、"本原的",但它同时是"非本原给予性"的,因此对这些本质上属他的、非本原给予的生命体验的阐释可以是无限的。最终,有限和无限的限度统合在阐释者的"主体性"(作为"交互主体性"的"主体性")之中。

作为现象学的"深层阐释学"

早在 20 世纪六七十年代,哈贝马斯和伽达默尔就围绕阐释学的普遍性问题展开了一场论辩。论辩首先导源于哈贝马斯为伽达默尔《真理与方法》撰写的书评,其后伽达默尔撰专文回应,随后哈贝马斯再次批评,论辩来回往复多次,双方的态度都表达得比较清楚。本文特别关注的是哈贝马斯通过批评伽达默尔而提出一个概念,即"深层阐释学"(tiefenhermeneutik)。②

针对伽达默尔提出的阐释学的普遍性要求,哈贝马斯指出:"阐释学意识,如果不包含对阐释学理解界限的考虑,那就不会完善。对某种阐释学限度的体验,涉及特别不可理解的表述。人们天生获得的

---

① Edith Stein, *Zum Problem der Einfühlung*, Edith Stein Gesamtausgabe Bd. V, Freiburg: Herder, 2010, pp. 13-20.

② Edith Stein, *Zum Problem der Einfühlung*, Edith Stein Gesamtausgabe Bd. V, Freiburg: Herder, 2010, pp. 13-20.

交往能力的运用，无论多么娴熟，也无法克服这种特别的不可理解性。"[1] 这里所说的"不可理解性"，在哈贝马斯看来主要有两种形式。一是出自巨大的文化差距和时间或社会的差距而产生的理解困难，二是出于言语本身的组织缺陷而造成的不可理解性。哈贝马斯认为，阐释学对后一种困难是无能为力的。因为按照伽达默尔的理解，阐释学对不能理解或理解错误的表达方式的说明，总是要回到一种一致的意见，这种一致的意见是通过一种趋同的传统确立的。但是哈贝马斯指出，这种看似以"合理的"方式取得的意见一致，很可能是无效交往或伪交往的结果。只有通过"深层阐释学"才能说明这种被曲解的交往的特别的不可理解性。[2]

哈贝马斯对于"深层阐释学"的提出主要是借鉴了精神分析学的成果，核心目的是要揭示阐释可能具有的界限，特别是因言语本身的组织缺陷造成的不可理解性。我们可以更进一步，撇开哈贝马斯对于"深层阐释学"的特殊界定，转而从一种现象学的视域来理解和拓展"深层阐释学"。

按照前文的讨论，阐释学作为一门学科需要具有普遍性的要求。如果人们对于文本或语言的阐释无可避免地会带有一种特殊的不可理解性，那么当我们把目光投向作为最终阐释对象的生命体验或意识生活，我们对于意识生活的阐释本身就是一种现象学的"深层阐释学"，因为它关注的是文本或语言背后的东西。这样的一种"深层阐释学"可以说植根于施莱尔马赫以来的阐释学传统，特别是发展了西方阐释学中宽泛意义上的"心理学阐释"一脉，进而借助现象学的方法，可以最终为狄尔泰所强调的精神科学奠基。

如果说公共阐释学是建基于中国传统文化（特别是注疏、诠证等）之上的、有别于单纯的西方阐释学的当代中国阐释学新建构，那么这一新建构的理论资源就不单单是中国传统文化中对于经典的注疏（文本阐释），而是也可以关注作为文本阐释的经典注疏背后的或另

---

[1] ［德］哈贝马斯：《诠释学的普遍性要求》，高地、鲁旭东、孟庆时译，载《理解与解释：诠释学经典文选》，洪汉鼎主编，东方出版社2001年版，第269—302页。

[2] ［德］哈贝马斯：《诠释学的普遍性要求》，高地、鲁旭东、孟庆时译，载《理解与解释：诠释学经典文选》，洪汉鼎主编，东方出版社2001年版，第292—296页。

外的传统。我们在宋明儒者那里看到的借经典阐释而发展出的关注身心体验的"工夫论"传统，它实际上构成了中国传统阐释学的另一个面向，或者说更深层的面向。

　　一般而言，宋明儒者对于诸多经典与文本的阐释与深究，核心不在于自立学说，而是在于自家"工夫论"的实践要求。通过对经典与文本的一再阐释、体会，乃至与师友的切磋、论辩，宋明儒者不断对生命本身进行活生生的价值领会与创造。文本阐释与身心体验的工夫践履必然存在着一种辩证互动的关系，可谓"体验无经传则盲，经传无体验则空"[①]。在此意义上，宋明儒者阐释圣贤之言的关键在体察圣贤之心，而圣贤之心根本上又勾联着圣贤之意或天理，阐释即是体证。如果说，对于经典文本的注疏诠证构成了中国的经典阐释学，那么宋明儒者的身心体验—体证之工夫践履就是一门"深层阐释学"，它关注的是圣贤之言背后的东西。

　　哈贝马斯试图借"深层阐释学"来解决言语本身的组织缺陷所带来的不可理解性，而一门扩展意义上的现象学的"深层阐释学"何尝不能用来解决异文化、跨文化沟通中的不可理解性。如果把意向性的生命体验或意识生活视为阐释的最终对象，构建中的"心性现象学"就可以是现象学的"深层阐释学"。其以现象学的思维方式重新审视或"阐释"东西方心性思想，一方面试图揭显人类共通的意识或心性本质结构（所谓"人同此心、心同此理"）；另一方面则期待借东西思想的互镜（spiegeln）以寻求古今中西文明之"均衡"（ausgleich）。在此意义上，可以说心性现象学或现象学的"深层阐释学"是在"西方理论的中国化"和"传统思想的当代化"这两方面进行着努力和推进。在这里，我们不仅可以触摸到这一学问的切身的当下性，更可展望其未来性。

---

① 陈立胜：《宋明儒学中的"身体"与"诠释"之维》，商务印书馆2019年版，第252页。

阐释问题之哲学拓扑学分析

江 怡

【内容摘要】 哲学拓扑学是研究概念间逻辑关系和概念流形性质的哲学方法论，其以"空间分析法"和"概念分析法"为主要方法，旨在从形式和内容两方面揭示阐释问题的性质。依哲学拓扑学分析，阐释问题实质为概念间的相互联结，即不同概念间如何通过阐释活动而建立一种网络，每一概念都在此种网络中得到理解。阐释活动是确立每一概念边界的过程，而阐释的边界构成阐释的逻辑空间。每一阐释活动皆显示其自身逻辑空间，并以其自身边界规定阐释活动的性质。确定阐释活动之边界，显示阐释活动之逻辑空间，即为阐释问题之形而上学。

【关 键 词】 哲学拓扑学　空间分析法　概念分析法　概念空间　逻辑空间

【作　　者】 江怡，山西大学哲学社会学学院教授，教育部长江学者特聘教授。

【基金项目】 教育部、科技部2020年度地方高校学科创新引智基地"当代哲学与新科学技术互动作用"（D20021）

《论阐释的有限与无限》一文中，张江教授从π到正态分布说明阐释约束与开放、无限与有限、确定与非确定之间的辩证关系，对时下流行以无限开放作为阐释之原则提出批评。《探索与争鸣》对此发表文章进行了批评与反批评。的确，无论在哲学或文学领域，阐释问题皆引起广泛讨论，形成各种截然不同甚至针锋相对的理论观点。本着百家争鸣、开放讨论的原则，本文试图从哲学拓扑学视角，以"空间分析法"和"概念分析法"为主要方法，从形式与内容两方面揭示阐释问题之性质，由此提出一种形而上学分析。

何谓"哲学拓扑学"

笔者曾于2006年发表文章《如何把握思想的脉络：一种哲学拓扑学的视角》，明确提出一种哲学拓扑学观点："我把对不同哲学观念中的共同东西的探究，称作'哲学拓扑学'。这个术语最早由当代英国哲学家蒙特菲尔（Alan Montefiore）提出，他试图以此说明当今两种不同哲学传统之间的共同之处；而我则进一步把它解释为'元哲学'的一个重要组成部分，旨在说明哲学研究的目的就是寻求思想流变中的永恒问题。"[①] 在性质上，哲学拓扑学是一种哲学自我反思，即哲学自身研究工作，为哲学研究性质和状况之概念定位，亦即对哲学概念连续与断裂作统一理解。在方法论上，哲学拓扑学追问结构分析，强调空间之时间转换，以结构自我展现为主要目的；强调思想在概念中之连续性，根据连续映射原则建立概念与思想间逻辑关系，由此确立概念流形性质。本文主要讨论"空间分析法"和"概念分析法"，由此说明我们如何运用这些方法处理阐释问题之性质。

所谓"空间分析法"（approach to spatial analysis），以结构分析为主要形式，由空间维度去分析概念形成之基本过程及其性质。这种分析法独特之处在于，把时间概念置于空间中考察，用空间解释时间。据马赫维数，一空间之性质由该空间维数决定，而空间维数则是空间中各集合要素相互作用之结果。由于空间构成一切事物的存在形式，事物形成与发展都在空间中进行，故而以空间概念解读构成事物发展之时间概念，便于更好地理解事物性质和变化，由此把握关于性质和变化之概念空间。所谓"概念空间"，指概念间构成之具有直观性质

[①] 江怡：《如何把握思想的脉络：一种哲学拓扑学的视角》，《哲学研究》2006年第1期。

之空间关系，强调概念之形式化特征，即概念之拓扑性质。这种性质通过直观被把握，亦即概念形式直接呈现于理解者，而概念理解亦即把握概念形式之直观结果。在由概念间形式关系构成之拓扑空间中，概念并非具有认识内涵之抽象名词，而是显现对象名称间关系之符号形式。此类概念空间规定判断得以成立并具有意义形式规则。可见，空间分析法围绕概念形式展开，显示概念之形式结构。

与形式分析相对应，"概念分析法"（approach to conceptual analysis）对概念思想内容作出分析。"概念分析"通常被视为运用逻辑方法澄清概念意义之活动。由于概念意义主要以命题方式表达，故而概念分析亦属命题分析，是命题分析之基础。但由于理解概念意义是理解命题意义之前提，故而理解概念意义又为分析命题意义之第一步。根据哲学拓扑学观点，此种概念分析法分作两个主要步骤。一是根据连续映射原则建立概念与思想间逻辑关系，确立概念语义特征；二是展现概念意义构成方式，确立概念流形性质。

连续映射是几何拓扑学中基本原则，强调不同拓扑空间之间的映射关系。该原则依赖值域与定义域空间拓扑，规定两个拓扑空间连续函数等价性质，指出具有连通性质拓扑空间之间具有拓扑不变量，而"拓扑学就是关于拓扑不变量的研究"[1]。据此原则，不同概念拓扑空间之间连通性质以思想连续性为前提，"不变量"亦即思想之连续性。根据哲学拓扑学，意义构成由函数关系完成，对任一概念意义分析，即为对概念函数关系之揭示。由于函数本身根据定义域发生变化，故概念本身亦随其外延发生变化。一概念之定义域规定概念之意义，故而把构成此定义域之点集称为概念流形。这里，概念流形即概念空间中不同概念间构成可连通之意义域，其不仅规定每一概念意义构成，而且规定每一概念所构成概念空间之性质和范围。由于流形由空间中拓扑不变量定义，故概念流形亦表明概念连续性质。此概念流形性质亦揭示概念之时间连续性质源自空间不变量，故而为概念确定性奠定了形而上学的基础。在《论阐释的有限与无限》中，张江教授对阐释之开放与收敛、无限与有限关系之基本判断，正是基于阐释

---

[1] ［英］凯莱：《一般拓扑学》，吴从炘、吴让泉译，科学出版社1985年版，第82页。

之空间规定，即公共理性空间之限度。如其所言，"阐释的有效性由公共理性的承认和接受所决定""某些完全降服于确定语境的阐释，常常因为语境的变化，而被历史所抛弃，失去阐释效力"。① 由此表明，基于时间规定之语境阐释决定于阐释之公共理性空间要求，阐释活动方能获得其最终效力，即在无限与有限、开放与收敛中辩证运动。

由上可见，从空间分析到概念分析乃从形式分析到意义分析之过程，但此"意义"并非通常理解之概念内涵，而是概念间之逻辑关联。从概念自身规定出发，对概念之形式分析，亦即对概念空间之分析，把概念空间理解为概念间相互联系之场域，每一概念由于与其他相关概念间逻辑联系而获得自身空间定位。同样，对概念之意义分析，亦即对这种概念空间之分析，但更强调此空间中思想表达之连续性，试图通过空间变化获得思想不变性，并由此达到概念阐释之永恒价值。这些方法虽然借鉴几何拓扑学之基本思路，但更多突出了概念与其表达思想间之逻辑关联。

阐释问题之性质

何为"阐释"？文学家和哲学家给出不同回答。葛洪《抱朴子外篇·嘉遁》有言："幽赞太极，阐释元本"②，此道出"阐释"本意，即陈述并解释。按照文学家之说法："阐释就是调动文字考证、句法分析以及语境阐发等手段，发现隐在作品之中的真意。"③ 然而，在哲学家看来，阐释乃为通过解释文本之内在理由和逻辑次序，解构文本之外在句子结构，重构文本之本体意义。台湾学者林安悟提出了阐释五层次，即"言""构""象""意""道"，认为此五层次体现了

---

① 张江：《论阐释的有限与无限——从 π 到正态分布的说明》，《探索与争鸣》2019年第10期。
② 葛洪：《抱朴子外篇》，张松辉译注，中华书局2013年版，第1页。
③ 南帆：《文学理论新读本》，浙江文艺出版社2002年版，第270页。

中国哲学突破外在句子结构，从内在想象和意向达到无言道之境界。①近代西方诠释学先驱施莱尔马赫明确指出，任何阐释皆为对文本意义之理解，由此提出了语法阐释与心理阐释基本原则，规定诠释学基本任务为重建文本作者之创作过程。德国哲学家狄尔泰则在继承施莱尔马赫诠释学之基础上，提出了一套方法论诠释学理论，主张从阐释者体验与理解出发，复原作者原初体验和所象征之原初世界。当代德国哲学家海德格尔从探究存在意义出发，把阐释活动看作揭示真理之过程，由此提出阐释对象并非文本而为存在本身，存在者惟有从对存在之理解中才能达到对所阐释存在之敞开。德国哲学家伽达默尔被视为当代哲学诠释学之创始人，其站在存在本体论立场，把诠释学规定为追问关于存在之真理。由此，阐释活动亦即一种对存在之"解蔽"过程。

然而，对阐释性质之诸种规定，皆存在一个共同假定，即把阐释者作为阐释活动的重要组成部分，从阐释者存在出发去解释阐释活动性质。在哲学存在论上，此假定无可厚非，因为对文本意义之存在论阐释，不仅需要阐释者视角，更需要阐释者主体参与，才可避免阐释活动中一种具有超越性之客观主义立场。但此种反客观主义假定面临的最大挑战即"阐释循环问题"。在诠释学语境中，该问题有两种形式。一为理解之循环，二为解释之循环。

理解之循环由海德格尔提出，他认为理解不可能纯粹客观，理解本身受制于决定其存在之所谓"前理解"，理解之结构以理解"前结构"为前提。由此，理解本身即为在自我解蔽中敞开此在之存在最深潜能。因而，从理解到前理解再到理解，构成一个理解之循环。他指出，"理解的循环，并非一个由随意的认识方式活动于其中的圆圈，这个词表达的乃是此在本身的生存论的先行结构"②。伽达默尔认为，海德格尔循环可以通过诠释学普遍性得到解释，因为一切理解的目的皆为达到对未来之敞开，即在历史（时间）中得到对存在本身之普

---

① 林安悟：《人文学方法论：诠释的存有学探源》，上海人民出版社2016年版，第160页。

② ［德］海德格尔：《存在与时间》，陈嘉映、王庆节译，生活·读书·新知三联书店1982年版，第195页。

遍解释，存在本身时间上之开放性保证了解释之普遍性。然而，如此解释之循环并未真正破除主客二元枷锁，相反，语言中心主义迷雾从根本上限制了诠释学之普遍性要求。由此可见，理解循环问题，依然是阐释者主体的普遍有效性问题。海德格尔和伽达默尔均未能从理解与阐释之辩证关系中找到走出此循环之出路。

阐释之循环，通常被称作"解释之循环"，这与阐释活动中使用语言有关。最初指出此循环的是19世纪德国语文学家弗雷德里希·阿斯特（Friedrich Ast），他于1808年提出，"一切理解和知识之基本规律是，通过个体发现整体之精神和通过整体而掌握个体"①。施莱尔马赫在1829年一次讲演中把这个规律确定为一个解释原则："与此相同，整体当然相关于个体而得到理解，个体也只能相关于整体而得到理解。"② 由此，解释之循环就被确定为阐释活动中个体与整体之相互依存关系，如泰勒所言："我们试图确立对整个文本的阅读，为此，我们就要诉诸于对其中部分句子的阅读；由于我们这里讨论的是意义和确定意义，而每个句子又只能在与其他句子的关系中确定意义，对部分句子的阅读就依赖于对其他句子的阅读，最终依赖于对整个文本的阅读。"③ 这里，虽然部分/整体关系被解释为文本理解，但解释循环所揭示的矛盾却存在于所有理解活动之中。表面上看，诠释学似乎试图通过说明这种循环而揭示理解活动之前科学性质，因为科学解释往往是因果性说明，而诠释学阐释则是对文本与事实之非因果解构。例如，狄尔泰把解释之循环理解为个体在历史中之普遍化过程，此即个体现实存在与历史整体存在之间相互作用的关系，理解这种关系已超出简单因果作用，而构成人类历史视野中个体意识和体验。伽达默尔把这种解释之循环理解为，"转向世界的存在自身结构，即转向主客体分裂的扬弃"④。然而，无论是个体体验或对主客二分

---

① Friedrich Ast, Grundlinien der Grammatik, Hermeneutikund Kritik, *Landshut*: Jos. Thomann, Buchdruckerund Buchhändler, 1808, p. 178.
② Fridrichoaniel Ernst Schleiermacher, Hermeneutikund Kritik, Manfred Frank ed., 7. *Auflage*, Frankfurt am Main: Suhrkamp, 1999, p. 329.
③ Charles Taylor, "Interpretation and the Sciences of Man", *Philosophical Papers*, vol. 2, *Philosophy and the Human Sciences*, Cambridge: Cambridge University Press, p. 18.
④ 王岳川：《现象学与解释学文论》，山东教育出版社1999年版，第204页。

之扬弃,均未真正回答解释循环问题,即个体与整体在阐释活动中如何相互作用并相互决定。对解释之循环此种理解,皆把个体与整体或部分与整体这种相互关系放到主体意识框架中,尚未摆脱主体中心主义之牢笼。这个主体中心主义之核心观念是,存在一个决定了个体或部分存在之整体,而构成此整体之个体或部分仅由于整体之存在才有意义。这种主体中心主义亦可称为主体"整体主义"。此种整体主义观念,使得阐释问题依然陷入不可解答之泥潭。正如利科对海德格尔解释之评价:"这个难题未被解决,而仅仅是被转移到别处,甚至因而变得倍加难解。"[1] 伽达默尔则把对此难题之最终解决,归结为对主体意识之内在性要求,由此,主体整体主义就以追问理解内在性为特征。然而,内在性依然是语言中心主义之要求,以表面扬弃主客二元对立,掩盖实质上主体整体主义,亦可视为一种主体至上主义。

从哲学拓扑学视角看,阐释问题之实质是概念间相互联结,即不同概念间如何通过阐释活动而建立一种网络,每一概念都在此种网络中得到理解。但此网络并非整体主义概念,它并不预设一个先在整体并以此整体去解释其中之部分。相反,概念网络构成理解每一概念之前提条件,而每一概念皆对此网络作出贡献。这里需要引入一个拓扑学概念——"邻域关系"。在拓扑学中,领域关系指一拓扑空间中每一集合与其他相邻集合构成之集合。这种邻域关系也称为邻域系或邻域族。"一个点的邻域系是指该点的所有邻域的族。"[2] 例如,把从0到1的自然数列视为一集合,其中任何一个数为一个点,而这个点之邻域系即它所有邻域之总和,此总和亦即一个新集合。这里,每一点为阐释活动中使用之概念(严格地说为语词),而集合为由不同概念构成之类。每一概念皆可与其他相关概念构成一个类,而概念之邻域关系即为概念类中各概念间的相互关系。需注意,此处邻域关系并非语法之类名,而是逻辑之同属概念。事实上,阐释活动中使用每一概念皆存在与其相邻之概念,作为对该概念之限定,而阐释活动本身即为对这些概念间邻域关系之界定。由此,阐释问题就与阐释者主观视

---

[1] [法]利科:《诠释学与人文科学》,孔明安等译,中国人民大学出版社2012年版,第59页。

[2] [英]凯莱:《一般拓扑学》,吴从炘、吴让泉译,科学出版社1985年版,第82页。

角无关，也与作为阐释对象之文本意义无关，而与阐释活动中使用概念相关。据此理解，一切阐释活动皆由阐释概念决定。例如，《论阐释的有限与无限》一文即为对"有限""无限"，"约束""开放"，"确定""不确定"等相关概念邻域之有益探索。

从更深层次看，阐释活动之根据在于从多维空间审视三维时间之规定。此处"多维空间"并非空间之维度数量，而在于确定空间维度之结构性特征，即概念拓扑空间之结构决定概念阐释之空间范围；而"三维时间之规定"则显示已知时间之一维特征，即过去、现在与未来之时间流形。概念拓扑空间之决定性恰好表明所谓本真时间性之根源，即空间是时间流变之范围，时间是空间存在之显现。正如海德格尔所言，"时间性本质上沉沦着，于是失落在当前化之中。唯当上手事物在场，当前化才会与之相遇，所以它也总是遇到空间关系，结果空间性不仅寻视着从操劳所及的上手事物来领会自己，而且从诸种空间关系中获得线索来表述在一般领会中领会了的和可以加以解释的东西"①。由此可见，空间维度之结构确定了本源性时间之显现，而时间维度之流变则映衬了概念阐释之空间确定性，此即奠定了概念阐释之形而上学根基。

然而，这里似乎存在一个重要问题，作为人文学科区别于自然科学重要标志之阐释活动，如何能够仅靠概念间关系而得到界定呢？这就需要根据哲学拓扑学方法，进一步探究阐释之边界与逻辑空间。

阐释之边界

这里所说"边界"，指一几何拓扑空间中之点集，即一集合边界点 M，那些其每一个基本邻域既与 M 相交又与 X-M 相交点。根据定义，如果一点之某个基本邻域完全包含在 M 中，则它为 M 之内点；如果一点之某个基本邻域完全包含在 X-M 中，则它为 M 之外点。用日常语言表述，每一概念之范围由该概念与其他相邻概念间相互排斥

---

① ［德］海德格尔：《存在与时间》，陈嘉映、王庆节译，生活·读书·新知三联书店 1982 年版，第 195 页。

关系构成，而概念之边界即为该概念外延之总和，此总和亦即一集合，但规定了该概念之性质与范围。在逻辑上，一概念之外延由该概念所指对象构成，而所有这些对象之集合就构成此概念范围。当代分析哲学把概念之外延视为确定概念内涵性质之决定因素，亦即一概念内涵由其外延决定，而外延之总和构成此概念边界点集。据此分析，一概念之外延即此概念之边界。蒯因曾指出："存在就是成为一个约束变量的值。"① 这里，约束变量即为概念外延所指对象之集合，而约束变量值即对象存在之各种情况，所有这些值之集合即为概念之边界。

  运用拓扑学边界概念，阐释之边界存在于阐释活动之不同概念中，存在于对这些概念之不同理解中。按通常定义，概念使用以如此方式展开。首先，概念归类，确定概念所属；其次，概念分析，找出概念基本内涵；再次，概念整理，明确概念运用之不同目的。在这一过程中，概念总以单个语词形式出现，但又不单是语词，而更多被作为符号或标记。例如，"物质"作为哲学概念不会被视为指称某个具体对象之个体名称，而是具有哲学内容之抽象名称。要理解此名称，首先需定位其为哲学概念，确定使用范围与方式。否则，在不同领域使用该概念会导致理解错误。要避免错误，需进一步讨论其在不同哲学传统理论中所包含之内容，确定该概念在其中之内涵。最后，还需澄清讨论该概念之目的，了解其在使用中所起之具体作用，否则会带来理解偏差。但更需注意，在使用此类哲学抽象概念时，往往事先拥有对概念内涵之理解，即我们只有在了解了（至少我们自认为）该概念内涵后才会去使用它。因而，哲学概念使用过程并非对概念给出新解释或增加新理解，而是把事先已掌握的概念内涵通过推理形式展现出来，为提出命题与推理服务。由于最抽象概念之外延最大，内涵最小，故最易使用形式符号表达此类概念。例如，哲学命题"每个物质都是运动的"可形式化为"M 具有 m 性质"，其中，M 代表物质，m 代表运动。事实上，每个断定事物性质之全称命题皆可采用这种表

---

  ① ［美］蒯因：《从逻辑的观点看》，江天骥等译，上海译文出版社 1987 年版，第 13 页。

达形式。这表明，当使用概念构成命题并形成推理时，我们并非关注概念之内涵意义，而是关注概念之表达形式。只有通过命题构成方式，才能理解命题意义，形成有效推理。

据现有各种阐释理论，阐释活动通常被看作具有两个特征：一是语言性特征，即任何阐释活动皆与文本相关，亦称文本阐释，此乃一种语言中心主义；二是主体性特征，即每一阐释皆与阐释者相关，为阐释者提出并形成之阐释活动，此乃一种主体中心主义。基于这两个特征，哲学家和文学家均强调阐释者对语言之使用，突出文本在阐释活动中之核心地位。但他们仅把语言作为表达理解、进行阐释之工具与手段，这就导致他们在阐释活动中误用语言，或者误解语言在阐释活动中之作用。据哲学拓扑学分析，当下阐释理论普遍存在这样几个问题。其一，把语言作为阐释对象，把文本作为阐释手段。例如，在林安悟诠释存有论中，句子被作为记忆承载者，而句子结构则成为直觉对象。同样，在文学家阐释理论中，文本被视为揭示作者意义之主要途径。其二，把阐释本身作为研究对象，就阐释而讨论阐释。例如，在张江教授之阐释学理论中，"阐"与"释"之别被视为阐释理论之出发点，阐释之约束与开放、有限与无限、确定性与非确定性等问题被视为阐释学之基本问题。[①] 其三，把阐释者作为一切阐释活动之主体，以阐释者视角解释一切文本意义。例如，伽达默尔哲学阐释学之主体至上主义突出阐释者在阐释活动中之核心地位。在所有这些解释中，阐释活动均被视为一种与语言相关之理解活动，而语言则被视为一种达到理解之手段或途径。这就可以理解，为何不少诠释学家或阐释学者均强调，阐释活动之最终目的是超越语言，达到心灵之想象空间，或者进入无言之体验状态。这就使得阐释本身变成一种精神追求，一种心灵净化。

然而，据哲学拓扑学分析，阐释活动并非一种精神过程，更非一种心灵净化，而是一种运用概念分析方法对概念网络之空间描述，是一种概念系统使用。根据这种系统使用，我们需要从考察概念间关系

---

① 张江：《"阐""释"辨》，《哲学研究》2017年第12期；张江：《论阐释的有限与无限——从 π 到正态分布的说明》，《探索与争鸣》2019年第10期。

出发，通过整理分析概念间邻域系，确立每一概念在其邻域系之位置与性质。由此，阐释活动即为确立每一概念边界之过程，而阐释之边界也就构成阐释之逻辑空间。每一阐释活动皆显示其自身逻辑空间，并以其自身边界规定阐释活动之性质。

据此分析公共理性空间，一切心理因素或精神过程皆被排除在公共理性之外，占据该空间者为不同概念间相互作用及其结果，由此形成概念构成方式之公共阐释维度。惟有不同阐释维度方能彰显概念在公共空间中之不同呈现方式，由此保障阐释活动之有效性。正如张江教授所言，阐释之有效性决定于公共理性之承认与接受，有效性阐释会凝结在可靠性上，成为阐释学首要之关注理论目标。为此，《论阐释的有限与无限》一文对阐释于公共理性空间之开放与收敛、无限与有限关系等问题有扼要概述。本文认为，阐释之有效性与可靠性皆存于我们对公共理性空间之信任，一切阐释活动皆依于我们确立于公共理性中之相互信任关系。在此条件下，惟有清晰公开地呈现公共理性空间之概念结构，方能确保概念阐释活动之客观性。后者为一切阐释活动之根基，由此排除阐释活动中一切主观与心理因素，确立阐释活动之有效性与可靠性；前者则为保障阐释活动客观性之方式与途径，表明公共理性空间之结构特征。

阐释之逻辑空间

在《逻辑哲学论》中，维特根斯坦明确提出"逻辑空间"概念，认为一切对象存在可表达为命题逻辑形式，但这个形式本身却无法用逻辑加以处理，因为其本身通过表达对象存在而显示出来，这个显示形式亦即"逻辑空间"。这里，"逻辑空间"指命题活动空间。在否定意义上限定其他命题作用于该命题之自由，在肯定意义上则规定该命题得以活动之空间。按照维特根斯坦之论述，通过分析构造出之逻辑空间即为一拓扑空间，亦即概念空间，一种以弗雷格概念文字方式展现出来之形式空间。在此空间中，概念间之极限关系与连续性质规定概念存在之关键所在。

基于对逻辑空间这种理解，阐释活动之逻辑空间就有了明显形式特征。首先，阐释活动以理解文本意义为目的，故概念形式即阐释主要方式。例如，一经典文本最佳理解方式通常是用一套命题解释系统，通过对文本命题前后逻辑推理，找出文本命题意义所在。在处理这套命题系统时，最好方法是将其形式化，以显示其中命题结构。这既是语言学和语文学之处理方式，亦是逻辑学之处理方式。逻辑分析方法有助于更清楚地展现所要解释文本背后之逻辑结构，由此揭示不同解释理论各自之优劣。其次，阐释活动结果是理解者提供之可信文本解释，但这种可信度并非来自解释本身，而是来自这种解释所显示之真实意图。相反，看似合理可信之解释往往被视为隐藏其他不可告人之目的。但显示这种真实意图并非靠解释完成，而是靠把握整个阐释过程脉络，靠把握阐释活动在整个文本历史中之位置。例如，某个经典文本解释理论能否被理解和接受，并不取决于该解释理论本身如何，而取决于该解释理论能否满足在其具体语境中人们对此经典文本之总体期望，甚至取决于该理论符合它所在时代之大势所向与否。由此，可为该解释理论构造一解释模型，用以说明该理论之解释力度，即"最佳解释推理"。这种推理既为解释模型合理性提供证据支持，也为解释理论确定其有效性地位。虽然这种推理形式具有强烈的科学主义倾向，但却很好地规定了任何阐释理论之逻辑空间，即对阐释活动范围、准确性、一致性和简单性等作出形式规定。

阐释活动之范围由阐释所用概念关系构成，概念间极限关系与连续性质规定了其逻辑空间。所谓"极限关系"，指概念在不同层次所处之具体位置，"连续性质"指概念间之映射关系，即处于一概念之下任何对象皆可处于另一相似概念之下。概念间这些关系与性质构成了概念间之拓扑空间。这里，"拓扑空间"指每一概念都具有决定其存在位置之邻域关系。因为每一概念之存在都不孤立，而把握和理解概念，往往通过某概念与其他概念间相互关系而完成，故概念间之关系就决定了每一个概念之地位和作用，这些形成阐释活动之逻辑空间。

阐释活动之准确性，来自逻辑空间对阐释活动范围之规定。这种规定性包括两方面。一方面限制阐释活动之范围，从否定方面规定阐释之可行界限；另一方面限定阐释活动之行为，从肯定方面规定阐释之可行条件。这两方面之规定性也来自阐释活动之边界，即对阐释活动准确性之要求。否定性限制是区别阐释活动中所用之概念，通过不同概念间极限关系，即概念间既排斥又包容之辩证关系，说明每一概念之性质与使用范围。肯定性限定并不规定这些概念在具体使用范围内如何被使用，而仅说明这些概念之使用范围。最后，否定性限制与肯定性限定共同规定阐释活动中概念之使用范围，为准确刻画阐释活动之逻辑空间提供了完整说明。

阐释活动之逻辑空间必显示阐释活动之内在一致性，即每一阐释活动都应当内在地一致与连贯。这里，"一致性"与"连贯性"即对阐释活动之整体性要求，亦即每一阐释理论得以成立之必要条件。阐释活动之整体性来自阐释目的与结果间之逻辑蕴含关系，即任何阐释活动都以阐释目的为验证结果之条件，而阐释结果又被作为证实目的有效性和真理性之根据。此即阐释活动中"最佳解释推理"模型。据此模型，被解释现象是相信该解释得以成立之重要理由。故此解释推理亦被称为"自明推理"，一种推理之良性循环，一种解释优先于假说之推理模型。以此为模型，阐释活动表明解释结果如何可证明解释目的之合理性。只有得到此证明，阐释活动才为有效。表面上看，这种一致性要求不过是一种以结果证明原因之反向归纳推理，但实则来自阐释活动之内在整体性，即阐释目的与结果间之必然推理关系。因而，这并非一种归纳推理形式，而是一种因果互证之内在融贯论。

也正因此种内在融贯论，阐释活动之逻辑空间具有一种简单性特征。这种简单性亦即对阐释活动之逻辑空间可作出形式化描述，类似维特根斯坦给出命题之一般形式如下：

[p, ξ, $N(\xi)$]①

简言之，这个形式表达一变项公式，其中，p 代表任意一组基本命题全体，代表任意一组真值函项全体，$N(\xi)$ 代表该真值函项形式序列中紧接着 ξ 之项。可见，在此形式序列中，p, ξ 即为任意一组基本命题与真值函项之全部。事实上，亦即由基本命题与真值函项构成一个逻辑空间，在此空间中，$N(\xi)$ 又说明真值函项具有连续映射性质，

---

① ［奥］维特根斯坦：《逻辑哲学论》，韩林合译，《维特根斯坦文集》第 2 卷，商务印书馆 2019 年，命题 6。

即任意一真值函项皆以下一真值函项之存在作为根据。此乃由真值函项构造出来之拓扑空间。借助此种对命题一般形式之描述，阐释活动之逻辑空间亦可用此类形式加以描述，核心思想是用形式化方法刻画所有阐释活动之范围与性质。形式化特点亦即简单化，或即可形式直观到阐释活动范围与性质之直接方式。例如，命题等式（xΦ∨xψ）x（Φ∨ψ），可直观判断为两析取命题等值交换。可见，形式化方法乃可直观方法，可从命题形式上直观地对阐释活动作出判断。当把某一阐释理论加以形式刻画，我们就可以清晰看到该理论实质之所在。

更为一般地但却更为重要之意义在于，此种形式刻画为作为人文科学之阐释理论与作为自然科学方法论之拓扑学之间搭建了富有启发之通道。张江教授对于数学语言精确性之肯定，亦展示了横跨人文科学与自然科学之抱负。有学者质疑，此种做法并非满足社会历史范畴之要求，因为"数学语言擅长的是表述各种超历史的现象"[①]。然而，运用自然科学语言与形式化方法，却往往能够为更清晰理解概念阐释活动提供有力武器。正由于形式刻画省略了社会历史范畴，由此简化了概念阐释之内容，这是完成有效阐释活动之前提，因而使得阐释问题之性质得以清晰展现。事实上，无论数学语言或拓扑空间，皆服务于澄清阐释问题之复杂与多维，而清晰展现其结构则为我们深入理解阐释问题之性质提供了最为便捷之可能。本文旨在借用拓扑学方法，通过哲学拓扑学之概念分析，阐明概念阐释之基本路径，揭示阐释问题之形而上学性质。

阐释问题之形而上学

综上所述，阐释问题之关键在于阐释之逻辑空间，亦即如何在命题构成空间中显示命题间或概念间之内在逻辑联系。据哲学拓扑学，此处分析不仅揭示了任一阐释理论中所用概念间或命题间业已存在之逻辑结构，更为说明阐释问题之形而上学。此"形而上学"并非揭

---

① 南帆：《抽离了社会历史范畴的π还有效吗——与张江教授对话》，《探索与争鸣》2020年第1期。

示阐释之终极意义，或追问阐释有限无限之关系，而是确定阐释活动之边界，显示阐释活动之逻辑空间。由此，本文所述即为阐释问题之形而上学。

据上述分析，此种形而上学具有以下明显特征。其一，形式表达方式，保证阐释活动中所用概念意义和命题结构得以清晰展示，空间分析法和概念分析法可最大限度地避免理解上之歧义与误解。其二，直观把握方式，确保阐释活动从整体上显示所用概念和命题之意义，由此免除陷入阐释之循环。其三，拓扑分析方式，以拓扑空间为模本，展现阐释活动之逻辑空间。其中，形式表达方式是每一阐释理论揭示概念意义之起点，直观把握方式则是整体理解概念意义之路径，拓扑分析方式是展现概念意义之手段。这三种方式相结合，共同构成哲学拓扑学对阐释问题之解决。相比形式表达与拓扑分析，"直观把握"既非对阐释循环之终极解决，亦非非此即彼之两难选择，而是对阐释理论之整体理解，如胡塞尔式对一事物之整体直观，或维特根斯坦式对一事物之整体概览。此处整体性意指概念间之相互关系，由此排除相对主义解释之可能。倘若视《论阐释的有限与无限》一文诠释 π 与阐释正态分布为一项积极思想实验，哲学拓扑学对阐释问题之解决则是为确立概念阐释活动之形而上学奠基。

诚然，阐释问题并非仅靠哲学拓扑学即可解决。事实上，阐释问题之复杂性绝非自然科学方法所能破解，亦非单一科学所能解决。此类复杂性涉及人类理解能力与人类表达能力，归根结底涉及人类意识与心灵活动，对此之描述或解释均需通过不同学科之共同努力。作为人文学科之诠释学或阐释理论，与自然科学说明之根本区别在于，其非事实描述，而是文本意义之解构与建构活动。解构者，即重新寻找阐释文本之内在理由；建构者，即再次确立阐释活动之逻辑顺序。由此，哲学拓扑学分析可满足此解构与建构之需。经此分析，阐释问题或可更清晰地展现其内在逻辑理路，并以形式化方式显示每一阐释理论之长短优劣。此乃本文所论目的所在。至于如何将此方法具体运用于不同阐释理论，乃超出本文论述范围。

绝对精神的瓦解与
解释学视域中的有限—无限

吴晓明

【内容摘要】 随着主体性哲学的兴起，人类知识中的主观与客观、有限与无限的关系一直是哲学的基本主题。黑格尔提出，知性的知识是有限的，而科学知识在于使有限的知识上升为无限的知识。对于黑格尔之后的哲学思想来说，有限与无限的统一已经不受绝对者的定向，哲学必须直接面对并且首先从有限性的立脚点出发。解释学视域中有限与无限的关系问题，就是依循这一本体论基础变革来获得定向的。有限的此在通达事物自身，而作为事物自身的无限再度揭示了主观思想的局限性，解释学由此而拯救了黑格尔关于无限性的思辨。

【关 键 词】 黑格尔　有限性　无限性　解释学　观念论

【作　　者】 吴晓明，复旦大学哲学学院教授，教育部长江学者特聘教授。

【基金项目】 教育部哲学社会科学研究重大攻关项目"中国道路与人类文明进步的哲学研究"（17JZD037）

自近代以来，随着主体性哲学的兴起，人类知识中的主观与客观、有限与无限的关系就一直是哲学的基本主题。而伴随着"绝对精神的瓦解过程"[①]，那在绝对观念论中被稳固地（绝对地）建立起来

---

① 《马克思恩格斯选集》第1卷，人民出版社1995年版，第63页。

绝对精神的瓦解与解释学视域中的有限—无限

的主观与客观的统一、有限与无限的统一，也开始陷入支离破碎的境地，以至于我们的知识似乎整个地丧失了坚实的基地——它的哲学根据或者是流于纷乱杂沓之中，或者干脆就被遗忘了。张江教授在《探索与争鸣》刊发的论文《论阐释的有限与无限》中，再度揭示并挑明了此类问题的重要性和紧迫性，引起了学术界的持续讨论。由于解释学普遍地关联着人文学术和社会科学的整体，解释活动中有限与无限的关系从根本上制约着一切学术在其中展开的基本方式，所以从哲学上对这一主题进行深入的辨析与探讨，就显得尤为必要。

一

尽管当代解释学与绝对观念论之间存在根本的差别，对此海德格尔同黑格尔进行了至关根本的激烈争论，但解释学视域中的有限与无限的主题，却是承续着黑格尔哲学的问题而来的。黑格尔思辨观念论最有特色之处，就是他对知性知识及其哲学后盾（"反思哲学"）所做的持续不断的——有时甚至是苛刻的——批判。知性知识是近代以来占主导地位的知识样式，也是直到今天我们几乎不假思索地予以承认和运用的知识样式。知性知识的基本架构是怎样的呢？大体说来，第一，是抽象的普遍性（无论它以何种方式获得），即一般所谓原则、原理、范畴、规律等。第二，是抽象普遍性的"外在反思"的运用，亦即把这种抽象普遍的东西加诸特定的对象或内容之上。外在反思（áusseren reflexion）是作为一种忽此忽彼的推理能力来活动的，它从不深入并停留于特定的内容之中；但它知道一般原则，而且知道把一般原则先验地运用到任何内容之上。如此这般地构造出来的知识，就是知性的知识；如此这般地进行的知识运作，就是知性的反思。如果说，我们的知识及其运作一般说来就是以这种方式展开的，那么，这无非意味着，当今知识在其中活动的那个领域是由知性（从而知性反思）来支配和统治的。

知性知识的支配和统治地位是近代以来的伟大成果，它彻底地、革命性地改变了整个时代的知识氛围和学术方式。对于这一点，黑格尔是给予积极肯定的。他说，科学的知性形式是一条通往科学的道路，并且这条道路可以说是为一切人提供和准备的，而通过知性以求达到理性知识恰恰是科学意识的正当要求。在知识的发展过程中，知性取得了越来越大的势力，在近代甚至可以说成为"绝对的势力"①。之所以如此，是因为古代人的研究还专注于一种渗透于事物之中的普遍性，"但现代人则不同，他能找到现成的抽象形式，他掌握和吸取这种形式，可以说只是不假中介地将内在的东西外化出来并隔离地将普遍的东西（共相）制造出来，而不是从具体事物中和现实存在的形形色色之中把内在和普遍的东西产生出来"②。因此，从一个方面来说，现代知识是牢牢地抓住了抽象的普遍性，并通过知性反思来开展它的各种活动，从而取得了我们所熟知的知识领域的极大开拓和广泛成果。

但是，从另一个方面来说，立足于知性之上的知识是有限度的。换言之，是不充分的或未完成的。黑格尔正是在这里明确地标示出知识的所谓有限性和无限性。知性的知识是有限的，它还不是无限的知识；而科学意识的正当要求恰恰在于使有限的知识上升为无限的知识，也就是说，通过知性以求达取理性知识（按康德的经典区分，理性知识就是区别于知性之有限性的知识，即无限的知识）。所以黑格尔把知性看作一条为一切人铺平的通往科学的"道路"，但它还不是科学本身。科学以真理为目标，知性知识没有意识到或直接放弃这一目标，因而真正科学的知识不是知性能够达到的，毋宁说，它只有在知性被克服或被扬弃的地方才能达到。就此而言，所谓科学知识就意味着由知性达于理性，亦即将有限的知识提升为无限的知识。黑格尔的整部《精神现象学》，就是在"意识的经验科学"范围内展开这一过程。关于这一点，海德格尔说得非常准确："对于费希特和谢林……特别是对于黑格尔，之所以哲学仍然要成为科学，并不是因为哲学或一切知识都应该通过它来做最后的辩护，而是因为——来自比论证知识更加强烈的动力——我们应该以获取无限知识的方式去克服有限的知识。"③ 知性知识是有限的知识，它必须被克服（扬弃），并

---

① ［德］黑格尔：《精神现象学》上卷，商务印书馆1979年版，第20—21页。
② ［德］黑格尔：《精神现象学》上卷，商务印书馆1979年版，第22页。
③ ［德］海德格尔：《黑格尔的精神现象学》，南京大学出版社2018年版，第15页。

且在它被克服的过程中去赢取无限的知识（真正的科学）。

如果说，我们今天的知识怀抱或学术情感会比较自然地倾向于"有限的知识"，那么，这里的紧要之事首先是从哲学上厘清，黑格尔（以及整个德国观念论）所谓知性的有限性究竟意味着什么，而超越这种有限性以达成无限的知识又意味着什么？最为简要并且也最关本质地说来，黑格尔指证了知性知识的有限性突出地表现在以下两个方面。第一，就这种知识不可能通达"事物自身"而言，它是主观主义的；第二，就这种知识放弃深入于事物的实体性内容而言，它是形式主义的。我们可以从知性知识的一般运作（即抽象普遍性的外在反思）中，来识别出它在这两个方面的有限性。方便起见，我们可以思考，哪一种知识运作从不深入事物的真正内容，但却把一般原则抽象地运用到——先验地强加到——任何内容之上呢？它的典型形式难道不就是通常被称为教条主义的东西吗？举例来说，中国革命时期就有一部分教条主义的马克思主义者，他们只是把马克思主义的原理或俄国的经验当作抽象的普遍性来进行外在反思的运用，也就是说，用抽象原则来避开中国社会的特定现实，并将之先验地强加到中国革命的内容之上。这样的教条主义是我们非常熟悉的，而教条主义的主观主义性质和形式主义性质同样是我们非常熟悉的。进而言之，从哲学上来讲，黑格尔正是从主观主义和形式主义两个方面来揭示知性知识（特别是其哲学根基上）的有限性的。关于前者，问题的焦点在于我们的知识能否通达事物自身。如果像"批判哲学"所设定的那样，把对真理的无知当成良知，亦即断言思想终止于事物自身，那么，一切知识都不能不是主观主义的了。"因为根据这个学说来看，正是这种无知，这种浅薄空疏都被宣称为最优秀的，为一切理智努力的目的和结果。"[①] 关于后者，事情的要害在于抽象的普遍性仅仅作为单纯的形式而被外在反思地加以使用，并由之而弃绝实体性的内容本身。在黑格尔看来，这正是形式主义的渊薮："因为通过这种使用，我们眼见这种形式被降低成为无生命的图式，成为一种真正的幻象，

---

① ［德］黑格尔：《小逻辑》，商务印书馆1980年版，第34页。

阐释的有限与无限

同时科学的有机组织也被降低为图表了。"① 如果知性反思在这里也要自诩其脱离内容的优越性，那么，正如黑格尔在批评"直接知识"时所说，那种无内容、无实体的深度其实与肤浅是同一回事。②

由此可见，所谓知性知识的有限性，在黑格尔那里，完全是就其无法通达事物自身、就其弃绝实体性内容而言的；并且因此，所谓无限的知识，无非意味着扬弃知性而达至理性，意味着我们的思想或知识能够通达事物自身并把握事物的实体性内容。就此而言，黑格尔是完全正确的。虽说我们今天对"有限的知识"一词会抱有某种同情，但这是否意味着要由此跌落到主观主义的知识或形式主义的学术之中呢？对于黑格尔来说，问题的解决绝不在于否定主观性及其抽象形式在知识构造中的作用和意义，而在于扬弃（既克服又保留）这种有限性而使之上升为无限的知识，亦即通达事物自身并把握其实体性内容的知识。这一方面意味着知识是有限性和无限性的统一，另一方面则突出地体现了哲学特有态度的起源，即"客观性（sachlichkeit）告诫"。伽达默尔称黑格尔为这种客观性的魁首，因为他把哲学思考置于"事物在自身中的活动"的基础之上。"这就是说，我们对于物所做的反思过程的自由游戏在真正的哲学思考中并不起作用。本世纪初代表了一种哲学新方向的著名现象学口号'回到事物本身去'指的也是同样的意思。"③

为了在本体论上达成这一目的，黑格尔对主观思想——特别是作为其哲学后盾的"反思哲学"，展开了全面的批判，他把超越了主观思想因而最能表明真理的"客观思想"标识为哲学研究的"绝对对象"④，而客观思想或客观精神则在为"绝对精神"的超越中找到它真正的哲学证明。其相关要点如下。第一，在这样的本体论基础上，黑格尔指证了知性知识的有限性，指证了抽象普遍性之先验运作的主观主义和形式主义。因此，他把外在反思称为"诡辩论的现代形式"，把仅仅知道外在反思的人叫作"门外汉"。第二，绝对精神或

---

① [德] 黑格尔：《精神现象学》上卷，商务印书馆1979年版，第32页。
② [德] 黑格尔：《精神现象学》上卷，商务印书馆1979年版，第6页。
③ [德] 伽达默尔：《哲学解释学》，上海译文出版社1994年版，第71页。
④ [德] 黑格尔：《小逻辑》，商务印书馆1980年版，第9页。

绝对观念的本体论基础，使得"我们的思想"能够通达"事物自身"；因为绝对精神意味着思想不只是我们的思想，而且同时就是"事物的自身"（an sich）。① 可见黑格尔在对主观性哲学的批判中，是富有内容地恢复了古典形而上学。伽达默尔曾这样写道："据我看来，古典形而上学的优势在于如下事实，即从一开始就超越了以主观性和意志为一方，以客体和自在之物为另一方的二元论，因为它认为他们相互之间有一种预定的和谐。"② 第三，事物在自身中的活动就是辩证法，辩证法根本不是一种外在的工具或技能（如果是这样的话，它就立即沦落为一种外在反思或形式主义诡辩了）。黑格尔正是在这一意义上复活了古希腊的辩证法："真正的方法乃是事物本身的行动。"③ 因此，对知性有限性的克服就表现为辩证法——它不仅意味着一种发展变化的观点，而且尤其在本体论上意味着任何发展变化唯一地出自事物自身的活动。第四，知识之有限性和无限性的统一归根结底植根于理念的自我活动，并且突出地反映在黑格尔的现实（wirklichkeit）概念中：现实是实存和本质的统一，是展开过程中的必然性。如果说实存或展开过程是有限性的领域，那么，本质或必然性则是无限的。虽说真正的并且唯一现实的东西乃是理念，但理念的强力与生机必定要在经验现实的领域中完成自身。第五，黑格尔超越知性有限性（从而要求思想通达于事物自身）的本体论基础乃是绝对者，无论它被称为"绝对精神"还是"绝对观念"。《精神现象学》是从最简单的精神现象即直接意识开始的，而直接意识的辩证进展（dialektik）则是由"绝对知识"来引领并制定方向的。因此，这个领域中有限性的扬弃就表现为无休止的"超离"（absolvenz）④，即无休止的绝对化。总而言之，就我们的论题来说，知性的有限性也就是它的抽象性——或者是主观主义性质的抽象性，或者是形式主义性质的抽象性；而思辨辩证法就是对这种滞留于抽象之中的有限性的克服。如黑格尔所说："哲学乃是与抽象最为对立的东西；它就是反对

---

① ［德］黑格尔：《小逻辑》，商务印书馆1980年版，第120页。
② ［德］伽达默尔：《哲学解释学》，上海译文出版社1994年版，第75页。
③ ［德］伽达默尔：《真理与方法》下卷，上海译文出版社1999年版，第592页。
④ ［德］海德格尔：《黑格尔的精神现象学》，南京大学出版社2018年版，第64页。

抽象的斗争，是与知性反思的持久战。"①

二

黑格尔去世后不久，"绝对精神"的解体过程就开始了。这意味着思辨观念论立足其上的绝对者——那构建起主体和客体的统一并从而使思想通达于事物自身的绝对者——在哲学上已不再能够真正持立。当费尔巴哈展开了对宗教的人本学批判时，这一批判也立即揭示出黑格尔绝对者的神学本质（神学之最后的理性支柱），并且被当作"思辨神学"的基础来加以攻击。这一攻击不是偶发的或转瞬即逝的，相反，它是整个时代潮流之澎湃而来的先声。对于19世纪下半叶以来的哲学整体而言，其积极的动力不再是附和黑格尔的绝对者（上帝）以及立足其上的思辨观念论，而是首先在本体论上与之批判地脱离。我们在此不必回顾这个决定性转折的诸多重大事件了，而只需简要地提及由这一转折而来的尼采的呼声——"上帝死了"。这一呼声意味着，哲学中的绝对者已经陵替瓦解，超感性世界腐烂、坍塌了，不再具有真正的约束力了。

随着绝对者"上帝"的轰然倒塌，随着超感性世界之约束力的解除，哲学上史无前例的独特场景便表现为，有限性的地位要求得到最大程度的伸张，就像感性世界的权利要求得到最大程度的恢复一样。如果说我们首先可以在费尔巴哈哲学中见到这种根本诉求的话，那么，事实上此后的哲学情形大体正是如此。哲学思考不得不真正面对着感性的世界和有限性的领域，而不再能够指望超感性世界可以把感性世界仅仅打发为"阴影的王国"，也不再能指望作为绝对者的无限的精神或理念可以一口吞下并且消化掉全部有限性的事物。这无疑是哲学上的一个决定性的转折，这个转折的意义和尺度是如此巨大，以至于它甚至被称为向"非哲学"的转变（费尔巴哈、施蒂纳、马克思、尼采、海德格尔等）；而这一转变又无疑是以要求承认感性和有限性世界的权利为基本特征的："费尔巴哈对黑格尔哲理神学的感性

---

① 转引自［德］海德格尔《路标》，商务印书馆2000年版，第519页。

化和有限化绝对是我们如今所有人——有意识地或者无意识地——处身于其上的时代立场。"①

在这样的氛围下，通常的观念或情感倾向于"有限的知识"，看来就是顺理成章的了；而整个知识界和学术界也由于"上帝之死"，由于超感性世界的垮塌和实体性领域的分崩离析，而陷入巨大的纷乱之中。虽说这种纷乱的指向是多种多样的，但一般流俗的知识和学术却步调一致地开始了向着知性反思的退行性复辟。这种退行性复辟可以说是完全无思想、无头脑的，能够表明这一点的一个确切标志是，把黑格尔"当死狗来打"几乎成为一种普遍的常态。这意味着什么呢？这意味着，当黑格尔联结起思想和事物自身的"绝对者"在本体论上不再能够继续保持时，知识中的无限性或绝对性（即真理性）也被同时放弃了——如果说流俗的学术主流因此大踏步地退回到抽象普遍性的外在反思之中，那么作为其补充的则是以任意性为特征的"无政府主义"；这当然还意味着，当流俗的知识或学术终于卸下了把握真理的重负而重返知性之有限性的怀抱时，它们无可避免地再度跌落到这种有限性所固有的主观主义和形式主义的窠臼中去了。除非知识中的无限性能够在完全不同的本体论基础上获得重建，因而能够以完全不同于绝对观念论的方式来面对和把握有限性的领域；否则，局促于知性有限性范围内的主观主义和形式主义就是不可避免的，即使是通过灾难性地贬低康德来充任其哲学后盾的做法，也同样无济于事。

事实上，继续要求执行思想任务的哲学与上述的退行性复辟不仅毫无共同之处，而且与之截然相反。此间的要点首先在于，是以有限性的名义将无限性全体驱逐，从而将黑格尔"贬低为零"；还是在绝对精神或绝对观念之外，重建有限性和无限性的统一，从而批判地占有黑格尔哲学的伟大遗产。在这里，费尔巴哈的例子是时常值得深思的。作为先行者，费尔巴哈率先袭击了黑格尔的思辨观念论。当他由此发现并高扬感性的优先地位时，他是正确的；但当他仅仅将感性世

---

① ［德］洛维特：《从黑格尔到尼采》，生活·读书·新知三联书店 2006 年版，第 108 页。

界与超感性世界对立起来时，他却分享了与其对手相同的本体论架构，以至于最终仍然属于"黑格尔哲学的支脉"。关于这种两极相通的哲学命运，海德格尔在谈到尼采时曾这样写道，"对超感性领域的废黜同样也消除了纯粹感性领域，从而也消除了感性与超感性的区分……这种废黜终结于无意义状态"①。同样，当费尔巴哈以感性直观来抗衡思辨思维从而解除其对现实的冒充时，他是有道理的；但当他把绝对者的自我活动，即否定之否定，仅仅当作哲学同自身的矛盾（在否定神学之后又肯定神学）时，他却完全错失了历史性的辩证法，从而在社会历史领域中实际地放弃了思想的任务。因此，和黑格尔比较起来，按恩格斯的说法，费尔巴哈只是表现出"惊人的贫乏"；按洛维特的说法，在费尔巴哈那里显示出一种倒退，即"用夸张和意向来取代内容的思维野蛮化"②。

如果说在费尔巴哈那里的情形尚且如此，那么，单纯退回到知性有限性中去的情形——无思想的情形——就更不用说了。确实，流俗的知识或学术在"绝对精神"解体之后开始踌躇满志地以为，无限性（从而真理性）已从知识的领域中被永远地驱逐出去并且再也找不到它的居所了。但是，依然保持自身为思想之积极动力的哲学却恰好是反其道而行之，它须以这样一种方式来批判地占有黑格尔的遗产，即在绝对者（上帝）缺席的情况下，从本体论上为思想通达于事物自身亦即为真理性的知识重新奠基——对于马克思的"历史科学"来说是如此，对于海德格尔的解释学来说也是如此。虽然这两者的差别是存在的，但它们同样最坚决地拒绝向着主观思想特别是知性反思的退行性复辟，并且都从根本上要求重建真理的本体论基础。"真理"是保有无限性的绝对标志。就像马克思在1845年论及人的思维的真理性（"即自己思维的现实性和力量，自己思维的此岸性"③）一样，海德格尔于1930年写成并做过多次公开演讲的著述便以《论真理的本质》为题。在哲学的基本语境中，真理总意味着超出单纯的主观性，意味着通达事物自身，意味着进入并达至无限性的领域。因

---

① 《海德格尔选集》下卷，孙周兴译，上海三联书店1996年版，第763页。
② 《马克思恩格斯选集》第1卷，人民出版社1995年版，第236页。
③ 《马克思恩格斯选集》第1卷，人民出版社1995年版，第55页。

此，从一个方面来说，继续以真理为目标的哲学就绝不可能拒绝无限者或普遍者，而使自身幽闭于单纯的有限性之中（主观主义、形式主义、相对主义等）。如洛维特所说，和费尔巴哈哲学上简单的感性化和有限化不同，马克思是恢复了黑格尔客观精神的学说，因为他和黑格尔一样主张普遍者（无限者）的决定性意义，但同时又最坚决地反对黑格尔将普遍者神秘化。[①] 然而，从另一个方面来说，既然无限性不再能够通过绝对者上帝来获得最终的哲学保障，那么，重建有限性和无限性之统一的本体论基础就面临着真正的困难。因为古典形而上学能够借绝对者来达成的目标（例如笛卡尔的"神助说"，斯宾诺莎的"实体"，莱布尼兹的"先天和谐"，等等），对于黑格尔之后的哲学思想来说已不再可能。如果说，这样的哲学思想必须放弃"思辨神学"的立场，也就是说，不再能像《精神现象学》那样"从绝对那里绝对地开始"，那么，作为普遍者的无限性将从何处发源呢？或者换言之，既然有限与无限的统一已经失去绝对者的定向，既然哲学思想必须直接面对并且首先从有限性的立脚点出发，那么，所谓无限性将在何处立足并发生怎样的意义转变呢？

　　解释学视域中的有限与无限的关系问题正是由此而形成的。与绝对观念论的批判性脱离首先使有限性最为明确地前来同我们照面。由绝对者来定向的"自我意识"本身就是思辨无限的。但是当费尔巴哈和马克思坚拒黑格尔以自我意识来冒充人（人=自我意识）时[②]，构成其新出发点的"现实的人"，立即表明自身是感性的、对象性的（Gegenstndliche），也就是说，是有限的。海德格尔的"此在"（dasein）同样如此——只要此在是"在世的在"并由之构成对意识（bewusstsein）之本体论批判的基点，它就是以突出地同思辨无限性形成对照的有限性为本质特征的。如果这里的问题仅仅是要求全面消除无限性而龟缩到单纯的有限性之中（特别是知性反思，此外还包括主观任意性、相对主义，"僵死事实的汇集"，等等），就像流俗的知识学或学术惬意地、不假思索地所做的那样，那就根本不存在什么真

---

① [德] 洛维特：《从黑格尔到尼采》，李秋零译，生活·读书·新知三联书店2006年版，第12页。

② 《马克思恩格斯选集》第1卷，人民出版社1995年版，第321—323页。

正具有挑战性的困难。然而与此相反,对于当代解释学来说,之所以从一开始就面临着决定性的困难并且唯独从这种困难中产生出自己的思想任务,恰恰是因为它既不能退行性地满足于单纯的有限性,又再也不能倚仗于绝对者(或其变种)来为无限性建基并制定方向。海德格尔非常清晰地了解这一根本性的困难,所以他说,《精神现象学》以绝对知识为终点,是因为它一上来就绝对地开始,从而使不断的"超离"即绝对化成为顺理成章的;"这部著作向我提出要求,我们自己要不断地处于绝对之中;而对于最有限的东西来说,有什么事情可能会比成为无限的还困难呢?"[1] 同样,伽达默尔在《现象学运动》一文中,从胡塞尔的哲学进程中就标示其已经面临的有限与无限之关联的困难了。"这里有个两难推理:事实的人类此在只能被现象学研究阐明为 eidos,本质。然而,人类此在在这种独特性、有限性和历史性中又宁可不被看作本质的一个事例,而是被看作自身,看作万有之中最真实的因素。在这个问题上,胡塞尔与一般现象学研究将遇到它自己的界限、有限性和历史性。"[2]

唯当充分地意识到并且牢牢地把握住由于绝对精神之解体而来的哲学困境时,当代解释学才开始提出并执行自己的思想任务;唯当这种思想任务的主旨从本体论的基础上被明确地揭示出来时,解释学视域中有限与无限的关系问题才开始得到恰当的理解和积极的阐明。

三

超感性世界的腐烂和坍塌确实造成了普遍的困惑,从这种困惑中确实产生出如伽达默尔所说的"最狂妄的空谈"和"最荒谬的设想"。但是,如果以为解释学可以用来支撑并且助长此类主观任性的胡作非为,那么这种看法从一开始就已经误入歧途了。对于解释学之严肃的思想任务来说,不要说任意的解释了,即使是最具确定性外观

---

[1] [德]海德格尔:《黑格尔的精神现象学》,贺麟、王玖兴译,南京大学出版社 2018 年版,第 95 页。

[2] [德]伽达默尔:《哲学解释学》,夏镇平、宋建平译,上海译文出版社 1994 年版,第 133—134 页。

的知性反思，也仍然归属于单纯主观性或主观思想的领域（如黑格尔所判决的那样）。之所以如此，是因为虽然有限性必须作为前提出现，但解释学仍然继续着哲学之本己的真理目标，伽达默尔甚至以"真理与方法"的对待，尤为显著地强调了这一目标。最为简要地说来，当解释学的立足点同古典形而上学真正脱离之际，从一个方面出现的乃是人类此在的有限性（包括其独特性和历史性），而从另一个方面出现的就是真理所允诺的无限性——通达于事物自身。因此，解释学视域中有限与无限的问题就以这样一种方式表现出来——此在的有限性在本体论上如何可能通达作为事物自身的无限性？

海德格尔就此力图表明的是，在绝对者（上帝）缺席的情况下，如果人们从"我思"（ego cogito）出发，就根本无法再来贯穿对象领域，也就是说，根本无法通达事物自身。因为根据"我思"的基本建制（主体性哲学的基本建制），意识的内在性（immanenz）属于一个完全封闭的区域。为了能够通达事物自身，就必须在对意识所做出的本体论批判中开展出一个与"我思"完全不同的出发点："重要的是做出关于物自身的基本经验。如果从意识出发，那就根本无法做出这种经验。这种经验的进行需要一个与意识领域不同的领域。这另一个领域也就是被称为此—在（da-sein）的领域。"[①] 在这里最为关键的要点是"做出关于物自身的基本经验"，而这种基本经验首先就意味着通达于事物自身。如果说，意识的内在性彻底屏障了这种通达，那么，"此—在"的本体论特征恰恰与这种内在性相反。它的意思是："此出—离地在（das daek-statis chsein）。"当此在中的存在始终守护着一种"在外"（draussen）时，意识的内在性就被贯穿了。也就是说，在意识哲学或我思哲学中作为间隔事物自身的屏障被彻底消除了，此在不假绝对者之手便得以直接与事物自身打交道："从今往后，人出—离地与那是某物自身的东西面对面地相处，而不再通过相对立的表象……"[②] 关于这一本体论基础的变革，我们在此不能更多

[①] [法] F. 费迪耶等辑录：《晚期海德格尔的三天讨论班纪要》，丁耘摘译，《哲学译丛》2001年第3期。

[②] [法] F. 费迪耶等辑录：《晚期海德格尔的三天讨论班纪要》，丁耘摘译，《哲学译丛》2001年第3期。

地讨论了，但至为明显的是，解释学视域中有限与无限的关系问题，是依循这一变革来获得基础定向的。

有限的此在通达事物自身，而作为事物自身的无限再度揭示了主观思想的局限性，特别是外在反思或形式推理的局限性；解释学由此而拯救了黑格尔关于无限性的思辨，尽管无限性的根据已不再出自绝对者。如果因为海德格尔同黑格尔进行了最激烈的争辩，并曾声言现象学与辩证法水火不容①，就以为海德格尔会更倾向于先验观念论并最终屈从于主观思想，那就大错特错了。事实上，在1923年的《存在论（实际性的解释学）》中，海德格尔尤其抨击了各种形式的主观主义和形式主义，包括事实上已经跌落其中的辩证法和现象学。关于前者，他说，那已成为形式技能的辩证法变成了"今天所刻意追求的诡辩的模式"；关于后者，海德格尔提到了胡塞尔的学生们用一个学期来争论某个邮箱如何显现，但"如果这就是哲学，那么我完全赞成辩证法"②。至于知性的有限性，则是被更加清晰地把握住的。海德格尔所谓的"解释学处境"，毋宁说正要求着超越知性，虽然是以黑格尔不同的——专注于存在本身的——方式来超越知性的有限性："知性的别具一格之处在于它只意味着经验'事实上的'存在者，以便能摆脱对存在的领会……所以凡处于知性解悟之外的和要超出知性解悟之外的，知性也就必然把它说成是'强行暴施'。"③ 如果说，在黑格尔那里，思辨辩证法意味着对知性有限性的超越，从而意味着使知识和学术由其主观主义和形式主义中解放出来的无限性；那么，这种意义上的无限性是同样为解释学所牢固地拥有的，只不过这种通达于事物自身的无限性不是来自绝对者，而是来自"此在在世"。海德格尔的一个极简的评论，准确地说明了这种情况："黑格尔的立足点和原则非同寻常之丰硕及其同时彻头彻尾的枯燥乏味——这种情况不

---

① [德]海德格尔：《存在论（实际性的解释学）》，何卫平译，商务印书馆2016年版，第54页。

② [德]海德格尔：《存在论（实际性的解释学）》，何卫平译，商务印书馆2016年版，第128页。

③ [德]海德格尔：《存在与时间》，王庆节、陈嘉映译，商务印书馆1987年版，第374—375页。

再会发生也不再可能发生。"① 对于思辨辩证法来说，其立足点和原则之所以非同寻常之丰硕，是因为它要求通达作为事物自身的无限性领域；这样的立足点和原则之所以同时彻头彻尾地枯燥乏味，是因为它所建立的无限性恰恰只是最终完成了对存在的遗忘；而这种情况之所以不再会发生，则是因为超感性世界的倾覆使得绝对者不能继续充当无限性的最后庇护所了。

虽然此在的有限性得以确认并构成出发点，但立足其上的解释学提出了怎样的无限性要求，还可以从下述事实中观察到。海德格尔甚至尖锐地批评了施莱尔马赫和狄尔泰的解释学，因为无论是前者的"理解的艺术"还是后者的"精神科学方法论"，都在很大程度上陷入了方法论形式主义，而形式主义向来就属于主观思想的有限性（伽达默尔因为类似的理由乃以"真理"来抗衡形式方法）。与之形成鲜明的对照，海德格尔提到了奥古斯丁"宏大风格的"解释学以及"一种广泛的和活生生的解释学观念"②，而此间正提示出解释学本身所要求面对的无限性。在这个意义上，"解释学不是一种人为想出来的以及满足此在好奇心而被强加的分析方法……解释（auslegung）是实际生活本身的存在的存在者"③。由此可以发现，黑格尔对主观思想（主观精神）的批判是被积极地加以占有了。解释学同样坚拒主观思想特别是知性反思的主观主义和形式主义，并且同样要求通达作为事物自身的实体性内容，只不过这样的内容作为"实际生活本身"已不再蛰居于观念、概念或理念之中。在《20世纪的哲学基础》一文中，伽达默尔甚至将此一关键方面与黑格尔的同异把握为当代思想的真正枢轴："我们同样必须问，本世纪的哲学思想如何同对这种主观精神的批判的首次伟大运用相区别，我们从德国唯心主义，首先是从黑格尔那里继承了这种批判。"④

---

① [德] 海德格尔：《黑格尔》，南京大学出版社2018年版，第49页。
② [德] 海德格尔：《存在论（实际性的解释学）》，何卫平译，商务印书馆2016年版，第17—19页。
③ [德] 海德格尔：《存在论（实际性的解释学）》，何卫平译，商务印书馆2016年版，第20—21页。
④ [德] 伽达默尔：《哲学解释学》，夏镇平、宋建平译，上海译文出版社1994年版，第111页。

如果说，根本上的决定性区别已然表现为"绝对精神"在本体论上的垮塌，那么，与之密切相关的另一个重大区别则被揭示为意识本身的"异化"（马克思、尼采、海德格尔等）。对于当代哲学特别是解释学来说，重要的问题不仅在于超出知性的有限性，而且在于超出主观意指的天真性，解释学的"解释"尤其是在此意义上起作用的。就这一点而言，黑格尔的精神概念或解释概念毋宁说还是"天真"的。正如马克思在指证黑格尔的"非批判的唯心主义"的同时，指证了他的"非批判的实证主义"。这里的实证主义意味着什么呢？它意味着，作为精神领域的异化——如宗教、哲学等——还完全没有被当作异化本身来把握住；人类精神的自我确证只是被直接地、天真地设定在它的异化的产物（宗教、哲学）中，而不是被设定在这种异化结果的扬弃（宗教、哲学的扬弃）中。[1] 正是由于同这种实证主义的批判性脱离，超越主观的有限性而通达于事物自身的要求，便开始意味着深入一个全新的无限性的内容领域——这个领域不仅是知性反思根本无从梦见的，而且是概念立场的哲学（包括黑格尔哲学）向来未曾抵达的。"我们不仅思考由伪装之神狄奥尼修斯神秘地表现出来的伪装的多元性，而且同样思考意识形态的批判，这种批判自马克思以来被越来越频繁地运用到宗教、哲学和世界观等被人无条件地接受的信念之上。此外，我们还可以想到弗洛伊德的无意识心理学……无论如何，我们相信自己正在做的事与事实上发生于人类之中的根本不是一回事。"[2] 如果说当代解释学是在这样的思想背景和哲学领域中活动的，那么所谓"解释"的主旨就在于，超越意义活动的主观性。无论就黑格尔来说还是就解释学来说，对主观性的超越都一般地意味着从有限进展到无限，只不过这种进展对于前者来说，是以绝对者自身的"超离"活动（绝对化）为基础的；对于后者来说，则是由"此在在世"的生存论方式来定向的。

因此，解释学视域中有限与无限关系的课题化，既需要对意识所做的本体论批判能够以此在的"出离"来克服意识的内在性，以便

---

[1] 《马克思恩格斯选集》第1卷，人民出版社1995年版，第318页。
[2] [德]伽达默尔：《哲学解释学》，夏镇平、宋建平译，上海译文出版社1994年版，第116页。

使"关于物自身的基本经验"成为可能;又必须在先前完全被"意识"霸占的地方去发现一个更加原始的领域,这个领域不仅是作为意识的根据来活动和起作用的,而且是有限性的此在同无限者即事物自身的直接通达。这个领域就是语言的领域,或者更确切地说,是语言现象的领域。如果说,海德格尔由于承认人的此在的有限性和历史性,从而彻底改变了意识哲学的基础定向;那么,这个改变是和语言现象的发现步调一致的——语言被把握为整个人类经验世界的基本模式(当马克思开展他对观念论—意识形态的本体论批判时,同样非常突出地指证了语言现象①)。对于解释学视域中的有限和无限来说,既然哲学不再能利用一种神学根据或其世俗化变种(如绝对观念论对有限和无限的思辨调和),既然在神圣思维的无限性被解除之后,超越意义活动的主观性仍需要处理所谓"灵魂和存在之间的无限符合",那么,正是语言现象为这种符合提供了普遍的基础和恰当的模式:"在这种意义上,可以说我们生活于其中的任何语言都是无限的,然而如果以此推论说因为有各种语言所以理性是有缺陷的,那就大错特错了。事实正好相反。正是通过我们的有限性、我们存在的特殊性(这点甚至在语言种类的繁多中也可以看得很明显),才在我们所在的真理方向上开辟了无限的对话。"② 在这样的视域中,人类此在的有限性是不可置疑的,真理维度上的无限性是同样不可置疑的;而解释学定向上的有限与无限的统一则首先意味着,从主观有限性的束缚中摆脱出来——无论这种束缚是任意性还是知性反思,是抽象的观念还是意识形态的幻觉。

---

① 《马克思恩格斯选集》第1卷,人民出版社1995年版,第81页。
② [德]伽达默尔:《哲学解释学》,夏镇平、宋建平译,上海译文出版社1994年版,第16页。

阐释的双重界限：意蕴预设与有效性判定

——兼论"阐释的有限与无限"问题的理论空间

程乐松

【内容摘要】 "阐释的有限与无限"以新的视角融摄了经典诠释学与哲学诠释学之间的张力，并且在公共性的基础上理解了阐释本身的动态性及其内在机制。从诠释学理论的文本中心与主体中心两个层次上，阐释的有效性与文本的意蕴预设本身都围绕着文本性展开，而在有效性与文本性之下，还必须看到公共理性和阐释语境的基础价值。从文本与存在之间入手，提出有效性问题的吊诡在于文本意蕴的预设指涉了有效性，而主体体验则消解了它。从文本阐释到公共性建构，阐释的有限与无限提供了一种公共性建构的"文本性"范型，而有效性判定与意蕴预设被纳入公共性的动态机制，成为阐释实践的一部分。

【关 键 词】 阐释　有效性　公共性　意蕴预设　有效性判定

【作　　者】 程乐松，北京大学哲学系宗教学系教授、美学与美育中心研究员，教育部青年长江学者。

文本与存在之间的公共性枢纽

经典诠释学与哲学诠释学标示了两种理解形态，经典诠释学以文本意涵或作者意图的预设为前提，展开以文本为中心的意义探究。与此相对，哲学诠释学则将理解视为主体的存在方式，并建构了具有奠基性意义的本体论式生存论。主体性与文本性之间横亘着"有效性"的鸿沟，而作为有效性载体的公共性又从主体间的理解性共识的动态变化中进一步勾连了主体与文本。相互嵌套的问题层次，彰显了阐释理论的建构与公共生活中展开的阐释实践之间的张力。

从诠释学史的角度入手理解文本的独特价值很大程度上可以将经典诠释学与哲学诠释学联结起来，凸显文本的意涵预设并不是诠释实践追求的客观目标，也不是判断诠释有效性的客观标准。其基本原因乃是文本意涵只能在实践中以诠释者与作者、文本的互动展开，而诠释必须直面公共生活达成共识的机制和动态过程。这样一来，文本的意涵预设是诠释展开的前提并标示了诠释者的态度，而诠释的有效性则必须倚赖公共性语境中的共识机制，保持动态的弹性。更为重要的是，这种弹性并不是随意的和难以控制的，而是在每一个特定的当下保持某种收敛性，即文本理解的核心共识与周边意见形成动态机制，核心共识是保持了相对稳定性的。只有在一个长时间的动态变化中才可能逐步实现周边与核心的转换。我们必须承认的另一个关键预设是，文本内涵的预设与文本理解的收敛性很大程度上建基于公共理性能力的客观性，以及生活世界的共在性。因此，诠释的有效性很大程度是公共性机制的一个结果，而不是诠释的目标。正如文本意蕴的预设并不是文本理解的目标，而是其出发点一样。

从历史缘起上看，经典诠释学理论以文本的内涵与意蕴的探究为最终目标。在文本意蕴和文本自主性（autonomy of text）的预设基础上，指摄作者意图及其社会历史语境的重构。当代诠释学家贝蒂（Emilio Betti）和赫斯（E. D. Hirsch Jr.）都坚持从经典诠释学的立场出发捍卫作为诠释艺术基础的文本自主性，始终坚持以文本为中心的诠释学理论发展和建构。同时，在围绕文本的诠释迂回（detour）[①]中避开了存在论意义上的主体哲学话语。

与此相对，施莱尔马赫、德罗伊森及狄尔泰开启了诠释学的理论

[①] 这里借用保罗·利科（Paul Ricoeur）的概念，是想说明经典诠释学与文本之间的关系。诠释总是以文本与作者的决定性分离以及文本意蕴的预设为出发点，诠释的技术展开与实践既是向文本意蕴回归的揭示，也是从文本意蕴出发的建构。

转向。以作者与读者在心灵过程和生命体验上的共通性为基础强调诠释的"超文本性"。突破文本限制而展开的对理解本身的探究成为这一转变的内在动力。在此基础上，海德格尔进一步拓展了理解的内涵，将一种"认识"意义上的理解拓展为作为"存在方式"的本体论主题，从而完成了诠释学的本体论转向。

伽达默尔十分准确地指出了这种分野，在诠释学的本体论转换之后，方法不再是通向真理的道路。然而，伽达默尔在他自己的理论体系中并没有舍弃文本，而是将文本的意蕴与理解的本体论价值结合起来，让文本保持了面向存在的敞开性，同时也通过创造性误解在文本意涵与主体存在之间架起桥梁。

如果理解作为一种主体在世界中存在并不断完成自我建构的内在机制，那么文本的理解或生活世界的理解就必然带有强烈的主体性的色彩，主体间的可公度性以及基于社会性公共空间的共识就成为需要面对的问题。哈贝马斯及罗蒂等当代哲学家都介入了这一问题的讨论，即基于主体建构和理解实践的社会性公共认识的内在机制是什么？如何建立主体间的可公度性？进而言之，是否需要或者应该存在一个对诠释和理解的可公度的标准，是否存在包括文本诠释在内的诠释的有效性标准？

从这个意义上讲，从文本向主体的转向，又通过有效性或公共性的问题回向了作为诠释基础和诠释实践载体的文本。由于诠释和理解本身就是在公共性的环境中展开的，并且以公共性表达为基本形态，内在的公共性特征使得文本的意蕴及作者意图作为诠释的目标无法真正被主体话语覆盖。任何从文本出发的诠释行动，最终都必须在超越文本的同时回向作为主体间交流基础的文本，要不然就成为诠释者的"私人经验"或"个体体验"，不是不重要，而是无法进入公共表达的空间。

中国文化对于经典及书写的形式有其独特认识。经典不只是作者创作的文本，还是天地之间恒常之道或"真理"的体现。经典文本的意蕴从一开始就具有超越性，其原意假设并不仅仅基于作者的意图或文字的意涵，而是其展开的天地之道。作为先在性预设的天地之道又是需要每一个诠释者通过文本解读的个体体悟及生活经验不断积累来逐步感受并表达的。这样的过程既是温习圣人之意的要求,又是体会天地之道的进路,而"人同此心、心同此理"的信念又为经典解读提供了公共性乃至"有效性"的保障。

从这个角度看,以公共性为枢纽的文本解读与主体建构可以被当作当代中国诠释学理论开展的一个重要视角。从引介和发展西方诠释学理论,直至回溯中国古典的经典阐诠传统,都可以从这个视角入手展开进一步讨论。从中国文化与思想的语境出发,在主体性哲学建构与文本阐释的意义探究之间,文本作为归约和出发点的意义探究及理解模式重构显然更能够接续传统并开辟新知。然而,文本阐释并不仅仅是技术,更是一种面向公共认知的建构。由此,以文本为轴心,实现面向公共认知的建构及公共对话空间的形成,展开文本意蕴与作者意图的探究和思考,讨论阐释的敞开与收束、阐释的有限与无限,是其来有自、其申有展的重要理论主题。

有限与无限之间的平衡点:有效性的成立

在学界引介的西方经典诠释学及哲学诠释学理论的基础上,张江教授结合在汉语环境下对"阐""诠""释"等核心概念的再界定,通过对以文本为中心的阐释实践的探究,用公共性的设定来勾连文本意蕴与主体建构这两个层次。[①] 这样的理论取径是值得重视的。其强调了"有限"与"无限"的张力造成的对清晰性和确定性的挑战——阐释的空间及文本的意蕴既是有限的,也是无限的,凸显了进一步澄清和分析的必要性。有限与无限内涵的层次分梳是张江教授的入手点,从文本的开放到阐释的开放、从阐释的边界到有限性的边界,直到可能意蕴与意蕴可能的几组概念,指出了在不同层次与视角

---

① 张江教授与关注阐释问题的当代著名学者展开学术对谈,其学术指向始终围绕着文本性基础与阐释的规范展开。一方面力图避免从文本预设的独断论或技术性来考据,另一方面避免从主体存在与生命经验为指向的一种存在论哲学来建构。特别值得注意的是,从字源学的角度重新界定阐释学核心概念的内涵,并凸显其在汉语语义体系中的独特性。这一独特意识体现了一种理论上的潜力,即从汉语及中国思想语境入手,就阐释技术与理解可能等问题,展开中西方之间互有启发的对话。

中重新刻画有限与无限关系的潜力。①

不断展开的阐释在作为行动实践的意义上的绵延和持续并不必然导致意蕴的无边界扩张。(文本)阐释结果越多,其收敛性越强,即阐释向有效点集中。不妨说,阐释的有效点成为持续展开的阐释实践内蕴的收束性的前提和基础。

阐释的有效性是这一整体框架中十分关键的概念。阐释的有效性建基于两个支点,即作为出发点和归依点的文本意蕴与作者意图,以及作为标准和规范的公共理性。诠释的展开既是技术性的,也是社会性的。因此,有限与无限就成为阐释实践中缺一不可的两个面相。从作为出发点的文本出发,诠释方法是在开放与收束的关系中展开的;从作为结果的理解或阐释来看,意蕴的呈现则是在无限与有限的对举中凸显的。有限指向文本的自主性及诠释的有效性,而无限是指主体共在的前提下文本意蕴语境化的无限绵延。阐释的实践是绵延的,甚至是不稳定的,但其结果必须是稳定和有清晰边界的,因为持续的阐释实践始终都是在"公共理性"的有效性规范与文本意蕴的规约之中的。

作为诠释有效性基础的"公共理性"的动态性中既包含历史的连贯性,也涵括了当下的即时性。"公共理性"是一个基于时间轴和社会实践不断转移的常数,让我们联想到威廉·詹姆士(William James)在讨论意识流过程中强调的意识中心与边缘的转换机制。公共理性的内涵及其标准是持续变化的,公共理性的弹性保证了阐释延伸的可能,而每一个当下的公共理性又成为约束阐释的内在机制。动态性必然预示着"公共理性"的"断裂性",在一个大跨度的历史视角中,知识结构与认知形态的革命性变化必然导致"公共理性"中有效性标准的断裂,恰如托马斯·库恩(Thomas Kuhn)在《科学革命的结构》中强调的那种科学范式之间的断裂性。文本意蕴及作者意图在锚定了诠释实践出发点的同时,也成为公共认知中有效性的预设基础。

---

① 张江:《论阐释的有限与无限——从 π 到正态分布的说明》,《探索与争鸣》2019年第10期。

阐释的双重界限：意蕴预设与有效性判定

围绕文本意蕴及公共理性展开的对阐释有限与无限的刻画，其直接的理论后果是完成了经典诠释学与哲学诠释学之间的联结。经典诠释学以文本为中心，强调理解与诠释技术对文本意蕴的揭示与阐发始终要以文本的自主性和作者的意图为归依；与之相对，哲学诠释学以作为生命经验的主体共在及历史理性中的主体特殊性为出发点，将理解作为主体在世界中存在的方式及根本进路。文本的概念被最大限度地泛化之后，诠释学就远离作为起点的文本，进入了主体哲学的建构之中。

这个理论联结仍有进一步探讨的空间。意蕴预设与有效性指向成为持续展开阐释的边界或规约，这两个界限性支点推动我们重新审视诠释学的发展历史和理论关切，分别考察文本意蕴的预设与有效性判定的内涵。在笔者看来，文本意蕴与作者意图是指向诠释态度的预设，而不是一种先在的客观对象；换言之，文本意蕴与作者意图是一个悬置的假设。它不断提示诠释者的态度及其诠释方向，它不是一个绝对客观的标准，因此不能以文本意蕴和作者意图的客观性为标准对诠释进行非此即彼、对错分明的判定。与此同时，基于公共理性的有效性判定是非约束性的希望，而非客观标准。简单而言，公共理性是一个交流及对话的空间，这一空间并不是以刚性边界为基础的，而是在对话中持续变化且保持开放的。由此，我们需要审慎地使用"有效性"这一概念。

从诠释学的理论发展来看，文本的意蕴和作者的意图共同构成的"文本的自主性"逐步被诠释者的生命体验与诠释过程取代了，而诠释的有效性本身也从向文本负责的规范性要求转向诠释者的视角，即诠释的价值在于与世界相处并持续建构自我的过程。诠释者的主体性及其存在样态取代了文本的意蕴，主体共在的生命经验的历史性则取代了文本的自主性；与之相应，诠释实践的公共性也转向了心灵过程的共通性。由此，我们在什么意义上可以在诠释学理论发展脉络中重新确立文本的自主性呢？换言之，意蕴预设这种阐释边界性机制的成立，需要我们重新定义文本的自主性，回到诠释学的历史发展中去寻找线索。从另一个角度看，作为阐释有效性的内在保障，公共理性是一个预设还是一个目标？是一种先在的规范，还是一种可以不断接近的"希望"？是一种标准，还是一种动态的共识？"理性"在什么意义上可以成为公共认识的基础或标准？我们需要与哈贝马斯及罗蒂展开对话。

回向与疏离：为理解奠基的文本性

回到诠释学的理论发展及其转型的过程，将看到从经典诠释学的文本解释技术及文本意蕴的客观性出发的四次理论跨越，推动诠释和理解的理论关切逐步远离文本并转向作为主体的诠释者。第一次也是最具有决定性的分离是作者与文本的分离。在作者与文本的决定性分离之后，诠释就一直在独断与相对主义的张力构成的囿限之内徘徊。独断来自一种文本原意与作者意图的客观性与独一性假设。与之相对，诠释主体经验、历史文化语境等构成了多元和开放的基础。从作者完成作品的那一刻起，"文本的意义就超越了它的作者，这并不只是暂时的，而是永远如此"[1]，作为一个言语事件主导者的作者隐去了，被言语和书写事件固定下来的文本被显现出来，文本成为作者意图的藏身之地，也拥有了自身的"意蕴"。作者与文本的分离还意味着一次语言事件的终结。作者作为一个隐身的在场者持续与文本共存，但却永不显明地出场，文本永远无法摆脱作者意图及其背后精神世界的纠缠和背书。

当然，文本意蕴并不能等同于构成文本的符号，它是这些在语句结构中的符号呈现出来的"意义"。第二次的断裂就在构成文本的语词、语句与意义之间显现了。利科认为，在语义学的层次上，解释就是一种思想的工作，它于明显的意义里解读隐蔽的意义，展开暗含于文字中的意义层次。利科认为文字本身是多义的，文本深藏隐晦内涵的机制就是象征。象征是任何指向意蕴的结构，其中直接和最初的文字意义额外地指示另一种间接、引申的，乃至隐喻性的意蕴，后者只

---

[1] Hans-Georg Gadamar, *Truth and Method*, trans. Joel Weinsheimer and Donald G. Marshall, New York: Continuum, 2004, p. 279.

有通过前者才能呈现出来。① 围绕符号、指称、句法与叙事的不同层次被从文本中提取出来，而意蕴则在这个意义上被淹没于隐喻与象征的迷雾之中。诠释者首先是一个解谜者，然后才是一个理解者和共情者。

对于施莱尔马赫而言，理解是一门艺术，是对文本作者心灵过程的重新体验。由于它始于固定的和已完成的表达，并回溯它从中产生的精神生活，因此它是与创作逆向而行的。狄尔泰则是从理解本身的研究转向了精神科学和历史理性的关注。主体的特殊性在历史理性中呈现出来，主体既是诠释者，又是亲历者、体验者、创造者，这种高度内在化的结构使得对文本的诠释转变为对文本背后的心灵过程的理解。问题又转向了对理解本身的理解。理解何以可能？文本的内涵不再仅仅是言语事件或作者意图，而是作者作为主体所经历的精神经验与生命体验。诠释就成了作者与诠释者基于文本的生命经验共享与共情，文本成为两个具有理解能力的主体之间的桥梁，诠释者可以在这个过程中完成自我建构。可以说，从历史意识与历史理性批判开始，作为方法的诠释学就不可逆转地成了作为一种哲学的诠释学。

对于海德格尔而言，理解不是一种避免误解的技艺，也不是一种面向文本意蕴的探究，而是主体的存在方式。文本似乎已经从关于主体存在的现象学描述中退场了。海德格尔通过对语言的引入重新确立了一种泛化的文本概念。与文本的疏离使得诠释学逐步变成一种主体和历史话语框架下的存在哲学。

贝蒂和赫斯等学者始终坚守的经典诠释学进路就是从理论上始终捍卫文本的核心地位。赫斯坚持："对于诠释而言，作者的意图必须始终规范和标准，意义必须是不变且可再现的。"② 文本与诠释对象的自主性和自足性作为一个焦点凸显了科学人文主义与本体论转向之间的本质区别。贝蒂则认为，诠释客体的自主性以及历史"客观性"的可能，使得诠释必须具有有效性的标准。我们必须区分解释与意义

---

① Paul Ricoeur, "Existence and Hermenuetics", in Josef Bleicher eds., *Contemporary Hermeneutics: Hermeneutics as Method, Philosophy and Critique*, London: Routledge & Kegan Paul, 1980, pp. 241-243.

② E. D. Hirsch Jr., *Validity in Interpretation*, New Haven: Yale University Press, 1964.

赋予的差异。简言之，解释是向文本出发，而意义赋予则是从文本出发。

　　贝蒂十分准确地指出，意义赋予是由于诠释者的主体性介入而导致的疏离文本的意义建构，只有向文本出发、回向文本意蕴及作者意图的诠释实践才可以被视为解释。在诠释者的介入意义上，文本需要建立关于自主性的界限。自我建构与意义赋予是由文本引发的、在文本之外的心灵效应。这一心灵效应被诠释者再表述出来，进而成为一种主体间理解的资源。我们当然不能认为这一由文本引发的后果与文本及其意蕴没有任何关系，但不得不审慎反思的是，文本在多大程度上可以为这些被主体赋予的意义提供支撑？如果我们将诠释者的意义赋予乃至自我建构也视为文本的一部分，那么文本的内涵就发生了根本变化。

　　文本的自主性是建基于文本或书写形式的客观存在，它并不能直接指向文本意蕴的呈现，也不能揭示在文本中蕴藏的作者意图。作为诠释枢纽的文本意蕴并不是自足的，而是有待被激活和揭示的。诠释者的主体性介入是文本意蕴被激活的必由之路，向文本出发、指向文本意蕴和作者意图的解释与从文本出发、指向意义赋予的自我建构的阐发是同一个诠释实践的一体两面。从这个角度上说，文本意蕴和作者意图只能被视为一种预设，这种预设保证了诠释者的态度，以及在此基础上对意义赋予的边界性和合法性的高度自觉。

　　需要进一步考量的是，文本意蕴和作者意图的客观性可以被证成吗？它在多大程度上可以成为一个判定标准，规约诠释性实践呢？在我们看来，文本意蕴和作者意图是悬置的理论预设，无法作为一种刚性的客观标准，无论从经典诠释学还是哲学诠释学的视角看，我们都应该承认这一点。换言之，包括作者在内的任何人都不具备不容辩驳的权威性来定义文本的意蕴，也不能宣称任何不符合被设定了的"文本意蕴"的诠释和理解都是错误的。如果我们这样理解文本意蕴与作者意图在诠释实践中的功能，那么诠释的有效性基石是什么呢？

从有效性到公共性：绵延的阐释实践

如果说诠释的有效性不仅来自作为诠释目标的文本意蕴及作者意图预设，更依赖公共理性的判定，那么，我们就可以认为诠释的"有效性"是建基于公共理性的。这就牵涉了两个与公共理性有关系的问题。其一，何谓公共理性；其二，公共理性在什么意义上可以先在于诠释的实践成为一个评判其有效性的外在标准。

公共理性是一个十分复杂的概念。除了前文述及的公共理性内涵的动态性之外，从公共理性的形成及运作机制出发，它还指涉了以下三个层次的问题。其一，公共性的内涵是什么，如何区分公共性与社会性？其二，理性能力在何种程度上是一种超越主体间性的共同特征？以及理性能力在什么意义上可以是收束性的，将主体间的差异限制在一个共同的意义空间之内？其三，公共理性的判定是如何达成的，从性质上说，如果作为诠释有效性判定基础和内在机制的公共理性是一种建基于公共性的理性标准，那么这种标准是划一的吗？

显然，张江教授不会同意预设一种独立于个体，甚至凌驾于个体之上的理性"巨兽"，来守护有效性的边界。如果这样一个"巨兽"的确存在的话，那么主体间性和个体的差异就需要重新被证明了。张江教授的确十分细致地描述了"公共理性"的动态性，然而，动态性与作为判定标准的刚性如何共存呢？显然，我们需要进一步探查公共理性的内涵。普遍的理性能力设定总是需要在作为主体的个体中呈现和运作的，我们很难想象一种超越个体的理性能力，但我们可以想象普遍理性能力在不同个体之间达成某种理性判断的共识。这样一来，公共理性的基础就是基于普遍理性能力与主体间的有限共识，这种共识由社会性的公共生活经验塑造。

哈贝马斯提供的一个可能解决方案是社会交往的主题或社会性意义的论域。哈贝马斯强调日常交往中的主体间性，原则上既受到约束，又不受到约束。不受约束是因为它能够被随意延伸，受约束是因为它绝不能被彻底建立起来。① 换言之，与主体之间的共识一样，主体的差异总是在扩展与收束之间动态变化的。从这个意义上说，公共理性是一种社会性共识，或者更直接一些描述为，大多数人认可的常识。其边界是模糊的，诠释的不断延伸和意义赋予的持续进行就使得特定的诠释远离了这种共识，这里并不必然涉及有效性的问题，而是诠释本身的公共性空间和潜力。不妨说，并不需要存在一种可以被共度或得到确定性判断的标准作为诠释的先在基础。

这也符合罗蒂对于诠释学的基本态度，他认为诠释学展示了一种独特的冀望，即在认识论留下的文化空间中，我们不再需要感觉到限制与对照的要求。在罗蒂的理解中，认识论认为某一话语的一切参与性实践都是可公度的，诠释学就是为反对这一假设而进行的斗争。可公度性预设了共同依据的基础，是收敛性的；诠释则是不以统一说话者的约束性模式为前提的，而达成一致是一种可能性。在认识论的预设中，逻各斯、真理和客观性的预设是基础，与之相对，诠释不是一种认知方式，而是一种与世界相处或处理世界的方式。② 在可公度的前提下的收敛性与拒绝约束的可能性，成为互补的两个方面。不难发现，诠释学的功能是填补认识论边界上的文化空间，其基础是存在与生命经验。在一个先于数学化精确构造的、先于认知的客观性存在的意义领域之前，就有给定的生活经验，存在者在其中存在并达成自我理解的存在场域本身的复杂性要求我们在客观化和可公度的刚性与不受约束的可能弹性之间进行平衡。

显然，以上对哈贝马斯和罗蒂理论的征引不可避免地存在着"断章取义"之嫌。然而，其基本目标是为"公共理性"概念的内涵及其在诠释实践中的功能提供新的视角。"公共理性"概念更多是在公共认知的场域中呈现的诠释的公共化空间，以及得到公共理解的潜力，而不具备判定性的功能。与此同时，没有判定性功能的可公度标

---

① Jurgen Habermas, "The Hermeneutic Claim to Universality," in Josef Bleicher eds., *Contemporary Hermeneutics: Hermeneutics as Method, Philosophy and Critique*, London: Routledge & Kegan Paul, 1980, pp. 188-190.

② Richard Rorty, *Philosophy and the Mirror of Nature*, Princeton: Princeton University Press, 1980. 在第7章及第8章中，罗蒂全面阐述了诠释学与认识论之间的关系。

准的存在，也不会从根本上影响诠释本身的价值，它构成了与刚性的客观意义领域互补的开放性。有了公共化空间及公共理解的潜力，开放性的边界就是可预期的。

　　由此，我们可以进一步申说意蕴预设及有效性判定这两个阐释的"收束性界限"在"有限与无限"对举中的功能。意蕴预设是一种诠释态度的呈现，也是文本作为诠释枢纽的肯认，从诠释的意义上捍卫文本让阐释避免成为一种彻底的主体哲学话语。如果文本意蕴及作者意图可以被当作诠释的目标，那么这个目标也并不是客观存在的，而是揭示了诠释实践的性质和方向。与此相对，诠释的有效性需要进一步被定义为公共认知基础上的公共化空间和公共理解的潜力，而不是收束性的可公度性。从这个认识出发，"阐释的有限与无限"之间的张力就从文本意蕴的两个极点转向了公共性论域建构的两个视角。

　　文本意蕴的弹性与公共认识的活力共同构成了阐释不断绵延的必要性。公共生活的延续性及其内在机制决定了人们需要在每一个当下保持在相对稳定的共识之中，而这一稳定共识的建构恰恰需要阐释性实践的持续展开。以文本意蕴的预设为出发点的文本性让阐释实践不仅可以面向文本，更可以面向具有文本性或可理解性的生活世界，阐释实践的绵延由此以独特的方式保障生活世界的动态延续。当然，我们并不尝试以此消弭经典诠释学与哲学诠释学之间的差异，而是在公共性的视角中避免文本意义客观性与主体体验无限性之间不可调和的矛盾，将阐释的价值放在意蕴的呈现与生存的样式之间，保持其独特的价值和活力。从这个意义上讲，有效性指向的并非判定，文本意蕴凸显的也不是独立性，而是阐释实践展开的双重界限。

重提人文科学的真理要求

——阐释学如何切中时代"真问题"

邓安庆

【内容摘要】诠释学的意义在于"通古今之变",推动古典文明的现代转型,这也是当代哲学面临的最迫切任务。但我们不能走方法论诠释学的老路,而必须让诠释学立足于伽达默尔哲学诠释学意识,将其作为当今"构建中国阐释学"的基石。存在论诠释学告诉我们,必须首先面对文化在当下世界格局中所面临的"真问题"。存在论诠释学以"应用"为先,"应用"意味着找到当下处境中的"真问题",这比到经典中去寻章摘句地找"答案"重要得多。

【关 键 词】存在论 公共理性 文学诠释学 哲学诠释学 人文科学

【作　　者】邓安庆,复旦大学哲学学院教授,教育部长江学者特聘教授。

自从 20 世纪 80 年代"西方诠释学"开始被大量译介到中国之后,"诠释学"[①] 研究一直是人文学界一道亮丽的风景。哲学、文学、

---

① Hermeneutik 在国内有"诠释学""释义学""解释学""阐释学"等多种翻译。本人因接受伽达默尔的现代存在论的"前理解",赞同"释义学"的翻译;但考虑到洪汉鼎先生翻译的《真理与方法》用的是"诠释学",而且"诠释学"也更符合汉语的文化传统,故本文一律使用"诠释学"。但用此译法的问题就在于,很难实现传统"诠释学"向现代"诠释学"的转变,也即很难实现"诠释学"由单一学科的"理解""解释"的"方法论"向现代哲学的"存在论"视野的转变。这是本文将要论述的一个大问题。

史学、法学、艺术甚至宗教诸学科都参与其中，盛况空前。之后北京大学汤一介教授发表《能否创建中国的解释学?》和《再论创建中国解释学问题》，把研究推向了第一个高潮。中国现代西方哲学学会成立了"中国解释学专业委员会"，出版了《中国阐释学》系列研究丛刊，每年定期召开学术会议，出版学界最新的研究成果，这可视为中国诠释学研究的第二个亮点。最近几年，又出现了第三个亮点，可以说是一个新趋向。由张江教授领衔在北京、天津、上海、南京、杭州等地召开了多场专题研讨会，突破了学科限制，哲学、文学、法学、史学等人文社会科学各领域专家共同参与，切磋对话，推动了诠释学在中国的普及与发展。张江教授自己也在"创建中国阐释学"这个框架下发表了一系列有创见的论文，尤其《论阐释的有限与无限——从 π 到正态分布的说明》（以下简称"张文"）一文中清楚地论述了他在此问题上的主张，引起学界热烈而持续的讨论。《探索与争鸣》开辟了"构建中国阐释学"专栏，连续刊登了相关商榷文章，其中南京大学周宪教授的《作为阐释学根据的公共理性》、四川大学傅其林教授的《究竟什么是公共阐释——与周宪教授对话》，以及福建省社科院南帆研究员的《数学语言的洞见与盲视——回应曾军教授》和周宪教授的《公共理性使有效阐释得以可能——回应傅其林教授》等讨论直接或间接地在回应了张文所提出的问题。周宪教授和南帆研究员更多地赞同张文的基本主张，因而是辩护性地将问题与概念推向更为深入和准确的方向；而傅其林教授的观点，按照周宪教授的说法则是"釜底抽薪式地"否定"公共理性"而代之以"公共阐释"。这些讨论各自都充分表达了发人深省的真知灼见，但可惜由于都有意无意地局限于"文学阐释学"内，止步于"哲学诠释学"之前。因此，本文意图就上述讨论的核心问题，在"哲学诠释学"的问题意识上，向引发这些讨论的张江教授提出三个问题，以就教于学界同仁。

第一，能否用"接受美学"所理解的"诠释学"直接代替诠释学哲学的问题意识？

第二，"公共理性"本身是如何可能的？在某种扭曲的交往结构中，是否有可能存在"公共理性"？

第三，如何能够实现"中国诠释学"从传统诠释学向现代"存

阐释的有限与无限

在论"诠释学的转向？

"文学诠释学"必须实现向"哲学诠释学"的过渡

国内"文学诠释学"的理论基础基本上来源于"接受美学"，是一种特殊的、部门的诠释学理论。接受美学把"文本"和"作品"加以区分，强调"文本"是"作者"创作的、独立于"读者"的感知，因而是只依赖作者而非读者审美经验的"本体"存在；而"作品"则是指"文本"与读者的"客体"与"主体"对象性关系的"存在"，作者创作的"文本"只是一个空洞的意义空间，它需要通过"读者"作为审美主体的经验、情感和艺术趣味的"介入"使之"自在"的意义得以充实并继而"完成"。因此，读者对文本的接受过程，是使"文本"向"作品"生成的共同创作一种新的生命的现时存在的完成过程。姚斯的《提出挑战的文学史》和伊泽尔的《本文的号召结构》是接受美学的开山著作，其基本概念和思想都是由伽达默尔的哲学解释学奠定的，如果我们仅仅局限于接受美学范围之内，实在很难准确地把握其精神及内涵。

张文对整个"阐释的开放与收敛、有限与无限"的讨论，尽管从其文字上看是在进行诠释学历史叙事，但他把"阐释的无限性"作为阐释者的"主观诠释"，作为文本涵义"外向开放性"与"诠释"的"面向事物本身""保卫作者意图"对立起来，认为主张阐释的"无限性"的人，目的是给文本不断"添加意义"，而不顾文本自身的客观意义；主张阐释有约束性的人，目的则是守护文本的客观性，这明显是把接受美学的观念直接转换为对诠释学哲学的描述。

"接受美学"本身实际上是对伽达默尔诠释学故意"误读"的结果。之所以有这种"误读"，因为它是以"美学"这一在康德那里作为"审美判断力"来定义时就被"主观化了"的视野理解伽达默尔诠释学，而伽达默尔的诠释学恰恰是从批判康德美学的主观化倾向作为问题意识之开端的。他批评说，康德把审美直接与"趣味"相联系，同时却否认了"趣味有任何认识意义。这是一种主观性原则，他把共通感也归结为这种原则"①。接受美学却反其道而行之,从伽达默尔所反对的主观性去解读他的诠释学,并因此而把伽达默尔的文本诠释理解歪了。伽达默尔本人既反对把诠释学的任务视为把握作者原意,因而反对传统方法论诠释学,但他同时也坚决反对把"诠释"活动视为单纯的主观理解活动。

从伽达默尔《真理与方法》的"第二版序言"和"导论"中,我们就能清楚地看到他对主观性"理解"和"解释"的明确反对:"我的探究的目的绝不是提供关于解释的一般理论和一种关于解释方法的独特学说,有如 E. 贝蒂卓越地做过的那样,而是要探寻一切理解方式的共同点,并且表明理解(verstehen)从来不是一种对于某个被给定'对象'的主观行为,而是属于'效果历史'(wirkungsgeschichte),这就是说,理解属于被理解东西的存在(sein)。"② 在文中他还进一步论证了"理解甚至根本不能被认作一种主观性行为,而是要被认作嵌合到一种传统衍生中的行动,在这一嵌合中,过去和现在持续地得到中介"③。这一段原文强调说明了伽达默尔关于"理解"的核心观念。"理解"虽然离不开主观领悟,但在领悟中,有价值、有意义的"理解"决不是得到了某种主观性的感知,而是事物自在(ansich)的"真理"被领悟到了,因而主观领悟到的"意义"最终不能归结为主体,而要归结为事物本身。这是一种在黑格尔对近代知性认识(以"反思"为形式)的主观化的批判中就已经表达出来的思想。所以,伽达默尔特别强调,"理解"作为主体的思想活动,但不属于主观的东西,而是属于被理解东西的"存在"。因为能被理解的既不是作者的主观意图,也不是文字背后的隐微大义,而是文本所表达的"思想"之真理性。这样的诠释学就是一种"哲学","接受美学"的问题意识和思维层次根本无法与之相提并论。对"审美意

---

① [德]伽达默尔:《真理与方法》上卷,洪汉鼎译,上海译文出版社 2010 年版,第 55 页。

② [德]伽达默尔:《真理与方法》上卷,第 6、8 页。

③ Gadamer, "Herneneutik" I, in *Hans-Georg Gadamer, Gesammelte Werke* 1, Mohr Tübingen, 1990, p. 295. 参阅伽达默尔《真理与方法》上卷,洪汉鼎译本,第 372 页,译文有修改,以下不再注明。

识"主观性的批判仅仅是伽达默尔阐释其哲学诠释学问题意识的起点,他通过对审美意识的批判而走向了"存在论诠释学",即文本理解作为"存在"意义之敞开与封闭的"诠释学循环"。在"诠释学循环"中,无论作者的原始意图还是读者的主观阐释,都还原为关于存在问题之思想的真理性对话。"成功的"对话,意味着"视野融合"的达成,是一种嵌合到历史传统中的古今之传承与和解。这才是诠释学哲学对于所有面临着传统之断裂苦痛的现代文化的意义。

确实,诠释学的意义在于"通古今之变"。如果我们一直纠结于读者的主观理解和文本本真意图的对立,那么无论我们如何解释"阐释"的开放性和无限性,依然还是在伽达默尔所批判的"主观性"限度内。因而如果难以从哲学层面,即伽达默尔诠释学所依据的后康德哲学的那种思维水平来理解他的诠释学,许多问题就没法说清楚。我之所以反对从"接受美学"来讨论诠释学,原因就在于其思维水平还不够哲学,使得它把读者和作者对立起来谈理解、接受和阐释,因而从根本上无法支撑起"中国诠释学"这个概念。实际上,有意义的阐释根本不是文本及其作者意图的"他者",而首先是承认者和接受者,"作者意图"也通过转换为对存在问题的思想对话之促成与启发而激活出"现时"的意义,从而构成了文本意义在"现时"的存在方式。"接受美学"所达到的作者与读者之关系,依然是陈旧的近代认识论的主客体关系之表达,而存在论诠释学之哲学立场完全超出了狭隘的主客体关系。所以,我们的思维水平至少必须达到黑格尔的辩证哲学,否则我们根本不能理解伽达默尔的现代诠释学。他之所以要批判传统诠释学,就是因为传统诠释学的意识停留在谢林、黑格尔所批判和超越的近代"反思"哲学上,因而不可能应对科学的挑战,也不能应对传统断裂后现代性的人文意义危机。因为所有二元对立论思维,最终的结果依然只能把理解和阐释活动归结为一种"主观意识"。这种主观意识或者会以不可知论的形式放弃对真理的要求,不知道"主观的认识"本质上乃是事物本身的一种存在方式,最终是归于事物本身的存在,而不是我们的"主观意识",因为任何意识都是"被意识到的存在"(bewuβt-sein);或者会炮制各种"诠释学方法论",以为依赖可靠的方法,就能理解作者的原意,以便重建文本的客观意义。但伽达默尔证明，这是不可能完成的任务。

尽管张江教授可能会认为，他并不是站在接受美学而是站在哲学立场上讨论问题的，但我发现，他的哲学意识还没有真正转到以伽达默尔为核心的现代哲学诠释学的轨道上来。在这里，为什么我要强调，我们不能走方法论诠释学的老路（实际上意大利的贝蒂、法国的利科这些一流的哲学大家也依然坚持"方法论的诠释学"），而必须让我们的诠释学立足于伽达默尔的哲学诠释学意识，作为我们当今"创建中国诠释学"的基石呢？我有两个基本理由。其一，中国传统根本不缺"方法论诠释学"，训诂学、经学、考据学、音韵学等，都蕴含着大量丰富甚至适合"中文"的诠释学方法论，这些学问根本不需要我们借鉴任何国外的理论，甚至也是国外的理论无法企及的，我们真正缺失的是"存在论诠释学"；其二，"存在论诠释学"的哲学意识体现了西方哲学的前沿与高峰，也是我们许多人的哲学素养还远远达不到的一个高度，因而只有在这个高台阶上确立我们当代的诠释学意识，才能有效地参与到中国文化的现代化建设中，"通古今之变"，推动中国古典文明的现代转型，这才是哲学面临的最迫切的任务。我们的诠释学研究只有在这一问题意识上达成共识，才是有前途的并因此而可能形成有价值成果的方向。反之，如果我们还是只能在方法论诠释学上下功夫，我敢断言，几乎很难出什么有价值的创造性成就，最终可能都是昙花一现。

"公共理性"本身如何可能

现在进入第二个问题，即"公共理性"的可能性基础。伽达默尔超越主观思维、超越方法论诠释学之成功的关键，是提出了诠释学意识的三要素或三环节——理解、解释和应用。张文事实上也提出了三环节——诠、阐和公共理性。如果说，张文的"诠""阐"之分，可以大体相当于伽达默尔的"理解"与"解释"之分的话，而"应用"却完全没有进入他的视野。由于缺乏没有这一"应用"的视野，张文的"公共理性"之标准的讨论，陷入一种单纯作为阐释之无限性和有限性的抽象讨论中，且没有反思"公共理性"究竟是如何可能的这一哲学不能回避的问题。对比一下伽达默尔的讨论，他恰恰通过把"应用"环节作为首要环节，才成功地宣称诠释学不是任何一种认识论和方法论的哲学，而是一种"实践哲学"。通过这样一种"实践哲学"，他才成功地反对了"理解"和"解释"不是任何"主观性行为"，而是文本自身的存在方式。进而言之，就是因为对"应用"要素的纳入、对主观思维方式的否定，"公共理性"才得以成为可能；文本的开放性和约束性之间的联系，不是"抽象地"而是"具体地"得到了探讨。所以，我们只需要做简单的对比，就可以印证上述对张文的诠释学意识仍然还是停留在接受美学的主观思维和诠释学方法论的旧诠释学立场上的判断，因为"应用"这个"要素"在张江教授的论文中一直未被注意到，但它的作用是"公共理性"所不能替代的。那究竟什么是"应用"（applikation，anwendung）呢？

我们以前总是把"应用"理解为，把一个现成的"理论"或"学说"当作实践工作的指南、规范或标准，就像中国的各项"实践"是对"马克思主义原理"的"应用"这样。伽达默尔认为这样理解"应用"是错误的。"诠释学"是一种"实践哲学"区别于认识论和方法论的哲学，就是它首先考虑"应用"，而不是首先确定理解的方法，然后再拿去"应用"。他所强调的"应用"，实际上就是把在实践的存在处境下的"问题"，作为理解和解释的出发点。譬如法学诠释学，它是在对一个法律条文在法庭适用时出现了"疑问"的条件下诞生的。如对某一法规条款的理解，作为"法律条文"它早就制定好了，然而当法官在判决某个具体案例出现对所适用的法律条款"理解"上的困难和疑问，这时会出现去寻求对它正确理解和解释的要求，这就是伽达默尔说的"应用"。

所以，"应用"意味着"提出问题"在"诠释学意识"中具有优先性。所谓的"理解"和"解释"于是都围绕这个"问题"而展开。一个文本一旦在阐释者这里出现了"问题"，他去阅读"经典"时就意味着向"作者"提出了这个"问题"，要求"作者"给予"回答"。如果在文本中寻找到作者对此问题的思考线索或解答线索，"问题"于是就把读者和作者都"激活"了。作者再也不是一个已经死去的人，而是一个"活的"对话者。他虽然不直接"露面"，但他的"思想"已经"临场"就"问题"跟读者在进行"诠释学的对话"了。文本的"意义"就是在这样的"对话"中被"开放的","开放性具有问题的结构……如果我们想要解释清楚诠释学经验特殊的施行方式（vollzugsweise），就必须深入问题的本质中去"。"所以，问题的意义就是这样一种使回答唯一能被给出的方向，如果是想要得到一种富于意义、意味深长的回答。带着问题就把被问的东西置于某种特定背景中了。一个问题的提出仿佛开启了被问东西的存在。因此展示这种被开启的存在的逻各斯就已经是一种答复了。它自身只在问题的意义中才有意义。"①

带着解决某个具体"存在问题"的"对话"之"开放性"和"约束性"就非常具体了，无须进行抽象的烦琐论证，更不需要借用某个抽象的自然科学概念或定理，这都很难"切合"与"有效"。通过西方实践哲学的发展史可以发现，实践哲学一直就是在"现实"的"问题结构"中，防止哲学陷入理论哲学，即形而上学的无底深渊中去追本溯源；在对存在问题的具体领悟和阐释中，发现解决实践问题的行之有效的原则。因此，伽达默尔通过"应用"的"问—答—逻辑"说得非常清楚，"问题的本质就是敞开（offenlegen）和对所有可能性保持敞开（Offenhalten von MÖGlichkeiten）"②，但亚里士多德对柏拉图单纯形而上学理念论的批评，康德的实践哲学拒绝再对诸如"物自身""自由""灵魂""上帝"之理念再提出"认知性"探讨，就是拒绝阐释的"无限性"。这种对"无限可能性的敞开"只是就理解的"历史性"而言的，并不意味着对一个具体"问题"的"阐释"要具有"无限性"，"问—答—逻辑"和"效果历史原则"的"处境"性都约束了"无限性阐释"的必要性，所以，伽达默尔说："人们所需要的东西并不只是锲而不舍地追究终极的问题，而是还要知道：此时此地什么是行得通的，什么是可能的，以及什么是正确的。我认为，哲学家尤其必须意识到他自身的要求和他所处的实在之间的那种紧张关系。"③

---

① ［德］伽达默尔：《真理与方法》上卷，第465—466页。
② ［德］伽达默尔：《真理与方法》上卷，第384页。
③ ［德］伽达默尔：《真理与方法》第2版序言，第16页。

正是在这里，出现了"公共理性"如何可能的问题。尽管伽达默尔本人认为启蒙运动对历史、权威和成见的批评过头了，因为历史与成见作为塑造我们的"视野"的"前见"对于我们的理解和阐释具有建设性的作用。但是，一旦从实践哲学的"应用""处境"出发，马上就面临"真理"和"实用"之间的某种张力。"实践哲学"要求我们放弃某种知识论上的"终极"追问，但依然要求我们对"此时此地什么是行得通，什么是正确的，什么是可能的"做出彻底的思考。只要我们不放弃"真理"的追求，那么"公共理性"的可能性问题，就是"意识形态批评"的合法性问题。也就是说，只有当我们在一种不受特定意识形态"宰制"的条件下，诠释学围绕"存在问题"的诠释学对话就是"公共理性"形成的正常轨道。但像哈贝马斯这样的社会批判主义者依然还是嫌伽达默尔的意识形态批判太过表面，太依赖于一般的正常的理解结构；它没有揭示出在一种扭曲的社会交往结构中，在"正确理解"根本不能达成的这种"特殊处境"下，"公共理性"也就很可能成为"公共非理性"。哈贝马斯和伽达默尔之间的诠释学争论不是我们这里的主题，但我需要在此表达我对张文"公共理性"这一标准讨论之不足的提醒。

如何实现"中国诠释学"的"存在论"转向

在这里可以转向第三个问题，就是如何能够实现"中国诠释学"从传统诠释学向现代"存在论"诠释学的转向。这个问题涉及我们为什么要"创建中国诠释学"和诠释学承担着什么样的文化使命这样的大问题。诠释学无论古今中外都有非常丰富的理论资源和成果，我们之所以还需要"创建"，就是因为"传统"作为一种"活的思想或精神"，只有在能回答我们今天中国人的存在问题时才证明自身是"活的"。因此，是我们中国人的"存在方式"在当今的生存处境下提出了"问题"，需要有古今的哲学智慧参与到对此"问题"的解答中，我们才有"创建"一种哲学理论的现实要求。因为尽管世人承认中国古代的哲学智慧达到了很高的水准，孔子被认为是与苏格拉底、佛陀和耶稣一个级别的人类"思想范式的创造者"[1]，老子也是像安瑟伦、斯宾诺莎、龙树一样的世界级"原创性形而上学家"[2]，但是，写在书上的"智慧"只构成一种历史性"知识"。孔子"借对周礼的复兴"解决当时的"存在问题"，不能对其直接"应用"来解决我们当下面临的生存困境。我们需要带着我们今天的问题"激活"孔子，"倾听"孔子能对我们的"困境"发表怎样的"高见"，以启发我们的"思想"来寻找问题的解决途径。在此意义上，我们今天对孔子思想的"理解"和"解释"不是他《论语》的"他者"，孔子对我们也不是一个遥远的"原始意图"的表达者，而是通过解答我们存在的问题以激发我们"存在"的无限意义的"共同塑造者"。所以，哪怕是像孔子这样的"作者的思想（也）绝不是衡量一部艺术品之意义的可能尺度，甚至对一部作品，如果脱离它不断更新的实在性而仅从它本身去谈论，也包含某种抽象性"[3]。我们带着我们的存在问题与孔子展开思想对话，"作者已死"的观念就是完全错误的，有意义的"作者"，即经典的作者，不可能"死"，他活在其思想中，准确地说，活在其思想的真理性中。我们以这样的诠释学对待古人，对待传统，传统就活了，就不会断裂，就会在塑造我们今天的美好生活过程中得到传承和发扬光大，这也就是传统本身的一种"存在方式"。

在正视传统存在问题的基础上，我们的思维方式、生活方式、伦理习惯无不被传统塑造着。因此，中国文化面临的最大问题，实际上并非"东西问题"，而是"古今问题"。能够化解我们传统之"古今问题"的诠释学，显然不是传统的方法论诠释学，而是伽达默尔意义上的存在论诠释学。传统方法论的诠释学已是我们古代文化中的强项之一，我们缺乏的恰恰就是现代意义上的存在论诠释学。因此，所谓"创建中国诠释学"的本来之含义，就是要实现诠释学从方法论诠释

---

[1] ［德］卡尔·雅斯贝尔斯:《大哲学家》，李雪涛主译，社会科学文献出版社 2005 年版，第 112—153 页。
[2] ［德］卡尔·雅斯贝尔斯:《大哲学家》，李雪涛主译，社会科学文献出版社 2005 年版，第 813—845 页。
[3] Gadamer: *Wahrheit and Methode*, p. 19.

学向存在论诠释学的转变。

只有实现了这一转变，我们的文化才具有现代意识。中国文化面临的最为急迫的任务，绝不是复古。当前许多人带着对现代文明的敌视从事"复古"的古典学研究，不可能带来中华传统文明的"复兴"。中世纪对柏拉图主义的"复兴"，对亚里士多德主义的"复兴"都是在当时希伯来和希腊文明的冲突中实现"信仰"与"理性"在新的存在处境下的融合而实现的；近代发源于意大利的文艺复兴，也是通过在一种新的世界观、神学观和新的科学技术条件下对古希腊文明的复兴。而像浪漫主义那样通过诗意的想象而试图回复到中世纪的"田园牧歌"式的生活，最终证明不仅不可能而且极端有害与反动。实现中华文明的伟大复兴，是我们自近代以来几代人的梦想与奋斗目标，而要实现这一传统文明复兴的伟业，我们最需要的是一种哲学，一种能把中华文明与世界文明在面向人类未来的伟大征程中加以融合的哲学，即能够将世界文明最富生命力的精神财富吸纳进来，从而使得我们的文明具有开启人类未来的道义能力的哲学。因而这样的哲学一定是既站在了世界哲学思想的最高峰，又能通过激活传统的资源与智慧，实现中华古老文明与世界最先进文明之高度融合的哲学。惟有这样的哲学，才具有使传统向现代转型的能力；惟有通过这一转型，"传统"才实现其"复兴"。因此，存在论诠释学在当代担负着这一文明复兴的伟大使命。

自从康德的实践哲学复兴以来，纯粹思辨的知识要求得到限制，但哲学依然以其询问"这是如何可能的"得到有效的解答。我们在理解了当下哲学面临的使命之后，必须要问的是，实现这一伟大使命究竟是如何可能的呢？存在论诠释学告诉我们的就是，必须首先面对我们文化在当下世界格局中所面临的"真问题"。存在论诠释学以"应用"为先，"应用"意味着找到"真问题"，这比到经典中去寻章摘句地找"答案"重要得多。而所有真正哲学的真问题，都是通过善于倾听"存在的呼声"得到的。大哲学家表面看来是思辨能力最强的人，但实际上是善于发现世界历史的真问题的人。善于发现源自善于倾听。这也是存在论诠释学把理解视为"倾听的艺术"的原因。哲学的核心任务是解答存在的问题，存在问题源自存在的内在呼唤。

重提人文科学的真理要求

在存在的内在呼声中，哲学领会到了追求真理是它的首要任务。早在《形而上学》中，亚里士多德就把哲学与真理直接联系在一起："把哲学称作求真的学问也是正确的，因为理论哲学的目的是真理，实践哲学的目的是行为。尽管实践哲学也要探究事物的性质如何，但它考察的不是永恒和自在的，而是相对和时间性的对象。"① 许多人片面地把实践哲学理解为"求善"，但殊不知，善之为善，乃在于事物"是其所是"地存在，因而是按照其固有的"自由本质"而成为"它自身"的，这种"善"就是存在的本真，就是实践哲学追求的真理。那种能够按照固有的本质而"是其所是"地自由存在的存在者，在西方哲学中既被视为最高的存在，也被视为"最高的善"，于是在基督教中，这样的存在者就被称为"神"或"上帝"。对于奥古斯丁而言，基督教的真理与柏拉图关于存在的真理是一致的，因为柏拉图懂得最高的存在即神，祂是永恒地按其至善的本质而存在的。

对于近代哲学而言，我们更清楚地知道，真理是哲学的首要课题。如黑格尔所言："哲学的对象与宗教的对象诚然大体上是相同的，两者皆以真理为对象""追求真理的勇气，相信精神的力量，乃是哲学研究的第一条件。"②

但近代之后，科学借助其技术化的后果越来越广泛地统治了人们的生活世界，许多人相信科学的真理，相信科学对世界规律的真理性之发现；却越来越不相信哲学人文学科的"真理"，认为它是"权力"的表现，而不是"科学的知识"。这样的错误认识，借助于后现代主义的流行大大损害了哲学的尊严，损害了人文科学的思想的尊严、精神的尊严。人在世界中是唯一有思想的动物，思想成就了人类理性的光辉、精神的尊贵，人类思想的尊严和精神的尊贵一旦失去，真理就被污名化了。于是，据称现代人类生活在了所谓的"后真相"时代。在世界依然痛苦地经历着"新冠肺炎疫情"时，世上的每一个人都感受到了真理、真相的不可或缺；隐瞒真相、拒斥真理要求，立刻就会给每一个生命带来死亡的危险，谁也不是例外，谁也不想成

---

① Aristoteles, Metaphysik, Zweites Buch (a), 993 b19 – 23, Ubersetztvon Hermann Bonitz, Rowohlts Enzyklopädie Verlag, Hamburg, 3. Auflage, 2002, p.71.

② [德] 黑格尔：《小逻辑》，贺麟译，商务印书馆1982年版，第35、37页。

283

为例外。

因此，当我们在致力于重构中国诠释学时，千万不要淡忘伽达默尔创建现代诠释学的初衷——破除自然科学方法论的绝对权威，破除现代哲学思维要求自己"君临一切"的权威，同时既要破除作者主观意图的权威性，也要破除读者无限理解的权威性，因为"这必将包含某种幻想和不切实际的成分"。他在科学昌盛的时代，在主观性思维占据统治的时代，发出了哲学的最强音，哲学人文科学的真理要求："我们的探究并不一直停留在对艺术真理的辩护上，而是试图从这个出发点开始去发展一种与我们整个诠释学经验相适应的认识和真理概念。"这是一种不能置身事外的存在之真理，一种需要我们每个人的理解和解释参与其中的存在之真理："这种对历史流传物的经验不仅在历史批判所确定的真或不真的意义上，而且它始终传达的真理，是我们必须一起参与其中去获得的真理。"[①]

唯有呼应这一时代的最强音，才是"创建中国诠释学"的意义之所在。

[①] [德] 伽达默尔：《真理与方法》上卷，第19页。

数学人文：科学抑或人文学

——南帆、曾军教授相关讨论引义

刘梁剑

【内容摘要】数学人文，是科学，还是人文学？这一问题关乎人文学在计算哲学、数字人文等兴起背景下的自我理解。数学人文以人文学的方式化用数学工具，或者说，将数学工具规抚为一种具有精神科学特质的工具，无疑大大拓展了人文学解释工具的范围，但并不因此终结我们关于问题的讨论。π喻、正态分布之喻的开放性，在一定程度上例证了数学人文的人文性及进一步发展的可能性。此外，数学人文又接近社会科学。将统计学方法应用于阐释现象，或许可以成立一种阐释统计学，它将是一门主要以阐释这一人文现象为对象的社会科学，而非作为人文学的阐释学。

【关　键　词】阐释学　数学人文　阐释统计学　人文学

【作　　者】刘梁剑，华东师范大学哲学系教授、中国现代思想文化研究所研究员。

【基金项目】国家社科基金重大项目"伦理学知识体系的当代中国重建"（19ZDA033）

伽达默尔《真理与方法》的发表是诠释学史上的一件大事，其发表距今已有六十余年，诠释学研究在世界各地也取得了长足进步。2019年10月，《探索与争鸣》刊发张江教授的《论阐释的有限与无限——从π到正态分布的说明》（以下简称张文），该文引入数学、统计学讨论了阐释基本问题，之后此文引发了南帆、曾军教授等关于数学语言介入阐释学的意义的不同看法。如南帆教授认为，数量造就的问题往往不是人文社会科学之中最为重要的问题；数学语言对于人文社会科学的研究，尤其是人文学科，设置的问题相对"迟钝"；数学语言的抽象性滤掉了社会历史范畴，并不能对阐释学的问题做出有效解释。① 南帆教授的主张不无道理，尤其是明确指出了人文学与社会科学之间的种类差异。但其问题可能在于，将数学化约为数量或数据。曾军教授的论述似乎也是将"数学化"等同于"数据化""数量化"或"量化"。② 然而，数学不等于数量或数据。实际上，张江教授也不是在数量或数据的意义上引入 π 与正态分布。笔者感兴趣的问题是，在更一般的意义上，张江教授在阐释学中引入 π 与正态分布的探索，为人文学研究提供了"数学人文"的方法论启发。那么，数学人文，是科学，还是人文学？这一问题也关乎人文学在计算哲学（computational philosophy）、数字人文等兴起背景下的自我理解。

数学人文"不科学"

阐释的有限与无限之辩无论是在实践中还是在理论上都极为重要，但迄今为止人们对此重大问题的探索差强人意，"从总体上看，依然未有定论。概念混淆不清，证词流于空泛，倚重权威言说，少有确当判断，问题讨论仍停留于无休止的混沌之中"③。阐释的有限与无限之辩是一个基本的哲学问题，而哲学问题依其本性，几乎不可能获得确解与定论。永无定论，似乎将是人文学的宿命、使命与天命。然而，虽然人文学依其本性需要跟不确定性达成和解，但现代人文学者依其自然倾向，又难免向往确定性，尤其自然科学方法所许诺的严

---

① 南帆：《抽离了社会历史范畴的 π 还有效吗——与张江教授对话》，《探索与争鸣》2020 年第 1 期；《数学语言的洞见与盲视——回应曾军教授》，《探索与争鸣》2020 年第 5 期。

② 曾军：《总体阐释的量化分析是否可能——与南帆教授商榷》，《探索与争鸣》2020 年第 3 期。

③ 张江：《论阐释的有限与无限——从 π 到正态分布的说明》，《探索与争鸣》2019 年第 10 期。

格性与确定性。如何避免这样一种自然倾向，确证精神科学相对于自然科学的独立性，构成了伽达默尔《真理与方法》的基本出发点："在现代科学范围内抵制对科学方法的普遍要求。因此本书所关注的是，在经验所及并且可以追问其合法性的一切地方，去探寻那种超出科学方法论控制范围的对真理的经验。"①《真理与方法》标举精神科学的真理有别于自然科学的真理（后者并不比前者更严格或更准确），描述作为精神科学一般方法的阐释学的基本特征。倘若如此，在伽达默尔看来，将自然科学方法施之于阐释学，可能出于自然科学方法普遍有效的幻相，实为吊诡，有悖于精神科学及阐释学本性。

不过，从张文的实际内容来看，这样的吊诡现象尚未发生，因为它并没有在"运用"自然科学方法的意义上"借鉴自然科学方法"。有必要说明，按照作者的用字法，诠释（或曰"诠"）和狭义上的阐释（或曰"阐"）是两类不同的阐释活动，前者追求文本的自在意义或可能意蕴，后者追求阐释者加于文本的意蕴可能。按照笔者的理解，"诠"类似于"我注六经"，而"阐"接近于"六经注我"。张文用正态分布来说明狭义上的阐释的有限与无限。在运用正态分布曲线对阐释现象做出说明之后，张江教授写道："与对自然现象的正态分布描述不同，阐释作为精神现象，其公共期望与方差很难定量，只能定性地予以分析和认知。"这实际上指出，将正态分布施之于阐释，并非运用统计学作量化分析，而只是把正态分布曲线作为一种概念工具、一种喻象加以化用。

再来看 π。论文用 π 来说明诠释的有限与无限。诠释追求文本自在意义，就此而言，它是有限的；但这一过程又是无限的。诠释的有限与无限，鲜明地体现为 π——3.1415 为诠释之起点，3.1416 为诠释之极点；起点与极点，为无限诠释的界线；诠释在此界线内，由起点开始而无限展开，渐次递归于极点，呈有限收敛的态势。因此，"诠释 π，是对诠释开放与收敛、无限与有限关系的象征性说明"②。

---

① ［德］伽达默尔：《真理与方法：哲学诠释学的基本特征》，洪汉鼎译，上海译文出版社1999年版，第13页。
② 张江：《论阐释的有限与无限——从 π 到正态分布的说明》，《探索与争鸣》2019年第10期。

由此可见，论文对于 π 的运用，乃是用它来对诠释的有限与无限做出象征性说明。就此而言，π 乃是一种喻象；易言之，π 虽然来自数学，但文中对它的运用并非数学的运用，亦非自然科学方法意义上的运用。

概言之，将"π"与"正态分布"施之于阐释现象，"π"主要关联"诠"，"正态分布"主要关联"阐"，它们实际上是作为一种喻象加以运用。由此，我们可以看到一种不同于伽达默尔的看法，将数学工具施于阐释学，未必造成阐释学偏离精神科学的特质，因为我们可以将此数学工具规抚为一种具有精神科学特质的工具。在更一般的意义上，由此而来的方法论启发则是，以人文学的方式化用数学工具，无疑大大拓展了人文学的解释工具。此种方法，无以名之，强名之曰"数学人文"。数学人文"不科学"——它并没有因为运用数学工具而达到自然科学意义上的准确性，后者也不应是数学人文追求的目标。

数学人文的人文性：从 π 喻的开放性来看

数学人文"不科学"，这并非数学人文的缺陷。相反，以人文学的方式化用数学工具，或者说，将数学工具规抚为一种具有精神科学特质的工具，这恰恰是数学人文之人文性的担保。在人文学中，一项具有典范意义的研究，不是终结问题，而是开辟探讨问题的新进路，激发读者更进一步探索的欲望。张文对 π 喻的象征性说明极富启发性，但它并没有一劳永逸地解决诠释的有限与无限之争。依笔者拙见，如果重新界定诠释的"起点"与"极点"，似乎可以更好地说明诠释的有限与无限之辩。如果这一点可以成立，那么，我们实际上也就从 π 喻的开放性例证了数学人文的人文性及其进一步发展的可能性。

张文中使用了"可能意蕴""意蕴可能"这对重要概念工具。文中对它们曾作了界定，"'可能意蕴'是指文本自身的可能意义，这些意义包蕴于文本，且可能不为作者所认知，但可为阐释所揭示，最终显现自身"；"'意蕴可能'是指由阐释生发意义的可能，即阐释者对文本自在意义的挥发可能。这些挥发包蕴于阐释结果之中,源于阐释者的意图与冲动,可为阐释者自由操作,强制文本以意义"。依此界定,可能意蕴是"在文本者",意蕴可能是"在我者",两者作为反对概念分属两端。但从实际的阐释活动来看,可能意蕴要"为阐释所揭示",也应该"包蕴于阐释结果之中"。易言之,除了作者所界定的自在之物意义上的"可能意蕴"之外,我们还需要一个现象意义上的"可能意蕴"概念。① 不仅如此,在实际的阐释活动中,阐释结果既包蕴作者所明言的意蕴可能,也包蕴作者未明言的现象意义上的可能意蕴,还包蕴其他内容——比如,作者所提到的"不同时代的传统与记忆"。其非文本自在意义,故不属于可能意蕴;亦非阐释者可"自由操作"之物,故不属于意蕴可能。但它作为阐释者前理解结构的一部分,在阐释活动中参与了阐释结果的建构。以上种种似乎表明,"可能意蕴""意蕴可能"作为概念工具还不够完善。

再来看诠释的"起点"。"诠释的起点,可能是从无限遥远的地方开始,或其左,或其右,不断追索,不断修正,不断靠近真相。"就此而言,诠释的起点乃是诠释活动展开的操作起点。"面对确定文本开始诠之活动,首先是索求意义之 π";"诠释的无限,是以确定文本的可能意蕴为起点"。② 这是把索求意义之 π、确定文本的可能意蕴作为诠释的起点,而这一意义上的诠释的起点,实际上乃是确立诠释活动所指向的目标。为区别起见,我们不妨把意义之 π、文本的可能意蕴称为"止点"。《大学》:"大学之道,在明明德,在亲民,在止于至善。"朱熹注:"止者,必至于是而不迁之意。"③ 我们很快就会发现,把第二种意义上的起点独立出来并加以明确命名是非常有必要

---

① 区分自在之物意义上的"可能意蕴"和现象意义上的"可能意蕴"还只是权宜的做法。在文本层面,自在意义的追求,似乎缺乏伽达默尔所讲的历史意识:"诠释学上训练有素的意识将包括历史意识。"([德]伽达默尔:《真理与方法》,第383页)此外,又似乎有一种类似于伽达默尔所讲的"历史对象的幽灵"的东西,一种类似于忽视"历史的真实与历史理解的真实"同时存在的思维倾向。([德]伽达默尔:《真理与方法》,第384—385页)

② 张江:《论阐释的有限与无限——从 π 到正态分布的说明》,《探索与争鸣》2019年第10期。

③ 朱熹:《四书章句集注》,中华书局1983年版,第3页。

的。止点是诠释活动不断靠近的真相，是意义之 π，更明确地说，是可能意蕴。作者说，诠释"由起点开始而无限展开，渐次递归于无穷极点，呈有限收敛态势"。渐次递归不断靠近的"无穷极点"，实际上正是我们所命名的止点。但作者没有"止点"这一概念工具，便不免把它跟作者自己所讲的"极点"混淆起来了。

极点乃是有效诠释不能超过的意义界限。但是，如果把意义界限作为极点，至少应该把 3.1415 和 3.1416 同时视为极点，由此二极点构成无限诠释的界线。用 3.1415 比拟诠释的起点，即诠释活动展开的操作起点是不恰当的。诠释的起点，是诠释活动展开的"初始条件"，"因不同的诠释主体及语境，不同时代的传统与记忆"而有所变化。拟之 π 喻，类似于不同时代不同科学家开始计算 π 值的起始数值。比如，在祖冲之（公元 5 世纪）之后，我们可以把小数点后七位的 π 值作为起点；如今，我们可以将小数点后 30 万亿的 π 值作为起点（进一步看，随着诠释起点的变化，极点也会发生相应变化。但为了解说简洁，可以暂时忽略极点的变化，而以 3.1415 和 3.1416 为方便的说法）。经过对诠释的起点、止点、极点的修正，诠释的有限与无限之辩，说明如下。

> 诠释之止点，犹如圆周率 π，为不可穷尽的无理数。计算 π 值的起始数值，为诠释之基本起点，3.1415 和 3.1416 为诠之有限约束和极点……两极点构成无限诠释的合理界线，诠释在此界线内，由起点开始而无限展开，渐次递归于止点，呈有限收敛态势。

在此过程中，诠释结果或其左，或其右，不断追索，不断修正，不断靠近止点。在诠释活动中，诠释结果的修正很大程度上表现为意蕴可能的指引和可能意蕴的消除。

如此，似乎能够更好地通过 π 喻，对诠释的无限与有限关系进行象征性说明。然而，仍有很多地方有待深思。首先，作为诠释止点的 π 是一个常数，但同时又是一个无理数，即无限不循环小数。就其是常数而言，π 是确定的；就其是无理数而言，π 又是未知的。未知的确定性，确定的未知性，π 体现了常与变的辩证。意义之 π、文本的可能意蕴亦是如此。因此，当我们讲"文本的可能意蕴"的时候，要避免见其常而不见其变、重其确定性而忽其未知性的倾向。然则，文本的可能意蕴，虽常有其确定性，但其常有之确定性跟 π 之常、π 之确定性似乎具有本质差别，是两类不同性质的确定性。与之相应，就 π 而言，作为极点的 3.1415 和 3.1416 不仅是确定的，而且是可以预知的。但是，我们并不预先知道文本可能意蕴的极点或合理界线在哪里。就此而言，以 π 比拟文本原意并不恰当，因为它遮蔽了两者的性质之别。换一个角度看，不管使用割圆术，还是利用云计算，作为追索对象的 π 的值先在于且独立于我们的计算过程。就此而言，π 是先验的。但是，也许我们可以在理论层面预设一个本体意义上的"文本的可能意蕴"，但作为诠释结果的"文本的可能意蕴"是现象意义上的"文本的可能意蕴"。易言之，现象意义上的"文本的可能意蕴"并非先在于、独立于诠释过程的先验之物。用量子力学的术语来说，现象意义上的"文本的可能意蕴"遵循测不准原理。以光量子为例，我们可以用"量子三句"来说：光是一个波，也是一个粒子；光不是波，因其有粒子性故，它也不是粒子，因其有波性故；光是一个光量子，它的形态和我们的观测条件有非常大的关联性。[①] 在量子世界，量子的呈"象"和观测者的思想与行动密不可分。同样，现象意义上的"文本的可能意蕴"作为文本与诠释者之"际"的东西，是文本与诠释者视域融合的产物。[②]

数学人文的人文性：从正态分布之喻的开放性来看

除了 π 喻，正态分布之喻也是在"数学人文"方面极富生发性的意象创获。而且，与 π 喻类似，我们也可以从正态分布之喻的开放性例证数学人文的人文性及其进一步发展的可能性。

正态分布曲线用来说明什么？面对同一文本，尽管每一个体的阐释结果是随机的、不可预测的，但是，如果参与阐释活动的个体众

[①] 付长珍、刘梁剑：《文明新曙光下的科技人文与大学之道——钱旭红院士访谈》，《华东师范大学学报》（哲学社会科学版）2020 年第 4 期。

[②] 参见刘梁剑《王船山哲学研究》，上海人民出版社 2016 年版，第 141—148 页。

多，那么，这些众多的阐释结果的概率分布是有统计规律的，即服从正态分布。依此理解，随机变量（正态分布曲线的横轴）乃是不同个体对同一文本的阐释结果（按文中的说法，则是"现象或文本呈现"），纵轴则是概率密度，正态分布曲线上的每一点对应着每一阐释结果的概率密度，与特定的变量取值区间相应的曲线下面积则代表该取值区间的概率。横轴、纵轴、曲线面积诸项的含义清楚之后，可以避免一些表达上的混淆。独立主体对确定现象或文本的理解与阐释，即不同个体对同一文本的阐释结果，乃是随机变量，居于横轴之上，而非分布于曲线面积之内。按照张江教授的界定，正态分布曲线的"中线为公共理性对现象或文本意义的期望或可能接受结果"。我们或许可以说，公共理性对现象或文本意义的期望是位于横轴之上的某个点，而不是与该点对应的直线（中线）。公共理性对现象或文本意义的期望乃是与正态曲线的对称轴（即作者所讲的中线或中轴）相应的变量值，它也是总体均值，反映了随机变量（不同个体对同一文本的阐释结果）的平均取值。

弄明白正态分布曲线的喻意之后，读者可能随之发问，阐释结果，是否在统计学意义上服从正态分布？读者可能会质疑，论文之所以认为阐释结果的概率分布服从正态分布，并不是基于统计数据，而是基于以下理由："因为参与的对象众多，其分布将是标准的正态分布。"从统计学的角度看，这一理由似乎并不充分。统计学固定认为，在自然界、社会经济生活中大量存在正态分布，如人的身高、体重、学生成绩、人的智商、婚龄、测量误差等随机变量都服从正态分布。但这里需要注意的是，阐释是精神现象，不能归结为自然现象或社会现象，至少超出了目前统计学的应用范围；再者，即便在自然、社会领域，"大量存在"并非全称判断，易言之，服从正态分布是有条件的。统计学总结出了一条中心极限定理，它似乎只要"参与的对象众多"就可以满足，但只要我们留意它的完整表述，便不难看出它也不适用于阐释结果："对于随机变量分布的任何形式，只是 n 足够大，n 个相互独立分布的随机变量之和或均值的分布都将近似地服从正态分布。"[1] 服

---

[1] 卢淑华编著：《社会统计学》第四版，北京大学出版社2009年版，第215—216页。

从正态分布的,是"随机变量之和或均值",而非随机变量本身。既无实证数据支持,又无充分的理论理由。因此,以正态分布曲线说明阐释结果的概率分布规律,只能是思辨的论断或思想实验了。

这样的质疑似乎不无道理。不过,如果澄清以下一点,这样的质疑自然就消失了。如前所述,数学工具已被人文化的方式加以使用;同样,张文中的正态分布实际上乃是"正态分布之喻";用真正意义上的统计学工具来理解它、要求它,反而犯了"范畴错误"的毛病。或者,重复前面的提法,将正态分布施于阐释,并非运用统计学作量化分析,究其实只是把"正态分布曲线"作为一种概念工具、一种喻象加以化用。

从"数学人文"的角度,我们再来看正态分布之喻的细部。从统计学的角度看,正态分布曲线有两个基本参数。一个就是对称轴所在的变量值(可用 m 来表示),为曲线的数学期望或总体均值;另一个则是标准差 S(或方差 S^2)。前者决定曲线的位置,越大则曲线越靠右;后者决定曲线的形状,越小则曲线越尖瘦。后者代表随机变量的离散趋势,前者表征随机变量的集中趋势。具体到阐释正态分布曲线,阐释方差 S^2 代表着什么?张文指出:"在阐释学的意义上,方差可象征为无限多的独立阐释与中线,即公共理性期望值的差距。方差越大,独立阐释的结果与公共理性期望的差距越大。"或许可以更准确地说,阐释方差表征个体的阐释结果相较于公共阐释或平均理解的离散趋势如下。阐释方差越小,个体的阐释结果越是集中于平均理解,个体的阐释结果的单一程度越高;反之,阐释方差越大,个体的阐释结果越是离散于平均理解,个体的阐释结果越是呈现出多样性、独创性的特点。易言之,百家争鸣的时代,阐释方差无限大;万马齐喑的时代,阐释方差无限小。

除了方差 S^2(或标准差 S)之外,另一个基本参数是数学期望 m。具体到阐释正态分布曲线,m 代表着"为公共理性所期望或接受的有效阐释"。在突出理解的公共性的意义上,我们不妨依论文之说,称之为"对确定文本的公共阐释"。不过,就其为总体均值而言,我们也不妨称之为"平均理解"。m 可以不同,意味着"阐释的正态分布中心可为多",其原因则是"公共理性的相对性"。论文的这一解释不无道理，不过，仍有两点可以补充。

其一，对确定文本的公共阐释或平均理解是随机的，不可事先预测。用概率论的语言来说："这里变量是随机变量，而变量的取值，表示的是观测或试验的结果。这些取值在观测或试验前是无法预言或事先确定的。它只在观察后才能确定。而且其取值又是随着各次观察或试验在变化的。"①

其二，阐释正态分布曲线以阐释结果为随机变量，它的取值，除了 m 或可明确表征对确定文本的公共阐释或平均理解之外，其他取值如何以量化的方式对应不同的阐释结果，取值大小又有何种意义，这些难以界定。比如，如果说 m 表征随机变量的集中趋势，那么，这是否意味着，m 数值越大，正态分布曲线越靠右，公共阐释或平均理解的集中趋势就越明显？

走向社会科学：阐释统计学并非人文学

正态分布曲线即便能表征公共阐释或平均理解是随机的，在一定程度上从外部反映阐释活动群己之辩的统计规律。然则，统计规律的发现遵循归纳法的逻辑。伽达默尔提醒我们："如果我们是以对于规律性不断深化的认识为标准去衡量精神科学，那么我们就不能正确地把握精神科学的本质。社会—历史的世界的经验是不能以自然科学的归纳程序而提升为科学的。"② 更重要的问题在于，公共阐释或平均理解究竟如何达成？易言之，我们需要更为内在地理解阐释活动的群己之辩，揭示其机制。较之统计学意义上的概率分布规律，我们更需要探讨伽达默尔所讲的"视域融合""问和答的逻辑"。③ 冯契对"同归而殊途，一致而百虑"做了阐发，其中也涉及认识论上的群己之辩，《易传》这句话"表达了一个认识规律。只有通过不同意见的讨论、不同观点的争论（当然要用逻辑论证、实践检验），才能明辨是非，达到一致的正确结论，获得真理性认识。所以，要发展真理，就

---

① 卢淑华编著：《社会统计学》第四版，第 90 页。
② ［德］伽达默尔：《真理与方法》，第 385—394 页。
③ ［德］伽达默尔：《真理与方法》，第 474—486 页。

是贯彻百花齐放、百家争鸣的方针。而这对于彻底克服经学方法和培养平民化的自由人格也都是必要的"[1]。理想人格的培养也是精神科学、人文学、阐释学的根本旨趣。正因为此，阐释不仅关乎真理与方法，同时也关乎教化与德性。伽达默尔言曰："精神科学之所以成为科学，与其说从现代科学的方法论概念中，不如说从教化概念的传统中更容易得到理解。这个传统就是我们所要回顾的人文主义传统。"[2]

由此我们看到一个重要的现象，倘若我们成功地将统计学运用于阐释，那么，我们可以成立一门交叉学科，即阐释统计学。阐释统计学可以从外部描述阐释的有限与无限，但阐释的有限与无限需要从阐释活动内部（包括阐释者与文本的主体间性、不同阐释者的主体间性）进一步加以说明。但是，阐释统计学将主要是一门社会科学，而非作为人文学的阐释学。伽达默尔曾以批判的态度提及"统计学"，就不承认效果历史而言，"历史客观主义倒像那种统计学，因为统计学正是通过让事实说话、看上去像有客观性而成为最佳的宣传工具，不过，它的这种客观性实际上是依赖于它的探究的正当性。"[3]

在可以预见的未来，数字人文即将蓬勃兴起，"大数据"在文学、历史领域的成功运用已经取得丰硕的新成果，文学社会学及其他人文社会学科即将作为新兴的交叉学科独领风骚。然而，有必要指出的是，就学科属性而言，文学社会学及其他任何人文社会学科，都是社会科学而非人文学。人文数字化，还是数字人文化，这是一个有待深思的时代问题。

---

[1] 冯契：《哲学要回答时代的问题》，载《冯契文集》第八卷，华东师范大学出版社2016年版，第283页。
[2] ［德］伽达默尔：《真理与方法》，第21页。
[3] ［德］伽达默尔：《真理与方法》，第386页。

阐释学视野下公羊学"三世说"的精彩演进

陈其泰

【内容摘要】 春秋公羊学"三世说"的成功演进堪称阐释学史上的精彩篇章。"三世说"这一核心命题,在漫长的历史年代经由儒学思想家大胆而精心的持续阐释,竟在西汉和晚清两度风靡于世,对中国社会进程和学术演进产生了巨大而深远的影响。大力发掘、总结这一典型的中国本土历史阐释学的珍贵成果,将为构建具有民族特色的当代阐释学体系提供诸多有益的启示。

【关 键 词】 公羊学 "三世说" 春秋公羊传 阐释

【作 者】 陈其泰,北京师范大学历史学院、史学理论及史学史研究中心教授。

当前学界对于阐释学的热议有重要意义,推出了数量可观的论著,提出了许多具有创造性和启发性的观点。如张江教授在论文中首次提出了"公共阐释"与"强制阐释"理论。[①] 这些观点产生了很好的反响,有评论者认为:"不妨将'强制阐释''公共阐释'拿来,结合历

---

① 张江:《公共阐释论纲》,《学术研究》2017 年第 6 期;张江:《强制阐释论》,《文学评论》2014 年第 6 期。张江教授的文章做了提纲挈领的理论建构,他认为"强制阐释"的基本特征有四个,即场外征用、主观预设、非逻辑证明、混乱的认识路线。"公共阐释"是在反思和批判强制阐释过程中提炼和标志的,其基本特征有六个,即公共阐释是理性阐释、澄明性阐释、公度性阐释、建构性阐释、超越性阐释、反思性阐释。

史学学科的特点,立足中国历史科学的历史与现实去探讨历史阐释。"①其目标是要形成阐释学的中国学派,建构具有民族特色的现代阐释学体系。为此,不但要深入研究西方阐释学的学术成果,同时必须深入发掘和总结本国的资源。无论从所阐释经典的重要性、命题的深刻性与鲜明性方面,还是从传承发展时间的长远性、产生社会效果的强烈性等方面来看,《公羊传》对《春秋经》所作的阐释,都具有典型的意义。对其阐释的内容、成就和特征,值得进行深入剖析,从而为建构中国阐释学提供助力。本文即选取影响最大、特色最鲜明的公羊学"三世说"阐释史进行分析,期望引起同行的关注与讨论。

大力发掘今文公羊学说中历史阐释学的珍贵遗产

在《春秋公羊传》中,"三世说"等主要命题都经历了长期的阐释、推演过程。《公羊传》特别具有阐释的特性,原因在于它与《春秋经》之间的关系。孔子所修《春秋经》,文字简略而精密,表达隐晦,评判极有分寸,通过运用褒贬之称,"微而显,志而晦"(《左传》成公十四年)。《春秋经》这种"重义"的特点,在儒学史上意义极为重大,如孟子所评论的,《春秋经》具有纲纪天下的作用,是"行天子之事"。孟子又说,孔子修成《春秋经》的功劳可与大禹和周公相媲美:"昔者禹抑洪水而天下平,周公兼夷狄驱猛兽而百姓宁,孔子成《春秋》而乱臣贼子惧。"(《孟子·滕文公下》)《春秋经》文字这么简略,内涵却这么重要而隐晦,这就必须专门加以阐释才能发挥其经典的力量。于是有以公羊高和谷梁赤为代表的孔门后人专门对其进行阐释,其成果分别是《公羊传》和《谷梁传》。公羊学派分析更加深刻,发挥更为透彻,远胜于谷梁学。

《春秋公羊传》的传承始于战国中晚期,原先是口说相传,至西汉景帝时才著于竹帛,署名的最初传授者即为公羊高。② 由此形成了

---

① 于沛:《阐释学与历史阐释》,《历史研究》2018年第1期。
② 据陆德明《经典释文》,公羊高是孔子学生子夏的学生。徐彦为《春秋公羊解诂》作疏中云,孔子著《春秋》,"口授子夏"。又言,自公羊高始,经过六代口说相传,至汉景帝时由公羊寿及胡母子都写定,著于竹帛。

一个推崇孔子为政治家、视《春秋经》为一部政治书的公羊学派；其与西汉末才流传、推崇孔子为史学家、视《春秋经》为一部历史书的《左传》学派，形成明显迥异的风格。①

《公羊传》使用问答体，凸显了阐释《春秋经》"微言大义"的独特品格。更为宝贵的是，它奠定了公羊学说这套命题和话语体系的基础，堪称早期中国阐释学领域的成功展现，后代学者即可依据这些基本命题，包括"大一统""三世异辞""夷夏可变论""拨乱反正，以俟后圣"等，根据本人的体会而一再加以阐释。此后在历史上对社会进程和学术变迁产生了极大影响的"张三世""通三统""华夷一家""以经议政"等命题均由此推演。为何能产生如此深远的影响呢？其奥秘在于《公羊传》所概括的基本论题乃关系到华夏民族发展的根本性问题，都有深刻的哲理意蕴，与国家民族的前进方向有着密切关联。如"大一统"观念，《公羊传》将之置于开宗明义的地位，强调要高度重视统一的事业，这就是对《春秋经》"王正月"的解释："元年者何？君之始年也。春者何？岁之始也。王者孰谓？谓文王也。曷为先言王而后言正月？王正月也。何言乎王正月？大一统也。"② 经过《公羊传》的阐释，要求全体臣民和社会生活各个方面都应绝对服从"天子"，因此"大一统"便成为指导全中国范围内政治制度和社会生活、意识形态的理论。《公羊传》"大一统"观中还包含"夷夏可变论"的进步民族观。一些宋明儒者对此很不理解，误认为孔子始终持排斥"夷狄"的态度，凡儒者就必须固守"夷夏之大防"，实则违背了孔子学说的精义。而这恰恰是公羊学者坚持要阐明的原则问题，也是中国本土历史阐释学一项了不起的贡献。《公羊传》既讲"内诸夏而外夷狄"，同时又明确主张"夷夏可变论"，两者都是对孔子思想的继承。在古代，"诸夏"即中原地区处于较先

---

① 《公羊传》写定于汉景帝时，用西汉流行的隶书书写，称"今文"，其后《公羊传》便成为今文学派的主要代表。《左传》即《春秋左氏传》，西汉初经张苍、贾谊等传习。《左传》与《毛诗》《古文尚书》等因是经过秦焚书和秦末战乱之后，散落于民间或藏于屋壁而其后被发现，是用先秦文字书写，故称"古文经传"。《左传》《周礼》是古文学派的主要代表，以记载史实、名物训诂为特色，与专重阐释"微言大义"的今文学派形成不同的学术风格。

② （汉）何休：《春秋公羊解诂》隐公元年，《十三经注疏》本。

进的社会阶段，应该阻止处于后进阶段的"夷狄"对中原地区的袭扰，故孔子推崇管仲能联合诸侯、保卫诸夏的功绩。但《公羊传》不是以种族来区分"诸夏"与"夷狄"，而是以文明或道德进化来区分；所以"夷狄"可以称"子"，可以受到赞许，而"诸夏"如在文明或道德上倒退了，可视为"新夷狄"。后世眼光远大的公羊学者对此继续推进，使公羊学"夷夏观"在促进民族间交融、团结方面起到重大作用，在世界文明史上也放射出独特的光辉。

《公羊传》宣公十二年："夏，六月乙卯，晋荀林父帅师及楚子战于邲，楚师败绩。大夫不敌君，此其称名氏，以敌楚子何？不与晋而与楚子为礼也。"楚当时因后进而被视为"夷狄"，此年楚伐郑，郑伯肉袒至楚师谢罪。楚庄王于是下令退师，称"君子笃于礼而薄于利"。而此时晋军主将荀林父恃强向楚请战，结果被打得大败。故《公羊传》赞楚王有礼，进爵为子，而对"诸夏"的晋加以贬责。又如，《公羊传》定公四年载："吴何以称子？夷狄而忧中国。""庚辰，吴入楚。吴何以不称子？反夷狄也。其反夷狄奈何？君舍于君室，大夫舍于大夫室，盖妻楚王之母也。"前因吴能忧中国，故进而称"子"；后因其倒退为"夷狄"之行，故又以"夷狄"视之。《公羊传》所持的观点，并不认为在"诸夏"与"夷狄"之间存在不可逾越的鸿沟，不以先天注定的"种族"或"血统"、后天不可改变的眼光来看待"夷狄"，而是以进化的、发展的、可变的眼光鼓励其前进、提升，因此放在人类文明史上同样是无比珍贵的思想遗产。"拨乱反正，以俟后圣"，则是公羊学派宣称，《春秋经》表达了孔子的政治理想，要重新安排天下秩序，是政治书，"立一王之法"，即为汉代立法。故在全书终卷有力地点明："君子曷为为《春秋》？拨乱世，反诸正，莫近诸《春秋》，制《春秋》之义，以俟后圣。"[1] 以上所论，意在概要地说明《公羊传》的性质是专门阐释《春秋经》，它所提炼的基本命题确实与华夏民族的演进方向紧密相关，这些论题包含着深邃的哲理和智慧，凸显出历史阐释的典型性。对于公羊学派的

---

[1] （汉）何休：《春秋公羊解诂》哀公十四年，《十三经注疏》本。

阐释的有限与无限

特点，笔者曾将之概括为政治性、变易性和解释性。①"三世说"即公羊学说基本命题和话语体系中的重要一项，本文特意选取"三世说"，剖析它在历史上所表现的理论活力和产生的深远影响，目的就在于展现公羊学说这一历史—哲学阐释体系所具有的深厚底蕴和鲜明的经世色彩。

公羊学"三世说"的精彩演进

（一）"三世说"命题的初蕾：《公羊传》中的"三世异辞"

由于今文公羊学说有其独特的解经路数，公羊学者曾自称"其中多非常异义可怪之论"②。若不把握其话语体系的内在实质，就会不得要领，甚至博学如顾炎武也感慨它"甚难而实非"③，既费事又不通。因此，对于《公羊传》的独特旨趣和基本命题须做一番介绍。以上即为此做了必要的铺垫，往下我们就可以顺理成章地重点论述公羊三世说的演进和基本特征。下面论述这一命题的初期理论形态——"三世异辞"。

《公羊传》所讲的"三世异辞"共有三次表述。

公子益都卒。何以不日？远也。所见异辞，所闻异辞，所传闻异辞。（隐公元年）

三月，公会齐侯、陈侯、郑伯于稷，以成宋乱。内大恶讳，此其月言之何？远也。所见异辞，所闻异辞，所传闻异辞。（桓公二年）

《春秋》何以始乎隐？祖之所逮闻也。所见异辞，所闻异辞，所传闻异辞。何以终乎十四年？曰：备矣。（哀公十四年）

"异辞"指用辞不同。亲见的时代、亲闻的时代、传闻的时代，

---

① 陈其泰：《清代公羊学》，东方出版社1997年版，第53—55页。
② （汉）何休：《春秋公羊解诂》序，《十三经注疏》本。
③ （清）顾炎武：《日知录》卷四"所见异辞"条，《四部备要》本。

为何用辞不同？这是因为时代远近不同，史料掌握详略不同，文字处理因而不同。不仅如此，《公羊传》更有特别的解释："定、哀多微辞，主人习其读而问其传，则未知己之有罪焉尔。"① 讲的是时代越近，孔子因惧祸而有忌讳，故多采用隐晦的说法。司马迁认同这一观点，他发挥说："孔氏著《春秋》，隐、桓之间则章，至定、哀之际则微，为其切当世之文而罔褒，忌讳之辞也。"②《春秋》终于哀公十四年，《公羊传》也有特别的解释，曰："备也。"至此已完备齐全。何休解释说，因西狩获麟，瑞明显现，见拨乱功成。③ 以上说明两层意思。其一，孔子著《春秋》，因所见、所闻、所传闻这三个时代的不同特点，采取了不同的态度和书法；其二，孔子修这部《春秋》，起自隐公之时，最后到哀公十四年，才达到完备齐全。这样，《公羊传》再三强调"所见异辞，所闻异辞，所传闻异辞"，就包含着一个对待历史的很宝贵的观点，即不把春秋时期视为凝固不变或混沌一团，而是看作可以按一定标准划分为各具特点的不同发展阶段。这种历史变易观点，在中国"述而不作"风气甚盛的文化氛围中，更显示独特的光彩和价值。

（二）董仲舒、何休对"三世说"的大力发展

到了两汉时期，经过董、何的阐释，"三世说"推演成为内涵丰富、具有突出进步意义的历史进化理论。董仲舒著《春秋繁露》，提出把春秋二百四十二年划分为"所传闻世""所闻世""所见世"三个阶段的理论。《楚庄王》篇说："《春秋》分十二世以为三等：有见、有闻、有传闻；有见三世，有闻四世，有传闻五世。故哀、定、昭，君子之所见也；襄、成、文、宣，君子之所闻也；僖、闵、庄、桓、隐，君子之所传闻也。所见六十一年，所闻八十五年，所传闻九十六年。于所见微其辞，于所闻痛其祸，于传闻杀其恩。"所见世，记事使用什么书法忌讳多，因而用词隐晦；所闻世，对于事件造成的祸害感受真切，因此记载明确详细；所传闻世，恩

---

① （汉）何休：《春秋公羊解诂》定公元年，《十三经注疏》本。
② （汉）司马迁：《史记》，中华书局1959年版，第2919页。
③ （汉）何休：《春秋公羊解诂》哀公十四年，《十三经注疏》本。

惠和感情都减弱，因此记载简略。董仲舒的论述，由《公羊传》的"异辞"发展到比较明确地划分历史阶段的不同，这是历史认识和阐释层面的显著推进，从而为以后何休提出"三世说"的历史哲学做了准备。

尤其有意义的是，董仲舒"张三世"的历史阶段进化观，是同"通三统"所阐释的新朝代建立必须实行改制的观点相结合的。《春秋繁露·三代改制质文》说："王者必受命而后王。王者必改正朔，易服色，制礼乐，一统于天下，所以明易姓非继人，通以己受之于天也。王者受命而王，制此月以应变，故作科以奉天地。"意思是，当新王朝代替旧王朝兴起的时候，为了表示自己是"受命而后王"，是天命所归，就必须"改正朔，易服色，制礼乐"，以有效地实现"一统于天下"。董仲舒把"三世说"向前推进，是同他推阐的一整套《春秋经》的"微言大义"，如建构大一统、皇权神授、德刑并举、实行改制等理论体系互相贯通的。在他所处的西汉武帝时期，封建社会关系正在生成，国力强盛，武帝本人力求施展其宏大抱负，开拓边境，兴造制度，多所设施。董仲舒推阐的言进化、重改制的公羊学说，正与这一时代需要高度契合，因此公羊学大盛于世，俨然成为统一意识形态的官方哲学。"于是上因尊公羊家，诏太子受《公羊春秋》。由是公羊学大兴。"[①] 董仲舒因精通公羊学而拔任江都王相，"为群儒首"。公孙弘也因精于《公羊传》，起徒步而数年至丞相。其时，《公羊传》确实具有最高理论权威和法律标准双重作用，皇帝诏书策问和朝臣奏议常常引用其作为持论的根据；而当朝政大事遇到疑难不能解决时，也每每以《春秋公羊传》作为解决问题的准则。这就是以董仲舒为代表，成功地阐释以公羊"三世说"为中心的理论体系，而使公羊学在历史上第一次达到鼎盛。

《公羊传》、董仲舒的历史阐释基本命题和范式，被东汉末名儒、《春秋公羊解诂》作者何休继承发展。何休谙熟儒家学说和阐释学路径，将春秋公羊历史阐释学体系大力向前推进，深化了"三世说"等基本命题，形成了一套旗帜鲜明的思想体系，大大推进了中国古代

---

① （汉）司马迁：《汉书》，中华书局1962年版，第3617页。

言进化、重变革的历史理论。其主张有利于民族之间的和好、交融，也有利于促进全中国境内各民族共同向着更加美好的目标前进，因而《解诂》一书被誉为"比较完备的公羊学派义法的总结"①。

上述评价毫无夸大之处。公羊"三世说"经过《解诂》的精彩阐释，成为系统的历史哲学。何休在儒学史上第一次系统地用"据乱世—升平世—太平世"作为描述社会进化的理论。他在《春秋公羊解诂》隐公元年注文中，多层次地阐发了公羊学派对于历史变易的见解。第一个层次，从孔子修《春秋》对"所传闻世""所闻世""所见世"采用不同的书法，证明历史是变化的，不同阶段有不同的特点。第二个层次，论述孔子对"所传闻世""所闻世""所见世"，还寄托了不同的政治态度和理想。《春秋》"始于粗粝，终于精微"，因此终篇有"西狩获麟"之笔，何休解释说："上有圣明帝王，天下太平，然后乃至。""人事浃，王道备。"② 孔子是以此表示拨乱功成，理想实现。第三个层次，何休提出了"据乱—升平—太平"的"三世"历史进化学说。他论述说："于所传闻之世，见治起于衰乱之中，用心尚粗粝，故内其国而外诸夏，先详内而后治外……于所闻之世，见治升平，内诸夏而外夷狄……至所见之世，著治太平，夷狄进至于爵，天下远近小大若一。"③ 何休的"三世说"，包含着国家统一规模、文明程度和民族关系都越来越发展的丰富内涵；到太平世，则达到空前的大一统，并且实现民族之间平等、和好相处的理想，不再有民族歧视、压迫和战争。在阶级压迫、民族压迫不断的封建时代，何休却能提出这样美好的理想，说明他眼光远大、思想深刻。他总结了孔子、韩非、司马迁等人肯定历史向前进步的思想而加以发展，从具体的社会现象概括出历史由低级向高级进化的哲理，在理论思维上实现了升华。当代有的学者对此深有感受，认为何休阐发的"三世说"，与司马迁"通古今之变"的命题，同为中国古代历史理论最杰出的成就，是很有道理的。"三世说"历史哲学成为儒家今文学派宝贵的思想精华，并以其对历史本质的哲理概括和对未来社会的信心，

---

① 杨向奎：《绎史斋学术文集》，上海人民出版社1983年版，第163页。
② （汉）何休：《春秋公羊解诂》哀公十四年，《十三经注疏》本。
③ （汉）何休：《春秋公羊解诂》隐公元年，《十三经注疏》本。

阐释的有限与无限

深深启发了晚清进步的公羊学者，使他们各自结合本人的时代环境和迫切问题，发展了公羊学说。

（三）晚清公羊学者紧扣救亡图强时代主题的新"三世说"

自东汉末年至清中叶，公羊学说消沉了一千多年。至清朝嘉庆道光年间，由于社会矛盾的逐步激化，统治危机日益暴露，公羊学逐步重新受到重视。对公羊"三世说"实行革命性改造的主要代表人物是龚自珍。他是考证学大家段玉裁的外孙，但他没有按照外祖父的希望，走古文经学的道路，而是成为一个批判专制、讥议时政的今文经学家。原因是，他生活在嘉庆、道光年间，目睹了清朝统治的急剧衰落，对于社会矛盾深重、危机四伏有着敏锐、深刻的感受，故选择用公羊学说唤醒世人，倡导变革。他和魏源一样，对公羊"三世说"实行革命性改造，论证封建统治的演变规律是治世—衰世—乱世，"吾闻深于《春秋》者，其论史也，曰：书契以降，世有三等……治世为一等，乱世为一等，衰世别为一等"①。他大声疾呼衰世已经到来，"乱亦将不远矣"。从此，公羊学说同晚清社会的脉搏相合，成为鼓吹变革、呼吁救亡图强的有力武器。龚氏写有一系列政论，尖锐地揭露专制统治的黑暗残酷，他有力地论证："自古及今，法无不改，势无不积，事例无不变迁，风气无不移易。"②他还警告统治者，不改革就要自取灭亡，并且形象地用"早时""午时""昏时"来描述"三世"，指出统治集团已经面临"日之将夕，悲风骤至，人思灯烛"，到了日暮途穷的境地，预言"山中之民，有大音声起"③，时代大变动就要发生了。龚自珍用公羊学来观察、分析清朝国内的危机。其挚友魏源则进而用公羊学说观察西方侵略者使中华民族生存面临严重威胁的新局势。他以前"变古愈尽，便民愈甚"④的除弊、变革思想，发展到了明确提出"师夷长技以制夷"⑤的主张。他又发挥公羊

---

① 《龚自珍全集》，上海人民出版社1975年版，第6页。
② 《龚自珍全集》，上海人民出版社1975年版，第319页。
③ 《龚自珍全集》，上海人民出版社1975年版，第87、88页。
④ 《魏源集》，中华书局1976年版，第48页。
⑤ 魏源：《海国图志》，岳麓书社1998年版，第2页。

变易学说，提出了"气运说"，概括中国历史出现新变局，因而大力呼吁了解外国，学习外国技术，在沿海设厂造船、造枪炮，发展民用工业。这些都证明，公羊学说使龚、魏成为近代史开端时期站在时代潮流前面的人物，成为中国近代维新改革的先驱者。

康有为对公羊阐释学做出了更加重大的贡献，他将公羊"三世说"与西方近代政治理论相结合，构建了维新变法运动的理论纲领。其于1891、1897年先后著成《新学伪经考》《孔子改制考》，被梁启超誉为思想界之大飓风、火山大喷火、大地震。在《孔子改制考》卷十二《孔子改制法尧舜文王考》中，康有为提出，最得孔子改制精义的，是《春秋公羊传》和董仲舒、何休的书。孔子创立了"三统""三世"诸义，处在"乱世"，向往"太平"。社会的发展，是远的、旧的必定败亡，近的、新的终将兴起。乱世之后进以升平，升平之后进以太平，社会是越向前越进步；泥古守旧，注定失败。孔子的升平、太平理想同"民主"政治相通，人类社会的发展是朝向共同目标的。"康有为重新改塑了孔子的形象，六经成为主张改制之书，因时变革，甚至资产阶级的民主理想，都成为孔子早已树立的传统，那么实行维新变法，改革封建专制政治，就成为效法孔子的、完全正当的行动，这就进一步为变法运动提供了理论纲领。康有为还把公羊三世说与历史进化观以及资产阶级君主、民主学说都糅合起来。""他以阐释公羊学的微言大义为途径，把所了解到的并且是中国社会所迫切需要的西方资产阶级民主思想容纳进去，把公羊三世说'据乱世—升平世—太平世'，改造、发展成为由君主专制进为君主立宪、再进为民主共和的新学说，成为维新时期向封建专制政体和顽固势力进攻的思想武器。康有为阐释的公羊新学说，比起旧的传统思想具有重大进步意义，因而是近代哲学史上非常重要的理论成果。"[①]

正由于此，在戊戌维新运动高潮期间，公羊学说以"进化""变革""拨乱反正"的思想精髓，回答了列强环伺、民族危机深重形势下所面临的紧迫课题，叩响了爱国民众的心弦。因而公羊学"三世

[①] 陈其泰：《经学史上的独特景观——论晚清公羊学的理论创造活力》，《中国文化》2019年秋之卷。

说"在历史上再度风靡于世,书写了晚清公羊学复兴的华彩篇章。

公羊学"三世说"成功推阐的深刻启示意义

　　儒家经典《春秋公羊传》在战国秦汉间提出的"三世异辞"的命题,因处于初始阶段而只具朴略的形态;到西汉武帝时期董仲舒的大力推阐,将历史阶段明确划分为"所传闻世—所闻世—所见世",彰显历史进化意识,并且与倡言"改制"的"通三统说"相结合;到东汉末何休著《春秋公羊解诂》,发展为系统的"据乱—升平—太平"历史进化观,内涵大大丰富,论证人类社会经过努力将向更加进步、更加合理的阶段前进,并且展现了民族间交流融合、"天下远近小大若一"的美好前景;至晚清时期,龚自珍根据救亡图强的时代需要,对其进行革命性改造,阐释了封建统治"治世—衰世—乱世"的新三世说,倡导变革,规划天下大计;康有为更把公羊三世说与近代西方政治学说相结合,论证历史应当经由君主专制—君主立宪—民主共和的道路,构建了戊戌维新运动的理论纲领,康有为也因此成为近代向西方学习的先进人物。"三世说"这一核心命题,在漫长的历史年代经由儒学思想家大胆而精心的持续阐释,竟在西汉和晚清两度风靡于世,对中国社会进程和学术演进产生了巨大而深远的影响,此岂非阐释学史上令人赞叹的成功篇章?岂非中华民族历史—哲学智慧的多彩绽放?

　　我们应当充分肯定今文公羊学说是具有典型意义的中国本土历史阐释学的珍贵遗产,对其政治性、变易性、解释性特点大力探讨,对其历史阐释的出色成就、丰富经验进行深入的发掘总结,从而为构建中国当代历史阐释学科体系、彰显其民族特色提供诸多宝贵启示。这里简要地论述以下几项。

　　其一,"阐释"是读懂经典、传承文化、从事各门学科研究所必须具备的思维和理论创造的途径,是不可缺少的学识和方法,具有"元理论属性"[①]的意义。而"阐释"要对学术和社会产生重要作用,

---

[①] 《历史研究》编辑部:《公共阐释与历史阐释》(笔谈)编者按,《历史研究》2018年第1期。

并且有久远生命力,则必须依赖所阐释的命题、范畴与文化传承、民族发展、学术演进的基本方向和根本要求相关联。公羊学说在漫长历史时期内连续对"大一统""张三世""通三统""夷夏关系""拨乱反正,为后王立法"等做创造性阐释,为我们提供了极为成功的阐释经验。

其二,必须吸收不同时期的新鲜经验、智慧,回答新的时代课题,才能不断丰富、提升本领域阐释学的体系,使之具有活跃的生命力,推动社会和学术前进。如董仲舒的"阐释"适应了西汉时期兴造制度、加强中央集权、"强干弱枝"的需要,何休因汉代民族关系发展拓宽了视野,其构建的"三世说"展示了各民族间平等相处、融合发展的美好前景,龚自珍、康有为勇于回答晚清救亡图强的需要,使新三世说成为晚清时期倡导变革和向西方学习的有力武器。这些宝贵经验和卓荦成就便是有力的证明。

其三,发掘传统阐释学遗产与运用当代学术成果结合起来,才能有更多的创获。如运用"公共阐释"与"强制阐释"的新观点来考察,清代公羊学存在风格迥异的"议政派"与"经注派"两派,前者(刘逢禄、龚自珍、康有为等)发扬了"公羊家法",具有理论创造活力,出色地体现了理性的、符合逻辑发展的、建构性的"公共阐释"的要求,因此具有震动人心的力量,发挥了极大的社会作用;而后者(如孔广森、陈立、凌曙等)离开"公羊家法",只从枝节问题着眼,恰恰陷入"强制阐释"的窠臼,其所为属于场外征用、主观预设、非逻辑证明之类,因此在理论上显得苍白无力。[①]

其四,一个学科、一个领域阐释学的发展,应有提出基本命题的经典著作奠定理论基础。要有敢于担当、具有理论创新活力的学者起到引领作用,还要造就本学科阐释学的骨干力量。如晚清刘逢禄大力奖掖龚自珍、魏源,使其成为今文公羊学派的健将;又如康有为在广州万木草堂培养人才;其后梁启超在湖南时务学堂讲授公羊学,为学说的传播大造声势。

---

① 参见陈其泰《晚清公羊学双轨演进及其哲理启示》,《济南大学学报》(社会科学版) 2019 年第 5 期。

从"六经注我"到"我注六经"

——现代经学阐释的限度与公共性展开

成祖明

【内容摘要】 传统经学阐释一直在有限性与无限性之间徘徊,当阐释离开有限性束缚过度追求无限性时,虽可能盛极一时,但终究会因不被接受而遭淘汰。"六经注我"与"我注六经"精练地表达了阐释的有限性与无限性的有机统一,存在着主体与六经之间阐释的循环。这种阐释循环推动了传统经学的发展。进入现代,古典经学有限性的历史基石坍塌,造成经典意义价值体系的崩解。现代经学理论迭出,都意在追求经典的历史性和客观性,造成了经典价值意义世界的失落。"正典的进路"的提出,扭转了这一现象,将之与集体记忆理论、马克思主义社会学相结合,不仅在现代与后现代的语境中赋予了经典以历史合法性,也在更为宏阔的"六经注我"与"我注六经"的阐释循环、公共性的不断展开中,开辟了一个中国现代经学阐释的新时代。

【关 键 词】 现代经学　阐释　有限与无限　阐释学循环

【作　　者】 成祖明,南京大学历史学院教授。

【基金项目】 国家社科基金一般项目"比较视野下传统经学的现代转型研究"

中西经学的历史可以说就是阐释的历史,无论在古代还是现代,都面临着阐释的有限与无限问题。关于"阐"释、"诠"释和"解"释的义理之别,张江先生在《"阐""诠"辨——阐释的公共性讨论之一》一文中已论述得比较透彻。① 不过，在经学漫长的历史中，"阐"一直未被用作专门术语。"阐"字较早出现在经典文献中，是在《易·系辞下》："夫《易》彰往而察来，而微显阐幽。开而当名，辨物正言，断辞则备矣。"对此，韩康伯注："《易》无往不彰，无来不察，而微以之显，幽以之阐。"又晋杜预《〈春秋经传集解〉序》："其微显阐幽，裁成义类者，皆据旧例而发义，指行事以正褒贬。"又《古文尚书序》："及秦始皇灭先代典籍，焚书坑儒，天下学士逃难解散，我先人用藏其家书于屋壁。汉室龙兴，开设学校，旁求儒雅，以阐大猷。"又《尚书·君陈》："尔惟弘周公丕训。"孔传："当阐大周公之大训。"《易·丰卦》："《象》曰：丰，大也。"陆德明音义"阐大之大也。"孔颖达正义曰："阐者，弘广之言。凡物之大，其有二种，一者自然之大，一者由人之阐弘使大。'丰'之为义，既阐弘微细，则丰之称大，乃阐大之大，非自然之大，故音之也。"② 在这些经学的用例中，"阐"既可概指统称具体的释经行为，也可特别指称一些阐幽发微、广弘大道的推衍论述行为，相比"诠""解"等而言，更契合现代释经活动的指向和意义。

有限与无限之间的传统释经学实践

传统释经学的具体行为最初有"诂""训""传"。按孔颖达《毛诗注疏》卷一："诂训传者，注解之别名。毛以《尔雅》之作多为释诗，而篇有《释诂》《释训》，故依《尔雅》训而为诗立传。""传者，传通其义也。"又"诂者古也，古今异言，通之使人知也。训者，道也，道物之貌，以告人也……诂训者，通古今之异辞，辨物之形貌，则解释之义，尽归于此"③。也就是说，训诂的行为是用时人能理解的话来通释古人的言语，以呈现事物本来之义。显然，这里释经行为要受到事物本然之貌和原义的制约，表现出有限性。而这种标榜对事物

---

① 张江：《"阐""诠"辨——阐释的公共性讨论之一》，《哲学研究》2017年第12期。
② 《周易正义》卷6《丰卦》，载《十三经注疏》，中华书局1980年版，第67页。
③ 《毛诗正义》卷1《周南关雎诂训传第一》，载《十三经注疏》，中华书局1980年版，第269页。

本来之貌的追求也即《毛诗》一派经学家的追求，由此形成了传统释经学中被称为古朴一派的古文经学。但这并不是说，古文经学家在追求事物本然之貌时，阐释的无限性就消失了。事实上其仍然因阐释者对这些本然之貌的理解和阐释不同而表现出开放性。尤其是古文经学家在阐释活动中总是将经典文字放入更古的历史叙事中，而这个古史叙事因为缺乏固定的文本，表现出历史叙事和阐释的开放性；即使存在这样的文本，对文本的阅读、理解和阐释也会因人而异，表现出开放性。很多时候，这样的历史叙事是受到阐释者存在处境影响而重构的叙事，反映出阐释者自己时代的思考，表现出开放性和多元性。

以《毛诗》为例，尽管诂训本身简洁古朴，却被融入《毛诗序》的历史叙事系统中，整个义理世界因历史叙事本身的重构而被重构了。这一重构反映了古文经学家时代的经学立场和政治图景思考。这一宏大的历史叙事首先表现在比较古朴的《诗序》前序中，因为比较简洁，这些前序又被称为"小序"。很长时间以来学者都认为这些小序比大序更为古远。事实上，当我们将小序排列在一起时，一个严整且承载价值的宏大历史叙事便呈现出来。如《周南》诸诗："关雎，后妃之德也"→"后妃之本也"→"后妃之志也"→"后妃之所致也"→"后妃之化也"→"德广所及也"→"道化行也"→"《关雎》之应也"，层层展开，首尾呼应，构建了一个严整的逻辑历史叙事，人为的逻辑理性与历史想象缝合、填充、重构痕迹明显。相对应的《召南》诸序亦然："鹊巢，夫人之德也"→"夫之不失职也"→"大夫妻能以礼自防也"……→"《鹊巢》之应也。"其与《周南》句法整齐对应，人为构建痕迹明显。两者整体上又书写了一个从王室到诸侯、大夫直至庶民的更为宏大、完整的历史叙事系统。而在这一宏大历史叙事的阐释中，所谓"《周南》《召南》正始之道，王化之基"即"正其初始之大道，王业风化之基本也"[①]，淋漓尽致地呈现出来。这一寄寓现实政治理想、垂范未来、承载价值意义世界的历史叙事由此被《毛诗》的经学家重构出来。这一重构既受到历

[①]《毛诗正义》卷1《周南关雎诂训传第一》，载《十三经注疏》，中华书局1980年版，第273页。

史本来之貌的制约，也表现出它的价值意义世界的开放性。

这种开放性在另一派经学家——今文经学家那里表现得更为充分。今文经学家明确强调"《诗》无达诂，《易》无达占，《春秋》无达辞，从变从义，而一以奉人"①。在阐释行为中按"一以奉人"的原则，也即根据现实政治需要；实质上"一以奉君主"，根据为现实王权统治服务的原则进行阐释。这便形成了中国古代春秋战国以降"赋诗断章，义各有取"的诗经阐释方法，到汉代更成为说诗的主流，这就是班固所说的三家诗说诗"咸非其本意"的缘由（这里的本意即表现出对阐释的约束和有限性）。现存比较完整的三家诗文献《韩诗外传》就明显地反映了这一点。由于《韩诗外传》多采《春秋》杂事证以诗句，明代王世贞讥其"大抵引诗以证事，而非引事以明诗。故多浮泛不切，牵合可笑之语。盖驰骋胜，而说诗之旨微矣"②。四库馆臣也认为其"与经义不相比附"。事实上，这些经学家多是站在他们理解的历史叙事有限性上进行批评，而忽视了汉儒最大限度地发展经学义理世界的努力，以及这一努力中所遵循的规范。对此，汉儒称之为"达意""正言""明旨"，整个阐释活动都受到这些意义规范和价值目标的约束。如《外传》说诗虽引诗以证事，但它通过各种历史片断和不同诗义的结合构建了一个礼义伦理秩序，其阐释亦受到这一秩序的规约。而这一秩序要素正在各个独立的历史片断中，以诗阐之证之，诗与事合，诗与理合，既是说理，也是说诗，使两者浑然一体，既赋予诗在各个历史事件中广阔的应用场景，也开拓了诗理内涵的深广类比空间。

由于阐释的义理秩序层层推衍，汉代今文家又形成了一种特殊的释经文体和形式，即章句。按刘师培《国语发微》，"章句之体，乃分析经文之章句者也"③，也即对经文逐章逐句以至字词的阐释、推衍。这种围绕义理世界的层层推衍，出现了被诟病的问题："后世经传既已乖

---

① （汉）董仲舒撰、（清）苏舆义证：《春秋繁露义证》之《精华第五》，中华书局1992年版，第95页。

② （明）王世贞：《弇州山人四部稿》卷112《读韩诗外传》，（台北）台湾伟文图书出版社有限公司1976年版，第5274页。

③ 刘师培：《国语发微》，载宁武南氏校印《刘申叔遗书》第13册，1934年，第12页b。

离，博学者又不思多闻阙疑之义，而务碎义逃难，便辞巧说，破坏形体；说五字之文，至于二三万言。后进弥以驰逐，故幼童而守一艺，白首而后能言；安其所习，毁所不见，终以自蔽。此学者之大患也。"[1]尽管今文经学家的层层推衍充分发挥了经典阐释的开放性和无限性，但阐释除受既有政治价值伦理秩序的制约外，仍受到来自经典文字的两方面限制。一是经文字句段落仍然有着原始义涵，[2]阐释必须从这一原始意涵出发，展开符合接受者合理性认知的推衍；二是受到其引用所截断的历史事件公共认知的制约。尽管这些历史片断存在多种叙事可能，但仍受到一些基本稳定的要素制约，阐释经义也必须与这一事件有着能够被接受的合理关联。这两个方面不同程度地制约了今文经学家的阐释活动。当阐释突破了这一限制或在这一限制中难以自圆其说时，庞杂的章句阐释系统就面临着崩溃。而经学家为"碎义逃难"，说一句之经动辄十余万言，拯救这一系统也越来越力不从心，也造成阅读和习受者理解接受世界的崩溃，于是这一阐释方法在实践中渐渐被淘汰。

为摆脱经文有限性的制约，实现更大的开放性，在阐释实践中便出现了离开经文原意和历史叙事、寻求各种隐喻的新的释经方法，这在西方被称为灵意或隐喻释经法。与此同时，也兴起了一些比附经典的启示文学，追求种种神秘预兆。在中国，与之相类似，则发展出具有神秘色彩的纬书，进而又与作为历史预兆的谶相结合，形成盛极一时的谶纬学。谶纬学将隐喻与神秘预兆相结合，既赋予经学家阐释的无限权力，也在价值实践上更容易达到蛊惑人心的效果。这种完全离开经典客观意涵和历史叙事的制约而堕入神秘主义的无限性，显然不能长久，虽在两汉之际盛极一时，但最终还是被传统经典阐释所抛弃（当然在民间传说世界里，仍有它不断衍生的市场）。在西方亦然，除了一些民间基督教社团还在使用，灵意释经法在比较正式的场合已受到严格限制，在学术界早已被拒绝；而流传下来的一些启示文学则被视为伪经，除研究早期基督教历史外，没有指导教会的价值，也早被主流教会拒斥。

---

[1] 《汉书》卷30《艺文志》，中华书局1962年版，第1723页。
[2] 诚然，这种原始义涵也有一定的开放性，但这种开放性受到主体间性共识的限制。

章句和谶纬之学消退，代之而起的是义疏体。此间则有郑玄的"笺"注，据孔颖达《毛诗正义》："吕忱《字林》云：'笺者，表也，识也。'郑以毛学审备，遵畅厥旨，所以表明毛意，记识其事，故特称为'笺'。余经无所遵奉故谓之'注'。"① 可见笺遵原注而展开，笺释受到原注制约。紧接着，更为开放、拓展的义疏体发展起来。按《说文》，疏，通也。义疏，则主要在疏通旧注的基础上阐明经义。在阐明的过程中自然会出现对原注的不同理解，同一经典的义疏也会因疏家的不同而出现不同。面对诸多义疏，后人需依据经注选择和修定，遂有唐人"正前人之疏义，奉诏更裁，定名正义"，形成了著名的《五经正义》。所谓"正义"，正是试图对此前义疏表现出的开放性和多元性进行限制和修正，这些都反映了传统释经学在有限与无限之间的徘徊。

有意思的是，在东西方古典时代的经典阐释活动中演绎出了许多类似的释经方法。相比而言，西方更关注宗教神学，中国则重视世俗政治。简明对比见表1。

表1 传统释经学方法的一个中西比较

西方释经学常用术语	中国释经学常用术语	备注
原文释经法	训诂义疏	强调经文字词原义
隐喻释经法	微言大义	不满足经文字面意义，而使用隐喻推衍的方式，中国的谶纬学即由此发展而来，西方相关著述也蔚为大观
以经解经法	转相发明	一处经文与另一处经文相参照，相互阐释，从而拓展、深化了原有经文的义理空间
经文类聚	义例书法②	通过对类似或相近经文体内容或书写的总结，归纳出相关体例的义理世界

---

① 《毛诗正义》卷1《周南关雎诂训传第一》，载《十三经注疏》，中华书局1980年版，第269页。

② 由于西方经典是从希伯来文和希腊文翻译而来，而这些文字又经过其他古文的转译，很难根据字词总结出义例，多是根据经文类群进行总结归纳。因此，严格地说，义例书法为中国所独有。

从六经注我到我注六经
——一个有限与无限的阐释学循环理论

作为经典阐释的有限与无限的理论,"六经注我"与"我注六经",是由宋代心学大儒陆九渊明确而凝练地提出来的。据《宋史》,九渊"自号象山翁,学者称象山先生,尝谓学者曰:'汝耳自聪,目自明,事父自能孝,事兄自能弟,本无欠阙,不必它求,在乎自立而已'"。"或劝九渊著书。曰:'六经注我,我注六经。'又曰:'学苟知道,六经皆我注脚。'"① 对于这句话的意义,冯友兰先生阐释如下。

> 从前有人说过:"六经注我,我注六经。"自己明白了那些客观的道理,自己有了意,把前人的意作为参考,这就是"六经注我"。不明白那些客观的道理,甚而至于没有得古人所有的意,而只在语言文字上推敲。那就是"我注六经"。只有达到"六经注我"的程度,才能真正地"我注六经"。②

按冯先生的意思,"六经注我",就是在掌握义理之道也即六经的核心主旨思想后,自己有了与之相符契并能进一步弘扬这一义理之道的思想,这样六经皆是我的注脚即阐明我的思想;我注六经,也就是上述的释经活动,在语言文字上推敲、疏通和丰富经典的义理世界。这一理论提炼充分体现了经典阐释中的有限与无限问题。前者强调的是主体对义理世界的充分展开,反映阐释行为的开放性和无限性;后者则强调对经典自身义理世界的客观性理解,反映阐释活动的有限性。

事实上,这里的无限与有限始终是相互制约的,存在着一个阐释学循环。在陆九渊看来,六经义理之道本然在人心,六经只是阐释人

---

① (元)脱脱、阿鲁图等:《宋史》,中华书局1985年版,第12881页。
② 冯友兰:《中国哲学小史》,当代中国出版社2016年版,第245页。

的本然之性，所以六经注我，皆为我之注脚，不必外求。至于我注六经，陆氏并没有展开，甚至有的文献说他并不主张"我注六经"之路。但循其指意，"我注六经"就是失去自我本然之性，通过文字注疏来理解经典的义理世界。这在陆九渊看来是多余的，至少是对其有一定抵制的，因为六经的义理世界已然自在人心，不必外求。但事实真是这样吗？其实，包括陆九渊在内的心学家或许都不会意识到，他们所谓自在于人心的本然的东西并非本然的，而是在历代六经阐释教育中习得的集体无意识的观念。如陆九渊指出的"孝"，尽管人与动物一样存在先天的反哺意识，但孝的内涵则是六经赋予的，经过了六经的长期阐释教化而被观念化。又如儒家所提炼出的简明的"仁""义""礼""智""信"这一东方世界的五常之道，构成东方儒学文明的核心价值体系和构建王道政治体系的基石。这一五常之道是六经所承载的核心价值，是其文字所明确规范和不断深化的价值尺度。在这一价值尺度基础上六经建构了一个儒家所谓的王道政治体系或"成法"。如班固在《汉书·儒林传》所指出的："六艺者（经），王教之典籍，先圣所以明天道，正人伦，致至治之成法"；又如刘勰在《文心雕龙·宗经》中所说的："经也者，恒久之至道，不刊之鸿教也。"在古人看来，六经之所谓经，就是承载这些亘古不变的"恒久之至道"。这些"恒久之至道"经过长期教习，其内涵遂成为儒学或其受众既有的"自在于人心"的观念。实际上，离开了六经的义涵和规范，四端五常和孝等观念都是空洞的，并不能产生具有文教修养的人，更不能产生儒家的王道政治。

也就是说，"六经注我"与"我注六经"实际上是一个阐释的循环。"六经注我"中，"我"的所有思想观念来源于六经，来源于历代"我注六经"的阐释和积淀；而"我注六经"的阐释活动则又被历代释经家"六经注我"的思想观念丰张深化，如是循环，经典的义理世界和"我"之思想观念不断深弘、丰大、演进。这一循环既反映了古典释经学的阐释的有限性——它受经典本身义理世界的限制，构成了整个古典世界的经典阐释的核心与边界，也反映了在核心边界内阐释活动的开放性和无限性。

疑古运动与现代经学的产生

经学进入现代，首先面临着支持其价值体系的阐释基石的崩塌——在现代怀疑理性的拷问下，经典的历史性崩塌了，这反映了阐释的有限性在现代观念中的威力。阐释基石的崩塌主要来自近代启蒙运动——怀疑理性下对经典的历史性，对既有认知中的成书情况、作者和叙事真实性的质疑，由此引发现代疑古运动对经典的权威与合法性及价值系统的摧毁。其主要途径有二。一是考证经典成书的晚近，进而质疑和否认其所承载古史的真实性，从而否定经典的真实性；二是由经典成书的晚近否认经典是传统所指称的圣人之作，从而否认经典的权威和价值。这一现代性运动在东西方先后出现。在西方，从启蒙运动开始，霍布斯、斯宾诺莎等就对基督教最重要的经典之一《摩西五经》成书于摩西之手提出质疑，从而开启了西方经学领域的现代疑古运动，至威尔豪森（Julius Wellhausen）而达至高潮。通过历史考证的方法，威尔豪森系统地论证了"摩西的历史不是古代以色列史的起点，而是犹太教的起点"[1]，《摩西五经》成书于较为晚近的流放后。如伊尔文（William. A. Irwin）所说："在那个运动中，威尔豪森的伟大成就几乎是那个时代运动中固有的逻辑和精神力量的成果。他和他同时代的人是人类思想和精神自由的一个象征。这也是威尔豪森这个名字最根本的意义。"[2] 威尔豪森颠覆和摧毁了人们以前对经典的历史认知体系，由此开启了西方现代圣经学即圣经批评学（biblical criticism）的历程。[3]

在中国，这一现代化历程则是由顾颉刚先生所发起的疑古运动完成的。在这一运动中顾颉刚提出了著名的"层累地造成的中国古史"

---

[1] W. Robert Smith, "Proface", *Prolegomena to the History of Israel*, Gloucester, Mass.: Peter Smith, 1973, P. V.

[2] William A. Irwin, "The Significance of Julius Wellhausen," *Journal of Bibleand Religion*, Vol. 12, No. 3.

[3] 参见成祖明《威尔豪森的〈以色列史导论〉与现代圣经批评——历史记忆、断裂与重构中的〈摩西五经〉》，《世界宗教研究》2016 年第 5 期。

的论断，揭示所有经典承载翔实的古史和圣人的叙事都是较晚时代形成的，不是圣人之作而更可能是后人伪造的。其名篇《五德终始说下的政治和历史》，通过对古文经典中呈现复杂的五德终始系统演变过程的考察得出以下结论。这一系统乃是契合王莽政权合法性的需要而造作出来的，完全是为新莽政权服务的。因此，其完成于王莽秉政时期，系刘歆助莽篡汉所为。既然如此，承载这一系统的典籍当然也系刘歆所为。童书业先生称此文"是当代古史学界一篇最伟大的作品，他把从战国到新代因现实政治造成的各种伪古史系统，和由伪古史说造成的现实政治，整盘清理了一下，详细地说明它发生和经过的情形，其搜证的严密，论断的精确，在在足以表见作者头脑的清晰和目光的锐利"[1]。可见此文用力之深、影响之巨。

经顾先生和疑古运动诸贤的努力，经典承载的历史系统被打碎，经典的圣人光环和权威不复存在，变成了现代学术可以批评研究的对象，经学研究更多地成为历史研究，从而开启了中国现代经学的历程。对于经学现代转型的意义，无论东方还是西方学者似乎都没有给予足够的重视，传统经学作为东、西方传统文化的灵魂，是前现代传统最为坚固的堡垒，它的坍塌对整个东、西方现代转型和现代化的巩固都有着深刻意义。从某种意义上说，没有传统经学的现代转型，就很难有成熟的现代社会。作为东、西方疑古双峰，称威尔豪森和顾颉刚分别是东、西方现代性的奠基人之一并不为过。

顾颉刚之后，经学研究更多地成为历史研究，即追求它的历史性和客观性（也即阐释的有限性）成为主要目标。在章学诚"六经皆史"的基础上，周予同更明确地提出了"六经皆史料"，"史料是客观的社会的历程所遗留下来的记录，而史是这些客观的记录透过了史学家的主观的作品！明瞭了这一点，那么中国史学对经学的关系，不仅如成语所说，'附庸蔚为大国'，而且实际上是日在'侵食上国'了"[2]。"经学是中国特有的一种学问；正确点说，经学只是中国学术

---

[1] 童书业：《五行说起源的讨论》，顾颉刚编著《古史辨》第5册，上海古籍出版社1982年版，第660—661页。

[2] 周予同：《治经与治史》，朱维铮编《周予同经学史论著选集》（增订版），上海人民出版社1996年版，第623页。

分类法没有发达以前之一部分学术综合的名称。因中国社会组织的演变，经学成立于前汉，动摇于民国八年五四运动以后，而将消灭于最近的将来。"① 此后更明确地说："五四运动以后，'经学'退出了历史舞台，但'经学史'的研究却急待开展。"② 周予同先生的观点已成为之后一个重要思潮，直至今天，仍有很多学者认为经学已然过去，应当注重的是经学史研究。事实上，这里存在一定的学术隔膜和语境误读。

首先，经学并非是中国独有的，也不是"唯有作为中国固有学问的经学，无论如何无法塞进分科的架构之中"③。这里存在着对整个西方经学认识的隔膜。就性质而言，尽管西方传统圣经学更多关注宗教神启，而中国经学主要关注的是世俗王教，但其共性是都最终指向人类的伦理道德生活，可以说"同归而殊途，一致而百虑"（《周易·系辞传下》）。因而其产生有着相近或相似的原因，其后也一直存在着人类学意义上相近或相似的演进过程，都经历了从传统经学到现代经学的转型。在西方学科体系中，现代圣经学作为独立的人文学科仍占有不可替代的核心地位，且并非如我们想象和理解的，仍然是一个宣扬信仰和宗教的学科。和中国一样，威尔豪森之后，现代圣经学也是主要以追求历史客观性为目标的现代人文科学学科，且历时更久、理论更加发达（如下文所述）。因此，中国经学在现代学科体系中并不存在无法对应和相容的困境。

其次，经学史不可能取代真正的经学研究。作为经学研究的一个重要部分，经学史研究的确需要加强，但它不可能取代真正的经学研究。经学与经学史研究实际上是一对历时性和共时性交织的概念，每个时代对经典的议论、阐释和研究都是每个时代的经学，其后对之进行的研究则称为经学史研究；但任何经学史研究总是脱离不了对经典本身的研究，不对经典本身进行深入研究，经学史研究将无法展开。

---

① 周予同：《怎样研究经学》，朱维铮编《周予同经学史论著选集》（增订版），上海人民出版社1996年版，第627页。
② 周予同：《"经"、"经学"、经学史——中国经学史论之一》，载朱维铮编《周予同经学史论著选集》（增订版），上海人民出版社1996年版，第661页。
③ 桑兵：《经学与经学史的联系及分别》，《社会科学战线》2019年第11期。

经学史研究的前提和基础就是经学研究，没有经学就没有经学史。

再次，存在概念表达和误解的问题。受时代影响，周先生所指的经学特指传统经学或前现代经学；而所谓经学史研究并非一般理解的对历史的经学进行研究，而是指以历史的方法来研究经典。以现代理性和科学方法来研究经典，我们称为现代经学。不仅如此，就笔者所见，周先生很可能是国内"现代经学"概念的最早提出者之一。[①] 毋庸置疑，如周先生所指出的，传统前现代经学具有维护专制皇权的属性。而现代经学虽然也可能脱离不了其政治和文化语境，但它是基于现代科学方法和理性批判对经典文本的批判和对意义世界的阐释。此即周先生所指出的"超经学的研究"，只是这些研究方法事实上并不超越经学，而是现代经学的应有之义；而且随着理论的进展，比周先生当时理解的要更为丰富和复杂。因此，消亡的可能只是传统经学的观念。

最后，存在着语境的误读。周先生后来强调重视经学史，只是强调发展经学史学科的意义，并非要否定经学研究的继续存在，他不仅系统地提出了"怎样研究经学"，在"超经学的研究"中更提出"以社会科学的见地，发掘经典里的沉埋的材料"[②]，具有超前的理论意识。

总之，经过近代以降疑古运动的冲击，经典所承载的古史系统和经典成于圣人的认知与信仰体系崩塌——这也是传统经学阐释的有限性的坍塌，造成建基其上的阐释的无限性的崩解。在大厦倾塌的废墟与瓦砾之上，东、西方都开启了经学现代化的历程——在新的阐释有限性与无限性之间展开新的探索。

[①] 在1935年5月发表的《对于"读经"问题的意见》一文中，周先生说："大概立场于最后一观点而高唱着读经的人，都是对于所谓'经学'不甚了了者。经是什么？经的范围怎样？各经来源和性质怎样……现代经学研究的趋势怎样……"云云，不经意间提出了"现代经学"概念。周予同：《对于"读经"问题的意见》，载朱维铮编《周予同经学史论著选集》（增订版），上海人民出版社1996年版，第618—619页。

[②] 周予同：《怎样研究经学》，载朱维铮编《周予同经学史论著选集》（增订版），上海人民出版社1996年版，第635页。

由历史到价值：现代经学阐释理论的有限与无限

（一）寻找历史的客观性

经典的价值系统的崩塌主要是由于经典历史性的倒塌，因此重建经典的信史成为东西方经学重建不约而同的起点。人们设想，如果在经典地理世界找到明证，证明经典记载是真实的，经典文本与古史的真实性不就得以重新确认了吗？于是，为回应疑古运动的冲击，证经补史的考古学便在这一运动中悄然兴起。在中国则以王国维的"二重证据法"最为著名。

"二重证据法"提出后，被很多经典古史研究者奉为圭臬，其影响不亚于顾氏之"层累造成的中国古史"说。随着大量简帛材料的出土和出现，其在今天更有成为学术主流之势——在这一理论下，"走出疑古时代"甚至在今天仍然是最具影响力的学术主导话语之一。

但这种证经补史的考古学在西方的遭遇则为我们提供了殷鉴。它经历了一个从传统圣经考古学"坍塌"到新考古学派崛起的历程。传统圣经考古学发端于 19 世纪，旨在回应西方疑古运动，试图在圣经地理世界寻找证据以说明圣经记载为信史。用其巨擘奥伯莱（William F. Albright）的话说："圣经考古学是一个比巴勒斯坦考古学范围更广的用词……从地中海以西伸展到印度，并且从俄罗斯南部伸展至埃塞俄比亚和印度洋。在这辽阔的地域当中，每个部分的发掘都会直接或间接地说明圣经的部分实况。"[①] 由于大量的考古发现，加之奥伯莱等人的努力，20 世纪 20—60 年代，圣经学界一度非常乐观，除了德国以诺斯（Martin North）为代表的传统历史批评学派（traditional history criticism）外，在欧美学术界统治长达一百年之久的疑古运动理论几乎被抛弃，一种新的共识渐渐在圣经学界达成，学者相信考古已照亮了圣经的历史，圣经的记载具有历史性。

---

① William F. Albright, *New Horizons in Biblical Research*, London: Oxford University Press, 1966, p. 1.

但经过一段乐观时期之后,圣经学界越来越趋于谨慎,因为认真检视考古发现,能给圣经提供直接证据的并不多。对此,布赖特(奥伯莱的学生)也不得不承认,"从考古学和圣经本身而来的证据,都很有限"①。到了奥伯莱晚年,对传统圣经考古学派的质疑和批评更是不断,如塞特斯(John van Seters)的《历史和传统中的亚伯拉罕》(*Abraham in History and Tradition*)一书等。② 一系列证据动摇了奥伯莱所统构的圣经历史世界的基础。奥伯莱去世之后,学者更对以近东考古来证实圣经记载这一方法的科学性提出质疑。接着一个更大的问题被提了出来,即考古学本身就是一门阐释学,考古学是一门阐释的艺术,其本身并不具备客观确定性。面对这种不确定性,"二重证据法"前提性设定了考古学的阐释,不仅束缚了考古学本身理论的发展,反过来也滞碍了现代经学文本的阐释。正是在这种背景下,西方学术界提出"圣经是圣经,考古是考古",考古不以圣经记载为前提、预设和目的,考古学应有自己的独立地位和理论体系。由是,在20世纪70年代末80年代初,以奥伯莱为代表的这一证经补史的考古学方法走到了尽头。

传统圣经考古学没落后,代之而起的是新考古学派。标志性事件是斌福德发表其名篇《作为人类学的考古学》(*Archaeology as Anthropology*),强调考古学所面对和处理的文化人类学的三个系统,技术经济系统、社会组织制度系统和意识形态观念系统,强调了考古学在研究人类社会演进、生活方式和文明的变迁上有着巨大前景和功用,理应发展出自己的独立的理论和方法。③ 文章发表后产生了巨大影响,人类学转向渐渐成为北美考古学的主流。这一转向也深刻影响了圣经考古学,如迪华(William Dever)所指出的,新的考古学家在巴勒斯坦的挖掘将不问圣经所提出的问题,而是要问北美考古学家所采用的

---

① 布赖特:《以色列史》,萧维元译,(香港)基督教文艺出版社1972年版,第57—58页。

② John van Seters, *Abraham in History and Tradition*, New Haven: Yale University Press, 1975, pp. 13-25.

③ Lewis R. Binford, "Archaeology as Anthropology", *American Antiquity*, Vol. 28, No. 2, 1962.

人类学的考古学所提出的问题；不应再将巴勒斯坦的考古学作为圣经学的从属。叙利亚—巴勒斯坦考古学将被视为一般考古学的一个领域，有着同样的关切，使用同样的方法。① 人类学方法遂成为此后圣经考古学的主流。

而人类学的亲缘学科社会学的方法，特别是马克思主义社会学的引入，则将这一方法推向了高潮。这主要体现于对以色列民族形成史"反抗模式"（the revolt model）理论的阐述。这一理论由蒙登豪尔提出，经歌德瓦发展成熟。这一时期出土的亚玛拿文献，出现了"亚皮鲁人"，蒙登豪尔认为这里的"亚皮鲁人"就是圣经中的"希伯来人"。根据汉谟拉比法典，"亚皮鲁人"意为一群受压迫而自愿"离绝"（withdraw）既存合法政治体制的反抗者。也就是说，没有人生来就是"希伯来人"，要成为"希伯来人"就必须靠他自己的行动，这种行动是因他不能再忍受不合理的社会所致，无论是主动还是被动。这种"离绝"同时也使他失去政治体制的保护和应有权利。为了生存，这些希伯来人或进入城市充当奴隶，或打家劫舍成为盗匪，或充当雇佣军。总之，他们是生活在社会底层的人群，与当地统治者有着深刻的矛盾。毫无疑问，在古代世界，当这些人共同遭遇大的危险时，就会结成一个团结一致的政治组织。这就是"支派"（tribe）。因此，蒙登豪尔认为，真正的血缘关系并不是构成以色列民族的重要因素。他们之所以形成一个独特的民族完全是基于其"社会"地位，完全是因为他们同是被压迫的一群。由于全体被压迫者万众一心，他们乃有足够的力量对抗当时的政治和社会所加诸于他们的各种宗教、经济和政治上的重担。在此基础上，蒙登豪尔认为，根本就没有所谓的以色列人对迦南的征服；没有证据显示当时迦南地的人口有急剧变化，那里没有发生大屠杀、大规模驱逐人口的现象，只有统治者被更换、驱逐。那里发生的乃是仅世俗历史学家感兴趣的社会政治进程，农民群起反抗，推翻那些遍布迦南的城市统治。②

---

① William G. Dever, "Archaeology and Biblical Studies: Prospects and Retrospects", *The Winslow Lectures*, Evanston, IL: Seabury-Western Theological Seminary, 1974, p. 31.

② Gorge Mendenhall, "The Hebrew Conquest of Palestine", *The Biblical Archaeologist*, No. 3, 1962.

在蒙登豪尔的基础上，歌德瓦认为，根据反抗模式，作为相互独立的支派与家族的联盟，早期以色列社会和作为以色列的平等宗教的雅威崇拜，必然是同时辩证地发展的。这里歌德瓦贯彻了马克思主义原则，认为早期以色列社会的形成和雅威崇拜都根源于迦南地区受压迫的农牧民的物质生产关系；正是这种平等的社会生产关系，产生了平等的雅威崇拜，从而适应了社会需求，"特别是在一个散乱的平等社会中，雅威成为维系人心、巩固社会的权威象征"①。雅威崇拜对早期以色列社会的作用，不仅是产生了一套"伦理规范"，更是社会结构深层的权力象征，在以色列人的社会、经济和文化各层面发挥着独特功能。② 歌德瓦认为，马克思主义社会学为古代经典社会"提供了更令人信服的更严格的假说"③。

在考古学理论嬗变的过程中，西方追求经典客观历史阐释的理论仍在继续发展。最早是衮克尔（Hermann Gunkel）的形式批评（form criticism），主要从经典文本叙事形式出发，通过分析文本最初的简单原型，揭示文本的传说古史的原型，进而追溯其古史源头。而文本原型流变的过程也是历史传统演进与聚合的过程，于是在形式批评理论的基础上，形成了上文所提到的传统历史批评的理论。由文本形式着手，注意到一些文本叙事的程式化现象，由此辨认出前文本口传阶段的痕迹，从而揭示其史前阶段的历史状况，由是发展出程式批评理论（formula criticism）。

通过上述西方现代经学理论与方法的历程和脉络可见，这些理论与方法无不试图在寻求经典的历史客观性中展开经典的阐释世界——即经典阐释活动追求在严格的且可以称之为科学的有限性中展开。遗憾的是，这些现代经典阐释理论大多没有在中国现代经学中得到运用或发展出来。

---

① Norman K. Gottwald, *The Tribes of Yahweh: A Sociology of the Religion of Liberated Israel, 1250–1050 B.C.E*, New York: Orbis, 1979, p. 496.

② 详见成祖明《亚威信仰与古代以色列社会——歌德瓦与马克思主义社会学圣经批评》，《世界宗教研究》2012年第4期。

③ Norman K. Gottwald, "Social Matrixand Canonical Shape", *Theology Today*, Vol. 42, No. 3, 1985.

(二) 寻找经典的客观价值——正典的进路

在寻找经典历史的客观性时，已崩塌的经典的价值意义世界并没能在现代语境中得到重建。正如这些现代理论多冠以"批评"或"批判"（criticism）所表明的，它本身就是怀疑理性、批判理性的产物，求真是它的终极目标，因此，很难产生价值和意义。这也一直是现代经学家的困扰。如蔡尔兹（Brevard S. Childs）所指出的，科学批评对圣经的阐释是描述性的（descriptive），对基督教会信仰而言，往往是非建设性的（constructive）；而在基督教会中，圣经的阐释是建设性的，但往往又是非科学的。这既是西方圣经学者的普遍困境，也反映了一个普遍的共识，这就是经典的阐释必须要超越描述性的任务。[①]

如何超越呢？在前人的基础上，也受到后现代语言学转向的影响，蔡尔兹提出了"正典的进路"（canonical approach）理论。在蔡尔兹看来，"正典的进路"就实现了这一超越的任务，将描述性任务与建设性任务很好地结合起来，填补了这一鸿沟。何谓正典的进路呢？"Canon"的英文原意为"标准、规范、（理想的）典范"或者"目录、确定的尺度"等。在蔡尔兹那里，canon被指为圣经的最后确定形式。那么，所谓正典的进路，顾名思义，就是关注经典最后确定文本的研究进路。

这看上去似乎很简单，却代表了现代经学的一个范式转换，即由历史起点转向文本起点——由皓首穷经于模糊不清的历史源头的批判、考察与重构，转向从确定经典文本出发，重新关注和阐释经典意义的价值世界。从确定的正典出发，不仅克服了现代以来圣经研究的价值意义世界的失落，也克服了现代以来圣经研究起点的不确定性。

作为现代经学阐释的突破，蔡尔兹提出了三个辩证的阐释学循环（the dialectic hermeneutics circle）。第一个辩证的阐释学循环是根据整体的圣经阐释单一文本、再根据单一文本阐释整体圣经的循环运动。

[①] "Interpretation in Faith: TheTheological Responsibility of an Old Testament Commentary", *Interpretation: A Journal of Bibleand Theology*, Vol. 18, No. 4, 1964.

从"六经注我"到"我注六经"

第二个辩证的阐释学循环是平行文本间的阐释循环,即根据《旧约》阐释《新约》、再根据《新约》阐释《旧约》的循环运动。这种动态的阐释防止了寻求单向线性的方法来理解两约的关系。两约间没有一条发展进化的直线,既没有从神话到伦理,也没有一个救赎历史的单向运动。对于这种平行文本间的阐释循环,香港中文大学李炽昌教授进一步提出了"跨文本的阐释或阅读"(a textual-cross hermeneutics or read),即释经者本土文本与圣经文本间的阐释循环,强调经文与处境可以"互观"、互相"说话",使双方因互相"交流"而丰富。"互观""多次往返""丰裕和转化""丰富了的转化存在"等概念使"跨文本阐释"与通常的"比较方法"区分开来,表现为平行文本间的阐释循环。第三个辩证的阐释学循环则是根据圣经的历史见证阐释现实、再根据现实阐释圣经的历史见证的循环运动。①

三个辩证的阐释学循环在阐释的有限与无限中寻找到了很好的平衡点。通过阐释学的循环,特别是圣经与现实的阐释学的循环,使得圣经意义世界进入了一个广阔的生活世界,取得了质的突破。正如塞斯(Christopher R. Seitz)所指出的,"我之所以提这些(按:相关蔡尔兹的争议),是因为二十五年后,情况出现了戏剧性的变化。一切都已过去,甚至歌德瓦《雅威的部落》所代表的社会科学方法……具有讽刺的,在这个时代的今天,从来源到形式到传统再到编辑批评阶段,比起他们的反对者或消解者,竟是蔡尔兹在以旧约作为经的名义下,更可能成为圣经批评学学科和学术方法的守护者"②。这里塞斯不仅指出其当代影响,也指出了其方法在实践方面对现代以来批评理论甚至古代学术传统的继承和超越。但仍有一点蔡尔兹一直没有说清楚,也是一直被学者所诟病的,就是"正典的进路"与现代经典批评历史性的问题。蔡尔兹并没有直面圣经文本的历史性问题。所以蔡尔兹也被批评为脱离现代圣经批评的科学原则,而成为一个护教的

---

① 关于"正典进路"的三个阐释循环,参见成祖明《走进正典时代——论蔡尔兹"正典的进路"对现代儒学的意义》,《江海学刊》2011年第3期。
② Christopher R. Seitz, "Tributeto Brevard S. Childs, The Bibleas Christian Scripture: the work of Brevard S. Childs", *Society of Biblical Literaturebi Blical Scholarship in North America*, 2013, p. 3.

圣经神学家,"正典的进路"也因此受到现代圣经学界的广泛质疑。①

因此,现代经学意义重建的根基——经典文本的历史性,也即现代合法性问题,仍然是一个待解决的问题,可以说这也是整个东、西方经学的现代之困。事实上,后来仅关注最后文本的各种具有价值和意义的理论,诸如女性主义批评、后殖民主义批评等都是悬置经典文本的历史性问题,或成为脱离现代阐释之根基的一种"强制性阐释"。②

但蔡尔兹的"正典的进路",聚焦经典最后文本,让我们注意到其独立意义。进一步考察可发现,事实上无论是现代科学主义疑古运动对经典的否定,还是保守主义对经典的尊信,抑或释古对经典的证信,都存在一个本质相同的前在非现代性预设,即经典的合法性来自其古老的历史和圣人创作,可以通过否定或肯定其历史和圣人而否定或肯定其经典价值。这背后实际上仍然没有跳出前现代厚古薄今和圣人崇拜的思维。经典的价值并不在于经典之外,经典之所以为经典,乃是因为它凝聚着人类悠远绵长的传统和时代智慧的结晶,从而成为人类精神价值的源泉,而不是来自经典之外的古老历史和圣人。事实上,不是经典因圣人而成为经典,而是圣人因经典而成为圣人。在历史长河中,人们不是因为圣人崇拜而不断获得精神源泉,而是在经典的阅读、阐释中获得并创造精神资源和思想价值。一部思想贫困、精神资源枯竭的书籍,无论统治者如何推崇、如何神化,都将在历史的长河中被人们抛弃。因此,我们需要走出疑古与释古时代的迷思,从过去将经典价值寄寓于渺茫的古史,转向经典之内积聚的悠远绵长的传统和时代的沉思;由对经典之外圣人的崇拜,转向对经典之内庶人智识、精神资源与思想价值的认同。经典不再也不必是圣人的经典,而是庶人的经典;经学也不必是圣人的经学,而是庶人的经学,应发现其在庶人历史世界中的价值和意义。这就在现代和后现代科学语境中重新确定了经典的合法性,实现了经学的现代重生。而现代经学也

---

① 对此,英国学者 James Barr 给予了尖锐的批评,参见 James Barr, *Holy Scripture: Canon, Authority, Criticism*, Philadelphia: Westminster Press, 1983。

② 参见张江《强制阐释论》,《文艺争鸣》2014 年第 12 期。

只有实现这一源于庶人、面向庶人的倒置,才能真正确立。①

不仅如此,将哈布瓦赫的集体记忆理论引入现代经学阐释,我们对于困扰东、西方现代经学的一个大问题也豁然开朗了。现代以来,人们一直有一个似是而非的观念,就是一旦经典非圣人之作或没有古老的历史,就可推导出经典作者或历史之伪,从而否定经典的价值。事实上,从记忆理论出发,经典的形成并不是所谓真还是伪的问题,而是一个历史记忆的重构问题。比较研究还发现,在东、西方经典形成的最关键的时期,都有过对文献的灾难性破坏的经历。尽管学者大多将中国的经典形成悬置于先秦战国时代甚至更早。但从现代史学的角度,大多数经典在先秦并未见其踪迹,正如威尔豪森对《摩西五经》的质疑一样,它们"不是房基,而是屋顶"②。这些经典以完整的面目确定出现,大多是在汉初,是经历了秦火和秦汉之际大规模农民战争对文献的灾难性毁灭之后。笔者将这一时期经典的大量出现,称为汉初的"成书复典运动"。西方也是如此,威尔豪森之后,《摩西五经》形成于巴比伦对耶路撒冷和犹太全地焚毁、掳掠后,已成为西方学界的共识。这种相近的现象何以发生呢?从集体记忆的视角看,人为的禁焚和战火对文献造成了毁灭性的破坏,使依托文献形成的比较稳定的历史记忆断裂,退变成模糊的、易变的和碎片化的弥散性集体记忆,这为历史记忆的重构与新的经典的形成创造了条件。战火结束,接下来是和平时代的帝国和被掳之后的回归,面对残破的文化亟须恢复和重建文献体系。而文献的灭失也让全社会再次意识到"斯文"的价值,因此便催生了文献恢复、重建和经典化的运动。而这些被强化冠以经名的恢复与重建的文献,已不是原来意义上的文献,而是从时代集体经验与记忆出发、经过记忆重构了的文献。这些经过记忆重构的经典,既不是编造伪史,也不是书写信史,而是从时人的时代经验出发,书写和重构他们认为是真实的记忆的历史,包括这些经典之名,也在模糊的记忆和传说中成为火前的事实,承载着已

---

① 参见成祖明《走出疑古与释古时代的庶人经学》,《江海学刊》2016年第3期。
② Julius Wellhausen, *Prolegomena to the History of Israel*, Gloucester, Mass: Peter Smith, 1973, p. 2.

被重构了的火前历史——里面充满想象和创造的历史。

对中国经典而言，这一历史记忆的创造与重构也是自孔子以来漫长的时代中儒学不同历史经验的凝结与沉思，是历史记忆的绵延、思想价值的积聚和智慧的不断创造，并在后来漫长的与历史的互动中，通过"六经注我"到"我注六经"的阐释循环被不断丰裕、弘扩、深化。因此，经典是记忆的经典，它本身是记忆价值的重建，它承载的是一个被记忆价值重塑的历史，或者说是一个价值和意义的历史。因此，从记忆理论出发，将既不妨碍我们对其进行严格有限性的历史考察，也不妨碍我们对意义世界的多元的、开放的阐释。[1]

这种历史考察与价值意义世界的阐释可以相互结合，构成一个不断展开、更为宏阔的"六经注我"到"我注六经"的阐释的循环，形成有限性与无限性有机统一。如歌德瓦所指出的，"正典的进路"与社会学批评之间有着天然契合性和互补性。他说："我深信正典的批评与社会学批评并不互不相容，它们彼此具有天然的契合和互补。"[2] 事实也是如此，在正典进路的三个"辩证的阐释学循环"中，无论哪一个阐释循环都离不开对文本内部的社会历史世界及文本所面向的社会历史世界的深入剖析。正如歌德瓦所指出的，马克思主义"不可能仅靠重申或否定它的真理而被安顿，而是靠深广的科学研究，靠在不断变迁的社会关系中人类生活的未来不断展开"[3]。作为一种有效的社会科学方法，在经典世界和所面向的世界阐释循环中，经典的阐释的限度与公共性将因此而充分展开，在这一公共性展开和阐释循环中，经典自身也被不断展开，从而开辟一个中国现代经学阐释的新时代。

---

[1] 参见成祖明《记忆的经典：封建郡县转型中的河间儒学与汉中央帝国儒学》，人民出版社 2019 年。

[2] Norman K. Gottwald, "Social Matrix and Canonical Shape", *Theology Today*, Vol. 42, No. 3, 1985.

[3] Norman K. Gottwald, *The Tribes of Yahweh: A Sociology of the Religion of Liberated Israel, 1250-1050 B.C.E*, New York: Orbis, 1979, pp. 637-638.

阐释学与历史教科书史的研究

李 帆

【内容摘要】 要深化历史教科书史的研究，阐释学视角与方法的引入势在必行。规范历史教科书编写的历史课程之"章程""规则""标准"，实为阐释学基本原理在历史领域的具体实践。历史教科书文本的制作过程，可谓阐释学理论与方法的集中体现，前理解、视域融合、效果历史等都蕴含其中，公共阐释论和阐释学中的"教化"概念，则为历史教科书社会效用的研究，打开了一扇重要的窗户。考察清季以降历史教科书的编写历史，若应用阐释学理论及方法，会有诸多予人启示的发现，并能极大扩展研究者的学术视野。

【关 键 词】 阐释学 历史教科书史 伽达默尔 实践 教化

【作　　者】 李帆，北京师范大学历史学院教授。

【基金项目】 国家社科基金重点项目"清末民国时期的中国历史教科书与中华民族认同研究"（16AZS012）

近年来，史学研究在诸多方面都有进步，特别是在研究的深度和广度上。究其根源，和人们对历史与史学的认识不断深化有密切关联。学术界已不满足于仅通过由史料到史实这样的层面考订和说明历史，而是试图在更开阔的视野下，揭示历史的多面性和历史背后的东西。如借助多种方法探究历史被叙述和书写的要素，研讨历史知识的生产与传播，等等。在这样的背景下，作为历史书写媒介的教科书，愈发受到关注，成为中国近现代史研究中的一个新亮点，特别是清季民国时期所编纂的历史教科书尤为受到重视，已有不少研究成果问世。分析这些研究成果，会发现主要是关于教科书内容本身的探讨以及该内容和时代变迁、学术发展之关系的考察，层次较浅。如何深入下去，使研究水准更上一层楼，值得学界关注。对教科书文本特性的考察，除引入概念史视角，借助概念史理论资源和方法手段来完善其研究外①，阐释学视角与方法的引入和应用，恐怕也是一个重要方面。

一

所谓阐释学，是 hermeneutik（德文）、hermeneutics（英文）的中文译名之一，此外还有"解释学""诠释学"等不同译法。取"解释学"译法，自然是因为人文学科主要是与文本打交道，核心工作就是理解和解读文本，甚至可以说文本的命运就是理解的命运、解释的命运。取"诠释学"译法，则因"诠"字为古之学者习用，与"道"相关，段玉裁《说文解字注》云："诠，就也。就万物之指以言其徵。事之所谓，道之所依也。故曰诠言。"此之"诠"，指求"道"需从文本而言，依文本而释，求文本之是，不可脱离文本约束而妄言。具体到历史领域，有学者认为："就历史认识的真谛而言，'历史阐释'似更准确，这是因为'阐'字，有'开拓、讲明白'的意思……历史认识不是历史的过程性的编年认识，而是在此基础上的价值性认识和判断，即历史认识离不开'历史阐释'，离不开历史的价值判断。揭示人类历史矛盾运动的复杂的社会内容，仅仅靠'解释'或'诠释'是不够的，因为它们只停留在对历史过程的理解和说明，无法将历史的启迪或教训，从'过去'转换到现实生活的世界中。"②所以用"阐释"概念，与历史认识的属性最相符合。就历史教科书的特性考察，形成和传播特定的历史认识与价值判断，是其典型特征和核心功能，故研究与其相关的问题时，在照应"解释""诠释"之内涵的同时，应主要用"阐释"概念。

---

① 笔者在另一篇文章已就此问题做过初步讨论。参见李帆《概念史与历史教科书史的研究》，《河北学刊》2019年第1期。
② 于沛：《阐释学与历史阐释》，《历史研究》2018年第1期。

教科书特别是历史类基础教育的教科书不同于普通历史文本，它是知识生产与传播的特殊载体，是历史教育的专门工具，承担着传播正统历史观、价值观以引导民众的功能，所以有"章程""规则""标准"一类的官方文件予以规范和限定。这是历史教科书不同于普通历史读物的最大特色。故研究历史教科书文本，首先需从这些"章程""规则""标准"入手。而历史课程"章程""规则""标准"的制定和文本表达，恰是阐释学原理在历史领域的集中体现。一般而言，历史课程的"章程""规则""标准"大体规定了两方面内容。一是基础教育阶段传授历史知识的基本框架，二是通过历史学习需要让学生了解和认同的基本价值观。如对于中学的历史课程，清季的《奏定中学堂章程》规定："先讲中国史，当专举历代帝王之大事，陈述本朝列圣之善政德泽，暨中国百年以内之大事；次则讲古今忠良贤哲之事迹，以及学术技艺之隆替、武备之弛张、政治之沿革、农工商业之进境、风俗之变迁等事。次讲亚洲各国史……次讲欧洲美洲史……凡教历史者，注意在发明实事之关系，辨文化之由来，使得省悟强弱兴亡之故，以振发国民之志气。"[1] 民国初年的《中学校令施行规则》规定："历史要旨在使知历史上重要事迹，明于民族之进化、社会之变迁、邦国之盛衰，尤宜注意于政体之沿革，与民国建立之本。历史分本国历史、外国历史；本国历史授以历代政治文化递演之现象与其重要事迹，外国历史授以世界大势之变迁，著名各国之兴亡、人文之发达，及与本国有关系之事迹。"[2]

作为一种认识对象，历史有其特质，即它是间接认识的产物。历史学者通过直接面对的历史记录（史料）构建历史史实，解读和理解历史记录文本是历史学者的核心工作，不管这一文本是以文字、实物、影像等何种形式存在，均须依文本而释，求文本之是，由此而形成历史知识的基本框架，并以现代文本面貌将其表达出来。历史课程

---

[1] （清）张百熙、张之洞、荣庆等奏拟：《奏定中学堂章程》，载课程教材研究所编《20世纪中国中小学课程标准·教学大纲汇编：课程（教学）计划卷》，人民教育出版社2001年版，第42页。

[2] 《中学校令施行规则》，载课程教材研究所编《20世纪中国中小学课程标准·教学大纲汇编：课程（教学）计划卷》，人民教育出版社2001年版，第69页。

所要传授的历史知识，无论是"历代帝王之大事"，"学术技艺之隆替、武备之弛张、政治之沿革、农工商业之进境、风俗之变迁等事"，还是"世界大势之变迁，著名各国之兴亡，人文之发达"等内容，都要依照这样的程式建构起来。在传播客观、真实的历史知识的基础上，历史教育的根本任务是要以正统历史观、价值观来引导民众，像清季强调的通过历史学习使民众"省悟强弱兴亡之故，以振发国民之志气"，民初强调的"明于民族之进化、社会之变迁、邦国之盛衰，尤宜注意于政体之沿革，与民国建立之本"，都体现出对于历史课程的价值功能的追求，意味着要将历史的经验和教训，从"过去"转换到现实生活的世界中来，使历史文本真正活在后人的解释中，在现实世界里发挥作用。

可以说，历史课程的这些"章程""规则""标准"，不啻为阐释学基本原理在历史领域的具体实践，故研究近代以来各个时期历史课程的"章程""规则""标准"，皆离不开阐释学视角与方法的运用。而对于历史教科书史的研究而言，这还仅是一个基础。

二

作为一种特殊读物，历史教科书的编写必须以历史课程的"章程""规则""标准"为依据，编写者的自主空间相对有限。在这种情形下，历史教科书的内容尽管也表达了编写者的立场，但更多是反映国家政权对待历史的态度。甚至可以说，教科书编写过程往往是学界与国家政权共同制造知识的过程。学界与政权实际是以它为载体在生产一种具有"合法性"和"权威性"的知识，并使之成为"常识"。既然是"常识"，其社会关注度自然远高于一般读物，研究者则会进一步关注其如何被制作出来、如何产生公共效应等问题，而探究此类问题，又离不开阐释学视角与方法。

历史教科书文本的被制作，自然是以历史课程"章程""规则""标准"的相关规定为基础的，但这些规定只是非常笼统的框架性条文，具体翔实的历史内容是需要教科书编者通过辛勤写作来完成的。那么，这些编者的历史知识和历史认识从何而来？如何从海量的历史知识中选择合适的内容写入教科书？选择的标准又是什么？等等，都是研究历史教科书史的学者需考虑和解决的问题。探讨这样的问题，阐释学的一些基本原理，如前理解、视域融合、效果历史等，会提供很好的研究思路，并极大扩展研究者的学术视野。①

从阐释学视角来看，任何理解和解释都依赖于理解者或解释者的前理解。海德格尔在《存在与时间》里曾指出："把某某东西作为某某东西加以解释，这在本质上是通过先有、先见和先把握来起作用的。解释从来不是对先行给定的东西所作的无前提的把握。"② 先有、先见和先把握构成了理解的前结构。到了伽达默尔那里，又进一步解释和发展了海德格尔这种前结构。他肯定前结构是理解的必要条件，并且把这种前结构称为前理解，认为理解开始于前理解，同时主张"我们也不能盲目地坚持我们自己对于事情的前见解，假如我们想理解他人的见解的话。当然，这并不是说，当我们倾听某人讲话或阅读某著作时，我们必须忘掉所有关于内容的前见解和所有我们自己的见解。我们只是要求对他人的和本文的见解保持开放的态度。但是，这种开放性总是包含着我们要把他人的见解放入与我们自己整个见解的关系中，或者把我们自己的见解放入他人整个见解的关系中"③。也就是说，人们阅读文本并不是没有准备地去阅读，总是先有一种筹划或预期存在，此可谓前理解。人们总是带着自身的前理解去理解一个陌生的文本，但同时也不能盲目地坚持这种前理解，把它绝对化，而是应以开放的态度，建立起自身见解和他人见解间的互动关系。

与前理解密不可分的命题是视域融合。在伽达默尔眼里，前理解为理解者或解释者提供了特殊的"视域"，"视域就是看视的区域，这个区域囊括和包容了从某个立足点出发所能看到的一切……'具有视域'，就意味着，不局限于近在眼前的东西，而能够超出这种东西

---

① 实际上，研究历史课程的"章程""规则""标准"，也需要前理解、视域融合、效果历史等阐释学的研究思路。本文的重点在于谈历史教科书文本的研究需阐释学视角与方法的介入，故集中在这里进行分析。
② ［德］马丁·海德格尔：《理解和解释》（选自《存在与时间》），陈嘉映、王庆节译，载洪汉鼎主编《理解与解释——诠释学经典文选》，东方出版社 2001 年版，第 120 页。
③ ［德］汉斯-格奥尔格·伽达默尔：《真理与方法——哲学诠释学的基本特征》上卷，洪汉鼎译，上海译文出版社 1999 年版，第 345 页。

向外去观看。谁具有视域，谁就知道按照近和远、大和小去正确评价这个视域内的一切东西的意义"①。而且理解者或解释者的视域不是封闭的和孤立的，它是理解在时间中进行交流的场所，理解者或解释者的任务就是扩大自己的视域，使其与其他视域相交融，就是所谓的"视域融合"，即"理解其实总是这样一些被误认为是独自存在的视域的融合过程"②。实际上，视域融合既是历时性的，又是共时性的，在视域融合中，历史与现实、主体与客体、自我与他者构成了一个无限的统一整体。③ 视域融合基础上的核心概念是"效果历史"。伽达默尔指出："真正的历史对象根本就不是对象，而是自己和他者的统一体，或一种关系，在这种关系中同时存在着历史的实在以及历史理解的实在。一种名副其实的诠释学必须在理解本身中显示历史的实在性。因此本文就把所需要的这样一种东西称为'效果历史'。理解按其本性乃是一种效果历史事件。"④ 按照这样的说法，"效果历史"乃历史与现实、主体与客体、自我与他者交融为一的历史。当然这里的"历史"并非仅指历史学意义上的历史，它指代更广泛的认识对象，即在伽达默尔看来，任何事物一旦存在，必存在于特定的效果历史中，对任何事物的理解，都是客观真实与主体解释的合一，都是视域融合的产物。

　　阐释学的上述理论对于学术研究特别是人文学科研究的重要性和意义是不言而喻的，对于历史学的研究也是如此，已有一些学者就此问题展开过讨论。具体到历史教科书史的研究上，这些理论可运用的空间，较之一般史学研究对象可能更大些。前已言及，历史教科书文本的被制作，是在遵守历史课程之"章程""规则""标准"的基础上，由教科书编者通过辛勤写作来完成的。教科书编者是历史书写的

---

① ［德］汉斯-格奥尔格·伽达默尔：《真理与方法——哲学诠释学的基本特征》上卷，洪汉鼎译，上海译文出版社1999年版，第388页。
② ［德］汉斯-格奥尔格·伽达默尔：《真理与方法——哲学诠释学的基本特征》上卷，洪汉鼎译，上海译文出版社1999年版，第393页。
③ ［德］汉斯-格奥尔格·伽达默尔：《真理与方法——哲学诠释学的基本特征》上卷，洪汉鼎译，上海译文出版社1999年版，第8页。
④ ［德］汉斯-格奥尔格·伽达默尔《：真理与方法——哲学诠释学的基本特征》上卷，第384—385页。

主体，其教育背景、知识结构、价值取向等，形成了教科书编写的"前理解"要素，加之时代环境、文献史料、史学研究成果等客观条件以及历史课程"章程""规则""标准"之制约所造就的"前理解"要素，建构起教科书编者的"视域"。而历史和历史学的特性又使得这"视域"是多重性的。由于历史具有一度性的特质，是历史学者无法直接面对的对象，历史学者需要通过理解和解释历史记录（史料）构建历史史实，形成历史认识；而历史记录特别是其中的核心——文献史料是由人来记录的，记录者是在自身的"视域"下记录历史的，记录本身同时也有理解的成分，后世的记录者又不断在自身的"视域"下叠加记录，研究者也是如此，所谓"一个时代有一个时代的历史学"即为此意，这样的多重性"视域"构成了一种"视域融合"。历史教科书编者自然也有自身的"视域"，其编写教科书所吸纳的文献史料和史学研究成果既为"视域融合"的产物，双方结合而制作出的产品——教科书文本当然也是"视域融合"的结果，而且在特定的时代条件下，又必然是一种历史与现实、主体与客体、自我与他者相交融的"效果历史"。

考察清季以降历史教科书的编写历史，若应用上述理论及方法，会有诸多予人启示的发现。首先，从编者层面来看，不同时代的编者的来源和教育背景差异很大，如清季的历史教科书编者多为受传统经史教育者，具有不同社会身份，非后世所谓专业学者；民国时期和中华人民共和国成立后的教科书编者多为受过现代专业史学训练者，只不过民国时期多以学者身份个体编撰，而中华人民共和国时期多为群体编撰，学者身份反而淡化了。如此相异的历史教育背景和身份构成，自然使得编者们在从事历史教科书编写工作时，在"前理解"和"视域"上会有明显的差异性，从而令教科书文本呈现出截然不同的面貌。其次，从时代环境和学术条件来看，清季至今的三个历史时期，时代变化天翻地覆，仅就历史课程"章程""规则""标准"的变化而言，每个时期都有各自针对时代需求的课程要求和内容标准问世。与此同时，编者所需借鉴参考的文献史料和史学研究成果也呈愈益丰富之势，清季之时尚未形成现代学科体系下的历史学科，编者所能借鉴参考的主要是文献史料和前人对之的辨析。民国之后现代历史学科所能提供的研究成果越来越多,不少编者同时也是历史专业的研究者,于是借鉴参考史学研究成果编写教科书成为常态,原始文献史料逐渐成为辅助性的东西。时代要求和学术条件变化的这种情形,自然又形成了教科书编写的"前理解",并产生出"视域融合"效应。最后,作为知识产品而成型的果实——历史教科书文本,是作为主体的教科书编者和主客合一的历史(依托历史记录而存在的历史)在特定时代的一种对话,是诸种"前理解"之"视域融合",是历史与现实、主体与客体、自我与他者相交融的"效果历史"。例如,清季和民国的历史教科书都对清代历史有较为系统的叙述。清季撰述的是"本朝史",学堂章程要求"陈述本朝列圣之善政德泽",这首先构成了教科书编写者的一种"前理解"。以此为基础,编者们搜集、整理"本朝"史料,在学术界还未开始清史研究,故在没有研究成果可依托的情况下,自主构建起一套清史叙述体系。

限于体例,清季教科书以史实的铺陈、叙述见长,评论性的言语极少,时而会出现这样的评价,如说康熙至乾隆朝之历史,"不特为本朝史之全盛时代,亦中国全史中有数之境遇也"[①]"圣祖、世宗、高宗之世,我之威令,远振四方,而文物亦称极盛"[②]。这些史实的罗列和这种结论的得出,显然能满足朝廷肯定"本朝仁政"的编写要求。与此同时,于统治者形象不利或涉及政治敏感问题的史实,则在教科书中刻意回避或一笔带过。在一个王朝海量的历史史实中,带有倾向性地选择适当的内容写入教科书,不能不说是典型的"视域融合"的产物。

进入民国以后,时移世易,教科书在叙述清代历史时对很多问题的书写就迥异于清季了。民国教科书多在编写宗旨上强调民国认同,即"民国肇造,五族一家。是编注重于统一国土,调和种族,务使已往之专制观念,不稍留存于后生心目之中"[③]。如此表述,秉承了其时历史课程标准的意旨。基于这样的理念,教科书对于清朝统治的批评,就较为普遍了,对一些史实的价值判断也不同于清季了,如比较

---

① 汪荣宝:《中国历史教科书(原名本朝史讲义)》,商务印书馆1909年版,第3页。
② 丁保书:《蒙学中国历史教科书》,上海文明书局1903年版,第58页。
③ 章嵚、丁锡华:《新制中华历史教科书》一,中华书局1914年版,第1页。

详细地书写文字狱的历史,以展示清廷的专制;对清季教科书彻底否定的太平天国和甚少提及的戊戌维新,则有新的叙述和肯定性评价。如对于戊戌维新的关键史实"公车上书",顾颉刚、王钟麒在《现代初中教科书·本国史》中就做了考订,认为因中日《马关条约》已经签订,光绪帝已批准盖章,"公车上书"并没有呈给都察院代奏,上书一事实际上是流产了。[①] 这表明其时的教科书编者没有轻信康有为、梁启超事后所写的文字,而是经过自身的研究考订,得出了为现今学者也认可的结论。可以说,对于民国教科书的编者而言,其时的课程标准、时代环境、新的史料发现(如清内阁大库档案的被利用)、新的研究成果以及清季教科书的相关叙述,都构成了"前理解"和"视域融合",在此基础上所生成的新的知识产品,达到又一重"效果历史"的境界。

研究历史教科书,其文本的产生过程是核心论题之一,但从研究现状看,上述阐释学视角与方法的运用还不多见。若能适当采择并加以灵活运用,特别是运用到历史书写的细节探讨中,相信会令该领域的研究实现较大突破。

三

作为向公众传播"常识"的特殊读物,教科书被制作出来就一定会产生公共效应,历史教科书当然也不例外。从知识社会学角度看,知识在传播过程中内含自我宣称为"真理"的倾向,以"真理"的面貌出现,这种"真理性宣称""当然是促成知识在社会中传播的关键因素……也保证了在特定的论辩逻辑和社会环境下,某些知识脱颖而出,成为当时的'权威',从而影响和掌控人们对世界的认知"。此类情况在教科书中体现得最为明显,"知识在其中以一种更具'权威性'的面目出现"[②]。既然"真理性宣称"主要体现在知识传播过

---

① 顾颉刚、王钟麒:《现代初中教科书·本国史》下册,商务印书馆1924年版,第76、81—82页。

② 张仲民、章可编:《近代中国的知识生产与文化政治——以教科书为中心》,复旦大学出版社2014年版,第1—2页。

程中，那么它实际反映的是知识的社会效用问题，这也是阐释学的公共特征和应用功能所关注的对象。

阐释学就其特征而言，具有公共性，就像有学者所指出的："阐释本身是一种公共行为。阐释的生成和存在，是人类相互理解与交流的需要。阐释是在文本和话语不能被理解和交流时而居间说话的。""公共阐释的内涵是，阐释者以普遍的历史前提为基点，以文本为意义对象，以公共理性生产有边界约束，且可公度的有效阐释。"[1] 以这种概念为出发点的公共阐释，其文本对象可以多种多样，但最典型的应是传播"常识"、具有公共效应的那类文本。从阐释学的历史和发展来看，公共阐释论的提出，实际是对阐释学的社会应用功能的进一步明确和强化。阐释学是一门现实的实践的学问，这也是伽达默尔所承认的。在他眼里，对文本要有正确的理解，就一定要在某个特定时刻和某个具体境况里对它进行理解，理解在任何时候都包含旨在过去和现在间进行沟通的具体应用。与阐释学应用功能相联系的一个重要概念是"教化"，伽达默尔认为，人类教化的一般本质就是使自身成为一个普遍的精神存在。这是教化概念最一般的本质特点，因为"人之为人的显著特征就在于，他脱离了直接性和本能性的东西，而人之所以能脱离直接性和本能性的东西，就在于他的本质具有精神的理性的方面。'根据这一方面，人按其本性就不是他应当是的东西'。因此，人就需要教化"[2]。伽达默尔强调了艺术的审美教化功能，实际上人文主义传统和人文知识的很多领域都具有这种功能，特别是在"真理性宣称"中更具权威性的那些知识。

公共阐释论和阐释学中的"教化"概念，为历史教科书史的研究打开了一扇重要窗口，尤其是在教科书的社会效应的研究方面。因为最能体现公共阐释效能和教化功能的文本，一定是那些传播"常识"、最具公共效应且在"真理性宣称"中具有权威性的文本，在现代社会中，教科书就是这样的文本。若引入公共阐释和"教化"概念，考察清季以降的历史教科书，会对其中很多知识内容及产生的效

---

[1] 张江：《公共阐释论纲》，《学术研究》2017年第6期。
[2] ［德］汉斯-格奥尔格·伽达默尔：《真理与方法——哲学诠释学的基本特征》上卷，第14页。

应有更开阔和深入的理解。如清季民初不少历史教科书都热衷于叙述晚清遭受外敌入侵和清藩属国灭亡的历史，在《新制本国史教本（中学校适用）》里，"清之外患"一节是全书重点，节下以"鸦片之战争""英法之联军"等为目之标题，描述中国一步步蒙受国耻的历程，并辅之以"清外患图""中俄交涉图""清与英法交涉图"等地图，最后说："列国竞争，不免因争夺起冲突，于是势力范围之说起，隐然无形之瓜分，外患之烈，循环而来，皆甲午一战启其端也。"① 在《共和国教科书东亚各国史（中学校用）》里，编者仅以70页的简短篇幅概括东亚从古至今的历史，但其中记述近代以来东亚亡国史的内容就占了七分之一强，这十余页的内容较之其他部分要细致得多，而且用"列强在东亚势力图"来辅助说明各国亡国之痛。② 类似的表达，在其他教科书中也大体如此。限于教科书的体例，内容上以陈述客观史实为主，很少主观评论；但如此罗列历史事实，显示出教科书编者的精心安排，即欲通过这些史实的汇集，呈现出一幅历史图景，构建起一套"国耻史""亡国史"的警世话语。这自然是教科书编者基于其时国家、民族面临生死存亡之危局，为了使广大阅读者"省悟强弱兴亡之故，以振发国民之志气"，从而有意写作一种集体史鉴的产物。这恰为公共阐释理路下的历史书写，因"公共阐释是阐释者对公众理解及视域展开修正、统合与引申的阐释。其要义不仅在于寻求阐释的最大公度，而且重在于最大公度中提升公共理性，扩大公共视域"③。即是说，教科书文本的这种凸显性的书写，使某些历史知识成为"常识"，实际是令这些历史知识变成"提升公共理性、扩大公共视域"的工具，能够发挥"教化"功能，"规训"更多人"成为一个普遍的精神存在"，由此产生广泛的社会效应。事实上也的确产生了很大效应，清季民初之时人们在"亡国灭种"的危机感面前所强化的"国民"意识和民族、国家认同观念，以及以

---

① 钟毓龙：《新制本国史教本（中学校适用）》三，中华书局1914年版，第101—112页。
② 傅运森：《共和国教科书东亚各国史（中学校用）》，商务印书馆1913年版，第59—70页。
③ 张江：《公共阐释论纲》，《学术研究》2017年第6期。

国耻纪念等形式出现的各种群体抗议活动，与历史教科书相关书写带给受教育者的影响是密不可分的。

在历史教科书史的研究中，教科书的社会效用问题一直是个研究难点，成果极少；相关资料的搜罗整理难度颇大，自然是主要障碍。在这一困难不易克服的前提下，从教科书文本出发，引入阐释学的视角与方法，在公共阐释论、教化阐释学的视野下展开探讨，也不失为一条解决问题的良好路径。

思想史研究应基于文本的历史性阐释

——以约翰·密尔《论自由》中文译本为个案

李宏图

【内容摘要】 通过对马君武和严复翻译约翰·密尔《论自由》一书的考察可以发现,从文本解读和阐释的意义上讲,两位译者都将密尔的思想从"社会"转向"政治"的维度来进行讨论,将密尔的思想主题转移到另外一个指向。这既不符合密尔《论自由》文本中的思想,也不符合思想史这一"历史性"的阐释。实现对文本的阐释,特别是"历史性"的阐释,需要符合历史学的规范性。阐释者对文本意义的阐释和理论性的构建,需要建立在包括文本在内的丰富的历史资料基础之上,并在历史的语境中展开。从历史维度出发,建立规范性的阐释,有助于目前的"思想史"研究真正实现对思想家和其文本的"历史性"研究,为阐释学的理论建构提供学术资源。

【关 键 词】 阐释 历史性 约翰·密尔 《论自由》 翻译

【作 者】 李宏图,复旦大学历史学系教授。

【基金项目】 教育部基地重大项目"概念的形成与思想的谱系:西方近代概念史研究(17—19世纪)"(16JJD770016)

针对目前如何发展中国的阐释学,很多学者发表了自己的见解。[①]

---

① 例如,张江、潘德荣等学者发表多篇文章讨论这一问题,希冀建立起中国的阐释学理论。

如果将阐释学看作解释（interpreting）、翻译（translating）和说明（explaining）等过程①，可以对其中的这些过程进行细致考察，并在大量个案的基础上加以归纳提炼，总结出中国阐释学的一些基本原则。具体到"翻译"这一过程而言，如果我们不把"翻译"仅仅看作原先文本的"传递"，而是视为生成一个新的文本，那么其核心问题就在于如何理解原文本。秉持这一基点，结合中国实际，可以看到，从20世纪初开始，在学习西方的历史语境下，一大批西方思想家的著作被翻译为中文并出版。例如，19世纪英国思想家约翰·密尔的著作，这些都是丰富的学术资源，值得学者们进行"知识考古"。有鉴于此，本文选择约翰·密尔《论自由》的中文译本作为研究对象，考察作为思想家的马君武和严复如何翻译与理解密尔《论自由》的文本和思想，并借此个案表达对阐释学的思考。

一

1859年，约翰·密尔出版了《论自由》一书。在自由主义思想发展史上，这本书被学者们视为自由主义思想的巨大转向，因为此书的主题不再是论述政治自由，而是讨论社会自由。对于密尔来说，他写作和出版这本书的目的，就是期待实现一个人的个体性能够得到尊重和切实保护的社会，反对社会"习俗的专制"（despotism of custom）。因此，在这本书的开头，密尔就明确地表达："这篇论文的主题不是所谓意志自由，不是这个与那被误称为哲学必然性的教义不幸相反的东西。这里所要讨论的乃是公民自由或称社会自由，也就是要探讨社会所能合法施用于个人的权力的性质和限度。这个问题，很少有人用一般性的说法予以提出，更从来没有人用一般性的说法加以讨论，但是它却在暗中深刻地影响着当代一些实践方面的争论，并且看来不久就会被公认为将来的重大问题。它远非什么新的问题，从某种意义说，它几乎从最远的年代以

---

① ［英］达里奥·卡斯蒂廖内、伊安·汉普歇尔-蒙克编：《民族语境下的政治思想史》，周保巍译，人民出版社2014年版，第71、63页。

来就在划分着人类；不过到了人类中比较文明的一部分现在已经进入的进步阶段，它又在新的情况下呈现出来，要求人们给以一种与前不同而且较为根本的处理。"①

密尔在给其德文本翻译者提奥多尔·龚蓓斯的信中多次重申了他希冀表达的这一主题："我的《论自由》这本书还未完成，希望将能在下一年冬季出版。这里所涉及的自由是关于道德和思想而不是政治自由。而这些内容如同在我们英国一样，在你们德意志也并不是如此迫切需要。"② 1858年12月4日，他又在给龚蓓斯的信中写道："我的《论自由》这本小册子在这个冬季之初将要出版，这本书的主题是关于道德、社会和思想的自由，坚决反对社会的专制，不管是由政府或是公共舆论（public opinion）来行使。"③

无论是从密尔《论自由》这本著作的主题表述，还是在密尔给朋友的信中，都可以清晰地看到，《论自由》一书的主题是要确立社会权威和个人权利之间的关系，从而厘清两者之间的边界，以保障个人权利。值得注意的是，1903年，当马君武和严复第一次将密尔的著作翻译出版引入中国的时候，他们是否理解了密尔的这一主题？将这两个翻译文本和密尔的原著进行对照，可以看出，两个译本都将密尔讨论的社会权力与个人权利的关系转换成了政治—社会权力与个人权利之间的关系，也就是说在密尔的单一性的"社会"中增加了政治维度，将其转换成"政治—社会"。无论是马君武的直接添加，还是严复所创造的"国群"这一概念，都是如此，在此姑且可以称之为"政治—社会范式"。

1902年，马君武在开始着手翻译密尔的这部著作时，坚信此书主旨是倡导政治自由，因此翻译此书将对中国社会起到重要的作用。这一点首先就在梁启超为其撰写的序言中得到了直接鲜明的表达：

---

① ［英］约翰·密尔：《论自由》，程崇华译，商务印书馆1982年版，第1页。
② Marion Filipluk ed., "Additional Letters of John Stuart Mill", *Collected Works of John Stuart Mill*, Vol. 32, Toronto and Buffalo: University of Toronto Press, 1991, p. 108.
③ Francis E. Mineka ed., "The Later Letters of John Stuart Mill 1849–1873", *Collected Works of John Stuart Mill*, Vol. 15, Toronto and Buffalo: University of Toronto Press, 1972, p. 581.

"十九世纪之有弥勒约翰，其犹希腊之有亚里士多德乎。论古代学术之起源，无论何科，殆皆可谓滥觞于亚里士多德；论今代学术之进步，无论何科，殆皆可谓集成于弥勒约翰。弥勒约翰在数千年学界中之位置，如此其崇伟而庄严也。顾吾国人于其学说之崖略，曾未梦及，乃至其名亦若隐若没，近数年来始有耳而道之。吁！我思想界之程度，可以悼矣。弥氏著作始入中国，实自侯官严氏所译《名学》。虽然，《名学》不过弥氏学之一指趾耳……《自由原理》一书，为弥氏中年之作，专发明政治上、宗教上自由原理。吾涉猎弥氏书十数种，谓其程度之适合于我祖国，可以为我民族药者，此编为最。久欲绍介输入之，而苦无暇也。壬寅腊将尽，马子君武持其所译本见示，则惊喜忭跃。以君之学识，以君之文藻，译此书，吾知弥勒如在，必自贺其学理之得一新殖民地也。"① 马君武邀请梁启超作序写下这一论断，可见，他们对密尔的理解相通一致，都是在政治的维度上理解密尔所说的"自由"。

正是在"政治"的维度上，马君武很自然地将密尔文本中的"社会"转换成了"政府"。例如，对于密尔《论自由》第一章中所论述的社会权威对个人权利的干涉这一内容，马君武都翻译成了"政府对个人"："此书所论之理，单简言之，即阐明政府对个人不能用强力压制之理。压制不同，或以法律之刑罚焉，或以通行之道德焉。虽然，人当自护其固有之行事自由权，阻他人使不能来相妨害。政府管理人群之权无他，保人民平等之自由，而防止其有害于他人之行为而已。凡一人有一人之身体，一人有一人之道德，不受别人之主持也。作一事而诚有益、有福也，他人固无权禁止之，或使之另作一事；即他人自谓更智、更合理，亦不能强行事者以必从，徒可劝谏之，比喻以晓之，不可强迫也。其不得已而有强迫者，必因由是将生恶害于社会。个人者，社会之一小分子也，故与他人不能无关系，而于一国之公事，一人断不能有无限制之自由权焉。人之有限制之自由权，于一身而止。盖身也心也。实服从于有此身心之人，而有限制之

---

① 莫世祥编：《马君武集》，华中师范大学出版社2011年版，第26—27页。

自由权焉，非他人所能干预也。"① 再如，密尔在讲到孔德的思想时，认为孔德的思想存在着"社会对于个人的专制"（despotism of society over the individual）。而马君武又将此翻译为"政府以侵个人之自由也"②。当密尔在文中提到卢梭时，是从文明与道德进步的关系入手来举例的，马君武又将密尔的这一维度转向政治："夫流行斯世之学说，非无更善于卢骚者，然自其卢骚之新说出，乃如大潮澎拜，小川无声，大唱人权天赋之理，尽扫旧社会之弊俗，而一空无余。盖自其学说出而革命兴，革命兴而新社会出，百世之下，莫不食卢骚之赐。言论者，事功之母，其效力岂不伟乎！"③ 但如果核对原文，便会发现密尔完全没有提及卢梭的天赋人权，和革命也没有关联。④

本着这一思路，马君武在翻译时还多次对密尔的原文进行文字上的添加。例如，在翻译《论自由》的"引论"时，他特地加入这样一个密尔原文中没有的段落："政府亦然。政府加害于人之大者，即不阻止恶事之流行是也。政府者，保护人群团结之力也。一切事之有关于个人者，政府当尽其责任而不可坐视不理。夫不理民事，不图民益，不防民害者，为不尽政府之责任。不尽政府之责任，人民故有权以改易之也。"⑤ 马君武所增加的这些内容，完全是按照17—18世纪欧洲所盛行的社会契约理论而加以表述的，即洛克、卢梭等思想家在社会契约理论中所表达的观点：如果政府侵害了人民的生命、自由和财产，人民就有权利进行革命，推翻这个政府，重建一个新的政府。实际上，这一表达显然不符合密尔的原意，且不说密尔《论自由》这一文本的基本主题是论述社会与个人权利之间的关系；更为重要的是，密尔自己明确地表述过他在这本书中不会使用社会契约理论进行论证："应当说明，在这篇论文中，凡是可以从抽象权利的概念（作为脱离功利而独立的一个东西）引申出来而有利于我的论据的各点，

---

① 莫世祥编：《马君武集》，华中师范大学出版社2011年版，第33—34页。马君武所翻译的约翰·密尔的英文原文，详见 Stefan Collini ed., *J. S. Mill On Liberty and Other Writings*, Cambridge: Cambridge University Press, 2013, pp. 13, 12。
② 莫世祥编：《马君武集》，华中师范大学出版社2011年版，第36页。
③ 莫世祥编：《马君武集》，华中师范大学出版社2011年版，第51页。
④ 英文原文详见 Stefan Collini ed., *J. S. Mill On Liberty and Other Writings*, p. 48。
⑤ 莫世祥编：《马君武集》，华中师范大学出版社2011年版，第35页。

我都一概弃置未用。"①

另外，马君武完全无视密尔原文以及文本的结构和逻辑关系，大加发挥，补充了很多关于英国政治制度的内容，期冀以此向国人传播新思想。参见马君武所补充的这段文字："英国有一特别之一境于此，盖英国舆论之压力，或较别国为重；而英国昔时法律之压力，则较别国为轻。读英国之政治史可知也。英国之立法权及行政权，不许干涉及于人民之私行。英人莫不视政府为图人民之利益而设，不许政府损害人民独立之权。英人初亦不知政府之权利即人民之权利，政府之意志即人民之意志也，图恐个人之自由，被政府之所侵害而已。此俗既成，故英国人民，常有本然之人权，择善而行，择恶而改，不许政府有一毫干犯人权之事。积时既久，遂成民政，政府不能不从民意，而保人权。人民所是，政府不敢不以为是；人民所非，政府不能不以为非，是为人间政府建立之原理。天下之民政，皆于英取法焉。反是者为恶政府。"②

1903年4月，马君武在翻译出版《论自由》一书之后，又专门写了篇文章，介绍《论自由》的思想内容。如果说在翻译的过程中，马君武囿于翻译要贴近原文，其政治性维度还没有扩展开的话；那么在这篇文章中，我们可以更明显看出其将密尔的社会性主题转向了政治性的表达。在介绍密尔的言论自由思想时，密尔原意是讨论"社会舆论"对人的权利的侵害，但在马君武的这篇文章中则转换为政治上的专制统治导致了言论自由的缺失："文明国家必奖励人民之议论著作，而不加以一毫之压制。人民之议论及著述既勃兴，则其国家之兴也勃焉。专制之政府必压制人民之议论及著作，养成其人民尽有卑屈奴隶之资格，禁口结舌，不敢议论，垂首丧气，不敢著作。是不待敌国异种来侵袭，而其国为已亡，其国人为已死矣。"③ "呜呼！民贼独

---

① ［英］约翰·密尔：《论自由》，程崇华译，商务印书馆1982年版，第11页。
② 莫世祥编：《马君武集》，华中师范大学出版社2011年版，第33—34页。马君武所翻译的约翰·密尔的英文原文，详见Stefan Collini ed., *J. S. Mill On Liberty and Other Writings*, Cambridge: Cambridge University Press, 2013, pp. 12-13。
③ 莫世祥编：《马君武集》，华中师范大学出版社2011年版，第130页。

夫不知此故，用严刑峻罚，以禁新学、杀新士者，亦可以不必矣。"①

二

同在1903年，严复的翻译本也问世出版，他将密尔的《论自由》这一书名译为《群己权界论》，从标题上看似乎符合着密尔的"社会与个人"这一主旨，但仔细考察却不尽然。

在翻译密尔的《论自由》之前，严复已经翻译出版了赫胥黎的《天演论》、亚当·斯密的《国富论》等著作。1899年之前，严复已经完成了《论自由》的翻译，但1900年严复在从北京逃往上海时将译稿丢失了。后来一位外国军官发现了这部译稿，又寄给了严复。对此，严复在1903年出版时的"译凡例"中感叹："此译成于庚子前，既脱稿而未删润，嗣而乱作，与群籍俱散失矣。适为西人所得，至癸卯春，邮以见还，乃略加改削，以之出版行世。呜呼，此稿既失复完，将四百兆同胞待命于此者深，而天不忍塞其一隙之明欤。"② 由此也可看出严复对此书意义与价值的期待，一个"明"字，道出此书将会对人民起到启蒙的作用。在今天看来，这也鲜明体现了译者的意图。

对于密尔《论自由》一书书名，严复原先曾直接翻译为《自由释义》，而在1903年正式出版时，他却坚持改用《群己权界论》。为什么会有这一改变？严复在译序中写道："十稔之间，吾国考西政者日益众，于是自繇之说常闻于士大夫，顾竺旧者既恐怖其言，目为洪水猛兽之邪说；喜新者又恣肆泛滥，荡然不得其义之所归。以二者之皆讥，则取旧译英人穆勒氏书，颜曰群己权界论，畀手民印版以行于世。夫自繇之说多矣，非穆勒氏是篇所能尽也。虽然，学者必明乎己与群之权界，而后自繇之说乃可用耳。是为序。"③ 由此，可以得知严复改换书名的意图。一方面，要面对守旧派的顽固不化与反对；另

---

① 莫世祥编：《马君武集》，华中师范大学出版社2011年版，第131页。
② [英] 约翰·斯图亚特·穆勒：《群己权界论》译凡例，严复译，（台北）台湾商务印书馆2009年版，第25页。
③ [英] 约翰·斯图亚特·穆勒：《群己权界论》译凡例，严复译，（台北）台湾商务印书馆2009年版，第17页。

一方面，要面对喜新派的夸夸其谈而不得要领。因此，要对"群与己"之间的边界作出清晰的界定，不然就无法真正理解自由。

在这一标题中，"权界"相对很好理解，严复似乎也对此未有误读。问题是，密尔《论自由》一书中的原意，是要界定社会权威与个人权利之间的边界，那么为什么严复坚持不使用"社会"，而要用"群己"这一名称？其实，严复并非不了解"社会"这一概念，当时"社会"概念已从日本传入，也为学界所接受，况且严复在《群己权界论》中也数次使用了"社会"一词。例如："问权限之立，当在何许。社会之节制，小己之自繇，必何如而后不至于冲突。"① "彼将言社会宜孰好而孰恶，至问人人之好恶，何以宜律以社会之好恶，非所图矣，或社会所旧有者，彼心怀其异同。"② "问以国家而待人民，以社会而对小己。"③ 那么，严复在这里使用"群己"有什么含义？严复在译文中有过"以社会对小己"这样的两分，因此，这里的"群"是否就是"社会"的代称？是否可以直接认定严复所使用的"群"的含义即社会？这是一个值得讨论的问题。

严复自己没有明确地对"群"进行界定，不过可以从他所写的"译凡例"和译文中找到一些答案。在"译凡例"中，严复使用了"小己与国群之分界"这样的两分。在第四章标题的翻译中，严复直接使用了"论国群小己权限之分界"，这是他在译文中第一次明确使用"国群"这一译法。严复的翻译如下。

> 然则自公理大道言，小己自治之权，宜于何时而止，而其身所受治于国群者，宜于何时而起乎，一民之生，何者宜听其自谋，何者宜遵其群之法度。是之分界，固必有其可言者。
>
> 曰，使小己与国群，各事其所有事，则二者权力之分界，亦

---

① [英] 约翰·斯图亚特·穆勒：《群己权界论》译凡例，严复译，（台北）台湾商务印书馆2009年版，第5页。
② [英] 约翰·斯图亚特·穆勒：《群己权界论》译凡例，严复译，（台北）台湾商务印书馆2009年版，第5—6页。
③ [英] 约翰·斯图亚特·穆勒：《群己权界论》译凡例，严复译，（台北）台湾商务印书馆2009年版，第10页。

易明也,总之,凡事吉凶祸福,不出其人之一身,抑关于一己为最切者,宜听其人之自谋,而利害或涉于他人,则其人宜受国家之节制。是亦文明通义也已。①

仔细同密尔的原文比对可以发现,在这段文字中,密尔的"社会"被严复置换成了"国群"或"国家"。

从第四章开始,严复在译文中多次使用"国群"这一概念。因此,严复将密尔的标题"论自由"翻译成"群己权界论",即可理解为是指"国群与小己"的两分。由此,"国群与小己"在严复这里成为密尔的"社会与个人"的对称,例如"以国群而侵小己之自繇,则于非常之人大不利"。沿着这一思路,严复将密尔第四章的标题直接翻译为"论国群小己权限之分界"(of the limits to the authority of society over the individual)。因此,可以大致断定,严复所翻译的"群己权界论",实际上指的就是"国群与小己"。

其实,系统考察严复对西学的翻译,则可发现,在翻译密尔《论自由》一书之后,严复于1905年翻译孟德斯鸠《论法的精神》时(译名为《法意》),又明确地使用了"国群"这一概念。例如,在第12卷第1章中,严复这样翻译:"夫言一国之法制,徒取关于国群自繇者而论之,未足也,必兼论其关于小己自繇者,其义乃备。"此处英文原文为"It is not enough to treat political liberty in its relation to the constitution; it must be shown in its relation to the citizen",可译为"关于政治自由,谈到它和政制的关系是不够的,我们还应从它和每一个国民的关系去考察"。这里,严复将政治自由(political liberty)

---

① [英]约翰·斯图亚特·穆勒:《群己权界论》译凡例,严复译,(台北)台湾商务印书馆2009年版,第106页。密尔的原文是:What, then, is the rightful limit to the sovereignty of the individual over himself? Where does the authority of society begin? How much of human life should be assigned to individuality, and much to society? Each will receive its proper share, if each has that which more particularly concerns it. To individuality should belong the part of life in which it is chiefly the individual that is interested; to society, the part which chiefly interests society。详见 Stefan Collini ed., *J. S. Mill On Liberty and Other Writings*, p. 75。

翻译为"国群自由",而与公民有关的自由则译为"小己自由"。①

可以说,严复的"群"即指"国群",那么,"国群"这一概念的内涵是什么呢?在严复翻译孟德斯鸠《论法的精神》这本书时,他将"政治自由"翻译为"国群自由",这已为我们提供了一种理解的线索。另外,对于"国群"这一概念的内涵,其实严复自己在译文中已经给出了一个答案。这就是严复在《论自由》开篇的译文中所说的:"有心理之自繇,有群理之自繇,心理之自繇,与前定对;群理之自繇,与节制对。今此篇所论释,群理自繇也。盖国,合众民而言之曰国人(函社会国家在内),举一民而言之曰小己。今问国人范围小己,小己受制国人。以正道大法言之,彼此权力界限,定于何所?"②密尔在这里还特地加了注释,将其理解为"社会国家"。也就是说,"国群"可以分为社会和国家两个部分,或者说社会与国家的内涵都统一在"国群"之中。这样,"国群"这一概念的含义就远比"社会"宽泛,它包含了"社会"与"国家"双重含义;或者说在严复那里,"国群"更多是指国家这一政治性的概念。

对此,我们也可从严复审读的《国民读本》中找到另一线索。从1909年年底到1910年2月,严复在日记中多次谈及《国民读本》。此书由朱树人编撰,1903年3月由上海文明书局出版(和严复翻译的《论自由》同年出版),在卷首的"编辑大意"中,作者指出:"中国多佳子弟,鲜良国民。凡国民不可少有两种性质,一独立性质,一合群性质。五千年来国民之心思才力束缚于专制政策之中,鲜能自振,此不能独立之原因也。史家喜高蹈之风,国法严党会之禁,父师传授养成洁身自好,及自私自利两种人才,此不能合群之原因也。国民无独立合群之性质,社会必不振,国家必不强。有志于教育者宜先焉。"③

---

① 黄克武:《自由的所以然:严复对约翰弥尔自由主义思想的认识与批判》,上海书店出版社2000年版,第240页。

② [英]约翰·斯图亚特·穆勒:《群己权界论》译凡例,严复译,(台北)台湾商务印书馆2009年版,第1页。英文原文详见Stefan Collini ed., *J. S. Mill On Liberty and Other Writings*, p. 5.

③ 沈国威:《一名之立 旬月踟蹰:严复译词研究》,社会科学文献出版社2019年版,第289页。

严复在对《论自由》第四章的翻译中也有相似的表述："虽群之合也，其事常由于自然，而非有要约誓盟之为始，而今日即立为群约，以尽载国民之义务，亦恐于治无能进也。但使人知以一己而托于国群，所由式饮式食，或寝或讹，以遂其养生送死者，实受国家之赐，则所以交于国人者，必有不容已之义务矣，使其人无国，则亦已耳。一言有国，斯云为动作，有不得以自繇者。何则，所为之利害祸福，有时不尽于其一身也。"① 从这里可以看出，"国群"即意味着人们结合在一起，形成一个群（社会），同时也形成"国家"这个政治共同体。如果人们都"不合群"，则社会和国家都无法建立。因此，严复这里使用"国群"，显然改变了密尔所说的"社会"的内涵，在社会这一维度中加入了政治的指向，形成了如他自己所说的"国家—社会"模式。

严复为什么执意使用"国群与小己"这样的两分，原因即在于，他一方面面对着那个时代保守派对自由的不理解、反对与拒绝；另一方面也面对着革新派对自由的过度追求导致绝对的个人主义，将个人理解成了自私自利，对任何公共活动都不参加，即严复所说的"不合群"。因此，严复希望借助密尔的《论自由》一书，厘清国家—社会和个人之间的关系，确立起个人的独立与自主（自治）。严复在"译凡例"中，借用斯宾塞的进化理论写道："有自繇亦有束缚，治化天演，程度愈高，其所得以自繇自主之事愈众，由此可知自繇之乐，惟自治力大者为能享之。而气禀嗜欲之中，所以缠缚驱迫者，方至众也。卢梭民约，其开宗明义，谓斯民生而自繇，此语大为后贤所呵，亦谓初生小儿，法同禽兽，生死饥饱，权非己操，断断乎不得以自繇论也。"②

---

① ［英］约翰·斯图亚特·穆勒:《群己权界论》译凡例，严复译，（台北）台湾商务印书馆 2009 年版，第 106 页。密尔的原文为 Though society is not founded on a contract, and though no good purpose is answered by inventing a contract in order to deduce social obligations from it, everyone who receives the propection of society owes a return for the benefit, and the fact of living in society renders it indispensable that each should be bound to observe a certainline of conduct towards the rest. 详见 Stefan Collini ed., *J. S. Mill On Liberty and Other Writings*, p. 75. 从这里可以看出，严复是将密尔的"社会"翻译为"国家"或"国群"。

② ［英］约翰·斯图亚特·穆勒:《群己权界论》译凡例，严复译，（台北）台湾商务印书馆 2009 年版，第 22 页。

三

在马君武和严复这里可以看到,无论他们在政治上分属什么派别,在对密尔《论自由》文本的翻译上,他们都未能很好地理解文本中所力主的"社会自由"这一主题,他们不约而同地加入了政治自由的维度来理解。限于主题,这里不再细究其原因,但也许可以这样认为,在当时的中国,"社会"还没有得到很好的发育和培养,人们还没有把"社会"视作独立的存在,无法在政治之外界定"社会"。人们将"社会"与政治或国家相关联,在政治中理解"社会",界定自我这一个体,实现个人自由。因此,在这一意义上,社会发展阶段与认识上的差异,带来了翻译这一文化"移位"过程中的"误读",与密尔的原始文本相比,中文译者在所翻译的文本中添加和植入了新的意义。

这样评价马君武和严复,可以视为一种"同情之理解"。但如果从文本理解和阐释的意义上讲,也可以说,他们都未能把握密尔的思想原意。由此就引出一个阐释理论上的问题——读者如何解读文本。或者说,阐释者和现有文本之间究竟应该建立起何种关系。

从理论上讲,存在着各种类型的文本,如文学、哲学、历史等,基于不同学科的文本属性,自然会在文本的阅读上呈现出差异,即使同一学科,也可以有不同的阅读路径,如逻辑性的、历史性的、考据性的等。同样,是从作者出发来阐释文本,还是以读者为主体来阅读与阐释文本;是着眼于阐释文本的修辞方式,还是关注文本的意义;是作者的意图,还是读者自身对作者文本的阐述发挥,其结果也是大相径庭的。应该说,对文本的不同解读和阐释,都应该合理地存在,并构成种种复杂的关系。不过这里需要强调,作为阐释者,无论如何都应视准确理解文本为一种前提和必要条件,而且是一种制约性的条件。这就是要求任何阐释都必须受到文本自身的约束,符合文本自身所呈现的含义。从历史学的维度来说,如果说思想家的文本是一种第一手史料,那么,研究者或者说阐释者首先要读懂作为基本史料的文本,把握文本的主题与思想,做到符合历史规范性的阐释。

这里就自然提出了一个问题,什么是历史规范性阐释?在我看来,那就是要按照历史学研究的一般原则进行阐释,实现"历史性"。这一历史维度存在不同含义与层次,这里试举三个层次来加以说明。第一,要将文本视为第一手史料,即将思想家的著作看作具有历史文献意义的文本;第二,阐释者需要在依据这一史料(思想家的文本)的基础上,结合其他相关史料,如思想家的日记、与朋友的通信,以及与这一主题相关联的其他文本等,来对思想家的文本作出准确的理解,在此基础上进行阐释,实现文本内外的结合;第三,阐释者对文本意义的阐释和理论性的构建,都需要建立在包括文本在内的丰富的历史资料基础之上,得到史料的证实与支持,并在历史的语境中展开,而不能游离于这些史料之外,甚至干脆不管文本自身所表达的主题与意旨、文本自身的结构与变化,而仅仅按照自己的主观意图来进行抽象性甚至想象性的逻辑演绎。因此,无视史料或故意曲解、望文生义、割裂文本的完整结构和内在逻辑等,都不是"历史性"的文本解读与规范性的阐释。

具体到密尔《论自由》的文本解读这一个案,我们需要首先理解密尔文本的主题是什么,即他说了什么与如何言说。我们无法忽视这一历史文献所展示出的基本主题和其思想本身。因此,从文本出发,准确地理解文本,就成为阐释者进行研究性阐释的基础环节和必要条件,也为其阐释天然地设置了限制。例如,著名思想史家斯金纳就举例说,从历史语境特别是特定的语言惯例来说,马基雅维利的《君主论》不可能是一种讽刺作品,洛克《政府论》(下)的第五章也不是对资本主义的一种辩护,卢梭的《社会契约论》同样也不可能是对"极权主义"的一种辩护。这是因为,对于这些作者而言,上述概念范畴完全是陌生的,故而不可能进入他们的写作意图。[①] 再如,约翰·密尔在《论自由》第二章中使用了"社会污名化"这一概念,如果没有深入文本的语境和作者的意图并充分阅读文献资料,仅仅凭借文本自身这一概念和上下文的逻辑性来阐释,自然对此无法理解,

---

① [英]伊安·汉普歇尔-蒙克主编:《比较视野中的概念史》,周保巍译,华东师范大学出版社2010年版,第93—94页。

或者遗漏其具有的价值甚至产生误读。① 再举一例，密尔在《论自由》中使用"树木"这一类比，认为人不是一架机器，而毋宁说像一棵树，需要按照其内在的活力来生长。② 这样的例子不胜枚举，这就提醒我们需要细读文本和旁涉各种历史文献，才能深入理解其内涵，并回答密尔为什么要运用这一修辞方式。

强调规范性的阐释，不仅仅提醒阐释者要专注文本本身，其意义还在于，它通过限制阐释者对文本这一历史文献的"误读"或随意解读，从而避免了非历史性，同时也摆脱了独断论，让文本呈现出更为丰富的内涵。因此，英国的"剑桥学派"才力主将文本放置在"历史语境"中，实现对文本的"历史性"阐释。英国思想史家波考克明确指出，作为思想史家，我们的首要目的就是重建某一特定文本或言说的历史意义，也即作为诠释者，我们所附加在文本或者言说中的意义必须是该文本或言说呈现在特定历史语境（historical contexts）中的意义。斯金纳也认为，历史学家还须指出，即便是在哲学家看来最可靠的解释，也必须根据历史的证据来检验，甚至可能被抛弃。③ 斯金纳以马克斯·韦伯的"清教伦理产生资本主义"为例，认为不是清教伦理产生了资本主义，而是商人在推动资本主义产生和成长的过程中遭遇了现存社会对其的道德指责，因此这些商人利用清教伦理来为自己的行为进行合法性辩护。④ 正因如此，呼唤规范性的历史性

---

① 这段话原文是 "For a long time past, the chief mischief of the legal penalties is that they strengthen the social stigma. It is that stigma which is really effective, and so effective is it, that the profession of opinions which are under the ban of society is much less common in England than is in many other countries, the avowal of those which incur risk of judicial punishment"。"长久以来，法律惩戒的首要祸端在于：它们强化了社会的污名。这种社会的污名是那么的卓有成效，以至于在英国，在社会的禁锢之下，意见的表达远不像其他许多国家那么常见，因为公开地宣示意见常常有招致司法惩戒的危险。"很遗憾，商务印书馆的中文译本没有将这一概念翻译出来，此处采用华东师范大学政治学系周保巍副教授的译文。实际上，目前流行的中文译本都未能对此准确地进行翻译，当然学界也未能把握"社会污名化"在密尔这一文本中的价值以及和密尔思想之间的关联。对这一问题的历史性考察参见李宏图《清除"污名"：约翰·密尔〈论自由〉文本的形成》，《世界历史》2019 年第 3 期。

② ［英］约翰·密尔：《论自由》，程崇华译，商务印书馆1982年版，第63页。

③ ［芬］凯瑞·帕罗内：《昆廷·斯金纳思想研究：历史·政治·修辞》，李宏图、胡传胜译，华东师范大学出版社 2005 年版，第 20 页。

④ 详见 Quentin Skinner, *Vision of Politics*, Vol.1, Cambridge：Cambridge University Press, 2002, pp.156-157。

解释和重回历史性研究将是未来对"文本",特别是对经典思想家文本进行解读研究的基本取向,也是构建阐释学理论的基础。

其实,规范性的历史阐释不单只是一种限制,使得我们不再犯下"时代误植"的错误,避免让文本脱离历史语境而进行幼稚和随意的阐释,它同时也会为我们提供丰富的资源。正如斯金纳所说,我们要反对后现代和反后现代两种维度的非历史化倾向,带着一种获得多种可能性的开放意识,从而获得更为宽广和深入的理解。在后现代的维度上,斯金纳以福柯为例指出,在福柯那里,讨论话语和建构,主要是社会如何利用话语来建构其自身。但是,他抛却了对单个文本的解释以及对文本作者和作者意图的理解,仿佛社会就是在脱离了这些文本和话语主体之后的自我建构。同样,斯金纳也反对以美国的施特劳斯为代表的那种哲学性的反后现代主义的解释,将思想家的文本诠释为对当下社会的现实意义,也可以说是在经典思想家那里找寻医治现代社会之病的良药,并且按照这个标准来阐释经典文本、褒贬人物。也正是在这一维度上,在文本和阐释者之间,在历史语境下进行历史性的研究将会避免对历史的背叛,避免各种非历史甚至反历史的产生与存在,从而可以更好地把握文本的意义和作者的意图。阐释者和文本之间永远存在着一种无法逾越的限制,并在此基础上形成了一种持续性的对话关系。更为重要的是,这一历史性的阐释不是否定哲学性和其他类型的阐释,而是成为它们的参考并为它们提供更为充沛的进行阐释论说的资源。

回到对马君武和严复翻译的考察,从文本解读和阐释的意义上讲,两位译者都将密尔的思想从"社会"转向"政治"的维度来进行讨论,将密尔的思想主题转移到了另外一个指向,这既不符合密尔《论自由》文本中的思想,也不符合历史学以及思想史这一"历史性"的阐释。尽管可以说,马君武和严复的"翻译性"阐释活动具有重要的意义,对当时的中国社会有很大的贡献,但这不能掩盖其在阐释意义上的缺陷。即使从社会贡献这一维度上看,马君武和严复的"误读"与"添加",也许在某种程度上将我们引入了中国社会发展的特定路径,遮蔽与消减了本来可以为中国提供的另外一种思想资源,进而影响了人们进行选择的可能性。可以说,译者的这种思想性贡献在今天值得重新考量。因此，这一个案可以激发这样的思考，实现对文本的阐释，特别是"历史性"的阐释，自然就需要符合历史学的规范性。如果失去其"历史性"的基本特质，其结果将会减弱甚至导致未能深入地阐释思想家的思想意蕴和洞见。在此，从历史维度出发，提出建立规范性的阐释，当是希望目前的"思想史"研究真正能够实现对思想家和其文本的"历史性"研究。这不仅是一种能够获得对思想家思想准确理解的路径，而且也能丰富阐释学理论建设。不同学科对此的看法也许有所不同，正是在这一意义上，如何建立起具有普遍性意义的阐释学理论，有赖于各个学科的共同努力。

浪漫主义阐释学：从方法论到存在论

王利红

【内容摘要】 浪漫主义阐释学是一个事后的概念，但其本身是历史性的存在。浪漫主义阐释学的方法论缘起于语文学，由施莱尔马赫发端；其认识论建基于批判哲学，经由狄尔泰转向；其存在论植根于历史学，由海德格尔和伽达默尔完成。浪漫主义阐释学体现了浪漫主义的反动、历史学的反思与阐释学的反身性。反思（文本）、理解（生命）和领会（存在）构成了浪漫主义阐释学的实践逻辑。正是在此基础上，浪漫主义阐释学实现了方法论、认识论与存在论的统一。

【关 键 词】 浪漫主义阐释学　方法论　存在论　历史性　在世存在

【作　　者】 王利红，北京联合大学马克思主义学院教授。

【基金项目】 国家社会科学基金一般项目"马克思世界历史理论与欧洲浪漫主义史学思想关系研究"（20BSS005）

问题的源起

浪漫主义阐释学是伽达默尔在《真理与方法》中提出来的。[①] 在书中，伽达默尔给了浪漫主义阐释学很大比重。究其原因，不仅是因

[①] 《真理与方法》（洪汉鼎译）中译作"浪漫主义诠释学"，本文认为"阐释"更合适。因为诠释更多是文本语言的解释，阐释则是某种深层意义的揭示，故本文使用"浪漫主义阐释学"一词。

阐释的有限与无限

为近代阐释学的两个最重要的代表人物施莱尔马赫和狄尔泰都属于浪漫派，他们所持的阐释学观念具有浓厚的浪漫主义色彩；更重要的是，浪漫主义阐释学属于阐释学发展的认识论和方法论阶段。利科在谈到近代以来西方阐释学的发展史时，认为西方阐释学具有两次哥白尼式的革命性质的转向。第一次是以施莱尔马赫和狄尔泰为代表的从局部阐释学到一般阐释学的转向，即方法论到认识论的转向；第二次是以海德格尔和伽达默尔为代表的从认识论阐释学到存在论阐释学的转向。有学者认为，在此之后还存在第三次转向，即经过哈贝马斯和利科的努力，从存在论阐释学向方法论阐释学回归。① 在伽达默尔的书中，浪漫主义阐释学是作为存在论阐释学或哲学阐释学的前一个阶段出现的。但如果深入考察浪漫主义阐释学历史性出场的生存论处境，即对浪漫主义阐释学进行整体性的理解与回溯式的反思，就可以发现浪漫主义阐释学同样有存在论基础。只有从认识论、存在论和方法论统一的视角，才能真正理解浪漫主义阐释学，同时也才能真正理解浪漫主义史学。

阐释学和历史学一样，都需要面对和理解过去的传统和历史流传物，特别是过去的文本，都需要对历史流传物和过去的精神创造物进行重构和再阐释。这个过程，不仅涉及阐释学的认识论和方法论问题，而且牵涉存在论问题。伽达默尔表明，他的哲学阐释学所要探究的是理解怎样得以可能的问题，这是一个先于主体性的一切理解行为的问题，也是一个先于理解科学的方法论及其规范和规则的问题。伽达默尔认为海德格尔对人类此在的时间性分析，已经表明理解不属于主体的行为方式，而是此在本身的存在方式。此在（指作为存在者之存在的人）的根本运动性，以及由这种运动性构成的此在的有限性和历史性，就是此在的全部世界经验，也是阐释学的世界。伽达默尔认为："不仅历史的流传物和自然的生活秩序构成了我们作为人而生活于其中的世界的统一，而且我们怎样彼此经验的方式，我们怎样经验历史流传物的方式，我们怎样经验我们存在和我们世界的自然给予性

---

① 何卫平：《西方解释学的第三次转向——从哈贝马斯到利科》，《中国社会科学》2019年第6期。

的方式，也构成了一个真正的诠释学宇宙。在此宇宙中我们不像是被封闭在一个无法攀越的栅栏中，而是开放地面对这个宇宙。"① 由此可见，海德格尔和伽达默尔的存在论阐释学超越了认识论阐释学的局限性，打开了阐释学的历史性—存在论视域。海德格尔指出，在理解之前，我们必须首先发现我们自己"在那儿"，即存在于世界之中，并以某种方式感触自身的在世存在。不仅如此，人类此在的这种"在之中"的存在从来不是一种现成的存在，而是去—存在。因此，对于此在这种存在者是什么，必须从它怎样去存在来理解。海德格尔认为，一切解释都存在先行具有、先行视见和先行掌握。他把这些"前提"的整体称为阐释学处境。本文认为，对于浪漫主义阐释学来说，这一点同样不可或缺。浪漫主义阐释学的存在论处境，同样是其阐释学得以存在的根本，是其题中应有之义。

伽达默尔在《真理与方法》中，对以施莱尔马赫和狄尔泰为代表的浪漫主义阐释学的认识论和方法论的方面阐述得很清楚，但对于浪漫主义阐释学存在论的一面几乎未加论述。究其原因，主要在于伽达默尔仅仅把浪漫主义阐释学看作阐释学发展的认识论阶段，因而忽视了浪漫主义阐释学同样具有的存在论根基，这一点如果结合浪漫主义及其史学实践来看会更清楚。就阐释学本身而言，我们可以说，阐释学在近代的发展经历了从方法论到认识论再到存在论的转向，但这只是反映了人们对阐释学的认识经历了一个不断深入和全面的过程。认识有先后，提问的方式也会有不同，但问题一直存在，那些后来才被认识到的方面并不表示在它没有被认识到之前就不存在或者没有发挥作用。"解释学不应在存在论、认识论和方法论之间造成分离、割裂。"② 对浪漫主义阐释学也是如此，没有存在论视域的浪漫主义阐释学是难以理解的。正如利科所言，存在论阐释学的发展，并不是与认识论阐释学无关的，因为存在论阐释学是在认识论阐释学的底部深掘，是把在认识论阐释学中隐藏但没有明确提出的问题提出来，突进

---

① ［德］汉斯-格奥尔格·伽达默尔：《真理与方法：哲学诠释学的基本特征》上卷，洪汉鼎译，上海译文出版社2004年，"导言"第20页。
② 何卫平：《西方解释学的第三次转向——从哈贝马斯到利科》，《中国社会科学》2019年第6期。

到传统认识论所未曾达到的源始的根基,并揭示其存在论的条件。故在阐释学中,存在论、认识论和方法论是统一的。这一点在浪漫主义阐释学中表现得尤其突出。

从浪漫主义阐释学的发展来看,"狄尔泰的前辈施莱尔马赫作为德国浪漫主义解释学最重要的代表就已经将作品、文本看成是作者的生命表现,狄尔泰继承和发展了这一点,他们的认识论—方法论解释学都有通向存在论—生存论解释学的倾向。施莱尔马赫的'心理解释'中的'心理'就含有'生命'或'生活'的意义,只是并不突出罢了。而后来的狄尔泰将此突显出来,他的生命哲学和生命解释学达到了统一。如果说他所提出的'生命'或'生活'是他的整个哲学乃至解释学的基点,那么循此方向,再朝前跨一步就是海德格尔的'此在'了"①。由此可见,浪漫主义阐释学本身就蕴涵着存在论的因素。当海德格尔借黑格尔的话说"我就是'普遍性',但同样也直接是'个别性'"②的时候,他所表达的思想和浪漫主义阐释学并无不同。

浪漫主义阐释学之所以"浪漫",就在于它对于个体的创造性、情感、精神以及人的生活、生命和生存状态的关注,这种关注不仅是现实的,也是指向过去和未来的。与启蒙运动对传统的拒斥和在历史观上表现出断裂不同,浪漫主义对过去充满同情。这种同情基于人类此在共同的生存境遇,同时打开了浪漫主义史学和浪漫主义阐释学的生成和阐释路径。正是浪漫主义对于作为人类整体之一部分的传统和过去的同情与理解,使得浪漫主义阐释学和浪漫主义一样,把历史文本看作一个连续发展的有机整体,并在此基础上通过"移情""阐释学循环""视域融合"等方式,对作为人类此在整体性表现的历史实在和历史流传物进行不断的阐释,而浪漫主义阐释学的内涵和外延亦在此过程中得以生成。本文的写作,正是对此的揭示。

---

① 何卫平:《西方解释学的第三次转向——从哈贝马斯到利科》,《中国社会科学》2019年第6期。

② [德]海德格尔:《存在与时间》中文修订第二版,陈嘉映、王庆节译,熊伟校,商务印书馆2019年版,第585页。

施莱尔马赫：浪漫主义阐释学的开启

浪漫主义阐释学最初是和施莱尔马赫的名字联系在一起的。施莱尔马赫与浪漫主义领袖施勒格尔的亲密关系，以及他自身所处的生存境遇，决定了他与浪漫主义的关系。施莱尔马赫把以往只限于《圣经》阐释的技艺和方法，推广运用到人文科学领域，特别是艺术领域，提出了有关正确理解和避免误解的普遍阐释学理论。施莱尔马赫的普遍阐释学观念产生于这样一种想法，即陌生性的经验和误解的可能性是一种普遍的现象。之所以会如此，是因为过去的历史流传物。例如艺术作品和各种文本，已被夺去其原来的世界，变得陌生和疏异化。施莱尔马赫认为，阐释学的任务就是要在理解中重建一部作品的原本规定。施莱尔马赫发现，文本的陌生性不只是由语言文字或者语法规则的陌生性带来的，它同时与文本作者的个性有关，因为文本是人的精神产品，是人的心灵生活的表达形式，文本作者的个性或者个体感使文本表现出极妙的生命要素。诗意的文本与科学的文本的区别在于，诗意文本所说的东西和说它的方式不能分离，也就是说它们始终带有作者思想和情感的个性。因此在一种新的普遍的意义上，文本的陌生性与文本作者的个性是不可解地同时被给予的，这使得原本只是语文学意义上的、只局限于解释文本的陌生性意义的传统阐释学的任务观发生了根本改变。

对此，施莱尔马赫提出，对文本的解释和理解不应当仅限于文本和它的客观意义，还应包括文本作者的个性。施莱尔马赫在传统的语法解释的技艺之外，深入语法解释背后，对理解活动本身进行认识，创造性地提出了心理学的技术性解释。"这种解释归根结底就是一种预感行为（eindivinatorisches verhalten），一种把自己置于作者的整个创作中的活动，一种对一部著作撰写的'内在根据'的把握，一种对创造行为的模仿。这样，理解就是一种对原来生产品的再生产，一种对已认识的东西的再认识（伯克），一种以概念的富有生气的环节、以作为创作组织点的'原始决定'为出发点的重新构造。"① 施莱尔马赫的心理学的技术性解释，说到底就是帮助阐释者重新体验和进入文本所产生的那个历史时代的作者的生活和境遇中去的一种技艺。

在施莱尔马赫提出心理学的技术性解释方法之后，他所要面对的问题就是如何处理语法阐释和心理学的技术阐释之间的关系。两种阐释形式的区别在于，语法阐释建立在文化共有的话语特征之上；心理学的技术阐释针对的是作者的个体性，或者天才的创造性。施莱尔马赫认为，这两种阐释方法虽具有相同的地位，但不能被同时运用。他明确指出："考察一种共同的语言，就是忘记作者；理解一个单独的作者，就是忘记他的语言——它（语言）只是被穿过而已。要么我们感受共同的，要么我们感受个别的。第一种阐释被称为是客观的，因为它针对分离于作者的语言特征，但是也是消极的，因为它只是指出理解的界限；它的批判价值只是针对与语词意义有关的错误。第二种阐释被称为技术的，无疑这要归咎于对技术学的设想，也就是对一种技术科学的设想。正是在第二种阐释中，阐释学的设想本身得以实现。这关系到要抓住说话人的主体性，这时语言也就被忘记了。"②

很显然，在施莱尔马赫那里，心理学的技术性阐释超越了语法阐释，它所触及的制造话语的思想行为以及对作者个性的强调，是施莱尔马赫浪漫主义阐释学的主要特征。施莱尔马赫的浪漫主义阐释学所要面对和解决的主要问题是，如何使处于不同时代和社会的阐释者和文本作者达成统一，实现相互理解。施莱尔马赫对此问题的解答来源于康德的先验哲学和浪漫主义的天才说美学。施莱尔马赫像康德一样主张人类具有普遍相同的意识结构。他认为："有一条普遍的意识纽带维系着所有的人，乃至每个人，虽然只能够是其自身所必须是的，却可以很清楚地认识到任何别人就是自己，可以很完满地领会人类所有由每个具体的人所作出的具体表述。"③ 施莱尔马赫像浪漫主义者

---

① ［德］汉斯-格奥尔格·伽达默尔：《真理与方法：哲学诠释学的基本特征》上卷，洪汉鼎译，上海译文出版社 2004 年，第 242—243 页。

② ［法］保罗·利科：《从文本到行动》，夏小燕译，华东师范大学出版社 2015 年版，第 81 页。

③ ［德］施莱尔马赫：《论宗教》，邓安庆译，人民出版社 2011 年版，第 5 页。

一样认为，每个人都具有自己的个性和创造性，都是普遍生命的表现。"因此'每一个人在自身内与其他任何人都有一点关系，以致预感可以通过与自身相比较而引发出'。因此施莱尔马赫能够说，作者的个性可以直接地被把握，'因为我们似乎把自身转换成他人'。由于施莱尔马赫以这种方式使理解与个性问题相关，诠释学任务在他看来就显现为普遍的任务。因为陌生性和熟悉性这两个极端都是与一切个性的相对差别一起被给出的。"① 在此基础上，施莱尔马赫提出他那句著名的格言："理解一位作者就像作者理解他自己一样好，或者甚至比他对自己的理解更好。"② 这个命题几乎涵盖了近代阐释学的全部问题，甚至可以说，近代阐释学的全部历史在某种程度上就是对这一命题的各种解释。

施莱尔马赫之所以能自信地说出阐释者能理解得和作者一样好甚至更好，原因在于他改变了以往那种认为阐释者应该与文本的读者处于同一层次的观点，认为真正的理解活动应该是阐释者与作者处于同一层次，在阐释者和作者之间实现了身份的同一。这样一来，存在于阐释者和作者之间的陌生性以及时空距离都被克服，为理性和理解所设立的障碍，就被情感即一种直接的同情性的和同气质的理解所超越。施莱尔马赫像维柯一样认为，人只能理解他所创造的东西，创造的过程就是理解和认识的过程。因此，阐释学是一门创造性的艺术而不是机械的过程。对浪漫主义阐释学而言，对文本的阐释就是阐释者把自己置于与原作者同样的处境中，把"我"（阐释者）变成"你"（作者），对文本再进行一次创造性的重构。"施莱尔马赫在其普遍解释学中提出要精确地通达'作者原意'，这透露了他心头的浪漫主义情怀，也体现了他内心拥有一种追求终极存在的形而上学情结。"③

正如伽达默尔所言，施莱尔马赫的"诠释学模式是那种在你我关

---

① [德] 汉斯-格奥尔格·伽达默尔：《真理与方法：哲学诠释学的基本特征》上卷，洪汉鼎译，上海译文出版社 2004 年，第 246 页。 *Friedrich Schleiermacher, Hermeneutik, edited by H. Kimmerle, Heidelberg: Carl Winter, 1959, p. 56.*

② 田方林：《狄尔泰生命解释学与西方解释学本体论转向》，西南交通大学出版社 2009 年版，第 178 页。

③ [德] 汉斯-格奥尔格·伽达默尔：《真理与方法：哲学诠译学的基本特征》上卷，洪汉鼎译，上海译文出版社 2004 年，第 312 页。

系中可实现的同气质的理解（kongeniale verstehen）。理解本文与理解你一样，都具有达到完全正确性的同样可能性。作者的意思可以直接地由其本文中看出。解释者与他的作者是绝对同时性的。哲学方法的胜利就是：把过去的精神理解为当代的精神，把陌生的东西理解为熟悉的东西"①。这和浪漫主义者对于过去的同情的理解是一样的。柯林武德认为，浪漫主义的作家或历史学家总是带着羡慕和同情去看待过去的历史成就，是"因为他们在其中认出了他们自己过去的精神，那对他们是宝贵的，因为那是他们自己的"②。不管是浪漫主义史学还是浪漫主义阐释学，它们所追求的都是"视人如己""视过去如现在"，甚至"视死如生，视生如死"。这既是理解和阐释得以进行的前提，也是历史能够"复活"和"再生"的前提。

总之，施莱尔马赫的阐释学充分体现了浪漫主义的天才说美学和浪漫主义的有机整体观念。浪漫主义的天才说美学使施莱尔马赫的心理学的技术性解释即重构成为可能。施莱尔马赫的阐释学循环和浪漫主义的有机整体观也有密切关系。施莱尔马赫的同时代人、浪漫主义文学批评家施勒格尔，在谈到诗歌和文学作品时指出："所有古代人的古典诗歌都彼此相关，不可分割，组成一个有机的整体。正确地看，所有古代人的古典诗歌只是一首诗，是唯一在其中诗艺术本身显现为完善的诗。从类似的方式来看，完善的文学中一切书籍都只是一部书。在这样一部永远在变化生成的书里，人性和文化教养的福音得以公诸于世。"③ 当施勒格尔把所有的诗和所有的书都看作同一首诗和同一本书的时候，他所表达的观点，和施莱尔马赫的在整体中理解部分、通过部分理解整体的浪漫主义阐释学思想并无二致。正如利科所言："施莱尔马赫的阐释学纲领带有浪漫主义和批判哲学的双重印迹：因其诉诸创造过程的活生生关系而具有浪漫性，因其希望获得理

---

① [英] 柯林武德：《历史的观念》增补版，[英] 扬·冯·德·杜森编，何兆武、张文杰、陈新译，北京大学出版社 2010 年版，第 89 页。
② [德] 施勒格尔：《浪漫派风格——施勒格尔批评文集》，李伯杰译，华夏出版社 2005 年版，第 116 页。
③ [法] 保罗·利科：《诠释学与人文科学——语言、行为、解释文集》，孔明安、张剑、李西祥译，中国人民大学出版社 2012 年版，第 6 页。

解的普遍有效的规则而具有批判性。或许,阐释学会因这双重的渊源关系而永远带有这样的印迹——浪漫的和批判的、批判的和浪漫的。"①

生命阐释学的历史性与认识论转向

伽达默尔曾言:"19世纪的历史科学是浪漫主义最骄傲的果实。"② 从某种程度上,阐释学亦可以做如是说。阐释学与历史学是浪漫主义的双生子,不管是浪漫主义,还是历史学和阐释学,都对生命本身和人类的生活世界以及精神产物充满最深切的关照。狄尔泰在施莱尔马赫之后,把阐释学看作是对文字所固定的生命表达的理解的技艺学。狄尔泰阐释学的关键是生命表达,因此被称为生命阐释学。在生命阐释学中,"狄尔泰有意识地采用了浪漫主义诠释学,并把它发展成为一种历史学方法,甚而发展成为一门精神科学的认识理论……不仅原始资料是本文,而且历史实在本身也是一种可以理解的本文……所以,浪漫主义诠释学及其背景,即泛神论的个性形而上学,对于19世纪历史研究的理论思考是起了决定性作用的,而这一点对于精神科学的命运和历史学派的世界观具有致命的影响。"③

按照狄尔泰的看法,理解和解释是精神科学区别于自然科学的通用方法,精神科学的一切功能和真理都集中于理解。"如果说在施莱尔马赫那里,普遍有效解释的可能性在于人的统一的先验的意识结构,那么在狄尔泰那里,普遍有效解释的可能性在于人在历史的进程中虽表现形态各异但在本质上一以贯之的生命。"④ 利科认为,狄尔泰的生命阐释学体现了"个人与普遍历史的知识的融合,也就是个人

---

① [德]汉斯-格奥尔格·伽达默尔:《真理与方法:哲学诠译学的基本特征》上卷,洪汉鼎译,上海译文出版社2004年,第355页。
② [德]汉斯-格奥尔格·伽达默尔:《真理与方法:哲学诠译学的基本特征》上卷,洪汉鼎译,上海译文出版社2004年,第257—258页。
③ 张庆熊:《社会科学的哲学——实证主义、诠释学和维特根斯坦的转型》,复旦大学出版社2010年版,第37—38页。
④ 张庆熊:《社会科学的哲学——实证主义、诠释学和维特根斯坦的转型》,复旦大学出版社2010年版,第37—38页。

的普遍化"①。狄尔泰生命阐释学的核心概念是历史性，生命追求着自己的意义和完满性，而生命的发展又是在历史中展开的，因此，他的生命阐释学的核心是生命—历史—意义。"历史诠释学就是发现、理解、阐明和解释历史意义的技术，以便把另一个时空系统发生的历史事件的意义转换到我们的世界之中。历史学必然具有诠释学的性质，因为不进行意义的转换就不可能有对历史的理解。"② 如果说在施莱尔马赫的阐释学里，阐释主体和阐释对象的历史性已经受到关注，那么在狄尔泰那里，历史意识则获得了全面的真正的觉醒。"历史意识的觉醒在狄尔泰的生命解释学中表现为，它不仅要求看到理解对象的历史性，也要充分重视认知主体的历史性特质，还要求关注两者间历史的交互关系。"③

狄尔泰的生命阐释学可以看作浪漫主义阐释学的进一步发展。在狄尔泰的生命阐释学中，阐释是和"体验"联系在一起的。"体验和理解构成了一个逻辑过程中的彼此砥砺的两个方面。"④ 体验正是生命的体验，而这种体验因人的历史性存在而成为扩大的精神体验和生命体验。正是在这里，浪漫主义阐释学的处理方式又出现了，并且经历了一种普遍的扩展。狄尔泰认为："理解本身是一个与生产过程恰好相反的运作过程。但是，一种充分的生命参与要求理解活动与事件的线索本身同向发展。它必须一直与生活的过程本身一道前进。"⑤ 狄尔泰和施莱尔马赫一样认为，理解就是重新创造和再体验。不管是施莱尔马赫还是狄尔泰，其阐释学的目的都是打开人的存在的视域，实现对人本身的深刻的理解。

狄尔泰认为，关于历史究竟怎样才能可能的问题，隐含着历史的

---

① [法] 保罗·利科：《诠释学与人文科学——语言、行为、解释文集》，孔明安、张剑、李西祥译，中国人民大学出版社2012年版，第12页。
② 韩震、孟鸣歧：《历史·理解·意义——历史诠释学》，上海译文出版社2002年版，第3页。
③ 田方林：《狄尔泰生命解释学与西方解释学本体论转向》，西南交通大学出版社2009年版，第183页。
④ [德] 狄尔泰：《精神科学中历史世界的建构》，安延明译，中国人民大学出版社2010年版，第206页。
⑤ [德] 狄尔泰：《精神科学中历史世界的建构》，安延明译，中国人民大学出版社2010年版，第196页。

概念问题，而历史的概念又取决于关于生命的概念。由于历史上的生命是生命整体的一部分，这种意义上的生命，可以扩展到把人们所能够体验的整个客观精神领域都包含在内的地步。但生命因其存在的特殊性，只能从内部认识。正如狄尔泰所言："只有通过某种不是再现特定的事件，而是再现这个事件所具有的各种联系系统和发展阶段的记忆，对各种事件的过程进行重构，人们才有可能理解历史上的生命。"① 狄尔泰的生命阐释学关注的是历史上的生命以及生命的遗存物。他认为，历史学就是对历史流传物的阐释，历史学就是解释的艺术，阐释学和历史学是统一的。"历史学家站在过去事件残留的废墟中间，站在早已超然远去的灵魂的表现物——行为、语词、音乐和图画残留的废墟中间。历史学家应该怎样召回它们的精神呢？他的全部招魂努力就是对于现存的残留物的解释。"② 历史就是在时间之中进行的生命过程本身，对生命意义的阐释就是对历史意义的阐释。"就历史意识把历史的一切所与理解为它们从之产生的生命的表现而言，历史意识扩大成为无所不包。"③

由此可见，在狄尔泰称之为浪漫主义的生命阐释学那里，应当被理解的东西都是意义整体，正是这个意义整体把个体生命与整体生命联系在一起。生命本身，即这种流逝着的时间性，是以形成永恒的意义统一体为目标的。整个思想史或精神史都是人类生命意义表达的历史，都是人类"生命的客观化"。在狄尔泰那里，意义不是一个逻辑概念，而是生命的表现。所有历史现象都是大全生命的呈现，分有历史现象就是分有生命，理解就是直接地分有生命，无须通过概念的思考和中介。生命本身能解释自身，它自身就有阐释学结构，历史理解的顶点就是"精神的在场"或"生命的在场"。狄尔泰像施莱尔马赫那样说道："理解是对于'你'中之'我'的

---

① ［德］狄尔泰：《历史中的意义》，艾彦、逸飞译，中国城市出版社2002年版，第11—12页。

② ［德］狄尔泰：《精神科学中历史世界的建构》，安延明译，中国人民大学出版社2010年版，第253页。

③ ［德］汉斯-格奥尔格·伽达默尔：《真理与方法：哲学诠释学的基本特征》上卷，洪汉鼎译，上海译文出版社2004年，第298页。

再发现，精神在关联体的更高层次上重新发现自身。精神的本我性存在于我和你之中，存在于一个共同体的每一主体之中，存在于每一文化体系之中，也存在于精神和普遍史的总体之中。"① 正是在此意义上，我们可以说，狄尔泰的生命阐释学，是浪漫主义阐释学在历史领域和精神领域的扩展。

但狄尔泰的生命阐释学依然身处困境，原因在于他没有彻底解决以下问题："解释学的问题被从心理学方面来看待。对于一个有限存在而言，理解便是想象自己置身于另一生命之中；历史的理解由此涉及历史性之所有悖论。一个历史的存在者如何能够历史性地理解历史？而这些悖论又相继回溯到一个更基础的问题：生命在表达自己时，如何能将自己对象化，而生命在对象化自己时，又如何阐明那些能够让另一个超越其历史境遇的历史存在者去复述和理解的意指……假如生命最初不是意指的，那么，理解将永远是不可能的。"② 狄尔泰留下的问题，最终由海德格尔来解决。海德格尔认为，在狄尔泰那里，已经具有那种要将历史现象的现实收入眼界并由此出发去阐明解释的方式与可能性的倾向。但"由于传统以及同时代哲学的影响依然过于强大，致使狄尔泰的工作难以按其固有的本性稳步而明确地前行……尽管如此，这一点依然是决定性的：他的工作突进到了传统的问题所未曾达到的源本的领域"③。狄尔泰的生命的内在体验已经深入人的存在方式本身，但依然处在康德式的批判哲学视域之中，其生命哲学依然有某种本质主义的残余，因而尚未建立基于人的历史性而非主体性的历史阐释学。浪漫主义阐释学发展到狄尔泰的生命阐释学，需要革命性的阐释，才能真正理解自身的历史性存在。这个困境，最终由海德格尔突破，突破口就在对阐释学循环何以可能乃至何以必然的历史性条件的考察之中。

---

① ［德］狄尔泰:《精神科学中历史世界的建构》，安延明译，中国人民大学出版社2010年版，第177页。
② ［法］保罗·利科:《解释的冲突》，莫伟民译，商务印书馆2020年版，第4页。
③ ［德］海德格尔:《时间概念史导论》，欧东明译，商务印书馆2009年版，第19页。

存在论阐释学与历史性的永恒复归

施莱尔马赫曾指出，由于要解释的东西没有一个是可以一次性就被完全理解的，理解从根本上说总是一种从整体到部分和从部分到整体的不断循环往复的自我运动。由于理解具有内在的暂时性和无限性，因此在循环的过程中，整体的概念是相对的；由于循环的整体经常在不断地扩大，对部分的理解也随之被安置在愈来愈大的与整体的关系之中，这就是阐释学循环。关于阐释学循环，海德格尔在存在论阐释学的意义上是持充分肯定态度的。他认为，在生存论分析工作中，循环论证是避免不了的，因为它根本不是按照逻辑推论规则来进行的，而是按照生命的生存，按照此在的去存在和展开来进行的。既然每一个此在的存在都具有时间性（生死之间的时间），也就是历史性和有限性，那就决定了阐释会不断演历并一代代地进行下去。因此，海德格尔认为，我们所要做的不是否认阐释学循环，我们"努力的目标倒必须是源始地整体地跳入这个'圈子'，以便此在分析之初就为自己保障一种能尽收循环式此在存在的眼光"[1]。在海德格尔眼中，阐释者作为此在是"时间性"的，被阐释者作为自在是"历史性"的，"时间性也就是历史性之所以可能的条件，而历史性则是此在本身的时间性的存在方式"[2]。只有通过阐释，阐释者才可能超越自身，与整体性存在合为一体；只要被阐释，被阐释者就会循环往复地出场。用浪漫主义的眼光来看，就是在历史中的人，虽然作为个体是有限的时间性存在，但作为整体，则可以实现历史性的永恒复归，这就是浪漫主义的复活和再生，而每一次的复活与再生都伴随着阐释学的再阐释而来。阐释学循环是一个从施莱尔马赫到狄尔泰再到海德格尔和伽达默尔一再讨论的问题，在这个过程中，浪漫主义阐释学亦经历了从认识论、方法论到存在论的发展。

---

[1] ［德］海德格尔：《存在与时间》中文修订第二版，陈嘉映、王庆节译，熊伟校，商务印书馆2019年版，第433页。

[2] ［德］海德格尔：《存在与时间》中文修订第二版，陈嘉映、王庆节译，熊伟校，商务印书馆2019年版，第29页。

海德格尔认为，人类此在具有两种性质："一是它的存在对本质的优先地位，一是它的向来我属性质。"① 这两个判断构成了"阐释学处境"的整体视域，实际上先行规定了存在论阐释学的限度。存在先于本质，规定了存在之于此在的可理解性，但理解并非本质主义的，而是历史性的阐释。同是对于存在的本真领会，保证了处于时空流转中的此在，获得了相互交通的阐释学根基；此在的向来我属性质，则规定了此在之间终极意义上的不可理解性，即在人类之间的互相阐释无法实现如其所是的理解，这种不可理解性反倒使得阐释成为始终进行但无法抵达终点的历史性存在，此在之间的相互理解及其不可理解性成就了历史阐释学的不断循环。阐释对象的可理解性和不可理解性，先天规定了阐释学内在的有限性和无限性。借用张江教授的话来说，就是"可能意蕴"和"意蕴可能"两组概念的对立统一。②

为了避免针对"可能意蕴"和"意蕴可能"所带来的阐释学循环的误解，海德格尔指出："然而，在这一循环中看到恶性，找寻避免它的门径，或即使只把它当作无可避免的不完善性'接受'下来，这些都是对领会的彻头彻尾的误解……决定性的事情不是从循环中脱身，而是依照正确的方式进入这个循环……在这一循环中包藏着最源始的认识的一种积极的可能性……就领会的生存论意义来说，领会就是此在本身的能在。"③ 于此，阐释学循环获得了存在论的辩护。更进一步地说，浪漫主义阐释学关于"永恒复归"的历史性追求，于阐释学循环中获得了实现自身的存在方式。

海德格尔的存在论阐释学，用在世界之中存在的问题取代了有关主体和他者的问题，因而整体性地理解了主体与对象、主体与他者乃至主体与世界的关系之间的先行决定性与内在关联性问题，进而解决

---

① ［德］海德格尔：《存在与时间》中文修订第二版，陈嘉映、王庆节译，熊伟校，商务印书馆2019年版，第61页。
② 张江：《论阐释的有限与无限——从π到正态分布的说明》，《探索与争鸣》2019年第10期。
③ ［德］海德格尔：《存在与时间》中文修订第二版，陈嘉映、王庆节译，熊伟校，商务印书馆2019年版，第217页。

了历史阐释学的必要性和可行性问题。如果说在认识论阐释学中，我们是把现成的阐释对象放置于面前，使阐释者和他的对象面对面，那么在存在论阐释学中，通过将我们自身置于世界之中，我们对情境的感觉就先于与阐释对象面对面的感觉。正是基于此，海德格尔和伽达默尔认为，理解或阐释不属于主体的行为方式，而是此在的存在方式。此在的存在方式具有优先性和源始性，这一判断颠倒了认识论视域中阐释主体（现在）后于阐释对象（过去）的时间关系。存在论阐释学将过去与现在一并视为先行决定但尚未完成的历史性存在，从而以未来性视域（基于未来筹划的视域融合）为存在论阐释学开辟了道路。过去与现在都成为被阐释的对象，都被未来视为已规定但尚未完成的时间性存在。过去经由阐释彰显当代性，现在因为阐释获得历史性。从某种意义上来说，它使得"一切历史都是思想史"和"一切历史都是当代史"这两大著名的历史学命题，都获得了存在论视域的阐释学的整体性证明。

浪漫主义体现了阐释学的内在超越的精神追求。阐释学的浪漫主义气质，不止于浪漫主义阐释学，而是贯穿始终。阐释学本身就处于被不断阐释的生存处境之中，这构成了阐释学自在而自觉的历史性风格。阐释学起初诞生于局部的神学阐释学，进而在施莱尔马赫处发展成为一般文本的普遍阐释学，到狄尔泰旨在为历史—精神科学奠基的生命阐释学，再到海德格尔革命性的存在论阐释学，及至伽达默尔发展成为完全自觉的阐释学范式。从始至终，浪漫主义精神一直在场，其间变换的只是出场的方式。不同的时代精神，决定了阐释学浪漫主义精神的不同风格与个性，始终不变的是阐释学对于生命立场的坚守。科学主义的历史学或许只能看到阐释学的表层变化，但若是从历史性来理解阐释学，就会发现阐释学的自我否定与发展，本身就是阐释学的生命所在。只有阐释学能理解阐释学，但阐释学寻求理解一切，并在理解一切的历史中，再生产出对于自身的理解。所谓阐释学循环，正是阐释学的存在方式与在场形态。唯有如此，循环本身才不再是无从下手的悖论，而是阐释学内在超越的必由之路。

结　语

　　回到学术史本身，可以说浪漫主义、历史学与阐释学都是存在论、认识论与方法论的统一。面对法国大革命之后的历史断裂与生存危机，欧洲集体转向浪漫主义，旨在寻求对于生命与历史的重新理解，以期重建自身共在的生活世界的意义源泉，这是历史学与阐释学诞生的共同缘起。历史学的事实寻求理解的可能性，而阐释学的理解需要历史的现实性根据，浪漫主义需要在过去与未来之间建立生命意义的源流，克服因分离与割裂带来的感伤。浪漫主义、历史学与阐释学在生命寻求理解的存在论意义上实现了内生性与超越性的统一。

　　从文化根源上讲，阐释学是西方文明进行自我理解与表达的存在方式，并非天然就是普遍适用的真理与方法。浪漫主义阐释学，尤其深刻地表达了欧洲的文化个性，也最为充分地展现了基督教式的文化风格。其作为近代阐释学的发端，就像种子一样蕴含了一般阐释学的全部潜能，决定了历史性—阐释学的发展轨迹。相较于其他阶段的阐释学范式，浪漫主义阐释学占据了原生性的先天特质。即使后续的发展使得阐释学愈发自洽而深刻，也不改其继生性的后天事实。

　　对于浪漫主义阐释学的再度阐释，有助于我们接近阐释学出场的最初形态，从而更本真地领会阐释学的内在超越性，进而使阐释学从西方文明内生的存在方式转化为跨文化的理解与实践。经由汉语对于阐释学的理解，尤其是对浪漫主义阐释学的发现与把握，特别易于帮助我们发现中西文化间异质共在的前见，因而使得前理解的视域融合成为一种自觉的实践。由是，阐释学获得了从单一的时间性生成再到空间性成长的历史性契机。而浪漫主义内在的精神理念，经由阐释学的世界性实践，获得了超越西方自身的生命场域。

从阐释学到历史阐释学：
何为历史的"正用"

李红岩

【内容摘要】 人类知识在最初起源时便与阐释结合在一起。名辩逻辑与形式逻辑分别是中西阐释理性的基础。中国传统阐释学具有非形式逻辑特点，以"象"阐释传统体现得最为鲜明。中西阐释学遵循着共同规律，但西方阐释学完成了向哲学阐释学的转型，中国传统阐释学则没有脱离经学范畴。中西古典阐释学均以技艺性的语文学阐释为学术源头与基础。中国传统经学分"阐"与"诠"两脉。"Hermeneutik"虽是古语，但可译为"阐释学"。第二次世界大战后，西方历史阐释由客观阐释向主观强制阐释转移，导致其与历史学的客观主义原则断裂。碎片化的背后是此在哲学。历史研究的全过程，都是对历史的阐释过程。阐释的内在属性与规律，在历史研究全过程中都发挥着作用。历史阐释受制于阐释对象的约束最强烈，其对话性及主体间性的特点最突出，公共性要求也最高。

【关 键 词】 阐释　阐释学　历史阐释　公共阐释

【作　　者】 李红岩，中国社会科学院大学教授。

近年来，张江教授提出"强制阐释论""公共阐释论""阐释逻辑论""阐诠辨"及阐释的"正态分布"等议题，带动阐释学研究呈现热络场面。相关研究具有元学科的属性，内含构建当代中国本土阐释学的旨趣，因而吸引了文史哲各界学者参与。这里也谈一些笔者的思考。

对阐释学的基本认识

阐释学（hermeneutik）虽是外来术语与概念，但作为专门学问，无论在中国还是在其他文明区域，都是存在的，而且伴随着人类最初的知识活动、认识活动而产生、存在和发展。因此，阐释学在不同的文明区域必然呈现出不同的形式或样态，从而标志出知识形态、认知形式的差异。既然它还是发展的，就必然又会呈现出不同的阶段性，从而成为学术史的研究对象，表现出历史演变过程中的形态性或样态性变异关系。

一般认为，人类知识来自以劳动为基础的观察活动。"古者包牺氏之王天下也，仰则观象于天，俯则观法于地，观鸟兽之文与地之宜，近取诸身，远取诸物，于是始作八卦，以通神明之德，以类万物之情。"① 这是对人类最初认知活动与知识形成过程的一个很完整的描述。其始点是"观"，包含外观、内观两面及抽象化、范畴化的环节。"观"与"看"作为认知活动的启动、知识的来源、判断的前提及行为的先导，在自然与身体的关联行为中完成主客之间的完整交融。"婴儿把每一件事物都与自己的身体关联起来，好像自己的身体就是宇宙的中心一样。"② 此后，便开始了符号化亦即形式化的思维行程，从而构成一个阐释行为。因此，人类知识在最初起源时，便与阐释活动结合在一起。有"阐释"，就有阐释学。上古或前轴心时代的星象巫术占卜等是最原始的阐释学。伽达默尔认为，在柏拉图的《伊庇诺米篇》（一说为赝作）里，阐释学与占卜术同属一类。③ 夏曾佑说："中国自古以来，即有鬼神、五行之说，而用各种巫、史、卜、祝之法，以推测之，此为其学问宗教之根本。"④

---

① 周振甫：《周易译注》，中华书局1991年版，第257页。
② [瑞士]皮亚杰：《发生认识论原理》，王宪钿等译，商务印书馆1981年版，第23页。
③ [德]伽达默尔：《真理与方法：哲学诠释学的基本特征》，洪汉鼎译，上海译文出版社2004年版，第726页。
④ 杨琥编：《夏曾佑集》，上海古籍出版社2011年版，第824页。

不同文明区域内知识与思想形态差异最集中的体现，便是阐释路径、方法及在此基础上所形成的阐释形态、阐释学形态的差异。此种差异最终在轴心时代固化，从而"构成了人类的世界宗教的信仰准则，以及人类的哲学解释的准则"①。就中西而言，它造成了名辩逻辑（中国）与形式逻辑（希腊）的分野。这两种逻辑分别成为中西阐释理性的基础，是中西两种阐释路径差异的基本标志。② 东汉以后，中国的古典阐释学又逐渐补充了因明逻辑的元素。

雅斯贝斯说："希腊理性包含一种奠定数学和完美的形式逻辑之基础的一致性。"③ 康德说，逻辑学在亚里士多德之后"已不允许作任何退步"，同时"它直到今天也不能迈出任何前进的步子"，因为它"似乎已经封闭和完成了"。④ 类似意蕴爱因斯坦也有过表达："西方科学的发展是以两个伟大的成就为基础的：希腊哲学家发明形式逻辑体系（在欧几里得几何学中），以及（在文艺复兴时期）发现通过系统的实验可能找出因果关系。"⑤ 西方哲学阐释学的学理渊源与根基，正在于此。而形式逻辑在中国"一直较受冷落"。"中国人缺乏古希腊的欧几里得几何那样的公理化的形式逻辑体系，后来在明清之际也未能形成以假设和实验为中心环节的近代实验科学方法，从而落后于西方。所以从逻辑思维方式讲，中国人有不同于西方人的弱点。"⑥ 以至韦伯认为"逻辑学的概念一直与中国哲学无关"，"这意

---

① ［德］卡尔·雅斯贝斯：《历史的起源与目标》，魏楚雄、俞新天译，华夏出版社1989年版，第323页。
② ［德］伽达默尔认为阐释学具有形式普遍性，但不能合法地归入逻辑。参见［德］伽达默尔：《真理与方法：哲学诠释学的基本特征》，第741页。但这并不是说，阐释的背后没有逻辑基础。
③ ［德］卡尔·雅斯贝斯：《历史的起源与目标》，魏楚雄、俞新天译，华夏出版社1989年版，第75页。
④ ［德］康德：《纯粹理性批判·第二版序》，载《康德三大批判合集》上册，邓晓芒译，人民出版社2009年，第9页。
⑤ 《爱因斯坦文集（增补本）》第1卷，许良英等编译，商务印书馆2009年版，第772页。
⑥ 冯契：《认识世界和认识自己》，《冯契文集（增订版）》第1卷，华东师范大学出版社2016年版，第25页。

味着西方哲学里的所有基本问题皆为中国哲学所无"。① 这当然是极端性的看法,但大体揭示了中西阐释路径差异的逻辑根源。

名辩逻辑对中国哲学及传统阐释学的影响,集中反映在下面一段话中:"书不尽言,言不尽意。然则圣人之意,其不可见乎?子曰:圣人立象以尽意,设卦以尽情伪,系辞焉以尽其言,变而通之以尽利,鼓之舞之以尽神。"② 中国传统阐释学的非形式逻辑路径,即表现为以象(隐喻、象征)卦(符号)辞(说明)作为表达意义和理解意义的中介,而文本(书)与语言(言)是意义的载体。这是中国传统阐释学的形式结构与范畴系统。伽达默尔认为,古代阐释学的核心是寓意诠释(allegorischen interpretation)③,这在中国的"象"阐释传统中体现得极为鲜明。经学中义理、心性之阐明,须经过如此非形式逻辑的论辩逻辑结构通道。

伽达默尔这里所说的诠释,原文是"interpretation"。他认为,这个概念不仅适用于学术,而且应用于艺术的再现(reproduktion)。④ 这里要特别注意"再现"一词原文中是"reproduktion",而不是"wiedergabe"⑤。艺术再现不被说成阐释或解释,而被说成诠释;也不被说成表现,而被说成再现,即对艺术作品所要达到的目标的兑现,是对受众审美确定性期待的契合。因此,伽达默尔以再现与诠释相对应,而不是用超出再现界限、具有"表现"成分的"wiedergabe"(即接着给)去对应。伽达默尔用"再现"对应"interpretation",即说明 interpretation 是"诠"而非"阐"。

中西阐释学虽然形态不同、逻辑基础有异,但遵循着共同的学术规律。双方都经历了传统的古典阐释学阶段,都以对经典的理解而展

---

① 《韦伯作品集》第 5 册,康乐、简惠美译,广西师范大学出版社 2004 年版,第 189 页。

② 周振甫:《周易译注》,中华书局 1991 年版,第 250 页。

③ [德] 伽达默尔:《真理与方法:哲学诠释学的基本特征》,洪汉鼎译,上海译文出版社 2004 年版,第 727 页。

④ [德] 伽达默尔:《真理与方法:哲学诠释学的基本特征》,洪汉鼎译,上海译文出版社 2004 年版,第 515 页。

⑤ [德] 伽达默尔:《真理与方法:哲学诠释学的基本特征》,洪汉鼎译,上海译文出版社 2004 年版,第 669 页。这里用的是 Wiedergabe。

开，都具有丰富的语文学阐释传统，都具有信仰的指向。总之，都是由相对简单向相对复杂的进境发展。但是，西方阐释学完成了向哲学阐释学的转型，而辛亥之前，中国的阐释学则始终没有脱离经学的范畴。代表中国传统阐释学的经学，照周予同先生1936年的说法，乃"动摇于民国八年五四运动以后，而将消灭于最近的将来"。其后，如果还存在经学，也会发生整体形态的改变，即转变为"以治史的方法治经"①。"五四"后，中国阐释学确实保持了"以治史的方法治经"的基本特色，但依然没有生长出本民族的哲学阐释学。直到近年，建设具有本土属性的哲学阐释学才获得高度的理性自觉。

强调了中西之间的差异，还要回到双方的统一性上。"所有事实都赞同人类是单种系起源，而反对人类是多种系起源。"② 人类文化与文明的多样性，服从于精神的共同性、共通性与普遍性。伽达默尔在分析兰克的史学思想时说"所有历史现象都是大全生命（Allleben）的显现"③。郭沫若说："只要是一个人体，他的发展，无论是红黄黑白，大抵相同。"④ 这是中国马克思主义史学一致的立论基点。钱锺书说"东海西海，心理攸同；南学北学，道术未裂"⑤。"心理"即精神，"道术"即方法。不同文明所共有的阐释活动，必有其最基础的可公度值，差异性只能在此之下。Hermeneutik的最大可公度值，就是"解经"。在西方是《圣经》，在中国是五经。因此，脱离具体语境，Hermeneutik是一个一般性（universal）概念，包含解释（Erklärung）、诠释、释义、注疏、解经等层级或部分。每一部分与层级，都包含不同的学派与人物。

中西古典阐释学最突出的统一性，在于均以技艺性的语文学阐释为学术源头与基础。在西方，伽达默尔认为，神学—语文学的阐释学

---

① 周予同、朱维铮：《周予同经学史论著选集》，上海人民出版社1983年版，第627、661、622页。
② ［德］卡尔·雅斯贝斯：《历史的起源与目标》，第52页。这种看法显然也在遭受挑战。
③ ［德］伽达默尔：《真理与方法：哲学诠释学的基本特征》，洪汉鼎译，上海译文出版社2004年版，第274页。
④ 郭沫若：《中国古代社会研究》，人民出版社1964年版，第1页。
⑤ 钱锺书：《谈艺录》，中华书局1984年版，第1页。

与法学阐释学区分开来，始于1654年J·丹恩豪威尔的《阐释学》。①可见，神学阐释与语文解释既各有单独线路，又结合在一起。直到施莱尔马赫，两者才开始脱离技艺学格局。所以伽达默尔又说，教父时代的神学阐释学与宗教改革时代的神学阐释学依然是一种技艺学，也就是服务于语文学家实践或神学家实践的技艺学。② 阐释《圣经》的解经四则，第一条即为校勘文字，亦即根据所谓"直接意义"进行注释。其次才是阐明道德、探索寓意、宣示神意。希勒尔（Hillel）的解经七准则、以利沙（Ishmael ben Elisha）的解经十三原则，其最基础的部分都是语文性的。总体上，西方的古典阐释学乃围绕七个步骤或内容展开，即文字考证（小学、训诂学）、语言评断（文体学）、文献鉴定（文献学）、源流评断（史源学）、形式评断（文化形态研究）、编辑评断（文本结构研究）、历史评断（史学）。这与中国经学的注疏规则几乎一致。中国的古典阐释学始终与语文阐释结合在一起，无论汉宋，有偏重而无偏废。"乾嘉'朴学'教人，必知字之诂，而后识句之意，识句之意，而后通全篇之义，进而窥全书之指。"③ 但是，语文性阐释毕竟只是阐释活动的基础部分。由于阐释者身份、知识结构、情趣爱好、志向高低的差异，他们会专注、偏重或停留在某个特定的阐释对象与步骤上，从而形成门户或流派，但义理阐释同样以语文性阐释为基础。

语文性阐释的核心对象是"经"，其核心特征是权威性与神圣性。因此，将"hermeneutik"译为"经学"，亦无不可。④ 中国传统经学乃至整个思想史，借助张江关于"阐"与"诠"的分疏⑤，可以明显

---

① ［德］伽达默尔：《真理与方法：哲学诠释学的基本特征》，洪汉鼎译，上海译文出版社2004年版，第727页。
② ［德］伽达默尔：《真理与方法：哲学诠释学的基本特征》，洪汉鼎译，上海译文出版社2004年版，第231页。
③ 钱钟书：《管锥编》，中华书局1986年版，第171页。
④ 周予同说："中国经典的本质，不仅是学术的，而且是宗教的，尤其是政治的。"参见周予同、朱维铮《周予同经学史论著选集》，上海人民出版社1983年版，第621页。李申认为"儒教是一个和其他宗教性质完全一样的宗教"。参见李申《中国儒教论》，河南人民出版社2005年版，第16页。这种观点没有被学界普遍接受，但儒教的教化性是学界公认的。
⑤ 张江：《"阐""诠"辨——阐释的公共性讨论之一》，《哲学研究》2017年第12期。

地区别为两大阵营。一派以"阐"为特征,注重文本意义的开放性,以发明义理为旨归。今文经学、宋明理学是其代表。另一派以"诠"为特征,注重文本意义的确定性,以揭发源流为宗旨。古文经学、乾嘉汉学是其代表。今文经学以义理为核心,属于阐。古文经学以史学为核心,属于诠。如此区隔,历史上诉讼已久的所谓汉宋之争、门户之别,即可豁然开解。当然,"阐"中有"诠","诠"中也有"阐"。

提炼中西阐释学传统中所蕴含的内在统一性(即一般性),意在形成新的理论,以之建构当代中国阐释学,再以之考察中西阐释学史,这同样属于阐释循环。作为理论研究,它在学术史研究的基础上实行概念、范畴与理论的重建,实现有来源的理论原创,构造新的阐释学规则与框架。张江提出的"公共阐释论"[①]与"阐诠辨",前者属于理论研究,后者属于历史研究。历史研究为理论研究提供学术史的基础。这与伽达默尔的学术进境是一致的。伽达默尔说,他对阐释学史的研究"本质上是一种准备性的、构成背景的任务"[②]。"阐诠辨"显然属于同一性质。

这里还需要回顾伽达默尔对西方阐释学史的基本看法,以澄清"hermeneutik"的确切中文译名。钱锺书将其译为"阐释学",汪荣祖认为这一译法"胜于常译之'诠释'"[③]。伽达默尔认为,自古以来便存在神学和法学阐释学,故他将阐释学的早期形式追溯并定位到《荷马史诗》的故事年代。不过,他又说阐释学产生于近代,从宗教改革运动开始,经过启蒙运动,至浪漫主义时代而兴盛。因此,他考镜阐释学的源流,以"历史学派的浪漫主义遗产"为真正始点。从浪漫主义阐释学开始,"hermeneutik"开始具有"理解是此在本身的存在方式"的意义,从而突破了"理解是主体的行为方式"的传统意义。伽达默尔清楚地表明,"hermeneutik"是一个"具有古老传统"的术语,原本并不具有"理解是此在本身的存在方式"的意义,那么,他何以还照样使用这个"已引起某些误解"的老术语呢?他

---

① 张江:《公共阐释论纲》,《学术研究》2017 年第 6 期。
② [德]伽达默尔:《真理与方法:哲学诠释学的基本特征》第 3 版,第 762 页。
③ 汪荣祖:《槐聚心史——钱锺书的自我及其微世界》,中华书局 2020 年版,第 232 页。

的回答是:"我在我的语境中所使用的概念都通过它们的使用而重新得到定义。"① 借恩格斯的话说,即这个词的意义不能"按照来源来决定",只能"按照它的实际使用的历史发展来决定"。② 张江提出以"阐释学"乃至"阐诠学"来对译"hermeneutik",不赞成"诠释学"或"解释学"之译名,其理由正如上述。这样,这个古语便超出了原有的限制。黑格尔在解释何谓推翻一个哲学时曾说,那意思"只是指超出了那一哲学的限制,并将那一哲学的特定原则降为较完备的体系中的一个环节罢了。所以,哲学史的主要内容并不是涉及过去,而是涉及永恒及真正现在的东西……哲学史总有责任去确切指出哲学内容的历史开展与纯逻辑理念的辩证开展一方面如何一致,另一方面又如何有出入"③。这就是将古老的"hermeneutik"一词翻译为阐释学的理据所在。正如伽达默尔所说,阐释学的出发点是"修桥",是"在过去中重新发现最好的东西"④。因此,只有把"hermeneutik""降为较完备的体系中的一个环节",消除其自身的"限制",才能"在过去中重新发现最好的东西",以建构"真正现在的东西"。

历史研究与强制阐释

第二次世界大战之后,西方史学最核心的变化,就是阐释方式的改变。由于这种改变,形成了所谓战后史学。战后史学的巨大变化,是一种更广泛、更深刻的哲学与文化思潮所导致的。这种哲学与文化思潮的整体特征,便是主观唯心主义空前大泛滥。其核心表现就是由语言学的转向迅速过渡到诗学、修辞学的转向上来。20世纪70年代后,诗学的修辞程序和隐喻手法成为解读从哲学到历史学著作的不二法门。由此,历史研究一直信奉和遵守的客观性原则受到空前挑战,

---

① [德] 伽达默尔:《哲学解释学》,夏镇平、宋建平译,上海译文出版社2004年版,第21、23页。伽达默尔:《真理与方法:哲学诠释学的基本特征》,第17、2、4、650、217、226、726—732页。

② [德] 马克思、恩格斯:《马克思恩格斯文集》第4卷,人民出版社2009年版,第288页。

③ [德] 黑格尔:《小逻辑》,贺麟译,商务印书馆1980年版,第191页。

④ [德] 伽达默尔:《哲学解释学》,第27页。

历史阐释的基本理念也由客观阐释向主观强制阐释转移。

所谓20世纪70年代，用霍布斯鲍姆的话说，首先意味着20世纪这个极端年代的第二个时期的结束，也就是"二战"结束后25年至30年的所谓黄金时期的结束。此后便进入了"动荡不安"的20世纪70年代以及"伤痕累累"的20世纪80年代。在不安定的现实格局中，西方思想家们不断地以意图和愿望来代替对现实的真实解读，试图用主观幻想来遮蔽、替换现实苦难。

这就是张江所要拆解的强制阐释的时代与舞台背景。强制阐释的本质特征，就是断裂。如文本与文本出现的时代背景断裂（文本中心论）、作品与作者的意图断裂（作者之死、意图迷误）等。反映在史学领域，便是与历史学的客观主义原则断裂、与一元单线史观断裂、与所谓历史决定论断裂、文本与研究过程断裂、整体与区域断裂等。这些文化表征均是时代特征的折射。"过去的一切，或者说那个将一个人的当代经验与前代人经验承传相连的社会机制，如今已经完全毁灭不存。这种与过去割裂断绝的现象，可说是20世纪末期最大也最怪异的特色之一。"[1] 后现代主义所强调的，就是这种"过去与历史之间绝对的断裂"[2]。而后现代主义涵盖了从某些建筑风格到某些哲学观点的一切事物。[3] 于是，古老的历史学原则不再受到尊重，反而成为被讥讽的对象。

制造这一潮流的工具，便是诗学。过去所研究的标准哲学问题，如今全都转换成了诗歌和小说中的隐蔽程序研究。[4] 最极端的做法，就是将哲学著作当作文学作品来阅读和研究，而所有文字作品，都被认为是虚构的修辞学产品。[5] 海登·怀特有关史学的著作，其基本特

---

[1] [英]霍布斯鲍姆：《极端的年代：1914—1991》，郑明萱译，中信出版社2017年版，第3页。

[2] 邓京力等：《近二十年西方史学理论与历史书写》，中国社会科学出版社2018年版，第87页。

[3] [英]特里·伊格尔顿：《致中国读者》，载《后现代主义的幻象》，华明译，商务印书馆2014年版。

[4] [美]理查德·罗蒂：《解构和回避——论德里达》，载《哲学和自然之镜》，李幼蒸译，生活·读书·新知三联书店1987年版，第400页。

[5] 参见[美]理查德·罗蒂《哲学和自然之镜》，李幼蒸译，生活·读书·新知三联书店1987年版，第2、13、16、146、181、340、370、376、378、400页。

点正是如此。恰如学者所指出的："解构主义特别突显了历史学的诗性特征，包括揭示历史叙事的修辞性、历史话语的流动性与历史知识的美学特质。"① 由于以诗学的规则解读史学著作，告别客观主义信仰之后的"史"，便被看作了"诗"。"与其曰'古诗即史'，毋宁曰：'古史即诗'。"②

诗学是无罪的。诗学在"诗"的领域当然成立，但把史学著作看作另一种特殊的诗歌创作，进而以诗学的规则去解读史学作品，就必然会呈现强制阐释的一个重要特征——场外强制征用，进而将历史阐释变为文学阐释。由于这种"诗"与"史"本体地位的互换仅仅着眼于史学文本的隐喻使用分析与归类，没有顾及历史研究过程和研究过程中对史料的考辨程序，相当于仅仅是一种成品的形式化检验，脱离了原料采集和生产的过程。因而它不但割裂了历史研究的完整链条，而且取消了历史学的独立学科地位。海登·怀特就曾说，他研究的是19世纪的历史写作，但他认同史学家的研究过程具有科学性，只是在叙事时具有艺术性。③ 但是，叙事的艺术性与研究过程的科学性的关系到底如何，自称马克思主义者的海登·怀特，并没有给出基于历史唯物主义的解答。

所以，海登·怀特研究的不是历史，而是历史写作。这是史学领域强制阐释的又一鲜明表征。通过对历史写作成品的诗学分析，怀特不是力求使本不该缺位的历史内容在场，而是用隐喻与修辞将历史内容虚构化，从而如安克施密特所描述的那样，引起人们领悟过去的尘埃化。以史学研究代替历史研究，以文本分析代替历史内容分析，将历史研究引入对文本的修辞手段的分析，这样就在研究对象的转换中完成了对历史的强制阐释。但是，当怀特等人使用隐喻的筛子去过滤历史的客观内容时，只注意到了漏下去的失真的部分，却没有顾及留下来的保真的部分。这就像一些解构主义者时常提到的脱衣舞的例

---

① 邓京力等：《近二十年西方史学理论与历史书写》，中国社会科学出版社2018年版，第60页。
② 钱锺书：《谈艺录》，第38页。
③ ［波兰］埃娃·多曼斯卡编：《邂逅：后现代主义之后的历史哲学》，彭刚译，北京大学出版社2007年版，第22、26页。

子——其意义在于"脱"而非"脱下",但若没有对"脱下"的期待,"脱"的过程是完全没有意义的。因此,在这个典型的例证中,本质主义并没有被消解。

史学领域强制阐释的另一表现,就是将历史化解为一个个碎片,并且将这些碎片论证为具有独立自在意义的本体。这是驱离历史研究客观性的必然结果。对此明确予以表态的是波普尔。他提出,根本不存在"总体论意义上的"或"关于社会状态的"历史学,只有所谓"零碎技术学""零碎修补学""零敲碎打的工艺学""零碎的试验"。"不相信有可能对零碎方法提供任何一种相应的批判。"[①] 此处的重点在于消解总体论,然后将"零碎工程"提升到主导性的本体位置上来。这一企图,显然与20世纪拒斥所谓系统哲学、基础主义认识论、逻各斯中心主义的整体思潮相关,特别是与海德格尔的"此在"(dasein)哲学相关。当海德格尔在哲学上将"da"(这儿、那儿)提升到生存论本体位置时,史学研究对于碎片的关注也就成为潮流。

一旦以"碎片"(da)为本体,就必然像福柯那样,排除"对起源、原因、出处、影响与目的等问题的关注",就必然"对历史过程的任何目的论或因果关系的观点持激烈的敌视态度"[②]。在这一点上,所有后现代主义者是一致的。当然,所谓"碎片"可大可小,但就其脱离历史的整体性而言,都属于碎片。因此,碎片的另一重含义,是指孤立而自足的个体对象。

以思想史研究为例,自20世纪70年代起,该领域研究开始注重揭示"当地人的风俗习惯"[③]。这听上去不错。但是,它的核心在"当地"一词上,正是指一种脱离了整体的孤立存在。因此,它不仅具有具体化、情景化的含义,而且具有"碎片"特质。一个个的"当地",也就是一个个的"da"。所谓"当地",预示着抵制、消解

---

① [英] 卡尔·波普尔:《历史主义的贫困》,何林、赵平译,社会科学文献出版社1987年版,第96—99页。
② [美] 拉卡普拉、卡普兰主编:《现代欧洲思想史——新评价和新视角》,王加丰等译,人民出版社2014年版,第71页。
③ [美] 拉卡普拉、卡普兰主编:《现代欧洲思想史——新评价和新视角》,王加丰等译,人民出版社2014年版,"前言"。

整体与全局。正如安克施密特所说："在后现代主义的历史观范围内，目标不再是整合、综合性和总体性，而是那些历史片段成为注意的中心。"① 碎片化研究累积或堆积起来的成果，就是"一地鸡毛"，即史学研究对象的空前庞杂。当然，观照、内嵌整体与全局的微观研究，不在此列。

在年鉴学派那里找到后现代主义元素，并不困难。第一代年鉴学派的基本立场，就是使"每个个人都必须回归他的时代"。所谓"他的""当地"的"时代"，正对应海德格尔的"此在"。至于说从无数"此在"中提炼出一个整体性的概念或定义，费弗尔是不认可的。② 1968年前后，年鉴派进入第三阶段，也就基本碎片化了，以至福柯都成了它的同路人。③ 对历史的强制阐释，由此以碎片化的外在形式延展开来。

对历史阐释学的基本认识

阐释学与历史学具有天然的血缘关系。马克思说："被理解了的世界本身才是现实的世界。"④ 同样，被理解了的历史才是真正与现实融通的历史。而人们理解历史，主要是通过历史学家对历史的阐释实现的。所以，历史学可以看作对历史进行专门阐释的学科。⑤ "阐释"在历史学中具有元概念的属性，"阐释学规则"在历史学中具有元规则的属性。

伽达默尔认为自己的出发点同历史精神科学是一致的。他特别拈

---

① ［荷］安克施密特：《历史与转义：隐喻的兴衰》，韩震译，文津出版社2005年版，第222页。

② ［美］拉卡普拉、卡普兰主编：《现代欧洲思想史——新评价和新视角》，王加丰等译，人民出版社2014年版，第4、9页。

③ ［英］彼得·伯克：《法国史学革命：年鉴学派，1929—2014》，刘永华译，北京大学出版社2016年版，第184页。

④ 《马克思恩格斯文集》第8卷，人民出版社2009年版，第25页。

⑤ 参见［德］海德格尔《存在与时间》，陈嘉映、王庆节译，商务印书馆2016年版，第533、535页。

出所谓"时间距离的阐释学"①,实则就是历史阐释学。伽达默尔笔下的所谓文字流传物,正是史学意义上的所谓传世文献。在伽达默尔笔下,不仅阅读作为与史料照面的进行方式具有史学意义,而且史实重建作为史实的一种新的实现方式,具有史家论的意义。诸如此类,都指明历史阐释以阐释学的一般规则为基础。

但是,历史阐释必然具有自身的特点和属性。对此,伽达默尔的许多论述具有启发性。例如在分析"再现"与"阅读"这两个概念的关系时,伽达默尔说,"再现所涉及的并不是一种完全自由的创造","无论在再现的情况中或是在阅读的情况中都必须坚持阐释的共同性"。② 这就启发我们,作为以"再现"而非"表现"为第一要务的历史阐释,它天然地不会是"一种完全自由的创造"。它必须接受阐释对象的约束以及阐释的共同性的核验,不然就不是合格的历史阐释。换言之,历史阐释必须建立在"诠释"的基础上,先"诠"而后"阐",先"再现"而后"表现"。正是由于"诠释"与"再现"的束缚,历史阐释无法得到完全的自由,得以保证其科学严谨。但是,在第一要务的基础上和约束下,它还必须完成第二要务,即必须去"阐"和"表现",也就是在"求真"的基础上和约束下去"求善"。所谓阐明历史发展规律、揭示历史意义云云,均落入此义。有"诠"无"阐"、有"再现"无"表现",即为纯粹的历史考据;有"阐"无"诠"、有"表现"无"再现",即为纯粹的历史哲学。两者均不是完整的历史学。因此,就概念的澄明而言,史学领域没有"创作",只有"制作"。历史学家的想象,既不允许也不可能是创造性的想象,而只能是一种制作性的想象,即所谓"拟想"。将史学著作视为创作、将史家想象视为创想,恰恰是后现代主义的主张。应该说,对于上述基本观点,许多学者或思想家都有所论及。

再比如,关于历史再现与艺术再现的关系,伽达默尔也给予了比较严格的区分,指出一个"忠实于历史"的再现并不是真正的艺术

---

① [德] 伽达默尔:《真理与方法:哲学诠释学的基本特征》,洪汉鼎译,上海译文出版社2004年版,第646页。
② [德] 伽达默尔:《真理与方法:哲学诠释学的基本特征》,洪汉鼎译,上海译文出版社2004年版,第657页。

再创造；换言之，历史再现与艺术再现各有分工。历史再现的特点，在于它"表现为一种传授性的产品或单纯的历史研究资料，这种产品或资料最终将成为某种类似于由一位大师亲自指挥的唱片灌制那样的东西"①。这里，伽达默尔的立场虽然是艺术的而非史学的，却维护了历史再现自身固有的属性。也就是说，历史再现必须以忠实于历史为前提，而艺术再现却恰恰不允许完全忠实于历史。因此，"诗"可以是"史"，却绝不应是"事实"（sache）意义上的史，不然它就违背了艺术的原则；只能是"真实"（wahrhaft）意义上的"史"，不然它就完全成了谵妄的呓语。一首"诗"的优劣，绝不以其有无"本事"为据；一部"史"的良差，却必以其"本事"的真伪为根。故"以诗证史"是可以的，但只能证"史"是否"真实"，不允许证"史"是否符合"事实"。"事实"与"再现"相对应，属于史学之事；"真实"与"表现"相对应，属于艺术之事。由于史学在"再现"的基础上"表现"、在"事实"的基础上表述"真实"，受到"事实"与"再现"的约束；因此，我们要么认为它在本质上并不属于艺术，要么认为它是包裹在科学性里面的一种艺术。

　　澄清了上述道理，我们在做历史阐释时，许多疑惑就能得到通解。常言说"史学求真"，实则有"事实"之真、有"真实"之真。司马迁写霸王自刎，向来被指责为不真实。实则此处乃以霸王一生英雄性格为据，出于拟想，绝非创想；立足于真实，而非事实；立足于表现，而非再现。这种历史的真实，用李大钊的话说，既有"充分的记录"，又有"充分的解喻"，②两者必须合一。或谓之历史学的艺术再现，亦无不可。"艺术再现"这一概念在史学的话语系统内，也就是历史表现之意。由此亦可见，可以通过诗歌作品去认识它所反映的时代背景，但不可以凭借诗歌作品去考订一件具体的历史事实。

　　历史研究的全过程，都是对历史的阐释过程。阐释的内在属性与规律，在历史研究全过程中都发挥着作用。与其他领域的阐释活动相

---

　　① ［德］伽达默尔：《真理与方法：哲学诠释学的基本特征》，洪汉鼎译，上海译文出版社2004年版，第669页。
　　② 中国李大钊研究会编任：《李大钊全集（最新注释本）》第4卷，人民出版社2006年版，第403页。

比，历史阐释受制于阐释对象的约束最强烈，因此其对话性以及主体间性的特点也最突出，公共性的要求也最高。这里所说的公共性，也就是伽达默尔所说的"阐释的共同性"。历史阐释既受阐释的共同性的约束，又为取得阐释的公共性而奋斗。所谓取得阐释的公共性，即意味着成为所谓主流观点。主流观点一旦形成，就会呈现出正态分布的状态。在此状态下，主流观点占据中心位置，依从者众；非主流观点分布两侧，依从者寡。主流观点之所以能够与公共性接合，在于它蕴含和代表了人群心理内在统一的共同性。在自然状态下，主流观点成为"心理攸同""道术未裂"的外在自然表达。而在非自然状态下，主流观点也可能是对"心理攸同"的虚假表达，因而成为假冒的公共性，变成具有虚假公共形式的强制阐释。在这种情形下，主流观点的正态分布状态就会内蕴出位移的动能。

历史阐释总是通过解读史料和前人的著作进行，而史料与前人的著作都蕴含着制作者的意图。因此，历史阐释必须穿越多重叠加的主体滤镜而达到阐释的共同性与公共性。阐释的客观性，即寓于共同性与公共性之中。由于历史认识不可实验和对证的特殊性质，对于历史阐释的客观性的检验，只能在共同性和公共性中得以实现。于是，历史阐释中的理解，往往体现为对共同性和公共性的认可。但是，共同性和公共性也是历史性的，并非一劳永逸的。后起历史学家的历史阐释，或者以新的方式证实先前已经具有公共性的历史阐释（如二重证据法），或者以新的阐释代替先前已经具有公共性的历史阐释（如"古史辨"），在"疑""信""证"的交互作用中形成合力，从而形成历史阐释以及公共性理解的时代更迭。这也正是克罗齐所谓"一切真历史都是当代史"的翻进之义。因此，历史阐释的更新，是在阐释对象不变的前提下阐释立场、视角和手段的更新。

偏离历史对象、历史资料约束的阐释，会造成对历史的"过度阐释"。过度阐释是对历史对象的强制附加。史学领域的"创新"具有特定内涵，只是指"在过去中重新发现最好的东西"。它是"发现"而非"发明"意义上的创新，因此不允许表现为对历史对象的偏离，而是要在对历史的完全尊重中实现，在人人皆可见的前提下见人之所未见，并且以新的史料或手段证成之。

对历史的阐释可以后续为对历史的"使用"。"使用"是罗蒂的概念。他认为历史只能阐释，不能使用。① 我们则认为，"历史"可以使用，但必须区分"正用"与"歪用"。影射史学是对历史的虚假阐释，是对历史的"歪用"。马克思主义史学是对历史的真实阐释，是对历史的"正用"。

历史唯物主义是以唯物史观为核心的极其完整的历史阐释体系。它所蕴含的历史阐释原则，一是"把经济的社会形态的发展理解为一种自然史的过程"②；二是从生活资料的生产出发去建构历史阐释系统；三是将历史的内容与叙述的逻辑统一起来，使得材料的生命在观念上反映出来时，呈现出来的"就好像是一个先验的结构"；四是以对历史的"使用"为目标，此即马克思所说："哲学家们只是用不同的方式解释世界，问题在于改变世界。"③

但是，对于解释世界的不同方式，马克思是高度重视的。《资本论》未完成的第四卷即专门以理论史为研究对象。由于着重于从基本经济事实中引出政治的、法的和其他意识形态的观念以及以这些观念为中介的行动，因此马恩难以避免地"为了内容方面而忽略了形式方面"，"即这些观念等等是由什么样的方式和方法产生的"。④ 但是，这恰恰证明了他们对"形式"的高度重视。

尽管马恩没有留下研究思想与思维形式的专门著作，但其论著中散见着许多相关论述，对于我们探索以唯物史观为指导的历史阐释规律，极具启发和指导价值。比如，关于阐释对象与阐释主体的关系，马克思早年就认识到，"只有当对象对人来说成为人的对象或者说成为对象性的人的时候，人才不致在自己的对象中丧失自身"。他指出："一切对象对他来说也就成为他自身的对象化，成为确证和实现他的个性的对象，成为他的对象，这就是说，对象成为他自身。"马克思认为，"人不仅通过思维，而且以全部感觉在对象世界中肯定自己"。因此，人的对象只能是人的一种本质力量的确证，人的对象"只能像

---

① 参见余宏《论过度诠释》，漓江出版社2013年版，第3页。
② 《马克思恩格斯文集》第5卷，人民出版社2009年版，第10页。
③ 《马克思恩格斯选集》第1卷，人民出版社2012年版，第136页。
④ 《马克思恩格斯文集》第10卷，人民出版社2009年版，第657页。

我的本质力量作为一种主体能力自为地存在着那样才对我而存在",所以任何一个对象对人的意义,"恰好都以我的感觉所及的程度为限"。① 这样的论述,不仅对于我们思考独立主体的思维过程有意义,而且对于我们从唯物主义的视角去改造视界融合、对话逻辑、效果历史等命题,都是有意义的。正因为马克思和恩格斯用他们的方式科学地解释了世界,由此才带来对世界的改变。这就是对历史的正用。

---

① 《马克思恩格斯文集》第1卷,人民出版社2009年版,第190—191页。

解释学的重建：由前见依赖性形态向非前见依赖性形态拓展

肖士英

【内容摘要】 尽管海德格尔、伽达默尔主张的前见依赖性解释学，是迄今仍被普遍服膺的解释学形态，但历史非连续性的一面，证伪了前见在解释中普遍有效在场命题，瓦解了前见依赖性解释学作为解释学唯一形态的可能性。而前见的意识本质及其先于和外在于被解释文本的特征，使得前见依赖性解释学对文本的解释，势必是不彻底的、外在的。前见依赖性解释学的这一缺陷，使得重建解释学及解释学由前见依赖性形态向非前见依赖性形态拓展在所难免。

【关 键 词】 普遍有效性　前见　解释学　非连续性　重建

【作　　者】 肖士英，陕西师范大学哲学与政府管理学院教授。

【基金项目】 国家社科基金资助项目"马克思恩格斯意识形态概念多重内涵及其统一性研究"（18BZX002）

海德格尔存在论解释学特别是伽达默尔哲学解释学判定，任何解释都普遍必然地既受解释者前见约束，也依赖这种前见而得以可能。这一判断构成了哲学解释学的经典命题，使得哲学解释学呈现为一种存在着下文显示的、有诸多缺陷的前见依赖性解释学。然而，学界对其的研究迄今仍处于膜拜、追随的状态，难以见到对其批判、改进的研究。这势必使得前见依赖性解释学的观念被无条件地内化为哲学解释学进一步发展的原则和根据，从而把哲学解释学的发展引入歧途而不为人们所自觉。因此，有必要对前见依赖性解释学进行分析批判，在肯定其科学性的同时，探寻哲学解释学的正确发展路向，重建哲学解释学，为人们在这个脆弱而具有高度不确定性的世界中有希望地前行，提供哲学解释学层面的可靠导航。

前见依赖性解释学的出场及前见与一般观念的关系

（一）前见依赖性解释学的出场

所谓前见依赖性解释学，即主张前见是解释中普遍必然在场的约束项，前见使解释得以可能，从而要求始终着眼"前见"来解释文本的解释学。这一本质，使得"前见"呈现为其理论起点和根本支撑点。在其看来，诠释学"将意识到自己的那些指导理解的前见，以致流传物作为另一种意见被分离出来并发挥作用"[1]。因此，理解总是展开于解释者由前见构成的视域，是与被解释文本内蕴视域融合的过程："理解其实就是这样一些被误认为是独自存在的视域的融合过程。"[2] 其结果即生成作为由"历史实在以及历史理解的实在"构成的"统一体"的所谓效果历史，而"理解按其本性乃是一种效果历史事件"[3]。这种由解释者的前见与历史实在相互作用构成的效果历史，会随着解释者与被解释文本间时间距离的演替，呈现"一种无限的过程……促成这种过滤过程的时间距离，本身并没有一种封闭的界限，而是在一种不断运动和扩展的过程中被把握"[4]。可见，"前见"既是"视域融合""效果历史""时间距离"的共同基质，又通过后者得以具体展开，并与后者结合在一起，共同塑造着前见依赖性解释学。

---

[1] ［德］汉斯–格奥尔格·伽达默尔：《真理与方法》上卷，洪汉鼎译，上海译文出版社 2004 年版，第 423 页。

[2] ［德］汉斯–格奥尔格·伽达默尔：《真理与方法》上卷，洪汉鼎译，上海译文出版社 2004 年版，第 433 页。

[3] ［德］汉斯–格奥尔格·伽达默尔：《真理与方法》上卷，洪汉鼎译，上海译文出版社 2004 年版，第 424 页。

[4] ［德］汉斯–格奥尔格·伽达默尔：《真理与方法》上卷，洪汉鼎译，上海译文出版社 2004 年版，第 422 页。

作为区别于力求还原文本本义的古典解释学和启蒙运动时期力求消除前见的解释学，这种前见依赖性解释学是随着对前见在解释中恒常在场地位的张扬而出场的。"自柏拉图'美诺悖论'提起"，人们"都曾广泛涉及前见或前理解方面的研究，但直到近代，无论施莱尔马赫的一般阐释学，还是狄尔泰的认识论阐释学，都没有就此问题作出决定性的论断。正是海德格尔从哲学阐释学的意义充分注意这个问题，并在其存在论和本体论框架内作出了重要判断，前见问题才作为当代阐释学的基本问题凸显出来，并对后世产生深刻影响。"① "在当代阐释学理论中，前见作为理解和阐释的前提，被提到重要位置予以观照。"② 这就是说，当代解释学把前见在解释中的普遍有效在场，视作解释得以可能的前提。

海德格尔对前见在解释中的前提性地位做了深入阐发："解释向来奠基于前见之中，它瞄准某种可解释状态，拿在前有中摄取到的东西开刀。被理解的东西保持在前有中，并且前见地被瞄准。"③ 伽达默尔进一步强化了解释学的前见依赖属性："前见就是一种判断，它是在一切对于事情具有决定性作用的要素被最后考察之前被给予的。"④ "一切诠释学条件中最首要的条件总是前理解，这种前理解来自与同一事情相关联的存在，正是这种前理解规定了什么可以作为统一的意义被实现，并规定了对完全性的先把握的应用。"⑤ 他认为："一切理解都必然包含某种前见。"⑥ 可见，海德格尔、伽达默尔的阐发，揭示和固化了解释对前见的从属地位，使前见依赖性解释学呈现为解释学当下仍广为推崇的经典形态。

---

① 张江：《前见是不是立场》，《学术月刊》2016 年第 11 期。
② 张江：《前见是不是立场》，《学术月刊》2016 年第 11 期。
③ [德] 海德格尔：《存在与时间》，陈嘉映、王庆节译，生活·读书·新知三联书店 1987 年版，第 150 页。
④ [德] 汉斯-格奥尔格·伽达默尔：《真理与方法》上卷，洪汉鼎译，上海译文出版社 2004 年版，第 347 页。
⑤ [德] 汉斯-格奥尔格·伽达默尔：《真理与方法》上卷，洪汉鼎译，上海译文出版社 2004 年版，第 378 页。
⑥ [德] 汉斯-格奥尔格·伽达默尔：《真理与方法》上卷，洪汉鼎译，上海译文出版社 2004 年版，第 347 页。

(二) 前见依赖性解释学中"前见"的基本属性

上述前见依赖性解释学中的前见,具有多重属性。其一,"前见就是一种判断"①。由于判断总是通过知识观念进行的,故前见即解释的知识性、观念性约束项。其二,"一切理解都必然包含某种前见"②,前见是解释中普遍必然的固有观念性内在约束项。其三,"这种前理解来自与同一事情相关联的存在,正是这种前理解规定了什么可以作为统一的意义被实现"③。这就是说,前见与文本有内在关联,保障着与被理解的文本意义的统一性。其四,"前见构成了某个现在的视域,因为它们表现了那种我们不能超出其去观看的东西"④。其五,前见对应、依赖和从属于具体文本而生成存在。其六,前见是存量性的有限约束项,基于实践生成的待解释文本则是无限扩张的。因此,前见相对于待解释文本总是短缺的,不足以约束全部文本。

(三) 前见依赖性解释学中的"前见"与一般观念的关系

受前述属性约束,前见与一般性知识观念的区别在于以下几点。其一,前者由后者转化而来,但后者不必然呈现为前者。其二,前者指向特定具体文本,与其形成特定约束关系;后者则不与特定具体文本形成约束关系。其三,前者与特定文本有具体相关性;后者与特定文本无具体相关性。其四,前者是具体文本解释活动的内在环节;后者则不构成具体文本解释活动的内在环节。其五,前者不必然存在;后者则必然存在。上述差异,决定了不能把两者简单等同起来。

---

① [德] 汉斯-格奥尔格·伽达默尔:《真理与方法》上卷,洪汉鼎译,上海译文出版社2004年版,第347页。
② [德] 汉斯-格奥尔格·伽达默尔:《诠释学Ⅰ:真理与方法》,洪汉鼎译,商务印书馆2010年版,第383页。
③ [德] 汉斯-格奥尔格·伽达默尔:《真理与方法》上卷,洪汉鼎译,上海译文出版社2004年版,第378页。
④ [德] 汉斯-格奥尔格·伽达默尔:《诠释学Ⅰ:真理与方法》,洪汉鼎译,商务印书馆2010年版,第432—433页。

世界连续性状况对前见普遍有效在场状况的基础地位

前见依赖性解释学是否普遍有效、是否是解释学唯一可能形态，在它之外是否还存在解释学的其他形态，进而它是否有必要向解释学其他形态拓展提升，在根本上取决于它张扬的前见是否在解释中普遍有效在场，是否是解释普遍有效的内在约束项。而这些在根本上取决于世界的连续性状况。

前见依赖性解释学要具有普遍有效性，要呈现为解释学唯一可能形态，它所张扬的前见就须在解释中普遍有效在场。而这一点的前提条件则在于前见与被解释文本有内在同一性。这是因为，该解释学张扬的前见，终究是关于世界的认识。而被解释的文本则是内在于世界、被世界生成且关于世界的文本。因此，前见和被解释的文本两者属于同一世界。这意味着只有前见和被解释文本具有内在同一性的前提下，两者才能相通，前见才可能理解文本，文本也才可能被前见解释，文本被解释的结果才受前见约束，前见也才能因此而被证明在解释中有效在场。

由于前见与被解释文本两者都内在、内生于同一世界，因此，两者要具有同一性，生成前见的那部分世界和生成被解释文本的那部分世界之间在属性上就要具有某种连续性。而其要具有连续性，整体世界在本体论上就须具有连续性。量的存在就是世界连续性的存在形式。当然，海德格尔、伽达默尔为了确证前见对解释普遍有效的约束地位，已对世界的连续性进行了确证阐发。鉴于此，这里对世界具有连续性属性不做进一步论证。既然世界具有连续性，那么，按照上述分析，在基于世界连续性的解释中，前见就势必普遍有效在场。这就是说，世界的连续性根本地保障着前见在解释中普遍有效在场，从而构成了前见在解释中普遍有效在场的基础。

然而，世界还有非连续性的一面。《共产党宣言》中指出，"资产阶级时代"，"一切固定的僵化的关系以及与之相适应的素被尊崇

解释学的重建：由前见依赖性形态向非前见依赖性形态拓展

的观念和见解都被消除了，一切新形成的关系等不到固定下来就陈旧了"①。齐美尔判定："我们外在生活的飞逝的、碎片化的和矛盾的时刻，全部都融入我们的内在生活中。"②后现代主义断言，"对于今天的世界，决定论、稳定性、有序、均衡性、渐进性和线性关系等范畴愈来愈失去效用，相反，各种各样不稳定、不确定、非连续、无序、断裂和突变现象的重要作用越来越为人们所认识，所重视"③。福柯明示，"考古学并不把连续性看作应该说明其他一切的首要的和最终的材料"④，因为"历史会把间断性引入我们的真正存在之中"⑤。利奥塔认为，"后现代科学将自身的发展变为一种关于不连续性、不可精确性、灾变和悖论的理论"⑥。加斯东·巴什拉肯定，"即使在某一个别问题的历史演变过程中，我们也不能掩盖那些真实的决裂和突然的变化。这足以推翻所谓认知发展是连续的观点"⑦。因此，他主张基于科学认知中的断裂性来重构科学史。世界既然存在非连续性的一面，那就意味着对解释者而言，其既有认识与那些与其既有认知具有断裂性的被解释文本之间，就不具有相关性、相通性。按照前述前见的属性，其既有认知对这样的被解释文本就不具有前见属性，从而也就意味着对如此文本的解释不存在前见。这就是说，正是被解释文本与解释者既有认知间的断裂性这一客观因素，使前见在这种解释活动中的存在失去可能，从而也就使得这种解释活动不以前见为其内在构成变量。这表明，解释者既有认知与被解释文本间的断裂性，作为世界非连续性的具体形式，摧毁了前见在解释中普遍有效在场的可能性，从而以否定前见在解释中普遍有效在场的形式，构成了前见在解

---

① ［德］马克思、恩格斯：《共产党宣言》，人民出版社1997年版，第30—31页。
② ［英］戴维·弗里斯比：《现代性的碎片》，卢晖临等译，商务印书馆2003年版，第83页。
③ ［法］让-弗朗索瓦·利奥塔尔：《后现代主义》，赵一凡译，社会科学文献出版社2001年版，第46—47页。
④ Michel Foucault, *L'archéologie du savoir*, Paris: Ditions Gallimard, 1969, p. 227.
⑤ Michel Foucault, *Dits et écrits II 1970—1975*, Paris: Ditions Gallimard, 1994; "Nietzsche, la généalogie, l'histoire," 1971, p. 147.
⑥ ［法］让-弗朗索瓦·利奥塔尔：《后现代状态》，车槿山译，生活·读书·新知三联书店1997年版，第125—126页。
⑦ Gaston Bachelard, *Essai Sur la Connaissance Approchée*, Vrin, 1928, p. 270.

释中普遍有效在场状况的重要基础。

世界既存在连续性，也存在非连续性，但"只有两者的统一才是真的"①。这就是说，世界终究是连续性和非连续性的统一体。世界连续性的一面，保障着前见在解释中普遍有效在场；世界非连续性的一面，否定着前见在解释中普遍有效在场的可能性。这两个方面结合在一起，共同构成约束前见在解释中普遍有效在场状况的矛盾统一体形态的综合基础。

前见依赖性解释学的局限性与前见普遍有效在场命题的证伪及其解释学效应

（一）前见依赖性解释学的局限性

前见依赖性解释学的内在属性，使其具有多重局限性。其一，仅着眼于作为观念的前见来解释文本，把作为观念的前见在解释中的地位至上化，忽视"意识在任何时候都只能是被意识到了的存在，而人们的存在就是他们的现实生活过程"②，从而忽视了前见的从属性、可错性，忽视了前见本身就是有待被解释被说明的，而不能无条件地作为解释的依据、着眼点和出发点。其结果，势必使解释失去彻底性，难免陷入肤浅化、庸俗化、狭隘化状态。其二，完全依赖前见视域，仅强调解释的历时性约束而忽视其共时性约束。然而，后一约束是不可避免的，"科学研究的成果是由特定的活动者在特定的实践和空间里构造和商谈出来的"③。因此，对文本的解释需"将自我知识、自我觉知、自我理解的过程与他人的知识、他人的感知和他人的理解焊接起来"④。这意味着前见依赖性解释学势必因遮蔽解释的共时性约束，而把解释和解释学狭隘化、片面化。其三，仅着眼于前见来解

---

① [苏联] 列宁：《哲学笔记》，人民出版社 1977 年版，第 119 页。
② [德] 马克思、恩格斯：《费尔巴哈》，人民出版社 1988 年版，第 15、23、16 页。
③ [奥] 卡林·诺尔−塞蒂娜：《制造知识：建构主义与科学的与境性》，王善博等译，东方出版社 2001 年版，第 64 页。
④ [美] 克利福德·格尔茨：《地方知识》，杨德睿译，商务印书馆 2016 年版，第 84—85 页。

解释学的重建：由前见依赖性形态向非前见依赖性形态拓展

释历史，意味着仅承认历史的连续性而否定其非连续性，从而势必陷入荒谬的历史观。其四，把解释锁定于对前见的依赖状态，势必忽视约束解释的其他变量，从而把解释框架简单化、狭隘化、封闭化、僵滞化，使文本与前见无关的涵义无法绽现。其五，忽视前见的有限性、凝固性与待解释文本的无限性、常新性的矛盾，使解释学既陷入以有限限定无限、以既成性和已知性解释未成性和未知性的逻辑谬境，也陷入无视事物相关性的有条件性，把事物间相关性绝对化、无条件化的独断论泥沼。其六，忽视前见与被解释文本间相关、统一的有条件性，既存在着把既有知识观念无条件地视为前见、把两者简单混同起来的风险，也存在着陷入人为地虚构并不存在的前见及其对解释的约束的错误中的危机。其七，势必因遮蔽人运用其反思批判能力阻遏、区隔、清除前见在解释中的存在状态，从而使解释一定程度上独立于前见约束的可能性。其八，被解释文本是特定情境中解决特定问题、由特定缘由塑造而生成的文本，因而与如此确定的问题、情境、缘由相对应，被解释文本本然属性与意义势必是确定的、有限的。这决定了只能开发那些与被解释文本客观关联的前见对解释的约束作用。否则，势必扭曲遮蔽文本的本然属性，使解释及前见依赖性解释学失去科学性、严肃性和尊严。然而，前见依赖性解释学恰恰是抽象肯定一切前见对解释的必要性和意义的。伽达默尔指出："历史任务的真正实现仍总是重新规定被研究东西的意义。但是这种意义既存在于这种研究的结尾，也同样存在于这种研究的开端。"[①] 他认为，"被研究东西的意义"之所以能被"重新规定"，完全是前见依赖性解释学内在逻辑的产物。"时间距离"会使解释者的"前见"不断更新，更新了的"前见"作为解释者的新"视域"，与被解释文本"视域融合"，就会对被解释文本或唤起新的研究兴趣，或获得新的研究课题。既然对被研究东西的一切新规定，都是由"前见"随着"时间距离"的更新而实现的，而如此不断涌现的"前见"却不必然与文本本然属性相关；这样，解释本质上就成了解释者不断翻新的"前

[①] [德] 汉斯-格奥尔格·伽达默尔：《诠释学Ⅰ：真理与方法》，洪汉鼎译，商务印书馆2010年版，第400页。

见"裁剪被解释文本属性的过程，而非解释者的理解统一于被解释文本本然属性的过程。于是，解释的确定性、客观性和事物间的固有差别就消失了，相对主义成为解释的必然归宿。

（二）前见在解释中普遍有效在场命题证伪

前见依赖性解释学得以普遍有效成立的前提，在于前见在解释中普遍有效在场。海德格尔"对文本的理解永远都被前理解的先把握活动所规定"[①]的判断、伽达默尔"一切理解都必然包含某种前见"[②]的判断，都坚称前见在解释中普遍有效在场。因此，要确证前见依赖性解释学前述局限性及超越该解释学的必要性、可能性，就须证伪前见在解释中普遍有效在场这一命题。

其一，非连续性与连续性是历史的有本质区别的两种属性，不能相互替代归结。历史非连续性使得解释者既有知识观念与被解释文本间客观存在的断裂性、非连续性，必然塑造出无前见的解释形态。伽达默尔认为，"历史的连续性不再被看作流逝的时间事件再现的连续性，而是对非连续性经验提出疑问，提问非连续性如何包括连续性，在何种意义上包括连续性"[③]。"我们本身不仅就是这种环环相扣的长链中的一环，而且我们每时每刻都可能从这种源自过去，迎面走来并传承给我们的东西中理解自己。"[④]显然，其如此论述难以否定历史的非连续性，从而前见就不可能在解释中普遍有效在场。其二，既有知识观念传统是存量，无限生成的待解释文本是增量。无限生成的待解释文本，难免超出与既有知识观念传统的相关性范围，从而对无限生成的文本的解释，就难免出现无前见在场的情形。其三，从已知与未知的关系看，前见是已知世界，无限生成的待解释文本是未知世

---

① ［德］汉斯-格奥尔格·伽达默尔：《诠释学Ⅰ：真理与方法》，洪汉鼎译，商务印书馆2010年版，第415页。
② ［德］汉斯-格奥尔格·伽达默尔：《诠释学Ⅰ：真理与方法》，洪汉鼎译，商务印书馆2010年版，第383页。
③ ［德］汉斯-格奥尔格·伽达默尔：《诠释学Ⅰ：真理与方法》，洪汉鼎译，商务印书馆2010年版，第177页。
④ ［德］汉斯-格奥尔格·伽达默尔：《诠释学Ⅰ：真理与方法》，洪汉鼎译，商务印书馆2010年版，第177—178页。

界。已知世界总小于未知世界。这决定了前见不可能与未知世界全部内容相关。然而,前见普遍有效在场命题恰以已知世界与未知世界全部内容相关为前提。该前提的这种荒谬性,反证了前见不可能普遍有效在场。其四,知识观念的意识形态属性决定的异质知识观念的排斥性,使得既有知识观念未必与待解释文本相关。有论者指出:"持派别观点的人顽固地拒绝考虑或者认真地考虑对手的理论,原因不过是他们属于另一个知识营垒或政治营垒。"[①] 知识观念间的这种相互区隔,使得解释未必有前见约束。[②] 因此,解释者对异质范式、知识型构成的文本的解释,就不必然有其前见。其五,反思性、批判性等能动性,使人有可能阻隔前见介入解释。前见是知识观念,对前见的反思批判是主体性能力的运行,故前见和对前见的反思批判并非同一领域的事物。不过,这种反思批判的实质,并非某种主观性的前见在起作用,而是历史本身具有的非连续性客观属性和客观要求的绽现与满足形式。所以,伽达默尔关于"启蒙运动反对前见本身就是一种前见"[③] 的命题,既偷换了论题,也只是就事论事地仅在观念限度内理解前见。因此,主体性能力对前见普遍有效在场可能的排除,并不因伽达默尔如此判断而失去有效性。其六,"人的思维是否具有客观的真理性"[④] 问题的实践性,使得文本的解释终究是为实践决定的,从而前见在解释中就未必在场。对此可能的异议是,实践包含着前见。对此异议的反驳是如下。第一,初始实践不存在前见。第二,实践可能遭遇的暂时无法解释和解决的难题的根源,在于该难题具有"不可辨识之物"的属性。[⑤] 而实践遭遇该"不可辨识之物",就意味着既有知识观念与该物无相关性,以至于对其无法辨识。可见,实践不必然内蕴前见。第三,颠覆性实践往往通过清除前见来完成。一论者指

---

① [美] 路易斯·沃斯:《序言》,载 [德] 卡尔·曼海姆《意识形态与乌托邦》,商务印书馆2000年版,第17页。
② 刘北成:《福柯思想肖像》,上海人民出版社2001年版,第145页。
③ 洪汉鼎:《伽达默尔的前理解学说》(上),《河北学刊》2008年第1期。
④ [德] 马克思:《关于费尔巴哈的提纲》,《费尔巴哈》,人民出版社1988年版,第84页。
⑤ [法] 阿兰·巴迪欧:《存在与事件》,蓝江译,南京大学出版社2018年版,第361页。

出，与规则一致的事实"不能告诉我们任何新东西。于是，正是例外变得重要起来，我们不去寻求相似；我们尤其要全力找出差别"①。这就是说，颠覆性实践正是在异于前见的逻辑中实现的。其七，生活可能"突然出现的较大的且又令人忧虑的中断了连续生活进程的事件"②，及其"对全新的更高级的生活向往的突然唤醒、号召，使人摆脱无所事事状态的告诫和对今后生活举足轻重的遭遇等"③ 非连续性事件，难免不瓦解人的既有知识观念，从而使前见在解释中普遍有效在场就此失去可能。其八，前见作为观念对存在的根本依赖性，决定了解释的根本依据与着眼点，进而在解释中普遍有效在场的是存在的客观要求而非前见。前见在解释中的地位始终是相对的、有条件的、从属性的，终究要被存在所替代和置换，从而在解释中不可能普遍有效在场。

（三）前见在解释中普遍有效在场命题证伪的解释学效应

其一，该证伪表明，前见并非解释普遍、必然的构成环节，前见依赖性解释学仅对前见在场的解释有效，仅在一定范围成立，前见依赖性解释学以前见为恒常在场要件，建构的解释学基本框架相应地就坍塌了。其二，该证伪意味着受前见约束仅是解释活动可能的形态之一，前见依赖性解释学仅是解释学可能的形态之一，这就使得解释和解释学进一步的形态绽现成为可能。其三，该证伪使对解释的理解得以摆脱历时性取向的桎梏，解释学由历时性形态向共时性形态拓展的必要性、可能性就得以绽现。这就既丰富了解释学的具体形态，也使得其不同形态的综合成为可能，从而有助于解释学层级的提升和实现解释学的重建。其四，该证伪对解释学多样性的上述彰显，使得解释学循环除施莱尔马赫主张的总体与部分间的循环、海德格尔阐发的前见与文本间的循环外，呈现出诸如文本与环境间的循环，以及文本自

---

① ［法］昂利·彭加勒：《科学与方法》，李醒民译，商务印书馆2006年版，第9页。
② ［德］博尔诺夫：《教育人类学》，李其龙译，华东师范大学出版社1999年版，第62页。
③ ［德］博尔诺夫：《教育人类学》，李其龙译，华东师范大学出版社1999年版，第58页。

解释学的重建：由前见依赖性形态向非前见依赖性形态拓展

身逻辑、文本影响与文本所承受的影响间的循环等多样形态。其五，该证伪着眼于待解释文本的生成所依赖的社会存在来解释文本，从而为构筑非前见依赖性解释学提供了契机。

非前见依赖性解释学在场的可能性

前见在解释中普遍有效在场命题的证伪，使得以前见在解释中普遍有效在场为前提和基础的前见依赖性解释学的普遍有效性随之被证伪。这种证伪意味着没有理由把前见依赖性解释学视为解释学的唯一、全部或仅有形态。因此，探讨非前见依赖性解释学在场的可能性，就是解释学发展和重建的必然选择。

所谓非前见依赖性解释学，即以无前见约束的解释活动或以不着眼于前见约束进行的解释为研究对象的解释学。其在场的可能性具体呈现如下。其一，如前述，前见以历史连续性为前提。因此，基于历史非连续性生成的待解释文本，势必超出传统视野和逻辑，无与之关联的前见，也是前见无法解释的文本。所以，对这种文本的解释就必然无前见在场，从而非前见依赖性解释学的在场就因此得以可能。其二，既有知识观念的有限性与待解释文本无限性的矛盾，决定了前者未必都与后者相关。其三，卡尔·海森堡以揭示世界不确定性为主题的"测不准原理"显示，不确定性世界无确定联系。因此，对该世界的解释就难以生成前见。"哥德尔明确指出，算术系统中存在着一种在系统内既无法证明也无法证伪的命题，这意味着算术系统不能满足完备性条件"[1]，从而势必存在缺环、非连续性。上述定理既然彰示了文本不必然有其前见，那么，非前见依赖性解释学的在场就成为可能。其四，托马斯·库恩揭示了"范式"不可通约性的实质，即不同范式是相互封闭隔绝的。不同理论范式间这种相互封闭、相互隔绝、不可通约性的关系，决定了与待解释文本不享有相同范式的解释者，与待解释文本就不可能共享在逻辑上具有连续性的传统，从而也

---

[1] ［法］让-弗朗索瓦·利奥塔尔：《后现代状态》，车槿山译，生活·读书·新知三联书店1997年版，第151页。

401

就不可能基于此生成关于待解释文本的前见,进而也就使得非前见依赖性解释学的在场成为可能。其五,世界的无限性呈现时空两个维度。一事物之所以是新的,可能仅由于它是空间性而非时间性维度中完全异质的事物。德里达关于"一般见识并没有绝对的源泉"①,从而反对任何事物都有其起源的命题,正是对把历时性作为解释世界的霸权性原则的逆动。这就意味着并不存在与由历史横向裂变拓展生成的文本相对应的前见。这一事实,就使得非前见依赖性解释学的在场得以可能。其六,实践对认识前述的终极基础地位②,决定了支配解释的根本力量是实践而非前见。实践未必存在与化解其遭遇的全新挑战相关的前见,从而挑战的化解就需通过实践探索来完成。实践文本的解释超离前见的这种可能性,使得非前见依赖性解释学的在场成为可能。其七,海德格尔强调"上手状态和现成在手状态的区分,并主张上手状态的优先性"③,认为"只是对物作'理论上的'观看的那种眼光缺乏对上手状态的领会"④。这就是说,事物当下显现的现实属性,是通过人与事物的现实互动显现的。人无法预知未与人互动的事物未向人显现的潜在属性。显然,这种"上手状态"使得对事物的解释成为可能的机理,瓦解了解释对前见的依赖,使得非前见依赖性解释学在场成为可能。

解释学的重建:由前见依赖性形态向非前见依赖性形态拓展

由前述分析可得出以下几点。其一,前见在解释中不可能普遍有效在场,前见依赖性的解释活动并非解释活动的全部形态,前见依赖性解释学并不具有普遍有效性,也不可能是解释学的全部形态或唯一可能的形态。其二,前见依赖性解释活动,进而前见依赖性解释学的

---

① Jacques Derrida, *Of Grammatology*, Baltimore and London: The Johns Hopkins University Press, 1976, p. 65.

② [德] 马克思:《关于费尔巴哈的提纲》,《费尔巴哈》,人民出版社 1988 年版,第 84 页。

③ Richard Bernstein, *The Pragmatic Turn*, Cambridge: Polity Press, 2010, p. 20.

④ [德] 海德格尔:《存在与时间》,陈嘉映、王庆节译,生活·读书·新知三联书店 1987 年版,第 86 页。

解释学的重建:由前见依赖性形态向非前见依赖性形态拓展

有效性范围,仅限于对基于历史连续性生成的待解释文本的解释和研究。其三,对于前见依赖性解释活动、前见依赖性解释学而言,其所依赖的前见本来就是一种依赖性、从属性变量,需被解释和被说明,无独立性和自足性可言,从而不足以作为解释文本的根本性依据、着眼点和出发点,进而其关于文本的解释势必是不彻底的。其四,前见依赖性解释活动、前见依赖性解释学只有奠基于作为前见、作为待解释文本由以生成的终极基础之上,并基于该终极基础内在的属性和要求,来解释文本、来引领解释活动,才具有相对科学性、有效性、可靠性。而该终极基础只能是前见与被解释文本由以生成的社会存在基础。其五,"一切历史的第一个前提"是"人们为了能够'创造历史',必须能够生活。但是为了生活,首先需要吃喝住穿以及其他一些东西。因此第一个历史活动就是生产满足这些需要的资料,即生产物质生活本身"①的活动。"因此,道德、宗教、形而上学和其他意识形态,以及与它们相适应的意识形式便不再保留独立性的外观了。它们没有历史,没有发展,而发展着自己的物质生产和物质交往的人们,在改变自己的这个现实的同时也改变着自己的思维和思维的产物。不是意识决定生活,而是生活决定意识。"②这意味着作为意识、观念的前见,只能依赖"生产物质生活本身"这一基本前提条件而生成,为其所决定并随其演化而演化。这决定了前见依赖性解释活动、前见依赖性解释学不足以独立自主、根本有效地解释文本,不足以透彻、完整地诠释规范并引领整个解释活动。其六,生存作为人的一切思想和行动的终极前提,有其客观规律和现实法则,那么,作为人生存具体内容的被解释文本的生产和对被解释文本的解释,就势必会自觉不自觉地按照生存客观规律和现实法则,而非按照前见进行的。前见本身在终极意义上不过是生存客观规律和现实法则的凝聚与表达,在根本上统一于生存客观规律和现实法则,而不是独立的、自足的。就此而言,对文本的解释在终极意义上是受生存客观规律和现实法则规范的,从而就呈现为零前见或无前见的解释。这表明,解释

---

① [德] 马克思、恩格斯:《费尔巴哈》,人民出版社 1988 年版,第 15 页。
② [德] 马克思、恩格斯:《费尔巴哈》,人民出版社 1988 年版,第 23 页。

活动本质上是非前见依赖性解释活动，从而是前见依赖性解释学所不能涵盖和解释的。其七，无前见约束、不依赖前见的解释既是可能的，也是以多样性形式存在的，从而非前见依赖性解释学的在场也是可能的。

基于上述内容可判定如下。一方面，前见依赖性解释学因其局限性，有待被矫正和提升；另一方面，基于历史非连续性和前见的从属性、次生性对客观存在的依赖性等缘由，而势必合法出场在场的非前见依赖性解释活动，与前见依赖性解释活动完全异质，从而是前见依赖性解释学无法说明的解释活动。这两个方面结合在一起，就客观地期待和要求重建解释学，实现解释学由前见依赖性形态向非前见依赖性形态拓展、提升。

那么，非前见依赖性解释学具体规定性究竟是怎样的？作为其研究对象的非前见依赖性解释活动，不依赖前见究竟如何来解释文本？对此，不难从唯物史观中找到有效解答的基本思路。从唯物史观视角来看，任何待解释文本，都是基于物质生活的生产这一历史得以可能的根本基础生成的社会结构的内在环节，其属性势必为该社会结构约束；所以，物质生活的生产及其支撑的社会结构，就构成理解任何待解释文本的根本依据。唯物史观这一基本判断，在逻辑上势必使得非前见依赖性解释活动，无可争辩地呈现为两种类型。一是不存在前见，从而不依赖前见的非前见依赖性解释活动；二是存在前见、但前见不构成解释文本的根本依据、在解释中仅居于从属性地位的非前见依赖性解释活动。也就是说，前一类型之所以是非前见依赖性的，是因为其中不存在前见；后一类型之所以是非前见依赖性的，是因为其在根本上依赖于待解释文本由以生成的物质生活的生产及其支撑的社会结构，而非其中尽管存在、但却依附于待解释文本由以生成的物质生活的生产及其支撑的社会结构而存在，且其有效性限度也为其所依附对象限定的前见。进一步看，唯物史观的逻辑之所以使非前见依赖性解释活动绽现为无前见的非前见依赖性解释活动，和不为前见主导的非前见依赖性解释活动，根本理据在于以下两点。其一，生产方式革命导致的历史纵向断裂、地理环境横向差异导致的历史横向区隔，使得对基于此生成的文本的解释活动不存在前见；其二，解释活动中

解释学的重建：由前见依赖性形态向非前见依赖性形态拓展

即使存在前见，前见也终究是观念性约束项，因此，其在解释活动中的地位在根本上是从属性、依赖性的，解释活动由以展开的根本性、主导性、基础性依据，只能是待解释文本由以生成的生产方式基础及其支撑的社会结构。

唯物史观对解释活动根本依据的上述彰示、对非前见依赖性解释活动基本类型的上述绽现，使得非前见依赖性解释学也相应地呈现为两种基本形态。一是基于世界非连续性，主张解释活动无前见存在，从而着眼于待解释文本由以生成的社会存在基础及其支撑的社会结构，来解释文本的解释学形态。该形态本质上是无前见约束的非前见依赖性解释学。二是基于世界连续性，以待解释文本由以生成的社会存在基础及其支撑的社会结构为主导性、支配性依据，以前见为从属性、参考性依据，来解释文本的解释学形态。因此，该形态本质上是一种非前见主导性的非前见依赖性解释学。

从前述分析看，前一形态的非前见依赖性解释学所要求的解释文本的逻辑呈现为以下几点。首先，揭示待解释文本由以生成的生产方式基础的性质、时代合法性及其内在要求；其次，判定其在基于该基础而生成的社会结构中所处环节、所归属的层次，进而判定其与该社会结构的生产方式基础内在要求间的关系，并据此判定其属性和意义；最后，着眼于其由以生成的具体环境、由以被生产的具体动机、其对生产者的意义和实际作用，来理解其属性与意义，最终完成对其的解释。当然，"全部社会生活在本质上是实践的。凡是把理论引向神秘主义的神秘东西，都能在人的实践中以及对这个实践的理解中得到合理的解决"[①]。所以，基于上述着眼点的解释，最终都须呈现为基于具体实践状态的解释。

从前述分析来看，后一形态的非前见依赖性解释学所要求的解释文本的逻辑呈现为以下几点。首先，揭示待解释文本由以生成的生产方式基础的性质、时代合法性及其内在要求；其次，判定待解释文本在该基础支撑的社会结构中所归属的具体环节，从而据此判定其社会

---

① [德] 马克思：《关于费尔巴哈的提纲》，《费尔巴哈》，人民出版社1988年版，第85页。

历史属性和意义；再次，基于待解释文本的生产方式基础及其支撑的社会存在结构的性质、时代合法性与内在要求，对作为解释活动中介的解释者前见的性质及其合法性限度予以分析评判，以去伪存真；又次，着眼于经由上述环节评判和矫正了的前见，与待解释文本由以生成的生产方式基础及其支撑的社会结构的性质、时代合法性与内在要求的结合，来理解待解释文本的属性与意义；最后，着眼于待解释文本由以生成的具体环境与具体动机、对生产者的意义和实际作用，来理解其在由以生成的具体环境中的属性与意义，以完成对其的解释。

显然，上述两种形态分别服从的不同解释逻辑，都以文本由以生成的社会存在基础及其支撑的社会结构为解释文本的根本依据。这既使其统一了起来，也使其与前见依赖性解释学根本地区别了开来。而是否有前见介入，并把前见作为解释文本的从属性参考依据，则彰显了非前见依赖性解释学的内在差异及其完整性、彻底性。当然，非前见依赖性解释活动的具体类型是多样的，因此，上述解释逻辑在非前见依赖性解释活动不同类型中的具体作用形式势必是不同的。

结　语

其一，前见的观念本质使得前见依赖性解释学实为一种意识依赖论的解释学。"意识在任何时候都只能是被意识到了的存在，而人们的存在就是他们的现实生活过程。"[①] 因此，该解释学主张的依赖前见进行的解释就不具有彻底性，解释的结论终究只是一种半成品而非完整的成品。

其二，前见依赖性解释学是着眼于前见而非从文本出发解释文本，因此，文本属性是怎样的不取决于文本，而取决于外在于文本的前见。可见，它本质上是一种外在规定论的解释学，因此它主张的解释难免不具有外在强制性地赋予文本所不具有属性的风险。

其三，在以多元性、断裂性、差异性为根本规定性的现代性条件

---

① ［德］马克思：《关于费尔巴哈的提纲》，《费尔巴哈》，人民出版社 1988 年版，第 15 页。

下，对前见依赖性解释学的膜拜和盲从，既存在着与多元性、非连续性、多频度性的现代性生活相隔膜、相脱节的可能，也存在着陷入把现代性生活简单化、模式化的逆现代性冲动的危机。就此而言，前见依赖性解释学的极端发育，不但锈蚀着解释学理论生态的健康，而且可能孵化出现实社会生活的病态格局。所以，对前见有依赖性解释学的反思、批判和矫正，不仅是一个承载着学理性意蕴的过程，而且是一个浸润着现实介入性关怀效能的过程。

其四，待解释文本终究生成并根本地依赖于其社会存在基础，从而呈现为该基础的间接存在形式；相应地，该基础的客观属性也就以内化于待解释文本中的形式，塑造和规定该待解释文本。就此而言，上述非前见依赖性解释学基于待解释文本由以生成的社会存在基础来解释文本，就是基于文本本身来解释文本，从而是一种内在规定论的解释学。这就与前见依赖性解释学前述外在规定论的本质区别开来。

其五，对非前见依赖性解释学和前见依赖性解释学而言，社会存在对社会意识的终极基础地位。决定了前者构成后者科学性的前提和基础。决定了后者科学性状况取决于其对前者的统一性状况；决定了后者只有与前者相融通，并为后者所规范，其科学性才能得到保障。

其六，从既有观念出发理解文本，在当下实践和理论研究中仍是人们不自觉的常态性选择。例如，"企业在转型中难免遇到来自自身的阻力，太习惯于过去的模式，而不根据时代环境去改变。学界也有类似问题，过度依赖熟悉的思维定式，为了捍卫价值主张而排斥事实，思想上变得钝化保守"①。"学界通过现有的范式来尝试解释中国的经济崛起，忽视了其特殊的发展道路，以至于对中国模式缺少理解与包容，无法公平理智地进行研究。"② 实践和理论研究中对前见的这种不自觉依赖，势必阻滞创新发现。因此，正视和开发非前见依赖性解释学内蕴的超越传统、追求创新的功能，在当下尤为重要和迫切，而促使和驱动该解释学在实践和理论研究中普遍有效在场，就构成学界的迫切使命。

---

① 刘俏：《中企须创造价值而非一味追求规模》，《联合早报》2019年7月29日。
② 刘俏：《中企须创造价值而非一味追求规模》，《联合早报》2019年7月29日。

其七，非前见依赖性解释学的出场，彰示着文本的历史视域和解释者的当下视域存在着隔膜、脱节、疏离的可能，从而意味着解释不只存在着视域融合的可能性、必要性，也存在着视域阻断、隔绝、脱节、独立、反思、批判的必要性与可能性。这就使得前见依赖性解释学主张的基于"视域融合"的"效果历史"不必然出现，从而使得前见依赖性解释学建构的"前见""视域融合""效果历史"等核心概念一统天下的解释学理论景观，一定程度上被改写和扩展。

"意图"之辨与学术范式的建构

王艳丽

【内容摘要】 作为阐释学最基础的理论概念,"意图"观对于人文社会科学研究具有重要的根基性意义。21世纪以来,无论从社会历史发展还是学术脉络演进来看,建立一种能与研究文本完美契合的学术范式已经成为一种迫切需要和必然趋势。文学意图研究在近几年取得深入进展,它建基于对当下学术现实的有力反思——过度强调读者意图使阐释走向相对主义和虚无主义,深入剖析其产生的社会历史和学术原因,呼唤作者意图重新登场,并在动态系统中对作者意图、读者意图、文本意图给予新的定位和理解,探索更为合理的意义生产方式,力图达到研究范式与文本的共鸣。意图之讨论有益于人文社会科学学术范式的建立,对人文学者的学术观念也有匡正之意义。

【关 键 词】 意图　阐释　学术范式　学术史
【作　　者】 王艳丽,吉林省社会科学院研究员。

"意图"是阐释学的基础性概念。在西方阐释学发展史上,无论是对意图的苦苦追索,还是后来对意图的排斥与否定,意图始终是阐释学的核心问题之一。尤其是在"新批评"之后,"反意图"浪潮汹涌澎湃,但并没有淡化意图问题本身的热度,反而是以反向的形式再次把意图推到前台,西方阐释学界出现了重新审视意图的研究趋势。[1]

---

[1] Irwin William, *Death and Resurrection of the Author*? Westport Conn.: Greenwood Publishing Group, 2002.

相比较而言，在相当长的时间里，意图问题在国内没有受到应有的关注，直到21世纪以来，尤其是在明确提出三大体系建设目标之后，意图逐步成为文学阐释学基础理论研究的热点。

意图何以成为问题：更深层次的追索

20世纪之前，尤其在现实主义、浪漫主义作为文学主潮时期，作者意图在文本阐释中一直占有绝对的优势地位，意图并没有成为"问题"。而"20世纪40年代以来，当代西方文艺理论的总体倾向是，否定文本意图存在，否定意图对阐释的意义，绝对地抛开作者及文本意图，对文本作符合论者目的的强制阐释，推动文本阐释走上相对主义、虚无主义的道路"①。特雷·伊格尔顿曾将西方文学批评概括为三个阶段，即全神贯注于作者阶段（浪漫主义和19世纪）、绝对关心作品阶段（新批评）以及近年来注意力显著转向读者阶段②。上述中国学者对西方文艺理论的深刻判断直指"读者阶段"的阐释弊病。要解决阐释中存在的相对主义、虚无主义问题，就必须对意图问题进行深层追索，探究意图为何退场、意图究竟要如何定义、其作用是什么、意图是否能够再次登场等重要问题。

作为人类文明的一部分，文学或者说人文社会科学，从来就不是孤立存在的，即使是极端抬高文本自足意义的形式主义批评家，也没有否认文学与其他"社会系列"之间的关系。在笔者看来，作者意图在"在场"与"不在场"之间的嬗变，既是理论自身发展到一定阶段的产物，也是社会历史发展的折射。从文学阐释理论的发展来讲，阐释学从最初"指专门用于解释圣经的释义法则"，到19世纪以来"逐渐被用来指代一般释义理论"，成为对理解"一切文字文本含

---

① 张江：《"意图"在不在场》，载邵汉明、陈玉梅主编《文本的意义之源——"意图"与"阐释"的讨论》，中国社会科学出版社2018年版，第1页。

② ［英］特雷·伊格尔顿：《二十世纪西方文学理论》，伍晓明译，陕西师范大学出版社1987年版，第83页。

义的原则和方法的阐述"①；其所面对的作者和文本经历了一个由"神"到"人"的变化，作者意图、文本意图也因此逐渐式微，与之对应，"读者"的地位不断提高。从具体的阐释操作来看，有学者认为，意图的"退场"，与"作者意图"自身的特点（或者说缺陷）不无关系。从创作上讲，由于各种因素的限制，作者并不能在作品中完美地实现自己的意图；从批评上讲，确定意图在场容易，而让批评者准确无误地把握作者意图却是不可能的事；从阅读接受来讲，任何读者都是带着自己的"前见"去理解作品，读者意图在操作力上大于作者意图。② 那么接下来的问题是，作者意图的特点（或者说缺陷）与生俱来，为何在19世纪之前它能独领风骚，而到了20世纪后却遭到冷落和摒弃？陈晓明把这个问题放到更大的学术背景里考察，认为作者的退场至少与三点相关。第一，"新批评"借英语文学兴盛之机扩大了影响力，而这背后的推动力则是"第一次世界大战英国殖民主义向世界的扩张，以及20世纪兴起的全球化和世界主义的浪潮"；第二，科学主义的兴起，使文本成为一个"严密的语言和符号世界"，从科学实证的角度来看，作者意图无法量化，也无法证实与证伪；第三，在语言分析哲学的影响下，20世纪70—80年代美国文学批评出现理论化趋势，细密深奥的文本细读分析占据上风。③ 其实，"新批评"与"语言分析哲学"都与科学主义相关，在这次科学主义的浪潮后，文本被推向前台。但在周宪看来，作者意图论和文本意图论两种阐释观点，看似针锋相对，其实质却是相同的，即一元论；他们都想寻求文本的一元解释，找到一种具有科学性的解释范式，而这种科学主义的动向是不符合作为人文学科的文学理论的性质和历史的。④也有学者从另外的角度指出，"反意图"只是一个表象，"各种反意

---

① ［美］艾布拉姆斯、哈珀姆：《文学术语词典》，吴松江等编译，北京大学出版社2014年版，第353页。
② 赵炎秋：《作者意图和文学作品》，载邵汉明、陈玉梅主编《文本的意义之源》，第111—122页。
③ 陈晓明：《"意图之殇"与作者之"向死而生"》，载邵汉明、陈玉梅主编《文本的意义之源》，第94—110页。
④ 周宪：《关于解释和过度解释》，《文学评论》2011年第4期；周宪：《作为阐释学根据的公共理性》，《探索与争鸣》2020年第1期。

图的理论背后其实隐藏的是反本质主义的思想动向"①。

　　以上分析固然都有其合理性，但是，笔者更愿意在更深层次或者说更"远端"去追索其背后的推力。斯蒂芬·柯里尼曾指出，之所以阐释的问题得到热烈讨论，是因为"'经典'以及与此有关的研究方法所赖以形成、所赖以立足的社会观念与种族观念在当今世界上不像以前那样轻而易举地享有主导地位"②。他认为，这些背景的呈现，可能对于问题本身的澄清没有多大意义，但是却可以解释为什么公众社会会对"阐释"这个神秘莫测的问题给予强烈的关注；其中的原因在于，阐释是对更深刻的社会历史变迁的一种折射，同时阐释也对社会生活产生能动的力量，成为与人的生活密切相关的要素。

　　21世纪以来，尤其是在最近的意图问题讨论中，"现代性"成为与阐释关联的话题。有论者指出，在反作者意图的浪潮中，"文学理论质疑的是作者的意图能否被得到、被定义或被限制——以及是否可以说作者的意图限制和定义了阐释"。如果认定作者定义了阐释，那么在文本意义的阐释上，唯一的作者成为共性的代表，而代表个性（特殊性）的读者则被取消，而这正是"现代性的大问题"——"现代性的基础正是每个个体都与其他人一样具有个性这一悖论：现代西方主体的个体性是独特的、唯一的、例外的，而正是这点使得他或她同时又是可普遍化的"③。在这种意义上可以说，作者意图与读者意图无休止的纠结正是现代性不可解决的悖论。

　　意图和阐释与现代性之关联将问题引向存在论的层面，这正是阐释学在海德格尔处发生的转向，在伽达默尔那里所得到的深入发展。在伽达默尔看来，"我们一般所探究不仅是科学及经验方式的问题——我们所探究的是人的世界经验和生活实践的问题"④。马西

---

① 段吉方：《意图与阐释：作者意图回归的挑战及其理论可能》，邵汉明、陈玉梅主编：《文本的意义之源》，第198页。
② [意]艾柯等著，[英]柯里尼编：《诠释与过度诠释》，王宇根译，生活·读书·新知三联书店1997年版，第5页。
③ [英]安德鲁·本尼特：《诗学和文学理论中的意义和范例性》，杨琼译，载邵汉明、陈玉梅主编《文本的意义之源》，第93页。
④ [德]汉斯-格奥尔格·伽达默尔：《诠释学Ⅱ：真理与方法》，洪汉鼎译，商务印书馆2010年版，第554页。

莫·里奥尼正是在这个意义上，将阐释活动与人的独特性及对人的独特性的尊重结合起来，与反对种族主义结合起来。进而他又在比喻的意义上指出，对于文本的忠实所反映的是对他人独特性的忠实，"这种忠实度的基础，是一个人调整自己的特性，而与另一个人的特性相适应的道德要求"①。

在将意图问题带入其学术背景、社会背景、历史背景进行甄别辨析后，我们发现，作者意图的在场和退场，总是在普遍/唯一/确定与个性/多元/不确定的张力场中展开，任何一方成为极端，必定导致对立方的反弹。当下这场意图讨论的热潮，正是在读者意图、理论意图被过分强调导致文本不被尊重、作者被放逐、文本意义相对化以至虚无化的背景下展开的。

21世纪以来国内意图研究所涉及的两大理论核心问题如下。何为意图，即意图概念的界定及意图的存在方式；意图何为，即意图在文本阐释中的作用是什么及其与意义之间的关系。

何为意图：丰富与深入的前提

上文所论"意图"是在"作者意图"的意义上展开的。在新批评代表作《意图谬见》中"意图"被如此定义："'意图'这个词一如我们对它的用法，就相当于常话中所说的'他已打算好的事'，这一点已经为大家所普遍地明确接受或者是默认。'为了要了解一个诗人的作品，我们必须先知道他的意图是什么。'所谓意图就是作者内心的构思或计划。意图同作者对自己作品的态度，他的刊发，他动笔的始因等，有着显著的关联。"②

正如维姆萨特和比尔兹利所说，在通常的情况下，我们已经习惯于将"意图"默认为"作者意图"，理解为"作者内心的构思或计

---

① [意]马西莫·里奥尼：《高保真、低保真、无保真与无线保真阐释——与张江教授关于文本意图问题的讨论》，权达译，载邵汉明、陈玉梅主编《文本的意义之源》，第134—149页。

② [美]维姆萨特、比尔兹利：《意图谬见》，载赵毅衡主编《"新批评"文集》，中国社会科学出版社1998年版，第209页。

划",然而这种对于"习惯"的想当然的接受的确缺乏理论上的细致辨析,亟须丰富和深入。"意图"作为将主观意向客体化的一个词汇,其复杂性胜于人类主观意识的复杂,又涉及主客体的转化及阐释的链条,因此其复杂性成倍增长,任何定义都将是理论的冒险。"意图涉及文学活动的各个方面,不能从某个单一的角度对之加以规定。"① 正是基于这样的考虑,在意图概念的界定上,很多研究选择了"迂回"的方式,即放弃机械静态的观点,在一个动态的系统中来认识意图,以确保概念的精准。

在文学活动的动态系统中,意图首先是一种过程性、关系性存在。"文学艺术作品的形成是一个生产过程……在意图的指引下,处于创作过程中的作者克服材料的外在性,在一个创作兼制作的过程之中,形成富有意义的整体。"② 文学的过程性决定了意图的过程性,任何要素性质的、静态的理解都只能展现意图的一个侧面而已。同时意图又是"一个存在于作者、作品和读者之间的关系性范畴",因此完整的意图概念必须包含不同的层面,即作者意图、作品意图和读者意图。③ 这样的认识,完整呈现了意图的各个面向,同时也勾画出要素间清晰的关系链条。

在宏观的动态系统与关系链条下,意图概念的研究向两个方面展开。一是要素研究,在每一个具体的层面深入;二是关系研究,阐明各要素之间不同的关系类型及其对意图问题的影响。

从要素研究来看,无论是"意图"还是与之紧密相关的"意义",都呈现出不断深入细化的研究趋势。早在一百多年前,英国学者维多利亚·维尔比夫人在《什么是意义?》一书中,从符号学的角度将意义区分为三个层级,即"感知""意图""意味",它们同时也是形成意义活动的三个阶段:"首先便要对最基本的语境(上下文,或一切可直接感知的因素)进行感知,完成信息的接收与整合;随后,进入'翻译—解释'符号的第二个阶段,即由言说者或符号使用者的主观意图所确立的新的'语境',以此进一步裁定符号的意义;

---

① 汪正龙:《论文学意图》,《文学评论》2002 年第 2 期。
② 高建平:《作为阐释活动中预设存在项的作者意图》,《探索与争鸣》2020 年第 4 期。
③ 汪正龙:《论文学意图》,《文学评论》2002 年第 2 期。

最后，已有符号的意义要与时代背景以及预想价值所确立的语境展开对话，在进一步确知意义的基础上获悉'意味'。"①按照这一理论，"意图"是意义生产的一个阶段，而"意义"最终要以"意味"的方式呈现。"作者意图"在威廉·欧文的《意图论与作者建构》中得到进一步深化。他指出，在阐释学中存在"作者"和"源作者"，两者"在本质上有显著区别，作者是（或曾经是）真实的人，源作者却是思维建构"。意图论所建构的作者是源作者，他与作为历史人物的作者、文本中的作者既有重合又有差异。欧文确定意图的真实性，但却提醒，"意图真实论具有'假设性'（或者说'理论性'），我们坚信作者意图，也可以说作者建构，始终保持开放性，随着新证据的积累始终处于修正之中"②。关于意义，张江以逻辑学为视角，提出作品的意义有三个层次——意蕴、可能意蕴、意蕴可能，分别指文本清晰可见的本义、文本有待开发的隐含义、读者从文本中创造的衍生义。③而李春青则认为此种分类方法过于烦琐，更可行的是将文本的意义区分为"显"和"隐"两种，分别指已经实现和正在实现的意义，以及尚待实现和可能实现的意义。④从以上研究可见，与意图问题相关的各要素，在一个动态的系统中、在多学科的视野下逐渐走向深入细化，其复杂性逐步呈现的同时，也更指向了阐释的可操作性。

就关系研究而言，以作者意图与文本意图为例。南帆认为，"人们必须共同确认的基本文学事实是，一部文学作品出自某一作者之手，以书籍或者相似的形式发表、传播，并且获得阅读。作者'意图'以及作者、文本、读者三方面的关系将在这个基本事实之内加以考察"，进而他将作者意图与文本意图之间的关系分为三种类型。文本意图与作者意图重合，文本部分实现作者意图，作者没有明确意识到的意图。"所谓的三种类型可以证明，一个文本是作者'意图'与

---

① 孙凤、屠友祥：《表意学"意义三分"问题探讨》，《文艺理论研究》2018年第6期。
② [美] 威廉·欧文：《意图论与作者建构》，杨建国译，载邵汉明、陈玉梅主编《文本的意义之源》，第45—59页。
③ 张江：《论阐释的有限与无限——从π到正态分布的说明》，《探索与争鸣》2019年第10期。
④ 李春青：《从意义的二重性看阐释的辩证法》，《探索与争鸣》2020年第3期。

语言符号不同形态的交汇。"这三种类型的划分极为重要,它首先指出了新批评的理论弊病,即"认为语言符号自成一体,作者意图没有价值",从而割裂两者间的关系;其次,揭示出作者意图表达的曲折性——"作者'意图'与文学语言符号体系顽强的搏斗",而这种搏斗是文学发展动力之一和重要事实;最后,提示作者意图与文本意图的差异性,明乎此方可有更精到的文本阐释。[①]

无论是要素研究还是关系研究,事实上都旨在探寻"如何"进行意图研究,但是,这种路径和方法的探讨,都有意或无意规避了另外一个前提性的问题——有没有和在不在。即在文学活动中有没有作者意图?在文学文本中,作者意图还在不在?这本是一个不该成为问题的问题,是基本常识。但恰恰是这个基本常识,却遭遇到了质疑与颠覆。从维姆萨特和比尔兹利的"意图谬误",到克莱夫·贝尔的"有意味的形式",再到罗兰·巴特的"纸上的生命",都在努力消解和否定作者及其意图的存在,否定意图对阐释的意义。从宏观的角度来讲,这种努力主要出于两种动机。一是建构文本的自足性,从而追赶与迎合科学主义的浪潮。这种追赶与迎合的努力,暴露的是在科学主义浪潮席卷全球背景下文学研究者的自我焦虑,于是,在文本自足性的想象中衍生出抛弃作者意图的"向内转"冲动。二是为读者地位的抬升在理论上清除障碍。在文学接受活动中赋予读者阐释权理论上的主导性,符合20世纪以来西方社会"去中心化""去本质主义"的社会思潮,同时也与西方社会所主张的个体个性吁求相呼应。事实上,科学性的建构、读者阐释地位的确立,以及若干与此相关的其他问题,都有其价值与合理性,但其前提,必须是承认事实、尊重事实,即在认同作者意图客观存在的基础上研究与探讨,否则就会陷入误区。

意图何为:探寻更为合理的意义生产模式

意图之所以成为阐释学的基础问题,是因为关于阐释中作者意

[①] 南帆:《作者、读者与阐释的边界》,载邵汉明、陈玉梅主编《文本的意义之源》,第34—44页。

图、文本意图、读者意图以及其他一些相关问题的讨论，最终归结为一个"意义"优先权的问题，即文本的主导意义由谁来确定。如果说寻求意义和价值是人文社会科学研究的终极旨归，那么这个问题的重要性就不言而喻了。正如理论史所显示的那样，"意义的优先权"经历了由作者到文本再到读者的变化过程，且对任何一个要素的极端强调都会引发反弹。因此，阐释学理论要有所突破，必须改正极端化的弊病，寻求一种新的理论方向。

如前所述，"意图"处于一个动态系统中，那么文本的意义也不能停留在静态机械的状态。以往强调"作者"或"文本"抑或是"读者"为意义优先决定者的做法，周宪称之为"一元论"，曾军则称之为"实体论"。[①] 其特点是认为文本意义的起源有一个实体的主体或对象，意义经由它"创造、保存或发送"，同时这个"保存、创造和发送者"就成为意义的最高标准，有权力将不符合自身的解读判定为"误读"，这显然是对文本意义的独断。为打破"一元论"或者"实体论"的僵化，必须认识到意义的"过程性"和"生产性"，它是"主体与对象以及交互主体性的产物，其间充满了协商性和对话性"[②]。曾军提出的意义"生成论"与周宪的认识一致，认为意义产生于"意义主体的相互关系之中"，来自文学活动各要素之间的"交流对话、矛盾冲突"之中。这种理论主张符合全球化时代对于多元文化差异性的强调与尊重，更易为人们接受，然而这种对话的预想又具有乌托邦的性质，因为如何对话、在怎样的框架下对话，都是悬而未决的难题。并且进入21世纪之后，作为"多元对话"理论土壤的全球化也遭遇了新的困境，"曾经支撑二战后欧美西方发达资本主义国家的文化多元主义也开始受到批判性反思"——多元文化"一片狼藉，包罗万象却找不出头绪"，其"粗劣之处在于它有着两头讨好的逻辑"，对于弱小、殊异、边缘等的强调，消解了"普适""共同"

[①] 刘华初：《"文学作品意义之源"国际学术研讨会综述》，《中国文学批评》2017年第1期。

[②] 刘华初：《"文学作品意义之源"国际学术研讨会综述》，《中国文学批评》2017年第1期。

"共通"的合理性，等等。①"实体论"的机械，"生成论"的难以实现和自我消解，使它们都无法很好地解决文本意义的问题。一个可能解决问题的出口就是将两者结合起来，既关注文本意义的源头，又关注文本意义的生发。承认"作者、读者、文本和社会现实"都是文本意义的重要来源，而这些源头性的东西又会在文学活动中，在特定的语境中不断地生发和衍变，即所谓的"多源共生"。"多源共生"的观点力图调和动与静、多与一、共性与个性之间的辩证矛盾，在承认多样性的基础上追求意义的通约，尽可能将有关文本意义的所有要素囊括在内，是一种有意义的理论努力。但可以说"多源共生"的努力还在路上，它力图完整而平等地对待意义的各种源头并深刻关切意义生发的时空背景的理论主张必须建立在对阐释者的极高要求之上，即阐释者在必要知识储备之上，对自我主观性能够合理承认与克服。另外，"通约"也必须寻找到相应的规则，不然又会成为另一种乌托邦想象。

针对"读者"对"作者"的强势驱逐，呼吁"作者"回归，正视"作者意图"的客观存在，成为一种强烈的理论声音。"作者的确有一定的意义，文本指向意义，找到意义并表达出来则是阐释者的任务。"②"无论怎样抵制和消解意图，意图总是存在于文本之中，哪怕'作者死了'，文本交付读者以后而无法更改，意图——确切地说作者的意图，依然在场，它决定着文本的质量与价值，影响他者对文本的理解与阐释。"③"对于历史事物进行客观阐释的本质方面就在于：除非它能够充分涵摄并牢牢把握住参与历史事物的主观意图，否则这种阐释就不能成为真正客观的。"④ 这些观点从不同的层面再一次证实了作者意图的重要性。但是正如前文所言，作者意图的再次回归并不

---

① 曾军：《文本意义的多源共生》，载邵汉明、陈玉梅主编《文本的意义之源——"意图"与"阐释"的讨论》，第223—240页。

② [美]威廉·欧文：《意图论与作者建构》，杨建国译，载邵汉明、陈玉梅主编《文本的意义之源——"意图"与"阐释"的讨论》，第56页。

③ 张江：《"意图"在不在场》，载邵汉明、陈玉梅主编《文本的意义之源——"意图"与"阐释"的讨论》，第1页。

④ 吴晓明：《历史事物中的主观意图及其客观阐释》，载邵汉明、陈玉梅主编《文本的意义之源》，第20页。

是回到原点、重走独断之路，它必定在一个更为合理的场域中发挥应有的作用。

首先，从伦理学的角度正视阐释活动中各种意图的存在。作者生产文本，作为一种主观活动，先天就具有意图性；读者接受文本，作为一个接受的主体，也先天具有意图性；文本作为一个以语言（主要是语言，也包括其他符号）为形式的载体，要遵循符号载体的规则，具有相对独立性。就作为人的作者和读者而言，其意图性是与生俱来的，有自己确知的部分，也有处于潜意识状态不自知的部分；就作为客观存在物的文本来说，语言的规则及其运作和意义生产方式又使其具有了一定规范下的不确定性，这些不确定性与作者和读者的主观性结合，嫁接生成文本自身的"意图"。阐释正是在特定社会背景下，游走于这三者之间的意义生产活动。阐释的伦理学就是正视并尊重彼此意图的存在，寻求特定历史条件下三者的合作，而不是互相排斥。

其次，在遵循阐释伦理的基础上，在动态中为"作者意图"找到合理定位。作者意图"在创作阶段具有对作品面貌的决定性意义；在以文本为载体的传承阶段具有服从语言本质的可变性、多义性、模糊性；在读者接受阶段它的价值在于为阐释提供可观察和实证的现实依据，为阐释的可能性划出合理的底线"[①]。

"意图"的意图：意图研究的学术史意义

陈平原教授在讨论现代中国学术范式问题时曾说："依照库恩的思路，科学进步的图景可以这样描述：典范的建立—常态研究的展开—严重危机的出现—在调整适应中寻求突破，并导致新典范的建立。如何在传统与变革之间维持'必要的张力'，乃是成熟的学者所必备的素质；可对于史家来说，最为关注的，很可能是危机已被意识、新范式即将浮现的'关键时刻'。"[②] 库恩以自然科学为对象提出

[①] 李啸闻：《"意图"怎样存在》，载邵汉明、陈玉梅主编《文本的意义之源——"意图"与"阐释"的讨论》，第131页。

[②] 陈平原：《西潮东渐与旧学新知——中国现代学术之建立》，《北京大学学报》（哲学社会科学版）1998年第1期。

的"范式"对人文社会科学早已产生了深刻的影响，成为人文社会科学研究的基础问题。张光芒教授认为，把库恩的范式理论借用到人文社会科学领域，可以做如下理解。学术范式就是指"研究者的知识资源、问题意识之所在，及其研究所显示出的学术方法和价值理念。也就是说，学术范式包括四个层面，即问题系统、资源系统、方法系统和价值系统"①。可以说，无论从社会历史的发展还是学术自身的演进来讲，21世纪以来中国学术正处于新范式即将浮现的"关键时刻"，而对于"意图"的观念以及能否正确认识"意图"问题则牵涉学术范式的选择和建构。

面对"百年未有之大变局"，学界必然要作出回应。在人类发展的重要节关点上，各国学者应当从全球视野对既往历史和当今现实进行理论的总结与升华，将现实经验上升为理性智慧。唯有如此，才能真正以符合本民族文化心理与传统的理论去指导实践，解决经济社会发展过程中精神文化层面的问题，同时将这些宝贵的经验转化为知识进而进入人类知识宝库，"中国学术应该逐步走出一条以中国为方法、世界为目的的自主道路"②。这是三大体系建设所建基的社会基础，也是其动力源泉。千里之行，始于足下，建立恢宏的学术大厦，其基石便是问题与方法。在这样的历史进程中，关于意图之讨论的意义在于，它让我们更清晰地思考研究范式与研究对象的关系问题，即哲学社会科学研究是要在尊重历史事实的基础上进行合理阐发和创造，以动态的眼光去回应现实；还是墨守成规、机械复制；或者是以一己之见、切割历史、无视事实。"回到事物本身"不仅是一句现象学名言，它也提示了学术研究的一条底线，同时也是一个最高标准，即尊重事实，而且是充满了各种主观意图的客观事实。因此，回应大变局必有学术范式的新变革。

学术在回应社会生活的同时，也有自己的发展脉络和规律。中国目前的学术体系及研究范式是近代以来逐步建立起来的，由于中国近

---

① 张光芒：《学术史研究的一种构想及其必要性——以现当代文学学术史为例》，《云梦学刊》2015年第4期。
② 叶祝弟、孙冠豪：《大变局：在本土性与世界性之间的中国学术》，《社会科学战线》2020年第6期。

代历史的特殊性，历史的原因常常被过分放大，遮蔽了学术。对此，吕思勉有清晰的评述："学术是利于通的，物穷则变，宋明以来的文化，现在也几乎走到尽头了。即使没有西学的输入，我们的学术思想也未必不变。但既与西洋学术相值，自然乐得借之以自助。"① 同样的道理，我们曾经及目前遇到的理论困境，比如"失语症""强制阐释"等，也并非全由照搬西方所致，实际上，中国学术从来就没有全盘西化过。② 从学术进程来讲，这是学术范式建构过程中的问题，是一个试错纠错的过程，其根本的原因和动力都在于要寻找一种与研究对象完美契合的理论范式。

　　近代以来，在旧学与西学、学术与社会变革的纠葛中建立起来的学术体系，一直处于不断的自我调整与被迫调整之中。王中江教授在谈到21世纪以来的哲学研究时分析道，改革开放后的头20年，虽然学术从单一的意识形态中解放出来，但还没建立起应有的学科范式，"因此到了21世纪，当方法和范式的诉求一下子被激发出来的时候，学者们不仅重新检讨这门学科'自身'的性质，他们也开始反省我们所采取的研究'路向'和'方法'的有效性；他们不仅积极地检讨和反观自己，也开始由对原有模式的怀疑而进入了对于新的方法和范式的'创立'"，而这一过程，始终是在对传统、外来理论、研究文本的不断重新认识和三者间的反复磨合中展开的。③ 这在某种意义上也是整个哲学社会科学研究的共性。21世纪以来的意图讨论同样在中与西、传统与现代的张力中展开，但值得一提的是，在中国传统与西方理论的张力场中，中国传统文论的价值不断被重新发现和凸显。例如，孟子的"以意逆志""知人论世"等观点就不断被聚焦，在中西的对话中，显现出中国古代文论的价值："从作者的意图，到文本的意义，再到读者的意味，具有相关性和连续性。文学本质上仍是一种意义和情感的传达活动，中国古人的'以意逆志'的阅读，

---

　　① 吕思勉：《中国文化十八讲》，化学工业出版社2014年版，第271页。
　　② 陈平原：《西潮东渐与旧学新知——中国现代学术之建立》，《北京大学学报》（哲学社会科学版）1998年第1期。
　　③ 王中江：《曲折、转变与新进展——中国哲学70年研究历程回顾》，《社会科学战线》2019年第8期。

试图与作者的意图相沟通，或者说，在心中有作者在场的情况下，对作品所可能具有的意义的选择，仍应是文学阅读的基本要求。"① 孟子所代表的儒家阐释学"基本涉及阐释活动的各个维度，而且在'平等对话'意识、'主体间性'意识以及对'体验'的重视等方面已经具备了现代阐释学的某些因素，这无疑是极为难能可贵的"②。此外，学者们也很重视潜藏在古代批评实践中的理论要素，如金圣叹在品评叙事作品时提出的"眼照古人""与古人捉笔一刹那顷精神，融成水乳"，就是追寻作者意图的有效方式③；徐复观根据中国文学和批评实践总结的"追体验"也是独具中国特色的阐释方法④。在21世纪以来的意图问题讨论中，不仅有西方阐释学的声音，也有中国传统阐释学的资源；不仅有中国学者的努力，也有国外学者的积极参与。这样的学术实践提示我们，建立新的学术范式必须以开放的胸怀、平等的视野、对话的精神去面对一切学术资源和学术对象。在此意义上，"意图"讨论之重要意义如下。首先，正确的意图观是认识学术范式演进的基础，左右学术发展的方向，具有方法论意义；其次，21世纪以来的意图问题研究为在学术发展脉络中讨论学术演变问题提供了一个有益的案例。

人文社会科学是人的科学，主体是人，对象也是人，因此，人之主观意图对人文社会科学而言是重中之重。讨论"意图"正是要慎思之、明辨之，在一定意义上讲，也是在匡正人文社会科学的研究意图。"学术思想，是一个民族的灵魂。看似虚悬无薄，实则前进的方向，全是受其指导。"⑤

---

① 高建平：《哪一个哈姆雷特：回到"以意逆志"上来》，《学术月刊》2018年第1期。
② 李春青：《论先秦儒学阐释学的理论与实践》，《社会科学战线》2019年第1期。
③ 张曙光：《"作者意图"追问与叙事作品的意义解释》，《山西师范大学学报》（社会科学版）2013年第1期。
④ 刘毅青：《作者意图的隐匿性及其阐释》，《人文杂志》2019年第9期。
⑤ 吕思勉：《中国文化十八讲》，化学工业出版社2014年版，第253页。

视域融合、形式建构与阐释的当下性*

《探索与争鸣》杂志2020年第1期开辟"构建中国阐释学"年度专栏以来,学界围绕阐释的有限与无限的张力关系、数学语言介入阐释学研究的意义、公共阐释内涵的丰富性等众多论题展开持续的讨论和争鸣,并将阐释学视角与方法引入文史哲学科的研究中,取得了丰硕成果。11月22日,《探索与争鸣》杂志社与中国社会科学杂志社共同举办"当代中国阐释学论坛"。与会学者聚焦人文科学与自然科学的关系、如何阐释现实世界、构建当代中国阐释学的核心问题与关键思路等阐释学基本理论问题,再次展开深入研讨和激烈交锋。现将学者发言实录整理发表,以飨读者。

一 阐释的冲突:合理破除人文与科学的研究方法藩篱

张江(中国社会科学院大学教授):《探索与争鸣》杂志自今年第1期开始,设立"构建中国阐释学"专栏,邀集人文社会科学相关领域专家学者撰文,积极参与阐释学相关基本理论问题的论辩与争鸣。在《探索与争鸣》2019年第10期,我曾经发表题为《论阐释的有限与无限——从 π 到正态分布的说明》的文章,尝试借鉴自然科学中的理论与方法,探讨在当代阐释学理论和实践中阐释本身是否开放的问题,对阐释的有限与无限这一精神科学领域的问题进行说明。

---

* 对谈学者:张江、周宪、朱立元、丁帆、邓安庆、曾军、成祖明、李红岩。

阐释的有限与无限

阐释的对象可以是人，可以是现象，也可以是文本。这几年我一直在想，作为阐释的主体，人们对人、现象、文本是否可以作出任意阐释；或者说，任意阐释是否"合法"？在西方阐释学理论和话语几乎占主导地位的情况下，尤其是将西方阐释学的一些基本的理论、概念和范畴放到中国语言文化的场域中去理解，人们难免陷入困惑甚至糊涂。例如，对"文本的开放"和"阐释的开放"问题，许多人就搞不清楚。经过几年来的"苦思冥想"，我越来越清晰地认识到，文本的开放与阐释的开放其实是两件事情，具有各不相同的内涵，两者不能混为一谈。

从我本人对文本的理解看，文本本身的意义是有限的。试想，如果某个确定的文本所包含的意义是无限的，为什么会有无穷无尽的文本继续出现呢？这说明某一具体文本不可能包含无限的意义。如果人类对于现象、世界、自我的认识通过一个文本就能够表达，那么就不会有无数的文本世世代代传承下来，进入人类的知识体系和认识体系。而文本是开放的这一事实，又使文本本身允许他人进行无限的阐释，也就是说，文本自身并不能约束别人的阐释。所谓阐释的开放，意指阐释者对文本的阐释是无限的，阐释者有权利也完全可以进行无限的阐释，文本、作者、他人都无法约束阐释者这样做。但是，应该强调的是，不能把阐释的无限当作文本的无限；或者说，阐释者对于文本的理解和阐释又是受约束的，即受文本本身有限意义的约束。譬如说，一个陶瓷杯子，人们当初设计生产它时是让大家用来喝水的，但是你可以说它是用来喝水的，也可以说它是用来盛装其他东西的，甚至你还可以把它说成是进行自卫或实施攻击的武器，抑或任何你能想起的其他用途的物件，但那已经不是生产者赋予它的本来的意义。你可以随心所欲地阐释或使用这个杯子，但你改变不了它本来的意义。

退一步讲，无论哪一个文本都可任由阐释，亦即阐释可以无限，但无限的阐释不一定有效，阐释的有效性需要得到公共理性的承认。我们不说你的阐释对还是不对、好还是不好、低级还是高级，我们也不讨论阐释的结果是不是离开了文本、是不是符合文本的意思，我们只问你作出的阐释在你所在的团体或共同体中被接受和同意吗？是在什么样的范围和层次上被接受和同意？

在政治哲学领域，公共理性是一个常识概念。如果公共理性承认某一阐释，该阐释就是有效的。阐释者从文本中阐释出来的东西，他人是否会同意？被同意的阐释就是有效的，不被同意的阐释就是无效的。不过，有效的阐释不一定就是真理，通俗地讲，有效未必就是对的。而且，随着人类公共理性的进步或堕落，对事物的认识和对阐释的接受都是变化的——本来很荒谬的东西可能被接受，而原本被接受的东西可能被抛弃。在人类思想发展史上，有若干像地心说、日心说这样被公共理性拒绝、接受又被抛弃的鲜活的事例清楚明白地说明了这样一个道理。

我的观点可概括为这样四句话。第一，文本本身的意义是有限的，如果一个文本的意义无限，便不再需要其他的文本出现。第二，人的阐释是无限的，阐释者可以对文本进行无限阐释。第三，阐释不一定有效。第四，阐释的有效与否由公共理性决定，而公共理性的发展和变化也决定其未来有效与否。如何用更清晰、更易把握、更恰当的概念对此进行描述？为了表达好阐释有限与无限的关系，我分别借用数学和物理的方法对上面四句话的含义作出说明。

其一，文本是有限的，可以表述为一个 π。π 在 3.1415 到 3.1416 之间，可以很好地说明文本的意义有限；但阐释者对有限文本 π 的阐释和理解却是无限的。这样，可以很好表达出文本与阐释者的关系——文本的有限和阐释的无限。

其二，对阐释的接受呈现为正态分布。正态分布在许多学科或领域中具有普遍规律性，是事物和现象运动的本质。正态分布的图示中通常有一个底线和一个中线，底线可以看作现象、文本等，认知顺着中线下去，能够无限接近现象、文本，但是却永远无法"达到"底线。关于这个中线，假设其为公共理性当下的认知，对阐释的接受为一个方差。一个方差代表67%的认识在这个方差之内围绕中线在转，两个方差代表99%的认知围绕中线在转。无论是自然科学现象或自然现象（如数学、物理方法的诸多结果），还是教育学、心理学、人工智能、社会学等领域的诸多现象，都呈现出正态分布，所以可称其为本质。在认知上对阐释的接受，同样呈现出正态分布。当然，这个中线的物理性认知是变化的。公共理性可以进步，也可以堕落。

我们可以运用数学、物理的方法，通过 π 和正态分布这两个概念，对精神现象（如阐释和理解、文本内涵和意义的有限和无限等）作出表达。不过，狄尔泰的精神科学理论曾经提出，对精神现象的认识与对自然现象的认识是不同的，不要把自然科学的方法用到精神科学或精神现象之中。他认为，精神现象是"人"的现象，是主观的，是不可预测、不可重复的，我们无法在精神现象中发现规律性，无法找到某个确定元素或某些公式性的东西。由此生成的读者理论、接受美学等，都放弃了那些曾经是道理的道理，彻底排斥、抵制、反对把自然科学方法借鉴和运用于精神科学或人文科学领域。诚然，精神现象不同于自然现象，精神科学的方法不同于自然科学的方法。但是，我们不能把它们截然对立起来。特别是在自然科学与精神科学或人文科学趋向深度交叉与融合的当下，重思科学与人文或自然科学与精神科学的关系，比以往任何一个时代都更为重要。这样说，绝不仅仅局限于自然科学与精神科学在方法论上的融合与互鉴。

我期望找到一种不同于自然现象认知的精神现象的认知。精神现象确有其不同于自然现象的独特之处，尤其是因为它具有的那种变幻性、不确定性、不可试验性，所以不可能得出一元性的结论。这是它的本质，是否定不了的。但是，我们不能因此就放弃对于确定性即对于精神现象认知确定性的追求。人们常说"有一千个读者，就有一千个哈姆雷特"，道理似乎很明确，即不可能有确定性的追求，不可能有确定性的结果。但是，我们应该反过来质问。为什么会有一千个读者就有一千个哈姆雷特呢？是不是每一个人都在内心里追求他自己的那个哈姆雷特呢？事实上，每个读者都认为自己对哈姆雷特的解读或认识是对的，难道这不是一种对于确定性的追求吗？如果没有这种确定性的追求，怎么会有一千个哈姆雷特呢？

许多自然科学的方法是可以借鉴运用到精神现象或精神科学的阐释中来的。在精神科学领域运用自然科学的方法，这种努力不应被放弃，尤其不应把精神科学和自然科学在认知方法上同一的、相同方面的东西以及对目标的追求对立起来。当然，如何运用、怎么运用好，是另外一种学问。现在一些人文学者说起自然科学来一副很不屑的样子，一方面享受着自然科学给我们带来的各种各样的福利，另一方面却抵触、贬低着自然科学。这对人文科学没有任何的意义，简单地抵触和排斥是不行的。实际上，随着当代科技的发展与进步，有越来越多精神科学或人文科学领域的问题必须借助自然科学和技术科学的方法（如科学实验）才能得到解决。同样，也有越来越多自然科学领域的问题（如人工智能的发展）需要精神科学或人文科学的介入才能得到解决。或者说，精神科学或人文科学的方法与自然科学或技术科学的方法既有不可借鉴、不相融合的一面，也有可以相互借鉴、相互融合的一面，而且在精神科学或人文科学与自然科学或技术科学各自的研究范围内，各学科的相互借鉴也是非常重要的。

在过去发表的文章中，我曾经对文学理论领域的"场外征用"现象提出批评。我并非一概反对运用其他学科的方法研究文学理论领域的问题，而是说对于文学理论研究来说，可以采用其他学科的方法，但必须真正达到文学理论研究和文学批评的目的，得出"文学的"而非其他五花八门的结论。从自然科学等其他学科（如心理学）借鉴有益的研究成果和研究方法，以丰富和构建当代中国阐释学，是非常必要的。在阐释学研究中，在当代中国阐释学的建构中，应该把心理学等学科方法论的优势、特点等结合起来、综合起来，并将其利用好。比如，格式塔式的整体阐释的思想和方法，就给我很大启发。

当年我之所以写"强制阐释论"，是因为后现代主义思潮泛滥，深刻地影响着我们的学者，左右着学者的思维方式和认知方式，或者说强制阐释那一套东西占了上风，所谓读者理论、接受美学等无限扩张，所以我要写文章表达我的反对态度。我的本意并非抹杀读者的作用，也不是认为后现代主义思潮一无是处，而是提醒学界注意，作者、文本、社会历史传统等也很重要，就像有的学者指出的，要整体论，不要单一论。

从其他学科借鉴有益的东西，对于丰富和构建当代中国阐释学是非常必要的。近年来，我一直在思考如何在阐释学研究中借鉴和运用当代心理学研究的重要成果和方法。通过研究心理学，我对"何为阐释""阐释的根据何在"等阐释学的基本问题有了更新的想法。我认为，从心理学意义上讲，阐释就是自证，即自我确证。自我确证是人自出生开始就一直积淀并延续下来的，甚至可以说，是人的"天性"和"本性"所在。个体能够在经验、直觉、学习中建立起关于自己的认知的自我图式，这是一种本能需要。此外，还有一种认知需要向他者进行确证。而阐释就是自我确证，是把自己对现象的认知、理解表达出来，让别人去寻找、获取、确证，或者说为了能够得到我自己对现象的认知是正确的证明。阐释是生命自证的本能，如此，海德格尔的"此在"才真正找到了生理学、心理学的根据。也只有如此来说，阐释为本体论的阐释似乎才是可靠的。

此外，心理学还能够提供很多概念工具和大规模实验验证。就阐释而言，心理学领域的许多论断，比阐释学、存在哲学围绕自己主题一直在讲的那些话，可能证据更加充分、更具说服力。比如，公共理性在社会心理学领域被称为社会理性，相关研究及成果展示清晰且极有力量，有许多证据、实验告诉我们，公共理性是存在的。而且，公共理性或者说社会理性，是社会心理学、社会心理学史、认知心理学等领域密切关注的重要内容。心理学领域的研究成果可以很好地证明对阐释的接受是呈正态分布状的。

总之，我们必须重新认识自然科学与精神科学的关系。不同科学领域在研究方法上的相互借鉴，特别是人文社会科学领域各学科之间在研究方法上的相互借鉴，对学科建设和发展颇具增益，我们不应忽视，更不能抵制。

周宪（南京大学艺术研究院教授，教育部长江学者特聘教授）：自然科学与精神科学或人文科学的关系问题，一直是学界热议的难题。斯诺的《两种文化》在20世纪中叶挑起了这一话题，至今仍有许多悬而未决的问题需要探究。今天我们所面临的是一个科学技术导向的社会，知识生产的方方面面都受到科技范式的重构。19世纪下半叶，德国美学率先提出了"自上而下"和"自下而上"的不同美学研究路径，也就是哲学美学和实验美学的对立。如今，在美学领域就有两个全然不同的国际美学学会，一个叫国际美学学会，还有一个叫国际经验美学学会。这两个学会每年都会召集不同的学者在一起讨论问题，但大家说的问题和话语好像完全不一样，方法和观念也截然不同。前者是哲学美学的平台，后者是实验（科学或经验）美学的场所。尽管有人呼吁融合两种思路或范式，但知识或学术的区隔仍是我们面临的严峻现实，可以说，科学与人文的冲突由来已久。

目前，科学对人文学科产生着非常大的影响，甚至是革命性的影响，但是很多人文学者缺少科学的思维训练。比如，在艺术史领域，有学者通过大数据的方法进行研究，成果发表于科学期刊《自然》杂志上。其得出的结论是人文学者用传统的研究方式或方法不可能得出的。今天，人文学科面临自然科学高度发达或科学导向的新形势，但是，我们也不能忽略两个学科之间的根本差别。有一些核心问题需要我们进行更深入的思考和探索。

第一，自然科学的原理和方法是否可以直接进入人文学科研究？自然科学的原理和研究方法是针对自然现象而出现的，转到人文学科领域中是否适用就是一个问题，因为研究对象有很大差异。尽管我们不能否认自然现象与人文现象之间有很多相似性，但就知识的有效性和具体性而言，注意到同中之异是很重要的。就阐释学问题来说，引入自然科学的原理和方法是否需要有一些中间、过渡、转换环节？是否需要做一定程度上的修正和调适？与人文学科的知识系统及其话语概念如何对接？有很多问题需要琢磨和分析。我始终认为英文的 humanities 这个概念，应该称作"人文学科"而不是"人文科学"；"社会科学"的说法是准确的，因为后者中大量使用科学的原理、观念和方法，而前者（人文学科）则不然。换言之，科学方法对人文学科的有效性需要做一些必要的限定，也有不同层面或水平上的有效性。在对阐释有限和无限关系问题讨论时，引入数学的一些原理和方法，这对于阐释这个问题的人文学科问题讨论的惯性思维和模糊描述，是具有明显功效的，它以另一种精确描述的方式重新界定了有限与无限的复杂关系。

第二，我们要重视自然科学与人文学科之间存在的根本差异是对自身学术传统的不同态度。相较自然科学，人文学科具有显而易见的历史性和传统。人文学者进入自己的学术"场"，自己的前辈和老师总会提醒其要进入学术史或思想史传统，这是人文学科的基本范式。但自然科学则有所不同，根据托马斯·库恩的看法，科学是没有历史的，这是因为科学永远追求最新的唯一正确的答案，科学没有第二个答案。这个最新的唯一正确的答案一旦出现，其他的解答便"作废"了，就被扔进了历史的垃圾箱。所以，科学总是面向未来而非过去。这样就带来了自然科学与人文学科的一个根本分歧，自然科学追求唯一正确的最新答案，而人文学科则由于学科研究对象和观念方法的多元性，并不存在着科学那样的唯一正确的答案。这就导致了人文学科阐释的多元性和复杂性，伊瑟尔把这个区别解释为科学是"硬理论"，它可以预测；而人文学科是"软理论"，它只能提出假设。也正是在这里，我们看到阐释无限性是人文学科的基本属性，伊瑟尔还把这一现象描述为"阐释的冲突"。一方面，直观的现象是，学习科学的人不去阅读历史文献而是总去看最新文献，人文学科则要阅读很多历史文献，时至今日，《论语》《道德经》仍是我们不断研读的经典文献，这就是必须要注意的人文学科的特殊性，很多历史经典并不因为时间的流逝而失去有效性。另一方面，提出假设也好，阐释的多样性也好，阐释的冲突也好，如何来规范而不至于变成臆想和呓语，对阐释边界、范式和理性的研究就变得十分重要。在这方面，引入一些自然科学的原理和方法来说明是有效的。因此，如何基于科学与人文各自的特点，在有效借鉴科学知识的同时兼顾人文已有的传统，还需要更进一步探索。

第三，人文学科区别于自然科学的最重要的特质在于它关心的焦点问题是意义——生命的意义、历史的意义、文本的意义等。对意义论证和分析需要通过理解和阐释两个路径来展开。更重要的是，意义的理解和阐释又和价值论相纠结，即人文学科是关于价值的讨论，是一门规范性的学科，而不是自然科学那样经验的或描述的科学。我们可以看到一个很有趣的现象，在自然科学中对新发明和新技术的探索是无止境的，而且科学家对科技新发明和新技术所隐含的价值论方面的问题其实关注不够。反倒是人文学科的学者会对科技文明带来的问题，尤其是一些负面的、隐忧的问题非常敏感，而且往往采取反思性和批判性的立场。这就好比科技是不断向前的动力装置，而人文学科则起了制动和刹车的作用。在现代性条件下，科技文明的问题不断被人文学科加以反思，这就使得科技知识与人文知识之间形成某种张力关系，甚至平衡关系。所以人文学科的反思批判性始终是指向意义及其价值的,这在当代科技导向的社会中具有相当重要的意义。

所以,我的看法是,人文学科一方面要把自然科学中有用的东西引进来;另一方面,在一个科学导向的社会中,还要做一些同科学完全不一样的事情。这恐怕是斯诺所言的"两种文化"在当下的合理状态。

朱立元(复旦大学文科资深教授、中文系教授):张江先生分别借用数学和物理的方法对文本和阐释的有限与无限的关系问题作出比较明晰的说明,我觉得这基本上站得住。就阐释学来说,有所突破,值得肯定。但是,在我看来,这种对自然科学方法的借鉴,大致上还是一种不同问题域之间的类比,其意义和适用范围比较有限,似不具备可推广的普遍性。

必须承认,自然科学与人文学科在如何看待和认识精神现象、心理现象等很多方面都存在差异。请注意,我这里对"人文"用"学科"而不用"科学",是想要表明文史哲等主要探讨人文、精神现象的学科,不同于自然科学、社会科学追求的科学性。所以,用"科学"为"人文"作学科定位,容易混淆与自然科学在性质上的根本区别。即使社会科学与自然科学都追求科学性,但是还有许多社会性内容是难以应用自然科学方法解决的,两者在科学性的内涵、外延上还是有区别的。

据此,我还是认为,自然科学的方法可以借鉴,可以在有限范围内有条件地应用,但是应用于人文学科和社会科学(包括阐释学)时应该谨慎。有不少人文领域的问题,特别是精神现象,包括许多思想、文化领域的现象,只能做定性的分析,很难做数学化的定量分析。有许多心理现象,包括潜意识、直觉、顿悟等,如简单地套用自然科学的理论和定量分析的方法是很难解释得通的。不过,我并不排斥数学、自然科学方法有条件、合理地应用于人文学科包括文学的研究。据我所知,学界也有自觉运用数学、统计学方法研究文学和文学史问题而取得成功的例证。比如华东师范大学陈大康教授应用统计学方法研究中国小说史,发现并纠正了以往研究中存在的一些问题和误判,具有很强的说服力,对文学史研究作出了重要贡献。这说明数学方法在文学研究中如果选择对象得当、应用合理恰当,确实是可以有所作为的。这对于阐释学合理借鉴、应用自然科学方法进行理论建设是有启示的。

张江先生主张阐释学引进和应用心理学方法，我很赞成，但是，心理学也包括偏重于人文、精神现象分析的部分和偏重数学、自然科学理论的部分，对于后一部分也不宜简单地直接"拿来"用于阐释许多微妙多变的心理现象。新时期以来，我国文艺心理学、审美心理学的创立和发展历程可以得到证明。为了论述文艺创作、鉴赏活动的心理过程、结构、机制及各种心理构成要素的互动、综合作用等，国内许多文艺心理学、审美心理学的著述主要借鉴了心理学的若干重要术语，结合创作鉴赏活动的大量实践例证，做经验性、描述性的论述和概括，很少或者没有真正采用心理学中自然科学的或者科学实验的方法，因为这些方法难以直接和"科学"地解释创作、鉴赏中许多微妙乃至神秘的心理现象。当然，现代心理学有很多新的突破和发展，其中不少内容对于阐释学的理论建构是大有启发的。

这里面实际上也涉及张江先生提出的"公共理性"的问题。我觉得我们对"公共理性"应该有更为深入、全面的分析和阐释。公共理性有不同的层次与范围，不同时间或时代的公共理性都存在区别。有些公共理性，从人类进入文明时代或有人际交流时便已产生。马克思在《巴黎手稿》中明确指出，人类与动物的根本区别在于他的生命活动是自由自觉的、是有意识的。我认为这就是人类形成公共理性的基础和前提。但是，不同时代的公共理性也在发展、变化。没有公共理性是不可思议的，否则任何阐释都没有意义，也不可能存在。不过，有时公共理性也是有限度的，这个限度主要是指不同时期（时代）、不同利益或范围的群体或共同体，公共理性的内涵是不同的；同一时代的不同共同体，或者不同范围的共同体，其公共理性也都不会完全一样，有时甚至是相互抵触和冲突的。这就是在大的公共理性下许多较小群体的公共理性及其对某些问题的阐释存在差异甚至对立、冲突的原因所在。不承认公共理性则阐释学立不起来，但是承认这一点要有条件，需要对不同时期、不同层次、不同群体（共同体）的公共理性做进一步的分析。这也与阐释学中使用自然科学方法的有限性有密切关系。比如，当今国内外许多极为错综复杂、瞬息万变的社会现象、文化现象，就很难简单地用自然科学的方法加以解释，即使使用抽样调查、数据分析等社会科学方法也很难奏效。所以，我不反对阐释学有条件地引进自然科学方法，但对此应持谨慎态度。

对文学、艺术、审美的阐释，不同于一般的理论阐释，也不同于一般的人文阐释。在公共理性的构成方面要进行更细化的处理。比如，文学中有些东西特别是情感活动，是很难通过理性直接感受到的。文学艺术创作过程中的许多心理现象，不仅情感，还有直觉、体验、灵感、通感、梦幻、联想、想象等现象，都不能简单地用公共理性来解释。此外，有的审美经验需要通过"悟"的方式才能感受到。但是，我们决不能因此而完全摒弃理性的引导或制约，因为理性发挥着基础性作用。感性的很多活动、作用、内涵也应纳入公共理性的范畴加以考察。创作与鉴赏过程中，不一定处处有理论推演的逻辑、思辨或概念推理，但却会有情感发展的内在逻辑。在不少作品中存在很多的情绪波动，它们往往很难直接用理性概念来解释。总之，这些文艺创作和鉴赏中的精神现象是阐释学无法回避、也不应该回避的。

二 寻找共识：中国阐释学如何阐释分裂的现实世界

丁帆（南京大学中国新文学研究中心主任、资深教授）：谁也没有预料到2020年整个世界会发生如此巨大的人类灾难，以及这一灾难所带来的人类意识形态的剧烈动荡和分裂。所以，重新考虑"当代性"内涵和外延的建构，让阐释学以一种新的姿态进入当下文学批评，以便使其更有普适性和更适用于中国国情，应该成为我们重新厘定与思考"当代性"价值理念的一个前提，同时也是我们建构一个属于自己的新批评与阐释体系的归宿。

我们无法用一个自恰性的理论去阐释现实世界的突变现象，人类面临的是无法从以往的文化理论中寻找对这个分裂现实世界的阐释。各种意识形态的背离与抵牾，让人类从社会关系的总和中找不到归属感，友情、亲情和爱情可以在一个相悖的观点中分崩离析。鉴于此，我以为，可怕的并不是瘟疫本身，而是瘟疫流行中和流行后所带来的意识形态的巨大裂痕。如何解决这个文化命题，应该是所有文学创作者和阐释者都需积极参与讨论的问题；而如何从文学创作和文学评论角度去建构"当代性"的阐释理论，应该是我们义不容辞的职责和义务。

　　用我们惯常的学科分类思维来说，似乎把即时性的当下文学批评和文学评论归为中国当代文学学科范畴，而将阐释学归为正宗的文艺学或文学理论的学科范畴。我以为，这样的隔离带，或曰"防火墙"，反而会将鲜活的文学批评引入没有理论支撑的感性的泥淖中而失却哲思的力量；相反，倘若阐释学仅仅成为一种空悬着的理论模式，而不能积极地参与到当下的文学活动中来，具体指导和实践文学文本的解析，那么不能进入实验现场的"阐释学"就是一台废弃的机器而已。就20世纪40年代兴起的"新批评"流派来说，他们之中既有诗人作家，也有理论家，更是有一批颠覆旧"阐释学"的批评家，其中的主力军还都是诗人和作家。由此看来，感性思维和理性思维的融合并非不可能产生出新的理论生产机制来；恰恰相反，一旦两种思维在某一个时空交汇，对文学艺术产生的冲击力是巨大的，同时影响着当下文学批评和阐释学的运用。当我们俯瞰当下中国文学乃至当下世界文学时，我们的视野就会发生质的变化，也就不会在既无哲思又无实践的文学怪圈中"鬼打墙"似的迷失方向感了。

　　由此说来，从逻辑上分析，批评与阐释并非种属关系，但完全用一种并列关系来看待，似乎也不合适；它们之间应该是既有递进关系，却又是你中有我、我中有你的互文关系。我们是无法将其严格区别开来的，也许有一种理论可以举证出许许多多的范例来支撑批评与阐释是两个不同的理论范畴；但是，就我浅薄的目力与学识所见，窃以为，批评与阐释完全可以"合二为一"，变体为一种当下文学批评的新的"文体"，让它们合而成为一种对当下文学批评有效而不可分离的新文体，更高能地发挥文学艺术批评和文学艺术评论"无限阐释"的可能性。也许，我所说的"有限阐释"和"无限阐释"与张江先生所阐释的此中义理并不完全相同，但是其目标却是一致的。从中国现当代文学学科本位考虑，我是站在当下文学批评和文学评论的实用性角度而提出问题的；只要能够放大文学批评和文学评论的功能性，我是愿意去进行这样嫁接文体的阐释实验的。让它成为进入当下文学现场的"中介批评阐释文体",是否有可能激发我们的文学批评的繁荣呢?

进入20世纪以来,随着"新批评"的崛起,把旧式的"古典阐释学"颠覆反转以后,批评与阐释就更加融为一体了,我们不能武断地说,批评即阐释;但是它俩是一对孪生兄弟,其内在的联系是血肉相连、不可分割的。那么,总结历史的经验,我们当下的批评与阐释亟待解决的问题是什么呢?

第一,批评与阐释必须在明白易懂的语言表述下才能进入接受美学的语境,我们不能用"名词轰炸"去吓唬人。回溯历史,这个当下文学批评的"后遗症"正是20世纪80年代留下来的理论遗产,这是当时我们在接受近200年来西方文学理论时,在大量的翻译文本中寻觅到"新名词"(哪怕是错译的词语)后狂轰滥炸的后果,甚至是在囫囵吞枣后由个人杜撰"新名词"的结果。我们不能不说当时的理论"新名词"口号时尚给沉闷的批评界带来了激情和兴奋,在一定程度上促进了批评的繁荣。如今回想起来,即便是"虚胖"的繁荣,也是有利于文坛朝着进步发展的。但是,三四十年过去了,这种批评与阐释文风仍然不改变的话,我们就不能创造出属于自己的文学批评和阐释学的理论体系。所以,我首先感知的是,我们不能只提出概念与口号,一定要在一个宽松和谐的学术环境中展开"百家争鸣"的辩论,使我们的批评与阐释走向一个新的境界。

就文风而言,我们既要打破"学院派"高头讲章式的批评与阐释文风,也要革除没有哲思的纯粹"印象派"的文风,只有两者有机地结合,才能使我们当下的文学批评和阐释进入一个高屋建瓴的有序程序之中。

第二,批评与阐释应该追求个人的"艺术趣味"和"审美情趣"。我一直认为,作为文学艺术的批评和阐释,如果对自己批评与阐释的文本对象都没有丝毫的艺术感觉,那么你就无法真正进入文本的批评与阐释之中,也就不能切中要害地做出准确的艺术判断。批评与阐释也是需要调动主体的艺术情趣和才华的一项工作,唯此,我们才能进一步吸引专家和大众的阅读和接受。这正是中国百年来批评与阐释稀缺的艺术元素。

第三,"批评"与"阐释"的本质就在于它是建立在哲学层面上对文学的审视。一个没有哲学思考与创建的文本与图像艺术分析和阐释,应该不属于真正的学术批评与阐释。那些只凭借着在中国古代文论中寻章觅句后,对应文本和图像做出拾人牙慧的言说和图解者,是缺乏创建的"中介性"批评与阐释;而那些只在西方文论关键词里抠出理论条文进行放大、夸张的铺陈者(这也是我一直在自我反省的重大问题),则未能在大量的理论比照阅读当中建构起一个升华的自恰性新理论,从而解决中国当下文学批评和阐释中的许许多多实际问题。所谓创新,就是需要我们的批评与阐释者从哲学思考的角度去看待文本的内涵,这就是文本批评与阐释的"第三只眼",没有哲学的支撑,我们的批评与阐释一定是流于肤浅的,是一种千篇一律的模式化解读。当然,这种哲思的介入,既要让专家理解,也要为大众阅读所接受。而我们目前所需要的则是一个宽松的"百家争鸣"的理论辩论的语境,要想使批评与阐释走向一个更加深层的学术境界,没有广泛的学术辩论、切磋是难以深入下去的,也就没有创新和重新建构新的批评与阐释理论体系的可能性。

在此,我希望的是,我们的理论家们更多地介入当下文学批评和阐释,消除那些学科的偏见和壁垒,正如韦勒克所言:"学院派人士不愿评估当代作家,通常是因为他们缺乏洞察力或胆怯的缘故。他们宣称要等待'时间的评判',殊不知时间的评判不过也是其他批评家和读者——包括其他教授——评判而已。"窃以为,只有从事文学理论的学者放下身段,从艺术情趣的角度去介入当下文学艺术的批评与阐释,我们的文学艺术批评才能热闹起来,才能从诸多的实践活动中找到具有规律性的理论,从而建构属于我们自己的文学艺术批评和阐释的理论体系。

第四,消除以作家论说为批评与阐释中心的低端文本图像艺术解析,是当下批评与阐释的一项重要任务。显而易见,这种批评来自中外古典阐释学的范式,它也深深地影响了中国百年文学批评与阐释。只有当批评摆脱了作家给定的阐释内涵范畴,同时也不受某种指令性的意识控制,它才能在独立自由的语境中进行公允的批评和合理的阐释。

第五，批评的属性是用真理去公允地阐释文本，使其朝着人类精神健康发展的道路前行，这虽然只是一个常识，但却是一个由不同价值观的批评家掌控的文学艺术阐释学的要害问题。谁来发言，如何发言，这才是批评与阐释的关键问题。我们希望的是，中国当下文学艺术批评不要总是在违反常识的基础上来展开有限和无限的"伪批评"与"伪阐释"。

邓安庆（复旦大学哲学学院教授，教育部长江学者特聘教授）：伽达默尔创立的哲学阐释学（die philosophische hermeneutik）奠定在存在论的基础之上，这一关键点是我们在创建中国阐释学时必须特别重视的。否则，我们既不能保证我们的阐释具有哲学性，也不能保证我们是在进行有效的讨论。毫无疑问，伽达默尔的哲学阐释学把西方最为重要的哲学思想都融进其学科构建之中，古代承接了亚里士多德的实践哲学，近代接承了黑格尔的辩证法对于以康德为代表的主观性哲学的批判，现代直接接续海德格尔存在论。把这四位大哲融于一体，伽达默尔革新了作为方法论的阐释性，使"阐释学"（我更愿意把 hermeneutik 翻译为"释义学"，"实践"中的"存在之义"的理解与阐释在此不作讨论）成为一门"实践哲学"且形成了"当代实践哲学"的一种基本模型。首先，一个经典文本具有理解与阐释的"需要"意味着时代（存在）提出了有待解决的"问题"；其次，带着这个时代的"问题"我们向经典文本的"作者"提问，要求他/她来"解答"，于是在"作者"与"读者"（阐释者）之间形成"阐释学对话"，如果在"对话"中能达成"共识"，那么文本的"意义"就"生成"出来，产生有效的效果，意味着对时代的"问题"给出了有意义的回答。因此，这种效果意义既不是我们主观阐释的效果，也不完全是作者文本的原意，而是文本蕴含的"无限"意义在当下的"呈现"（Dasein，此在），因而是以"有限""有效"且"确定"的形式实现其自身意义生成的存在方式。文本之空洞的"无限意义"不断地在每一个时代产生其"确定的"有意义影响，就构成经典本身的"效果历史"，即其"精神"意义的发生史，这也就是阐释的有效性要求的存在论基础。

讨论自然科学和精神科学的关系非常重要。古希腊时期，亚里士多德首先提出科学分类，他那时的"科学"就是"哲学"，哲学和科学还没有区分开。但哲学—科学就内容而言，可区分为理论科学（物理学、数学、第一哲学）、实践科学（政治学、伦理学）、创制科学（艺术、修辞）。希腊化时期，亚里士多德的分类逐渐被柏拉图学派的分类所取代。柏拉图学派的分类，注重的是科学（知识）的形式与内容的区别，所有知识都有一门共同的研究纯粹思维、理性和推理的一般规律的形式科学，即逻辑学；而就知识的内容而言，则分为物理学（自然学）和伦理学。亚里士多德的创制科学被纳入伦理学，这个分类一直持续到英国苏格兰启蒙运动时期"道德科学"的创立。"精神科学"是在新康德主义传统中形成的对应于英国"道德科学"的一个宽泛概念，但与"道德科学"一开始为了以科学（自然科学）方法为榜样在"人为"领域追求知识的确定性不同，"精神科学"的提出则是在自然科学方法论的霸权下抗拒它的入侵而提出的，目的是强调精神领域的自主性。但"精神科学"自从把"精神"与"科学"联系在一起时，就遭受了自身的尴尬与困境。既要与"自然科学"在方法上相对抗，又要以"科学"为榜样才能具备对自身合理性的方法论说明。因此，我们在今天直接借用自然科学的方法来规定阐释学时，必须十分谨慎。当然，不是说不能接受自然科学的方法，但阐释学作为哲学有其自身的使命，它的方法论是基于存在论之上，而不是基于实验科学给出的"经验事实"。至于在涉及具体的理解问题，尤其是理解发生的心理学机制等问题时，当然离不开自然科学，必须借鉴自然科学的概念与方法。

如果不是在新康德主义的"精神科学"，而是在黑格尔的"精神哲学"意义上，对"自然科学"的借用就更加具有合理的边界意识。因为黑格尔的知识分类实际上是柏拉图主义的，即在其成熟的《哲学科学百科全书》体系中，哲学被区分为逻辑学、自然哲学和精神哲学。当然，黑格尔赋予了这种知识分类以不同于传统的形式，即"逻辑学"也不能仅仅是思维的形式，而是包含思维的内容的；自然哲学和精神哲学也不是两个决然分开的领域，而是具有一种"实存论"成长模型的发生史；"自然"中有"沉睡的"精神，"精神"必须具有自然的机制与进程。因此，黑格尔的"精神哲学"同样包含了所有的人类实践领域。其中最核心的内容是，人类行为所有的意义、价值都要在"精神"的原初"创生"过程中形成，即"精神"是把各种外在独立的个别成分相互联系起来，在它们之间的相互作用过程中，赋予它们"气息"与"营养"。因而，精神哲学也就按照这样一个构造内在有机体的模式讨论主观精神、客观精神和绝对精神的一个个精神结构的演进，这种演进也就具有了阐释学意义发生的机制意义。

伽达默尔思想有黑格尔的渊源，在解释阐释学时特别注重精神科学，但不是按照近代自然科学的意义，而是在古希腊和黑格尔意义上理解精神科学的。因为只有在一个具有精神结构的共同体意义上讨论公共理性，才有可能找到相互理解和相互承认的基础。

文本和阐释的有限性与无限性，都是指语言所表达的既有限也无限的意义。而语言共同体，本质上是一个精神共同体。其塑造着具有共识性的理解和阐释。伽达默尔反对阐释学是纯粹主观的阐释，因为单纯主观的阐释是无限多样的，要证明主观阐释的有效性，需要一个精神共同体就某一主观阐释是否能解答时代问题达成一致。我们理解一个意义，不能纯粹靠自己主观的"自证"，任何"自证"如果能传达出去让他人理解并且承认，就立刻超出了"自证"，要经历他人的确证，他人才能认同。所以，如果达成了相互理解，任何阐释的意义就一定是在某种精神共同体中实现的，也只有在精神共同体中达成的相互承认的意义理解，才具有规范的有效性。

这就是公共理性的基础。所以伽达默尔坚持的是相互对话，在对话中具有理解他人的善良意志，并在就时代问题的解答上，每个人都跳到狭隘自我阐释的圈外，追求理解的真理。自证的当然也是一种真，但只是"主观的真"，而不是科学意义上的真。我们对真理意义的理解是多样的，但都需要去趋达自在自为的真理。这是公共理性的唯一目标。相互承认只是就每一种理解与阐释的真理性的承认，而不是对某一主体的承认。不进入问题意识中，所有关于阐释的有限与无限的关系、公共理性的标准等都是抽象的，没有边界。

在伽达默尔那里，相互理解的公共理性标准，一个是问题本身，即我们要解决的这个问题和经典文本能否给我们提供一种解答方案。

在这个方面达成一致，这个标准就确定了。这个标准也不是唯一的，一定是就实践当中的具体问题达成一致，而这个一致又要坚持一个历史性的标准。所以，我们理解任何一个文本都要有一个"问题史"的梳理，找到其意义变化的有效性，从而解决今天的问题。有了问题意识、问题史的标准，就能解决个人理解的自我确证性和多样性阐释的冲突与矛盾。解释冲突面临的是一个社会共同体之间的相互理解。如果在社会共同体的相互理解中，每个人都主张个人自主理解的自我确证性，就会导致个人中心论。所以，在这个意义上，伽达默尔更加强调在阐释学活动中，不单要重视说出来的语言及其意义，更要倾听语言背后未说出来的意义，所以，他更强调阐释学是倾听的艺术。语言的表面意思和文本所要真正表达的真实意义是不一样的，所以我们要从语言本身听出这个话语背后的声音是什么。

在对文本的理解和阐释过程中，确实有很多真实的意思是无法言传、无法表达的。受语言本身、语法本身、说话的氛围和空间等因素影响，语言能够表达出来的含义都是有限的。但是，语言背后的声音所能表达的真实含义，具有无限解释的空间。我们要相互理解、相互承认，解决不同阐释间的冲突，只有借助于对问题本身的理解，才有可能获得确定性的意义。

三 构建当代中国阐释学的核心问题与关键思路

曾军（上海大学文学院教授）：在缺乏明确的内涵性定义的情况下，我们可以先给"阐释"做一个描述性定义，以便圈定讨论问题的范围。我把阐释首先描述为"人对意义的一种追求活动"。这里面包含了三个概念，一个是意义，一个是人，一个是活动。或者说，这里涉及对三个核心问题的解释。

一是意义。我们阐释文学文本时，其中包含的意义非常之多，比如说作者的"原意"，文本字面的"意思"以及读者感受到的"意味"或者解读出来的"寓意"等。所以，把文学阐释与其他类型的阐释区分开来，是非常必要的。从追求意义的角度而言，我们可以把阐释区分成如下几种。以追求真理为目标的哲学阐释学；以追求事实为目标的历史阐释学（历史追求事实本身的真实性，以事实为最高判断）；而文学阐释学则是具有追求审美、追求情感、追求价值等维度的阐释学。如果这样区分，可能会衍生出不同类型的阐释学意义。

二是人。这里存在两种不同的区分。一是个人主义的人，二是马克思主义所说的社会关系总和之中的人。如果讨论阐释学及相关阐释问题的话，应该把阐释问题定位在作为社会关系总和的人的基础之上。这样，阐释问题可能会更加具体，我们才能够直接面对文学活动中关涉的主体，进行阐释者与作者、读者、现实之间以及与文本之间关系的讨论，也才能把个人、群体（比如不同国家、种族、性别等）中不同主体的优势纳入我们讨论阐释学的范围。依不同类型的"人"的阐释活动，还会出现意义阐释中的矛盾与分歧——即"异见"——问题。每个人都有阐释意义的能力和权力，但也需要与他人进行所阐释意义之间的交流以期实现"共识"。如果这种群体性的"共识"发展成民族文化的集体无意识，我们便可以将这种意义命名为"象征"或"原型"。

三是活动本身。人只要追求意义，就要展开各种阐释活动，而阐释活动有多种路径，比如纯粹体验性的、想象性的、经验性的、自然科学实验性的等。从阐释方式的角度看，自然科学和精神科学的融合不存在问题。如果我们只是将其作为人获得意义的一种手段或路径的话，不管是人文科学还是自然科学，其实都是获得意义的一种方式。在这个过程中，会出现很多需要讨论的问题。比如，阐释的有限和无限、阐释的确定和不确定、阐释的有效和无效、阐释的有效性范围等问题。这些问题都是在不同的人以不同的方式对不同类型意义的追求过程中产生的。

构建当代中国阐释学，我个人的建议思路如下。首先，需要有一个直面阐释问题本身，超越不同类型阐释的"元阐释学"的基本判断；然后，可以进一步扩展不同类型的阐释学，比如"哲学阐释学""文学阐释学""历史阐释学"，等等。这可能成为中国阐释学的一个骨架。我们需要立足于作为社会关系总和的人，同时兼顾作为个体的人和作为民族、种族意义上的人的不同层面，进入人类意义阐释的一个历史公共性、具体性和文明复杂性的过程中进行讨论。在方法和手段上，科技和人文并不排斥，而是相互融合的过程。当然这可能是一种多方式和整体性地对阐释学的思考。

成祖明（南京大学历史学院教授）：这里仅就我个人理解谈谈我的看法，不正确的地方，请大家批评指正。由于过于关注后现代的背景，而忽视了西方现代阐释学的科学认识论背景，这就造成了学界在讨论这一问题时往往在起点上就脱落了现代阐释学对科学原则的追求。我们知道，自从笛卡尔发现主体的自明性，以此作为通向客体、认识客体的根据，康德在此根据上建立了主体认识客体的路径、原则与界限，西方现代哲学一直围绕着科学认识论展开和演进。而现代阐释学也是其一部分，开辟了一条追求科学阐释对象及文本的不同路径。

对康德主体哲学的补充和发挥，施莱马赫强调了主体的情感、欲望、动机、目的等内在体认。施莱马赫认为，离开了这些内在体认，很难认识对象。而体认需要理解和阐释。狄尔泰则明确提到，阐释就是希望对精神意识现象进行描述，这同胡塞尔的观点较为接近。后来，海德格尔讲，不仅要对精神意识，还要对此再进行认识。到了伽达默尔，就是要从整体的历史视角进行认识了。我们看到，至少从施莱马赫、狄尔泰到伽达默尔，阐释学本身都是追求按照一种现代原则发展的，也可以说是西方现代哲学演进自我逻辑的展开。因此，现代阐释学从一开始就是现代科学认识论的一部分，狄尔泰将之称为精神科学，也是精神科学展开的方法和路径。虽然，阐释学重点旨在对意义的理解，而自然科学研究方法的重点旨在对规律的说明，但在主体科学意识、起点和原则上则是相通的，都是主体从寻求一个自明或坚实起点出发，对对象或存在的科学认知和阐释活动。

事实上，无论"现代"还是"后现代"，都存在着一个现代科学意识和原则，只不过后现代是对现代体系、自明性等过分的确信提出了反思、质疑和批判。所以后现代又被称为批判的现代性或反思的现代性。这里的确存在很多方面后现代是对的，在后现代的反思和批判下，包括现代以来声称的自明性都动摇了。阐释学则吸收了后现代的一些成果，比如对前见的承认，无论如何在自明的前提下都存在着这样一种前见。承认前见存在，也就意味着存在"视域融合"的问题，也即阐释者在前见的视域下与其他视域相交融，不断扩展自己的视域，以增进理解，丰裕阐释。

但是，当后现代否定一切现代的时候，也就否定了自己，走向了一种虚无主义。因为人存在着主体间性，从认识论的角度说，我们彼此之间是可以理解的，这就提供了公共性的坚实基础。阐释被公共理性接受的同时又受到公共理性的制约，这就产生了阐释的边界和限度，而在边界限度内阐释则表现出开放性和无限性。历史阐释追求真相和客观性，虽然可能不能达及真相，但能够接近真相或呈现真相的一些面相，在这些面相中呈现真相的丰富性和开放性。

科学性原则更容易被公共理性接受，并将公共理性自身扩展，如前所述，现代阐释学自身就是科学认识论的一部分。因此，尽管存在复杂的情境，按照科学原则发展建立阐释学方法和理论依然是现代阐释学的应有之义。阐释学需要发展出自己的科学理论，也需要与其他学科的理论进行交叉和融合，其他学科的一些科学方法也可以运用到阐释学中来。未来的中国阐释学就是一个从中国视域出发，遵循科学原则，不断创新，多学科共建的阐释科学理论体系。

李红岩（中国社会科学院大学教授）：在阐释学讨论过程中，我们必须始终明确阐释学的属性，即阐释学是一种思想形式研究，不是思想内容研究。一般说来，思想或思想史研究主要有两个面向。一是研究思想内容，二是研究思想形式。无论从我国的学术传统看，还是从现实中的相关研究状况看，我们所缺乏的，都主要是思想形式方面的研究，不是思想内容方面的研究。

在我国丰富的思想史遗产当中，古代阐释学以经学为主干与主脉，艺术阐释、历史阐释均须"宗经"，相关的义理内容极其丰富，但是，有关阐释形式方面的遗产就相对缺乏。当下的中国哲学史或思想史研究，情况也大体如此，亦即偏重于义理的阐释，较少讨论形式问题。其最集中的体现，就是逻辑与逻辑史研究不发达，甚至有些萎缩。从马克思主义经典作家的理论遗产来看，很明显，马克思在创立唯物史观的过程中，不仅高度重视思想内容建设，而且也高度重视思想形式研究。《资本论》第四卷就是计划专门做思想史梳理的，想必其中有丰富的思想形式研究内容，可惜马克思并未能实现这一研究愿望。由于一直忙于理论内容建设，因而生前没有来得及对思想形式做专门的系统研究和阐述。对此，恩格斯作过很明确的说明。所以，马克思主义经典作家关于思想形式方面的论述，全都散见于他们的其他论述当中，需要我们去归纳、整理，加以系统化。

这样阐释学研究在当代话语体系建设方面的重要性就凸显出来了。很明显，它具有弥补思想形式研究缺乏的功能。不消说，所谓思想形式建设，需要在辩证唯物主义和历史唯物主义的范畴内展开。它是从属于内容的研究，但具有相对的独立性。从相对独立性角度看，阐释学又具有元学科的属性。这是多学科学者都关注阐释学、参与相关讨论并将之应用于本学科领域的基础所在。因此，建构当代中国阐释学，应坚持形式化研究的路径。只有建构形式化的路径，才既符合阐释学的基本属性，也符合我们的现实需要。正如傅永军教授所说，建构当代中国阐释学，亦即建构当代中国的理解科学。所谓理解科学，无非就是关于理解的形式的专门学问。我这里所说的思想形式，与所谓观念形式、理论形式是具有可公度性的，基本意思是一致的。

因此，如果我们在思想形式研究原本就缺乏的情形下贸然把阐释学建构引向内容方面，特别是引向"形而下"的应用性建构，引向实学与实际应用的层面，恐怕就会既违反阐释学的属性，也不符合阐释学建构的现实需要，很可能会把阐释学研究引向弱化理论思维、减损思想含量而最终不了了之的尴尬境地。在建构当代中国阐释学的过程中，我们切不可犯方向性的错误。

我认为，张江教授近些年所从事的阐释学研究与建构，始终坚持的就是思想形式研究的方向与路径，也就是在揭示思维规律的基础上，试图确立当代中国阐释学的形式规则。

张江的"强制阐释论"，从"破"的视角切入，揭示当代西方以文艺阐释为代表的阐释行为当中的强制性特征。这些特征，具有形式上的一般性与普遍性。"公共阐释论"则从"立"的视角切入，在破除强制阐释之后，试图建立以"公共阐释"为核心概念的阐释行为规则。"阐诠辨"又从"辨"的视角切入，在语义学的意义上揭示阐释行为的两条形式路线与二元叠加结构。"阐释逻辑论"继续从"挖"的视角切入，力图揭示阐释行为的逻辑机制与结构。"阐释心理学"又从"揭"的视角切入，揭开阐释行为的心理活动盖子，洞穿阐释行为的心性活动机制。"正态分布论"运用大数据概率理论，试图建立阐释行为的效果理论模型。以上种种，团辞提挈，无不属于思想形式建构。这样的研究面向，无所谓属于本体论抑或方法论的阐释学，总之属于思想形式研究。

讲到历史阐释学，我认为其核心是客观性问题；或者说，客观性问题是历史阐释学的核心问题。过去，在直接反映论影响下，我们对于历史认识过程中主体的作用关注不够，对历史客观性问题的复杂性认识不足，因而对于主客之间的关系、主体间性的意蕴、主体内部的种种关系，都带有机械唯物主义的特征，从而导致了历史认识论方面的简单化倾向。但是，反映论本身并没有错，坚持历史的客观性、历史认识的确定性同样没有错。反映论与客观性概念并没有被颠覆。

历史客观性反映在历史书写规则上，其最本质的特征，就是中国古人所说的"直书其事"。这应该是中外古典历史学家共同遵守的历史书写规则，也是他们从事历史研究的动力和起点。但是，这个规则确实没有被放在认识论的天平上认真检视过。因此，它成为一个无须检视、天然成立的先验法则。但是，恰恰在这个核心规则上，后现代主义者发起了攻击，试图颠覆它。应该承认，后现代主义者提出的许多讲法都是具有启发性的，甚至是成立的。我们不能忽视后现代主义里面那些合理的、有助于我们深化认识的因素。但是，从根本上说，后现代主义并没有颠覆历史的客观性，也没有颠覆掉历史书写的客观性原则。我们不能以一种倾向来掩盖或强行改变另一种倾向。我们的目的是构建具有中国特点，既吸收中国古代优秀的阐释学资源，又吸收外来优秀的阐释学资源，但以我们自己为主体的当代中国阐释学。

由于历史本身一去不复返，因而无法直接予以认识的特点，历史本身的客观性总是在历史认识领域呈现出来的。然而，历史本身即是人类主体活动的结果，历史认识更是多重主体认识叠加乃至冲突的综合结果。所以，历史认识所指向的客观性，既是历史本身自生自足的客观性，又是以公共性和共同性认识的形式表现出来。对历史认识的检验，不同于其他方面检验。对历史认识的真理性或真实性的检验，总是以理论探讨的形式展示出来。这就构成了所谓历史认识的谜中之谜。

对于这个谜中之谜，只有在历史唯物主义的范围内，才能得到合理解答，也才能真正回应后现代主义的挑战。这是因为，历史唯物主义早已揭示出来，尽管历史是人的主观意识活动的结果，但在总体上，却可以看作一个自然的行程。马克思说："我的观点是把经济的社会形态的发展理解为一种自然史的过程。不管个人在主观上怎样超脱各种关系，他在社会意义上总是这些关系的产物。"恩格斯说："无数的单个愿望和单个行动的冲突，在历史领域内造成了一种同没有意识的自然界中占统治地位的状况完全相似的状况。"历史如此，对历史的认识同样如此。所以，尽管历史当中包含着无数人的主观意识，每个主观意识都力求自我确证，但无数"平行四边形"所形成的"合力"，却依然是一个自然状态，在历史阐释上，也就表现为正态分布的状态。历史认识的客观性，就蕴含在这种以正态分布为特征的公共状态之中；它既是自然本真的客观性，也是以公共性和共同性认识形式体现出来的客观性，具有认识论范畴的属性。

人类的创造同样是历史的客观性内容。但是，历史唯物主义对于人类创造历史的积极性、主动性、目的性，同样给予了充分肯定和揭示。马克思和恩格斯在区分自然史和人类史的同时，特别强调两者的相互联系和彼此制约，指出"这两方面是不可分割的；只要有人存在，自然史和人类史就彼此相互制约"。所谓"只要有人存在"，是说即使单纯就自然史而言，它也终归离不开人类所发明的自然科学对自然的认识与把握。自然科学是人的意识把握统一的客观物质世界的主要手段。因此，自然史总是透过人类认识自然的历史表现出来，表现为自然科学发展进步的历史。同时，人和人的意识无非是自然界发展出来的产物，而自然界的奥秘却需要这种产物去诉说。所以，马克思说："在人类历史中即在人类社会的形成过程中生成的自然界，是人的现实的自然界。"由此出发，人与自然的关系也就成为人类需要面对的第一关系，全部哲学的最高问题也就成为"思维对存在、精神对自然界的关系问题"。我们从事历史阐释研究，离不开上述大框架；只有从上述大框架出发，才能达到对历史客观性真实而又辩证的认识。